뉴레프트리뷰·3

뉴레프트리뷰·3
New Left Review

마이크 데이비스 · 에릭 홉스봄 외 지음 | 공원국 · 안효상 · 정병선 · 진태원 외 옮김

뉴레프트리뷰 · 3

2011년 4월 20일 제1판 제1쇄 인쇄
2011년 4월 25일 제1판 제1쇄 발행

지은이 | 마이크 데이비스·케네스 포머런츠 ·수전 왓킨스 ·에릭 홉스봄 외
옮긴이 | 공원국 ·안효상 ·정병선·진태원 외

편집위원장 | 김동춘
편집위원 | 진태원·홍기빈

펴낸이 | 박우정

기획 | 이승우
편집 | 권나명

펴낸곳 | 도서출판 길
주소 | 135-891 서울 강남구 신사동 564-12 우리빌딩 201호
전화 | 02)595-3153 팩스 | 02)595-3165
등록 | 1997년 6월 17일 제113호

ISBN 978-89-6445-030-7 93100

인간의 힘으로 어찌할 수 없는 자연 재앙과 인간이 더 많은 부와 권력을 유지하기 위해 만들어낸 인위적 재앙이 인류를 공포에 떨게 하고 있다. 일본을 강타한 지진, 지진해일과 아직 어디까지 번질지 모르는 후쿠시마 원자력 발전소 방사능 누출 사고는 값싸고 안전한 에너지 선전에 사로잡혀 있던 우리를 화들짝 놀라게 했다. 그리고 이제 일본인들뿐만 아니라 그 누구도 이 인위적 재앙으로부터 숨을 곳이 없다는 엄연한 사실을 확인하게 되었다. 울리히 벡(Ulrich Beck)이 경고한 위험사회(Risikogesellschaft)가 실감이 나는 시점이다. 한국의 원전도 그러하거니와 장차 중국이 연해 지역에 건설할 원자력 발전소도 만약 잘못되면 한반도에 끼칠 피해는 상상을 초월할 것이다. 이제 우리는 인류 생존의 문제를 놓고 함께 고민할 시점에 왔다. 더구나 이번 일본의 사고는 일본의 썩은 관료·기업·정치 유착 체제의 산물이라는 점에서 전형적인 환경정치학, 환경경제학의 의제가 아닐 수 없다.

튀니지에서 점화된 재스민 혁명의 불길은 이집트의 무바라크 정권을 붕괴시켰고, 바레인·예멘·시리아로 옮겨붙었으며, 리비아를 내전 상태로 몰아넣고 있다. 『그린 북』(Green book)을 흔들면서 인류 최초의 직접민주주의를 실천한다고 큰소리치던 카다피는 가장 잔혹한 학살자로 변신했으며, 그의 학살을 중지시킨다는 명분으로 개입한 다국적군의 카다피 공격은 그의 학살만큼이나 우리를 곤혹스럽게 만들고 있다. 인류의 생존 자체를 위협할 수도 있는 재앙과 제2의 프랑스대혁명, 사회주의 붕괴 이후 최대의 정치적 민주화 운동으로 지칭되는 아랍권의 저항 물결은 지구촌을 뒤흔들고 있으며, 아직 진행 중인 이 사태를 불안하게 지켜보는 우리는 이로부터 어떤 교훈을 얻을지 고민하고 있다. 온 세계가 하나로 얽혀 있는 이 시대에 중동과 북아프리카 문제는 더 이상 그들만의 문제가 아니라 우리 모두의 문제일 수밖에 없다. 이슬람 근본주의의 등장 가능성, 인도적 개입의 허구성과 불가피성, 미국과 서방의 새로운 제국주의의 위험, 신자유주의 시대의 새로운 민주화 운동, 석유 의존 문명의 재편 계기 등 이 사태를 둘러싸고 제기되는 논란은 전 세계 비판적 지식인들의 적극적 대응을 기다리고 있다.

『뉴레프트리뷰』 제3권은 이와 같은 최근 사태를 곧바로 담지는 못했지만, 이런 현재 진행형 위기를 분석할 수 있는 이론적 자원을 제공하는 많은 글들로 채워져 있다.

제1부 세 편의 글에서는 모두 오늘 인류가 직면한 자연재해 문제를 다루고 있다. 미국의 대표적인 진보학자 마이크 데이비스는 「전 지구적 차원의 위기, 누가 방주를 만들 것인가」에서 지구온난화의 돌이킬 수 없는 현실을 고발한다. 그는 온실가스 축적이 이미 걷잡을 수 없을 정도로 진행된 것이 사실이라면 우리는 이 더 따뜻해진 세계에서 더 심각한 사회·경제적 불평등을 목도하게 되리라고 진단한다. 그는 부국의 탐욕이 거침이 없기 때문에 지구온난화는 인류의 연대를 남극대륙의 빙붕처럼 쪼갤지 모른다고 진단한다. 한편 그는 사적 소유의 고에너지 소비 공간으로 만든 도시를 태양광 발전, 소아과 병원, 대중교통 체계를 제공하는 생태적 공간으로 변화시켜야 한다고 주장한다. 결국 빈국과 미래 세대가 생존하기 위해서는 부국들이 모든 인류를 위해 나서야 하며 저탄소 기술이 신속하게 확산될 수 있도록 해야 한다는 대안을

제시한다.

케네스 포머런츠의 「위기의 대(大)히말라야 수계(水系): 농업위기, 대형 댐 그리고 환경」은 히말라야 산맥에서 흘러나온 물의 사용을 환경정치학적 관점에서 접근하는 매우 흥미로운 글이다. 히말라야 동서남북은 인류의 절반이 살고 있는 지역이기에 히말라야의 물은 인류 절반의 젖줄이라고 해도 과언이 아니다. 그런데 이 수자원 개발이 큰 혜택을 가져다줄 테지만, 또 어떤 사람들에게는 큰 재앙을 불러올 수도 있다. 따라서 중국이 추진하는 이 거대한 기획에도 극도로 복잡한 역학들이 작용하고 있으며, 또한 파괴적 결과를 야기할 수 있다고 본다. 중앙정부의 통제력 여부와 전력 산업의 기업화는 이 문제를 더욱 복잡화하고 있다. 중국, 인도, 파키스탄 등이 경쟁적으로 건설하려는 댐이 과연 기후 친화적인 에너지 공급원인지도 아직 불명확하다. 메콩 강 개발도 전력 공급이라는 장점과 생태계 파괴라는 양날의 칼이다. 중국이 수자원 개발에서 이웃 나라를 배려하는 태도가 가장 중요하지만, 과연 내 코가 석자인 마당에 그것을 기대할 수 있을지도 의문이라는 것이 그의 진단이다.

스벤 뤼티켄은 「비자연적 역사?」에서 지금 진행되는 일본 핵 위기를 해석하는 데도 큰 시사를 준다. 그는 앞의 두 글에서 제기된 자연과 환경의 정치화, 사회화 문제를 철학적으로 접근한다. 즉 인간이 개입하여 명백히 자연이 변형되고 있는 가운데 이 새롭게 변형된 자연이 인간의 문화를 지배하는 상황이 전개되고 있다는 것이다. 1990년대 이후 세계를 풍미한 자유 시장 근본주의도 역사를 자연화한 것이라고 볼 수 있겠는데, 사회적 재앙을 자연화하면 재앙을 막기 위한 인간의 개입은 무의미해져버린다. 아도르노가 사용한 자연사의 개념을 확대해보면 역사는 일종의 자연적 과정으로 간주된다. 본질적으로 여기서 제2의 자연, 제3의 자연의 개념이 나오는데, 이 자연들이 불변의 운명처럼 신화화된다면 우리가 할 일은 거의 없어져버리게 된다.

제2부에서는 오늘의 국제 정치경제 질서를 주로 다루고 있다. 수전 왓킨스

는 「사막의 모래언덕은 끊임없이 움직인다」에서 오늘날 신자유주의의 위기를 『뉴레프트리뷰』 창간 당시의 정신에 견주어 살핀다. 『뉴레프트리뷰』가 1960년 창간되었을 때는 스탈린주의 교조에서 벗어나 새로운 사상이 활발하게 모색되던 시점이었고, 따라서 여성해방, 생태, 미디어, 영화 이론 등에서 선구적인 작업이 이 매체를 통해 이루어졌다. 오늘의 신자유주의는 2008년 금융 위기의 충격을 맞기도 했으나 불안정한 상태에서 규제되는 자유주의의 모습으로 변신하여 다시 기력을 회복하고 있으며, 경제적 혼란에도 불구하고 정치적으로는 돌파구가 열리지 않고 있다. 그는 이러한 상황 진단 아래에서 『뉴레프트리뷰』가 이러한 자본주의 질서를 분석하고 이해하기 위해 어떠한 작업을 해왔는지를 정리한다. 정치 운동이 존재하는 현실에서도 제도권 학계와 거리를 두고 좌파 공론장으로서의 역할을 계속해야 한다는 말로 마무리하고 있다.

타리크 알리는 「오바마의 (중동) 전쟁」에서 오바마의 외교정책, 특히 중동정책을 강하게 비판한다. 그는 우리 시대의 링컨이자 루스벨트라고 기대를 모았던 오바마의 외교정책은 전직 대통령 부시가 임명한 CIA 출신 게이츠 국방장관을 연임시킬 때 이미 그 진로를 예상할 수 있었다고 본다. 그는 오바마의 팔레스타인-이스라엘, 이라크, 이란, 아프가니스탄, 파키스탄 정책을 차례로 분석하면서 그가 미 제국의 새로운 대리인에 불과하다고 간주한다. 오바마의 탁월한 수사에도 불구하고 그것은 진부한 내용을 담고 있는 위선이며, 평화를 약속하면서 전쟁을 해온 윌슨 대통령의 후계자임을 폭로한다.

리처드 워커의 「표류하는 황금 주(州), 캘리포니아」는 오늘날 미국의 실상을 상징적으로 보여주는 캘리포니아 이야기다. 19세기에 황금 열풍(gold rush)이 불었고 20세기 말에는 실리콘밸리 첨단 산업의 바람이 불었던 캘리포니아는 지금 거의 파산 상태다. 주택 시장 붕괴의 직격탄을 맞았고, 실업률은 천정부지로 솟았고, 아동 빈곤은 최악의 상태이며, 1978년에 입안된 재산세 부과 한도 법안의 효과가 나타나 주 재정은 파탄이 났다. 라틴계와 아시아계의 대거 유입으로 백인 우위는 진작 무너졌으나 여전히 선거 정치는 백인들이 독점하고 있다. 대규모 정부투자로 전후 번영을 구가했으며, 68혁명 이후 미국 공립대학의 상징으로 자리 잡은 캘리포니아의 주립 대학들도 예산 부족에 허덕이고 있다. 캘리포니아의 활력이 상실된 것은 곧 미국의 활력이 상실되었다는 말이 된다.

홍포펑은 「중국은 미국의 집사인가: 지구적 위기 속에서의 중국의 딜레마」에서 중국이 미국과 맞상대가 되는 새로운 자본주의 문명국가로 성장하기보다는 과거 동아시아 여러 나라들이 그러했듯이 미국의 소비 시장과 금융 기구에 더욱 깊이 의존하게 되었다는 점을 지적한다. 그는 장기적인 관점에서 이 의존을 끝내야 한다는 문제의식 아래 중국 내 기득권층의 이해관계와 결부된 수출 지향적 성장 모델과 농촌의 희생을 전제로 한 발전을 청산하고 내수와 수출 사이의 균형을 회복하여 소득재분배를 실시해야 하는데, 그러기 위해서는 연해 지역 엘리트의 권력 장악을 흔들어야 한다고 주장한다. 이러한 변화 없이 지구 자본주의의 중심부가 이동한다는 가설은 터무니없는 주장이라는 것이다.

슬라보이 지젝의 「경제의 영구 비상사태」는 그의 이전 저작들에게 개진된 주장들과 연관성을 갖고 있다. 경제의 영구 비상사태는 자본주의의 만성적 위기를 의미한다. 그래서 정치적 파국을 막고 민주주의 제도가 자본주의 경제의 위기를 구출할 수 있으리라는 태도가 마르크스주의 원칙과는 맞지 않는다는 점, 그리고 자본주의가 점점 높은 수준의 삶을 보장해주리라는 경제 이데올로기가 사실상 반자본주의자가 넘쳐남에도 불구하고 대항 주체가 존재하지 않는 현실과 연관되어 있다는 점을 강조하는 것이 그것이다. 그래서 그는 자본주의의 근본적 적대에 더욱 집중하고 변혁 가능성을 인정할 것을 요구한다.

제3부에서는 민족주의, 법사상, 신좌파의 사회운동 등 사회 이론과 문화운

동의 쟁점들을 다룬다. 베네딕트 앤더슨의 「서양 민족주의와 동양 민족주의: 중요한 차이가 있을까」는 동·서양의 민족주의 사이에는 근본적인 차이가 없다는 점을 강조한다. 그는 일본, 중국, 인도네시아, 베트남의 민족주의를 크리올 민족주의(근대 민족주의와 그것을 배태한 왕국들, 근대 초기의 제국들에 대한 고찰)와 원거리 민족주의의 관점에서 분석하면서 동양과 서양의 민족주의 간에는 어떠한 의미 있는 차이도 없다고 주장한다.

에마뉘엘 테레의 「법 대(對) 정치」는 사회를 통치하는 두 가지 양식인 법과 정치가 여러 프랑스 사상가들에 의해 어떻게 이해되었는지를 밝히는 흥미로운 논문이다. 법과 정치는 각각 독특한 원리에 의해 움직여지기도 하지만, 동시에 상호 보완적이기도 하다. 마키아벨리, 파스칼, 몽테스키외, 사드 이 네 사람은 오늘날 우리가 부딪히고 있는 법과 정치의 긴장과 보완 문제에 대해 일찍이 사고했던 사상가들이었고, 그들의 주장을 통해서 오늘날 법에 대한 과도한 신뢰 그리고 법을 노골적으로 위반하는 지배 질서에 대한 새로운 비판의 안목을 얻을 수 있다. 특히 민주화 이후 한국에서도 법의 정치화 혹은 사법 기구의 과잉 현상이 두드러지고 있기에 과거 사상가들의 경고는 다시 음미해볼 가치가 있다.

스튜어트 홀의 「서구 신좌파의 역사」는 『뉴레프트리뷰』 창간 당시의 이야기를 자신의 경험과 결부해 회고적으로 정리한 글이다. 이 글에서는 『뉴레프트리뷰』의 탄생 과정을 평가하거나 학술적으로 분석하기보다 전후 유럽에서 민주적 사회주의를 실현하기 위한 노력의 일환으로서 신좌파 지식인들의 지적 활동, 새로운 정치적 실험의 과정을 되돌아보고 있다. 이러한 되돌아봄은 그들이 열어젖히려 한 제3의 공간을 창출하기 위한 현재적 노력 과정에서 조명된다.

제4부에서는 마르크스주의 역사학의 세계적 석학 에릭 홉스봄과의 대담을 소개하고 있다. 홉스봄은 이전의 저서 『극단의 시대』에서 자신이 미처 파악

하지 못했던 세계사적 변화들에 대한 소견을 밝히면서, 좌파의 트레이드 마크라 할 수 있는 노동자계급 주체론, 국제주의, 종교사멸론 각각에 대해 다소 회의적인 의견을 표한다. 그리고 68혁명 이후의 역사학에 대해서 다소 비판적인 의견을 개진한다. 이제 아혼을 훨씬 넘긴 노(老)역사학자의 식견이 번뜩이기는 하나, 좌파 역사학자로서의 과거의 입장을 철회하고 있으며 세계사에 대해서는 별로 명확한 전망을 제시하지 못하고 있어 아쉽다.

지난 제2권에서 우리는 『뉴레프트리뷰』에 실린 주목할 만한 서평을 적극적으로 소개하겠다고 밝힌 바 있다. 존 그랄은 2008년 서브프라임 위기 이후 세계 자본주의를 분석하고 있는 미셸 아글리에타와 로랑 베레비의 책 『세계 자본주의의 무질서』에 대해 충실하게 소개하고 있다.

2008년 서브프라임 모기지 사태와 월스트리트에서 시작된 금융 위기가 전 세계를 강타하고 유럽 각국이 경제 위기, 실업, 이민자 문제로 골머리를 앓고 있으며 이라크, 아프가니스탄, 아프리카 여러 나라에서 전쟁, 갈등, 내전이 지속되고 있지만, 이러한 지구적 고통을 해결할 뚜렷한 정치 세력의 형성이 가시화되지 않고 있다. 오히려 미국의 티 파티(tea party)처럼 반동적인 풀뿌리 우익들의 활동만 두드러져 보인다. 정치적 위기는 지식 사회의 무능과 뗄 수 없이 연관되어 있다. 이 모든 사태는 우리의 지적 분발을 요청한다. 『뉴레프트리뷰』 한국어판이 오늘의 한국과 지구를 고민하는 모든 우리 지식인들에게 하나의 생각거리를 던져주기를 기대한다. 국제 정세가 급변하여 번역할 글들을 선정하는 것이 지체된 까닭에 약속한 출간 일정을 지키지 못하게 된 점, 독자들께 양해를 구한다.

2011년 3월
편집위원을 대표하여
김동춘

●차례

제1부
기후변화와 지구 환경

전 지구적 차원의 위기, 누가 방주를 만들 것인가

마이크 데이비스(Mike Davis)

지금부터 할 얘기는 오슨 웰스(Orson Welles)의 영화 「상하이에서 온 여인」(The Lady from Shanghai, 1947)에 나오는 그 유명한 법정 장면과 상당히 비슷하다.[1] 「상하이에서 온 여인」은 지배계급의 타락을 아우르면서 프롤레타리아의 덕성을 비유적으로 표현한 누아르 영화다. 이 영화에서 웰스는 마이클 오하라(Michael O'Hara)라는 좌익 선원을 연기한다. 그는 팜므 파탈인 리타 헤이워스(Rita Hayworth)와 동침하고는 살인 누명을 뒤집어쓴다. 리타 헤이워스의 남편 아서 배니스터(Arthur Bannister)는 미국에서 가장 저명한 형사법 전문 변호사다. 에버릿 슬로언(Everett Sloane)이 연기하는 배니스터가

---

[1] 이 논문은 UCLA의 사회 이론과 비교 역사 연구소(Center for Social Theory and Comparative History)에서 2009년 1월에 행한 강연 원고다.

오하라를 설득해 자신을 변호사로 선임케 한다. 이는 자신의 적수의 유죄 판결과 처형을 확실하게 하려는 술책이다. 변호 대리인으로 나선 배니스터가 고통받는 남편 배니스터를 증인석에 불러 세우면서 재판은 전환점을 맞이한다. 검사는 "위대한 배니스터 씨가 또 한번 멋진 속임수를 쓰셨다"고 비난한다. 배니스터가 정신분열병 환자처럼 질문 공세를 퍼부으며 자기 자신을 추궁하는 가운데 배심원단은 즐거워한다. 이 에세이는 자기 자신과 벌이는 논쟁이다. 분석 결과는 절망스럽지만 유토피아의 가능성을 붙잡고 벌이는 지적 드잡이라고 할 수도 있겠다. 개인적으로는 물론이고, 어쩌면 객관적으로도 해결할 수 없는 문제라는 점에서 이 에세이는 「상하이에서 온 여인」의 정신 상태를 보여준다.

제1장 '지성의 비관'에서는 우리가 지구온난화에 맞서 싸우는 제1단계 획기적인 전투에서 이미 패배했다고 믿는 논거들을 제시하겠다. 교토 의정서는 기후변화와 관련해 "주목할 만한 조치를 한 게 아무것도 없"다. 주요 반대자 가운데 한 명이 의기양양하게 내뱉은 말이다. 슬프게도 이건 정확한 지적이다. 전 세계의 이산화탄소 배출량이 교토 의정서에 준해 감축하기로 한 양만큼 증가했다.[2] 온실가스 축적이 2020년경에 그 유명한 '붉은 선' 450ppm 아래로 안정될 가능성은 대단히 희박하다. 이 말이 사실이라면 우리 아이들 세대가 제아무리 영웅적으로 노력해도 생태계와 수자원과 농업 체계가 급격히 변모하는 사태를 막을 수 없을 것이다. 더 따뜻해진 세계에서는 사회·경제적 불평등이 기상학적 특권으로도 이어질 것이다. 탄소를 배출해 홀로세(Holocene, 현세)의 기후 평형 상태를 망가뜨린 북반구의 부국들이 가뭄과 홍수에 가장 취약한 아열대의 빈국들이 적응하는 데 필요한 자원을 공유하겠다는 열의도 거의 보이지 않을 것이다.

---

2) 카토 연구소(Cato Institute)의 형편없는 학자 패트릭 마이클스(Patrick Michaels)의 기고, *Washington Times*, 12 February 2005.

에세이의 제2부 '낙관적인 상상'은 나 스스로를 반박하는 내용이다. 나는 다음과 같은 역설에 호소한다. 지구온난화 — 인류의 도시화 — 라는 단 하나의 가장 중요한 의제가 남은 21세기에 인류의 생존 문제를 풀 수 있는 가장 중요한 해결책이 될 수도 있다는 역설 말이다. 물론 현재의 음울한 정치 상황을 볼 때 빈곤한 도시들은 거의 틀림없이 희망의 무덤이 될 것이다. 그러나 바로 그렇기 때문에 더욱더 우리는 노아(Noah)처럼 생각해야만 한다. 역사의 위대한 나무들이 이미 대부분 벌목되었기 때문에 새로운 방주는 필사적인 인류가 반란자 공동체, 해적 기술, 불법 미디어, 반역하는 과학, 잊어버린 유토피아에서 찾아내는 재료로 만들어야만 할 것이다.

1. 지성의 비관

지난 1만 2천 년 동안 살아온 우리의 구세계는 끝났다. 과학에 기초한 사망기사를 작성한 신문이 아직까지는 단 하나도 없지만 말이다. 런던지질학회 층서위원회(Stratigraphy Commission of the Geological Society of London)에서 이런 결론을 내렸다. 1807년에 설립된 이 학회는 세계에서 가장 오래된 지구과학자들의 모임이고, 그 학회의 층서위원회는 지질학적 시간을 획정하는 추기경회(college of cardinals) 같은 곳이다. 층서학자들은 퇴적층에 보존된 지구의 역사를 이언(eon), 대(代, era), 기(紀, period), 세(世, epoch)의 체계로 구분한다. 대멸종, 종 분화, 대기화학 조성의 갑작스런 변화 같은 이른바 '황금 대못'(golden spike, '마디' 내지 '결절'을 뜻하는 비유—옮긴이)이 지질학적 연대표에 박혀 있다는 얘기를 들어봤을 것이다. 생물학과 역사학처럼 지질학에서도 시대구분은 복잡하고 논란이 많아서 기예를 발휘해야 하는 영역이다. 19세기 영국 과학계에서 가장 격렬했던 다툼은 못생긴 웨일스 경사암(硬砂巖)과 잉글랜드 구적사암(舊赤砂巖) 해석을 놓고 벌어졌다. 우리가 '데본기 대논쟁'(Great Devonian Controversy)이라고 부르는 사건이 바로 그것이다. 이렇듯 지구과학계는 지질학적 연대를 획정하는 데서 아주 엄격한 기준을 적용한다. 도시·산업 사회가 지질학적 힘으로 부상했다고 정의되는 '인류세'(Anthropocene) 개념이 오래전부터 여러 문헌에 등장했지만 층서학자들은 그 근거를 한 번도 인정한 적이 없다.

그러나 적어도 런던지질학회만큼은 이제 그 입장을 수정했다. "우리가 인류세에 살고 있습니까?"라는 질문에 층서위원회 위원 21명이 만장일치로 "그렇다"고 대답했다. 그들은 2008년에 제출한 한 보고서에 홀로세 — 농업과 도시 문명이 빠른 속도로 발달할 수 있었던, 유별나게 기후가 안정된 간빙기(間氷期) — 가 끝났으며, 이제 지구는 지난 수백만 년내 '유례가 없는 층서 단계'에 돌입했다는 가설을 뒷받침하는 확고한 증거들을 모아냈다.[3] 층서학자들은 온실가스 축적 외에도 다른 많은 것을 열거했다. '자연스런 [연간] 퇴적물 형성을 이제 수십 배씩 초과하는' 인간들의 경관 변형, 불길하기 이를 데 없는 바다의 산성화, 무자비한 생물상(生物相) 파괴가 그런 예들이다.

이 새로운 시대를 온난화 추세 — 가장 유사한 사태로 5,600만 년 전의 팔레오세-에오세 최고 온도(Paleocene-Eocene Thermal Maximum) 대재앙을 꼽을 수 있다 — 와 급속도로 불안정해질 미래 환경으로 규정할 수 있다고 그들은 설명했다. 보고서의 침울한 경고문을 보자.

멸종 사태, 지구 차원에서 이루어지는 종(種)들의 이주, 단작농업으로 자연 식생이 광범위하게 대체되는 현상들이 우리가 살고 있는 현대를 이전과 뚜렷하게 구분해주는 생물층서학적 신호다. 이들 사태의 영향은 항구적이다. 미래의 진화는 여기서 살아남은 (또한 인위개변 人爲改變적으로 빈번하게 재배치된)

3) Jan Zalasiewicz et al., "Are We Now Living in the Anthropocene?", *GSA Today*, vol. 18, no. 2, February 2008.

것들을 바탕으로 일어날 것이기 때문이다.[4]

다시 말하면 진화 자체가 완전히 새로운 궤도를 타게 됐다는 얘기다. 그것도 강제로.

저절로 탄소가 제거될까?

런던지질학회 층서위원회가 인류세를 인정하기로 한 시점에 기후변화 정부 간 위원회(Intergovernmental Panel on Climate Change, IPCC)에서 발표한 제4차 평가 보고서를 놓고 과학자 사회에서 논쟁이 벌어졌다. 물론 IPCC의 임무는 기후변화의 범위를 가늠하고 온실가스 배출을 완화할 수 있는 적당한 대책을 마련하는 것이다. 이런 활동의 가장 중요한 토대는 온실가스의 지속적 축적에 대한 '기후 민감도'를 추정하고, 에너지 사용과 그에 따라서 배출량이 달라지는 미래의 사회·경제적 광경을 산정하는 것이다. 그런데 IPCC 특별조사위원회의 핵심 참가자들은 물론이고 상당수의 저명한 연구자들이 네 권으로 발간된 제4차 평가 보고서의 방법론에 동의하지 않는다거나 우려스럽다는 태도를 최근 피력했다. 그들은 그 보고서의 지구물리학과 사회과학이 낙관적인데, 이는 부당하다고 비판한다.[5]

이의를 제기한 학자 가운데서 가장 유명한 사람은 미 항공우주국(NASA) 고다드 연구소(Goddard Institute)의 제임스 핸슨(James Hansen)이다. 핸슨은 1988년의 유명한 의회 청문회에서 온실가스의 위험을 최초로 경고한, 지구온난화 분야의 폴 리비어(Paul Revere, 미국독립혁명 당시 영국군의 침공 소식을 알린 독립운동가−옮긴이)다. IPCC가 지구 시스템의 중대한 피드백에

---

4) Zalasiewicz, "Are We Now Living in the Anthropocene?"
5) 제1특별조사위원회(Working Group 1)에 주도적으로 참여한 세 사람은 이 보고서가 해수면 상승의 위험을 고의로 축소했고, 그린란드와 남극대륙 서쪽 빙하들의 불안정성을 조사한 새로운 연구 결과를 무시했다고 비판했다. 'Letters'의 논쟁, *Science* 319, 25 January 2008, pp. 409~10 참조.

한도를 부과하지 않았고, 그렇게 해서 탄소 배출 허용량이 추가로 엄청나게 늘어나버렸다는 그의 발언은 워싱턴에 심각한 골칫거리였다. 핸슨 연구진은 IPCC가 제안한 붉은 선인 이산화탄소 농도 450ppm을 거부했다. 그들은 고(古)기후의 증거로 볼 때 안전과 위험의 분기점은 350ppm 미만이라고 주장했다. 기후 민감도를 이렇게 다시 획정한 '결과는 놀라웠다.' 핸슨은 의회에서 다음과 같이 증언했다. "지구온난화를 섭씨 2도 이내로 억제한다는, 흔히 천명되는 목표는 구제책이 아니라 전 세계에 재앙을 불러올 것입니다."[6] 현 단계의 이산화탄소 농도가 약 385ppm이므로 우리가 이미 '임계점'을 넘어선 것인지도 모른다. 핸슨은 비상탄소세(emergency carbon tax)를 도입해 지구를 살리자는 목표 아래 일단의 과학자들과 환경운동가들을 규합하고 있다. 온실가스 농도를 2015년까지 2000년 이전 수준으로 돌려놓겠다는 것이다.

나는 핸슨의 주장이나 지구의 온도 조절 시스템이 어떻게 설정되어야 적절한지에 관련해 의견을 피력할 만큼 과학적 훈련을 받았거나 그럴 자격이 있는 사람이 아니다. 하지만 사회과학을 하면서 거시적 동향에 꾸준히 주의를 기울여온 사람이라면 제4차 보고서에서 논란이 되는 다른 토대와 관련해서는 감히 논쟁에 나서야 한다고 본다. 이 보고서의 사회·경제적 예측을 우리는 '정치적 무의식'이라고 부를 수 있을 것이다. IPCC는 2000년에 인구 증가와 기술 및 경제 발전에 관한 상이한 '전망'들을 바탕으로 미래의 전 세계 온실가스 배출량을 모형화했고, 그 결과가 현재의 시나리오들이다. 정책 담당자들과 온실가스 감축을 위해 노력하는 활동가들은 IPCC의 주요 시나리오들—A1, B2 등등—을 잘 알고 있다. 그러나 연구자들을 제외하면 실제로 작은 글자 부분까지 읽은 사람은 거의 없다. 에너지 효율이 개선돼 미래에는 경제가 '자동으로' 성장할 것이라며 IPCC가 굉장한 자신감을 피력한 부분이

---

6) James Hansen, "Global Warming Twenty Years Later: Tipping Point Near", 의회에서의 증언, 23 June 2008.

대표적이다. 실제로 모든 시나리오가 명시적인 온실가스 경감 조치들과 관계 없이 향후 60퍼센트 정도 탄소가 감축될 것이라 가정한다. 이런 양상은 '장사 한두 번 해보느냐는 태도로 작성된' 다른 보고서들도 마찬가지다.[7]

IPCC는 시장이 주도하는 탈(脫)탄소 세계경제에 전 재산을 아니 지구라는 행성을 맡긴 것이다. 각국이 배출량 한도를 지키고 탄소가 국제사회에서 거 래되는 것뿐만 아니라 아직 시제품도 없는 기술을 기업이 자진해서 개발하고 나서야 탈탄소 경제로 이행할 수 있다. 탄소 포집, 청정 석탄(clean coal), 수 소와 선진 교통 체계, 바이오 연료 같은 것들은 상용화되려면 아직 멀었다. 비 판하는 이들이 계속 지적해온 것처럼 여러 '시나리오'를 보면 탄소를 전혀 배 출하지 않으면서 에너지를 공급하는 대체 시스템이 '1990년의 전 세계 에너 지 시스템 규모를 초과하'는 걸로 나온다.[8]

저절로 제거되는 탄소량과 개별 시나리오가 요구하는 배출량 목표치 사이 의 부족분을 해결하기 위해 교토 의정서 합의에 따라 탄소 시장이 마련되었 다. 이것은 케인스식 '경기 부양 정책'과 다를 바 없는 시도다. IPCC는 다음의 사항을 자세히 설명한 적이 단 한 번도 없지만 감축 목표를 달성하려면 필연 적으로 전제되어야 할 것이 있다. 다음 세대에 걸쳐 화석연료의 가격이 인상 되면서 횡재수처럼 발생하는 이윤이 초고층 건물, 자산 거품, 주주들에게 넘 겨지는 고액 배당으로 낭비되지 않고 재생 가능 에너지 기술에 유효적절하게 재투자된다는 전제 말이다. 국제에너지기구(IEA)에서는 2050년까지 온실가 스 배출량을 절반으로 줄이는 데 약 45조 달러가 들 것으로 추정한다.[9] 에너

7) Scientific Committee on Problems of the Environment (SCOPE), *The Global Carbon Cycle*, Washington, DC 2004, pp. 77~82; IPCC, *Climate Change 2007: Mitigation of Climate Change: Contribution of Working Group III to the Fourth Assessment Report*, Cambridge 2007, pp. 172, 218~24.
8) SCOPE, *The Global Carbon Cycle*, p. 82.
9) International Energy Agency, *Energy Technology Perspectives: In Support of the G8 Plan of Action — Executive Summary*, Paris 2008, p. 3.

지 효율이 '자동으로' 개선돼 많은 몫을 벌충해주지 못하면 부족분은 결코 해결되지 않을 테고, IPCC의 목표도 달성되지 못할 것이다. 현재의 에너지 사용 수준을 외삽법으로 간단히 적용해본 최악의 경우에는 탄소 배출량이 21세기 중반에 무려 세 배에 이를 수도 있다.

비판하는 사람들은 잃어버린 지난 10년간의 음울한 탄소 배출 기록을 언급한다. 시장과 기술에 대한 IPCC의 기본 가정들이 맹신에 지나지 않았음이 밝히 드러났다. 유럽연합은 배출 총량 거래제(cap-and-trade system) 채택을 쌍수를 들고 환영했다. 그러나 유럽의 탄소 배출량은 꾸준히 증가했다. 어떤 부문에서는 이런 증가가 너무나도 극적으로 확인된다. IPCC가 제출한 시나리오들의 필수 조건인 에너지 효율의 자동적 개선이 근년에 이루어졌다는 증거도 거의 없다. IPCC가 효율적 신기술이라며 떠벌린 전망의 상당수가 사실은 미국과 유럽과 구소련의 노후화된 중공업 시설 폐쇄였다. 많은 에너지를 소비하는 산업 생산이 동아시아 지역으로 이전됐다. 일부 OECD 국가들의 탄소 계정 대차대조표가 반지르르한 이유다. 그러나 산업 이전과 배치 전환을 탄소 제거로 착각해서는 안 된다. 대다수 연구자들은 2000년 이후 에너지 소비가 사실상 증가했다고 믿고 있다. 전 세계적으로 이산화탄소 배출량이 에너지 사용과 보조를 맞춰 증가했으리라는 것은 당연한 추론 아닌가? 실제로 이산화탄소 배출량은 에너지 사용보다 미미하나마 더 빠르게 증가했다.[10]

석탄의 귀환

IPCC의 탄소 예산안도 이미 무너졌다. 이 장부를 작성하는 지구 탄소 프로젝트(Global Carbon Project)에 따르면 IPCC가 작성한 최악의 시나리오에서 예상된 것보다 배출량이 더 빠른 속도로 증가하고 있다. 2000년에서 2007년

10) Josep Canadell et al., "Contributions to Accelerating Atmospheric CO_2 Growth", *Proceedings of the National Academy of Sciences* 104, 20 November 2007, pp. 18866~70.

까지 이산화탄소가 연평균 3.5퍼센트의 속도로 증가했다. IPCC의 예상치는 2.7퍼센트였고, 1990년대에는 0.9퍼센트를 기록했다.[11] 우리는 이미 IPCC의 봉투 밖에 나와 있는 셈이다. 온실가스 배출량이 이처럼 뜻하지 않게 가속적으로 증가한 사태를 두고 석탄을 주범으로 지목할 수도 있을 것이다. 석탄 생산이 지난 10년 사이에 극적으로 부활했다. 마치 19세기의 악몽이 21세기를 강타한 것 같다. 중국에서는 광부 5백만 명이 위험한 조건을 아랑곳하지 않고 그 더러운 광물을 채굴한다. 베이징은 이를 바탕으로 석탄 화력발전소를 매주 새롭게 건설하고 있다고 한다. 유럽에서도 석탄 소비가 호조를 보이고 있다. 향후 몇 년에 걸쳐 석탄 화력발전소 50기가 새로 가동에 들어갈 예정이다.[12] 북아메리카에서도 석탄 화력발전소 2백 기가 건설될 예정이다. 웨스트버지니아에 건설 중인 대규모 석탄 화력발전소는 자동차 1백만 대가 내뿜는 배기가스와 맞먹는 탄소를 배출할 것이다.

매사추세츠 공과대학(MIT)의 공학자들은 『석탄의 미래』(*The Future of Coal*)라는 권위 있는 저서에서 탄소세를 아무리 거둬도 석탄 사용은 늘어날 것이라고 결론지었다. 탄소 포집 및 제거(carbon-capture and sequestration, CCS) 기술 투자도 '매우 미흡'하다. CCS 기술이 실현 가능하다고 가정해도 2030년 이후에나 상용화될 것이다. 미국의 '녹색 에너지' 입법은 '삐딱한 장려책'일 뿐이다. '석탄 화력발전소에서 나오는 배출 가스의 경우, 탄소 배출 규제의 일환으로 공짜 이산화탄소 허용량이라는 보조 혜택을 받을 수도 있다는 기대' 속에서 석탄 화력발전소를 짓자는 결정이 더 많이 내려졌다는 것이다.[13] 석탄 생산 업체, 석탄 사용 업체, 석탄을 운반하는 철도 회사들의 컨소시엄인 미국청정석탄전기연합(American Coalition for Clean Coal Electricity)

11) Global Carbon Project, *Carbon Budget 2007*, p. 10.
12) Elisabeth Rosenthal, "Europe Turns Back to Coal, Raising Climate Fears", *New York Times*, 23 April 2008.
13) Stephen Ansolabehere et al., *The Future of Coal*, Cambridge, MA 2007, p. xiv.

은 2008년 대선에서 4천만 달러를 퍼부었다. 두 후보 모두 더럽지만 값싼 그 연료의 장점을 이구동성으로 칭찬했다.

공급이 2백 년은 너끈하다고 알려진 석탄이 인기를 끌면서 단위 에너지당 탄소 함유량이 커졌을 것이다.[14] 미국 경제가 붕괴하기 전에 미 에너지부는 다음 세대에 걸쳐 국가 에너지 생산량을 최소 20퍼센트 증산할 계획이었다. 세계 시장에서 석유 수출량이 두 배로 뛰었고, 전 세계적으로 화석연료의 총 소비량이 55퍼센트 증가할 것으로 예상된다. 유엔발전계획(UNDP)은 지속 가능한 에너지 목표를 연구했고, 온난화가 걷잡을 수 없이 진행되는 적색경 보 구역으로 인류가 들어가지 않으려면 2050년까지 전 세계 온실가스 배출량 을 1990년 수준 대비 50퍼센트 감축해야 한다고 경고한다.[15] 그러나 국제에너 지기구에서는 십중팔구 향후 50년에 걸쳐 온실가스 배출량이 거의 100퍼센 트 증가할 것이라고 예측한다. 이는 중요한 임계점을 몇 차례나 지나치게 할 만큼 엄청난 양이다. 국제에너지기구에서는 수력발전을 제외할 때 재생 가능 에너지가 담당하는 몫이 2030년에 전체 발전량의 4퍼센트에 불과할 것이라 고도 예측했다. 오늘날의 1퍼센트 수준에서 약간 상승해서 말이다.[16]

불경기여서 녹색?

최근 세계경제가 침체하면서 일시적으로 한숨 돌리게 되었을지도 모른다. 경기 후퇴는 IPCC의 시나리오 작가들이 전망에 포함시키지 않은 비선형적 사 건이다. 유가 하락으로 역청사암(瀝靑砂巖)과 유모혈암(油母頁巖) 같은 대규모 탄소 농축 에너지원이라는 판도라의 상자 개봉이 유예되었다면 충분히 가능

---

14) Pew Center on Global Climate Change, Matthew Wald, "Coal, a Tough Habit to Kick", *New York Times*, 25 September 2008에서 재인용.

15) *UN Human Development Report 2007/2008: Fighting Climate Change: Human Solidarity in a Divided World*, p. 7.

16) IEA 보고서는 *Wall Street Journal*, 7 November 2008에서 재인용.

성 있는 얘기다(역청사암과 유모혈암에서 석유를 채굴 정제하는 비용이 기존 광상의 채유 생산과 비교할 때 경제성이 떨어져 개발되지 않고 있다는 의미다. 유가가 대폭 상승하면 역청사암과 유모혈암 광상 개발이 채산성을 갖게 된다—옮긴이). 그러나 불황이라고 해서 아마존 강 유역의 열대우림 파괴가 늦춰지는 일은 없을 것이다. 브라질의 농부들이 생산을 확대해 총소득을 방어하는 합리적 행동에 나설 것이기 때문이다. 전기 수요량은 자동차 사용량보다 덜 탄력적이고, 따라서 석탄이 차지하는 탄소 배출량 역시 계속 증가할 것이다. 실제로 미국에서는 석탄 생산업이 현재 노동자들을 정리 해고하지 않고 고용하는 몇 안 되는 민수 산업 가운데 하나다. 화석연료 가격이 하락하고 신용 시장이 경색되는 바람에, 풍력과 태양열처럼 자본 집약적인 대체 에너지를 개발하려는 움직임과 노력이 저조하다는 사실이 더 중요하다. 월스트리트에서 생태 에너지 분야의 주가는 시장 평균보다 더 빨리 빠졌고, 투자 자본도 거의 증발해버렸다. 예컨대, 테슬라 모터스(Tesla Motors)나 클리어 스카이스 솔라(Clear Skies Solar)처럼 최고로 각광받던 청정 에너지 관련 신규 업체들마저 돌연사할 위험에 빠진 것이다. 오바마가 약속한 세금 공제 혜택으로도 녹색 기업의 이런 불경기가 역전되지는 않을 것이다. 한 벤처기업 투자자는 『뉴욕 타임스』(New York Times)에서 이렇게 말했다. "천연가스가 6달러예요. 풍력이 미심쩍은 아이디어로 비치는 건 당연합니다. 태양열은 말도 못하게 비싸죠." [17]

이렇듯 경제 위기는 신랑이 신부를 제단에 남겨놓고 떠나버리는 강력한 구실로 작용한다. 주요 기업들이 재생 가능 에너지에 투자하겠다던 공적 약속을 헌신짝 버리듯 팽개쳤다. 텍사스 출신의 억만장자 분 피컨스(Boone Pickens)는 세계 최대의 풍력발전 단지를 건설하겠다던 계획의 규모를 축소

17) Clifford Krauss, "Alternative Energy Suddenly Faces Headwinds", *New York Times*, 21 October 2008.

했다. 로열 더치 셸(Royal Dutch Shell)은 런던 어레이(London Array, 템스 강 어귀 외곽에 계획된 연안 풍력발전 단지―옮긴이)에 투자하려던 계획을 취소했다. 정부와 여당들도 자국의 탄소 부채를 회피하는 데 열심이었다. 캐나다 보수당은 서방 석유 기업과 석탄 기업들의 지지 속에서 자유당이 2007년의 탄소세에 기초해 추진해온 '녹색 이행' 의제를 무력화했다. 워싱턴도 탄소 포집 기술 개발 계획을 폐기했다.

대서양 건너편의 좀 더 녹색일 것으로 여겨지는 유럽 대륙도 보자. 베를루스코니 정권은 2020년까지 탄소 배출량을 20퍼센트 줄이자는 EU의 목표를 '감당할 수 없는 희생'이라며 맹렬히 비난했다. 이탈리아 정부는 자국의 배급망 에너지를 석유에서 석탄으로 전환하는 중이다. 『파이낸셜 타임스』 (*Financial Times*)의 보도에 따르면, 독일 정부는 "기업들로 하여금 자신이 배출하는 이산화탄소에 대해 돈을 내도록 강제하자는 정책 제안에 심각한 타격을 가했다." 산업계에 대한 거의 완전한 면제를 지지했던 것이다. 독일의 한 외교 관리는 멋쩍은 듯 이렇게 말했다. "이번 위기로 우선순위가 바뀌었습니다."[18] 이제는 비관주의가 팽배해 있다. 유엔 기후변화협약(UNFCCC) 총재 이보 드 보어(Yvo de Boer)조차 이렇게 실토한다. 경제 위기가 지속되는 한 "가장 분별 있는 정부들조차 탄소 배출 총량 제한의 형태로 [산업계에] 새로운 비용을 부담시키는 것을 꺼릴 것이다." 결국 보이지 않는 손과 적극 개입형 지도자들이 경제성장의 엔진을 다시 가동한다 해도, 지구의 온도 조절 장치를 늦지 않게 낮춰 걷잡을 수 없는 기후변화를 막을 수는 없을 것이다. G7이나 G20이 스스로가 주범인 엉망진창인 상황을 해결하는 데 열의를 보이리라고 기대할 수도 없다.[19]

18) Peggy Hollinger, "EU Needs Stable Energy Policy, EDF Warns", *Financial Times*, 5 October 2008.
19) 코펜하겐에서 벌어진 낯부끄러운 짓들 속에서는 국가 간의 정치적 간극보다 정부들과 인류로

불평등한 생태계

교토와 코펜하겐의 본보기를 기초로 삼고 있는 기후 외교는 다음을 전제로 한다. 주요 행위 당사국들이 IPCC 보고서에서 합의된 과학 내용을 수용하면 온실효과를 제어하는 게 다른 무엇보다 중요한 최우선의 공통 이해관계임을 인정할 것이라고 가정하는 것이다. 그러나 지구온난화는 웰스(H. G. Wells)의 『우주 전쟁』(*War of the Worlds*)이 아니다. 『우주 전쟁』에서는 지구를 침공한 화성인들이 계급이나 민족 집단을 구별하지 않고 인류를 똑같이 절멸시킨다. 그러나 기후변화는 지역과 사회 계급에 따라 엄청나게 상이한 영향을 끼칠 것이다. 적응에 필요한 자원이 가장 적은 가난한 나라들이 가장 커다란 피해를 입을 것이다. 배출원과 그로 인한 환경 재해가 이렇게 지리적으로 분리되는 바람에 주도적으로 사전 대책을 강구하는 연대 활동이 미약하다. 유엔발전계획이 강조했듯이 지구온난화는 빈민과 아직 태어나지 않은 미래 세대에게 가장 커다란 위협으로 작용한다. "이 두 부류는 정치적 목소리를 거의 낼 수 없거나 전혀 낼 수 없다."[20] 이 두 집단을 대변하는 전 세계의 조직적 활동이 그들에게 파격적으로 권한을 주는 것—IPCC의 시나리오에는 이런 게 없다—이나 부국과 부유한 계급들의 사익을 역사에서 전례를 거의 찾을 수 없는 계몽적 '연대'로 바꿔내는 것을 전제 조건으로 상정하는 이유다.

합리적 행위자의 관점에서 볼 때 후자가 현실성을 갖게 되는 것은 다음 세

대변되는 국민 사이에 존재하는 도덕적 심연이 더 밝히 드러났다. 오바마가 벌인 필사적인 사기 행위가 코펜하겐에서 벌어진 쇼의 화룡점정이었다. 대통령과 총리들이 막겠다고 맹세한 그 유명한 추가 온난화 온도 섭씨 2도가 이미 대양을 통해 실현되는 중이다. 탄소 배출을 내일 당장 전부 중단한다고 해도 그 일은 반드시 일어난다. ('확고부동한' 온난화 사태와 코펜하겐 기후정상회의에 대한 근본적 환상에 관해서는 스크립스 연구소Scripps Institution의 두 저자가 작성한, 제목이 이상하지만 끔찍한 내용의 다음 글 참조. V. Ramanathan and Y. Feng, "On Avoiding Dangerous Anthropogenic Interference with the Climate System: Formidable Challenges Ahead", *Proceedings of the National Academy of Science* 105, 23 September 2008, pp. 14245~50.)

20) *UN Human Development Report 2007/2008*, p. 6.

가지 정도다. 특권 계급에게 다른 '탈출'구가 전혀 없다는 게 명백해질 때, 국제사회의 공공 여론이 핵심 국가들의 정책 결정을 압박할 때, 북반구의 생활 수준을 크게 희생하지 않고서도 온실가스를 감축할 수 있을 때. 그러나 이 가운데 가능성이 있어 보이는 것은 하나도 없다. 앞장서서 가난한 나라들이 부유해지고 직접 비용을 부담할 수 있게 될 때까지 각종 규제를 미루는 게 더 현명하다고 설파하는 저명한 호교론자들도 적지 않다. 예컨대, 예일 대학의 경제학자인 윌리엄 노드하우스(William Nordhaus)와 로버트 멘들손(Robert Mendelsohn)이 그런 사람들이다. 요컨대, 환경적·사회경제적 격변이 중대하자 선진국 대중이 더욱더 광적으로 나머지 인류와 스스로 사이에 담을 둘러 분할하는 일에 열중하고 있는 것인지도 모른다. 영웅적 쇄신이나 국제사회의 협력은 필요 없다는 것이다. 철저히 검토되지는 않았지만 불가능하지도 않은 이 시나리오 속에서라면 온실가스를 감축하려는 전 세계의 공동 노력 따위는 은근슬쩍 폐기된다. 어느 정도는 이미 그러고 있다. 지구의 1등급 승객들이 적응하는 것을 돕는 선택적 분야에만 투자가 가속적으로 이루어지고 있다는 사실도 여기에 보태야 할 것이다.

물론 조약, 탄소 계정, 기아 구제, 곡예처럼 현란하게 펼쳐지는 인도주의 원조 그리고 어쩌면 유럽의 일부 도시와 소국들이 대체 에너지로 전면 전환하는 상황이 여전히 존재할 것이다. 그러나 전 세계가 기후변화에 적응하려면 빈국과 중간 소득 국가에 있는 도시와 농촌의 사회 기반 시설에 수조 달러가 투자되고, 아프리카와 아시아 주민 수천만 명의 이주를 지원해야 한다. 이는 소득과 권력이 혁명적으로 재분배되어야만 가능하다. 지금 우리는 2030년이나 더 이른 시기로 추정되는 운명의 랑데부를 향해 빠르게 나아가고 있다. 뭐가 만난다는 것인가? 기후변화, 석유 정점(peak oil), 수자원 정점(peak water), 15억 명의 추가 발생 인구가 융복합적 영향력을 발휘해 어쩌면 우리가 감히 상상할 수도 없는 최악의 부정적 동반 상승 효과가 발생할 것이다.

과연 부국들이 정치적 의지와 경제적 자원을 동원해 IPCC의 목표를 달성하고 이미 '저질러진' 지구온난화의 불가피한 결과에 빈국들이 적응하는 것을 도울지 여부가 기본적이고도 핵심적인 문제다. 더 구체적이고 생생하게 얘기해보자. 부유한 나라 국민들이 기존의 편견을 버리고 닫힌 국경을 개방해, 가뭄과 사막화가 예상되는 지역, 곧 마그레브(Maghreb, 북아프리카의 모로코, 알제리, 튀니지에 걸친 지방−옮긴이), 멕시코, 에티오피아, 파키스탄의 난민들을 받아들일까? 1인당 해외 원조액으로 측정할 때 가장 인색한 국민인 미국인들이 기꺼이 세금을 더 내, 방글라데시 같은 고밀도의 거대 삼각주 지역에서 홍수처럼 유입될 수도 있는 수백만의 난민을 받아들일까? 지구온난화의 수혜자로 부상할 북아메리카의 농업 기업이 최우선 사항인 판매자 시장에서의 이윤 추구를 마다하고 자진해서 굶주리는 세계인들에게 식량을 무상으로 제공할까?

물론 시장 지향의 낙관론자들은 청정발전기제(Clean Development Mechanism, CDM) 같은 시범적 규모의 탄소 상쇄 프로그램을 얘기할 것이다. 그들은 이를 바탕으로 제3세계에서 녹색 투자를 할 수 있다고 주장한다. 그러나 CDM의 효과는 무시해도 될 정도로 여전히 미미하다. 재삼림화와 배출 가스 제거 설비에 소액의 보조금이 지급되는 정도인 것이다. 화석연료가 가내와 도시에서 사용되는 사태에 전면적으로 투자하는 것은 생각할 수도 없다. 북반구가 자신들이 불러일으킨 환경 재앙을 인정하고 정화 책임을 져야 한다는 게 개도국의 입장이기도 하다. 가난한 나라들은 인류세에 적응해 살아남는 엄청난 짐을, 탄소 배출은 하지도 않았으며 지난 2세기 동안 진행된 산업혁명의 과실을 조금도 누리지 못한 자신들이 져야 하는 사태에 분노한다. 그들의 항변은 정당하다. 1961년 이후 경제가 세계화하면서 환경이 지게 된 부담과 비용—삼림 파괴, 기후변화, 어류 남획, 오존층 감소, 홍수림 파괴와 경작 확대—을 최근에 계산해보았다. 부국들은 전 세계에 걸쳐 환경 악화의 42퍼센트를 담당했고, 그에 따른 비용은 겨우 3퍼센트만 감당했다.[21]

남반구의 급진주의자들이라면 당연히 또 다른 부채도 언급할 것이다. 지난 30년 동안 발전도상국의 도시들은 무지막지한 속도로 성장했다. 사회 기반 시설, 주택, 공중 보건 분야에서 이에 걸맞은 투자는 전혀 이루어지지 않았다. 사태가 이렇게 흘러간 게 어느 정도는 독재자들이 진 대외 부채 때문이다. IMF에서 돈 갚을 것을 강요했고, 세계은행과의 '구조 조정' 합의로 공공 지출이 축소되거나 재분배되었다. 지구라는 행성에서 빚어진 기회와 사회정의의 이런 부족과 결손 사태는 다음과 같은 사실로 간단히 요약된다. 유엔 인간정주위원회(UN Habitat)에 따르면 현재 10억 명 이상이 슬럼에 살고 있고, 그 수는 2030년까지 두 배로 늘어날 것이다. 같은 수의 인구 또는 그 이상이 이른바 비공식 부문에서 먹고산다. 비공식 부문이라니? 제1세계 사람들이 대량 실업을 속 편하자고 그렇게 부른다. 인구통계학적 탄력만을 적용해보면 향후 40년에 걸쳐 전 세계 도시 거주 인구가 30억 명 증가할 것이다. 이 가운데 90퍼센트가 빈국의 도시에 살고 있을 것이다. 식량 위기와 에너지 위기가 점증하는 슬럼들이 득시글거리는 지구라는 행성에서 기초적인 행복이나 위엄은 고사하고 어떻게 해야 생물학적 생존이라도 가능할지 아는 사람은 아무도 없다. 유엔? 세계은행? G20? 아무도 모른다.

　지구온난화가 열대와 아열대 지역 농업에 끼칠 영향을 지금까지 가장 정교하게 조사한 것은 윌리엄 클라인(William Cline)의 국가별 연구다. 클라인은 이 연구에서 다양한 수준의 이산화탄소 농도를 토대로 기후 예측을 작물 생육 및 신리카도주의 농업 산출 모형과 결합해, 인류가 누릴 미래의 영양 상태를 살펴본다. 그 그림은 음산하기 이를 데 없다. 클라인의 가장 낙관적인 모의 실험에서조차 파키스탄(현행 농업 생산량의 마이너스 20퍼센트)과 인도 북서부(마이너스 30퍼센트)의 농업은 파괴될 것으로 예상된다. 이 목록에는

---

21) U. Srinivasan et al., "The Debt of Nations and the Distribution of Ecological Impacts from Human Activities", *Proceedings of the National Academy of Science* 105, 5 February 2008, pp. 1768~73.

중동의 상당 지역, 마그레브, 사헬 지대, 아프리카 남부의 여러 곳, 카리브해 지역과 멕시코가 추가된다. 클라인에 따르면, 발전도상국 스물아홉 나라는 지구온난화로 인해 현행 농업 생산량이 20퍼센트 이상 감소할 것 같다. 반면 부유한 북반구의 농업은 평균 8퍼센트 신장될 것이라고 한다.[22]

　발전도상국의 농업 생산 능력이 이렇게 감소할 것이라는 전망은 유엔의 경고에서 훨씬 더 불길하게 다가온다. 21세기 중반의 지구 인구를 먹여 살리려면 식량 생산이 두 배로 늘어나야만 할 것이라는 게 유엔의 예측이다. 2008년 바이오 연료 붐으로 악화된 식량 위기는 머지않아 자원 고갈, 손쓰기가 몹시 어려운 불평등 사태, 기후변화가 수렴하면서 발생할 대혼란의 전주곡일 뿐이다. 인류의 연대가 이런 위험들에 직면해 남극대륙 서부의 빙붕처럼 쪼개져 산산조각 날 수도 있다.

2. 낙관적인 상상

　학자들의 연구는 인구 증가 정점, 농업 붕괴, 돌연한 기후변화, 석유 정점, 일부 지역의 수자원 정점, 계속된 도시 방치가 야기할 동반 상승 효과를 너무 뒤늦게 대면했다. 독일 정부, 펜타곤, CIA가 향후 수십 년에 걸쳐 복합적으로 결정될 세계 위기의 국가 안보적 함의를 조사 보고한 내용은 할리우드의 반향을 불러일으켰고 그것은 전혀 놀라운 일이 아니다. 최근의 유엔 인간발전보고서(UN Human Development Report)에는 이런 언급이 나온다. "과거 역사 어디를 살펴봐도 기후변화 문제처럼 심각한 사례가 없다는 것은 분명하다."[23] 과학자들은 고기후학을 통해 더워지는 지구의 비선형 물리학을 예측

22) William Cline, *Global Warming and Agriculture: Impact Estimates by Country*, Washington, DC., 2007, pp. 67~71, 77~78.

할 수 있지만 2050년대에 벌어질 사태를 파악할 수 있는 역사의 선례나 관점은 존재하지 않는다. 인류라는 종의 역사상 최대 규모의 인구수인 90~110억 명이 바로 그때 기후 혼란과 화석 에너지 고갈 사태에 적응하려고 발버둥치고 있을 것이다. 문명의 붕괴에서 핵융합 에너지에 의해 인도되는 새로운 황금시대에 이르는 온갖 시나리오를 우리 손자 손녀들의 미래라는 낯선 스크린에 투사해볼 수 있을 것이다.

그러나 수렴의 제로 지점(ground zero)이 도시라는 것을 우리는 확신할 수 있다. 삼림 개벌과 수출 주도형 단작농업이 새로운 지질학적 시대를 열어젖히는 데서 중요한 역할을 했지만, 가장 중요한 원동자(原動者)는 북반구의 도시 지역에서 탄소 배출량이 기하급수적으로 증가한 사태였다. 인위적으로 조성된 도시 환경을 난방하고 냉방하는 활동에만 현행 탄소 배출량의 35~45퍼센트가 충당된다. 도시의 산업과 운송이 나머지 35~40퍼센트를 차지한다. 도시의 삶이 생태계와 홀로세의 기후 안정성을 빠르게 파괴하고 있는 셈이다. 인류세의 생태계는 참으로 복잡해졌다.

그러나 여기에는 놀라운 역설이 존재한다. 도시를 환경적으로 지속 불가능하게 만드는 특징들을 보라. 가장 커다란 메가시티에서조차 그 특징들이 가장 반(反)도시적이거나 아(亞)도시적이라는 걸 알 수 있다. 이 가운데서도 첫손에 꼽을 수 있는 특징은 대규모 수평 팽창이다. 그 속에서 인간의 삶에 필수적인 자연의 혜택 — 대수층, 분수계, 시장 판매용 청과물 농장, 삼림, 연안 생태계 — 이 악화되고, 무질서하게 뻗어 나간 도시 외곽 지역에 사회 기반 시설을 제공하느라 엄청난 비용이 들어간다. 그 결과 교통량이 늘어나고, 대기 오염이 심해지며, 빈번하게 강에 쓰레기가 투기되면서 환경에 그로테스크한 족적이 커다랗게 남는다. 투기꾼과 택지 개발 업자들이 도시의 형태를 좌우한다. 그들은 계획과 자원을 민주적으로 통제하는 일을 건너뛴다. 이에 따른

---

23) *UN Human Development Report 2007/2008*, p. 6.

사회적 결과는 쉽게 예측할 수 있다. 수입과 민족에 따라 거주 공간이 극심하게 분리된다. 아이들, 노인들, 돌봄이 필요한 사람들의 환경은 위험에 처한다. 사람들은 이너시티(inner-city, 대도시의 흔히 사회적 문제가 많은 도심 지역-옮긴이) 개발을 퇴거 축출을 통한 고급 주택화로 이해한다. 이 과정에서 도시 노동계급의 문화가 파괴된다. 여기에 자본주의 세계화가 진행되면서 발생한 대도시의 사회·정치적 특징을 보탤 수 있을 것이다. 주변부 슬럼과 비공식 고용의 확대, 공공 공간의 사유화, 경찰과 생계형 범죄자들 사이에서 벌어지는 저강도 전쟁, 출입이 철저하게 통제되는 유서 깊은 중심지나 담장을 두른 교외에 부자들이 웅거하는 현상.

반면 소도시들에서조차 '고전적인 의미에서' 가장 도시적인 특징들이 결합해 보다 유덕한 사회가 탄생하기도 한다. 도시와 농촌의 경계와 윤곽이 뚜렷한 곳에서는 도시가 성장해도 녹지 공간과 인간의 삶에 필수적인 자연환경이 보존된다. 운송과 주거 체계를 마련하는 데서도 규모의 환경 경제가 달성된다. 주위에서 도심으로 편리하게 접근할 수 있고, 교통도 더 효율적으로 관리 제어할 수 있다. 쓰레기는 강 따위에 폐기되지 않고 더 쉽게 재활용된다. 전형적인 도시의 비전 속에서는 드물게 누릴 수 있는 공공적 호사가 집합적 도시 공간 내에서 이루어지는 욕망과 정체성의 사회화를 통해 사유화된 소비를 대신한다. 넓은 영역의 공공 주택과 비영리 주택은 도시 전역에서 차원분열적(fractal) 규모로 민족과 수입에 아랑곳하지 않는 비균질적 혼교상(混交相)을 재생산한다. 평등한 공공 서비스와 도시 경관은 아이들, 노인들, 돌봄이 필요한 사람들을 염두에 두면서 설계된다. 민주적 시정(市政)은 진보적 과세와 계획의 역량을 강화한다. 높은 수준의 정치 활동과 시민 참여, 소유자의 개인적 상징에 우선하는 시민들의 기억, 노동과 오락과 가정 생활의 공간 통합이 달성되는 것은 물론이다.

도시 자체가 해결책

도시 생활의 '좋은' 특징과 '나쁜' 특징은 이처럼 현격하게 대비된다. 도시성과 반(反)도시성의 정수를 뽑아내려던 20세기의 유명한 시도들도 떠오른다. 루이스 멈퍼드(Lewis Mumford)와 제인 제이컵스(Jane Jacobs), 프랭크 로이드 라이트(Frank Lloyd Wright)와 월트 디즈니(Walt Disney), 코르뷔지에(Corbusier)와 CIAM 선언, 앙드레 뒤아니(Andrés Duany)와 피터 캘소프(Peter Calthorpe)의 '신도시주의'(New Urbanism) 등등. 하지만 자기들이 마음속에 그리거나 배격하는 사회적 상호작용들과, 축조된 기성 환경의 미덕과 악덕을 놓고 유창한 변설을 늘어놓기 위해 따로 도시 이론가가 필요한 것은 아니다. 그러나 이런 윤리적 가치판단의 목록에서도 사회정의와 환경정의의 밀접한 관련 및 공동체의 정신문화(ethos, 기풍)와 녹색을 지향하는 도시 생활이 맺고 있는 일관된 친연성은 그냥 넘어가기 십상이다. 이것들은 필연적인 것은 아니지만 서로를 강하게 끌어당긴다. 예컨대, 도시에서 녹지와 수변 경관을 보존하면 인민 대중의 여가와 문화 자원이 존속돼 자동으로 도시의 신진대사가 원활해진다. 이것은 인간의 삶에 필수적인 요소다. 더 나은 도시 계획과 더 공공적인 교통 체계로 교외의 교통 정체를 줄인다고 해보자. 온실가스 배출량이 감소할 것이다. 인근의 주변 가로들로 교통망을 되돌려놓을 수 있을 것이다.

무수한 예들이 있고, 이것들에서는 전부 저탄소 도시의 토대를 놓으려면 사적 소유보다 공공의 풍요를 우선해야 한다고 지적된다. 단 하나의 통일 원리인 저탄소 도시는 어떤 구체적인 녹색 디자인이나 기술과도 다르다. 우리가 다 알고 있듯이 모든 인류가 자동차를 두 대씩 굴리고, 잔디밭이 딸린 교외 주택에 살려면 지구가 몇 개 더 필요하다. 이런 명백한 한계가 언급되면서 자원이 유한하기 때문에 높은 생활수준을 만족시키는 것은 불가능하다는 얘기까지도 나온다. 부국이든 빈국이든 현대의 대다수 도시는 인간의 고밀도 주거지에 내재한 효율적 환경의 가능성을 억압하고 있다. 도시의 생태적 잠재력이 대규모로 은폐되고 억눌려 있는 것이다. 그러나 우리가 이 도시라는 공공 공간을 모듈화해 사적으로 소비하지 않고 민주화해 지속 가능한 평등의 엔진으로 삼을 의지만 있다면, 지구의 '수용 능력'은 전혀 부족하지 않다. 커다란 도시공원, 무료로 운영되는 박물관과 도서관을 통해 사람들의 상호 교류가 무한히 증대된다. 이렇게 풍요로운 공공적 삶이 지구 친화적 사회성에 기초한 수준 높은 생활 방식을 안내해준다. 학계의 도시 이론가들이 좀처럼 주목하지 않지만 대학의 캠퍼스는 사회주의와 유사한 낙원이 아닌 경우가 많다. 넉넉한 공공 공간을 바탕으로 교육과 연구와 과제 수행과 인간 재생산이 이루어진다는 그들의 생각은 착각이다.

현대의 도시를 유토피아 생태주의의 입장에서 최초로 비판한 사람들은 사회주의자들과 무정부주의자들이었다. 그들은 길드사회주의(Guild Socialism, 직능 길드라는 수단으로 노동자들이 산업을 통제해야 한다는 정치 운동. 영국에서 기원했고, 20세기의 첫 4반세기에 가장 흥성했다. 콜G. D. H. Cole과 밀접한 관계를 맺고 있으며, 윌리엄 모리스의 사상에 영향을 받았다―옮긴이)라는 꿈에서 출발했고, 1934년 오스트리아 내전 당시 카를 마르크스 호프(Karl Marx-Hof, 1930년 오스트리아의 수도 빈에 완공된, 세계에서 가장 클 것으로 추정되는 단일 주거 빌딩. 카를 마르크스 호프는 전체 길이가 1,100미터에 이르며, 5천 명이 입주해 살고 있다. 주변에 여러 공원이 있고, 운동장도 따로 있다. 건물 안에 유치원, 병원, 목욕탕, 점포, 우체국, 약국, 청소년 센터, 카페, 도서관까지 들어서 있다. 준공 당시 빈 사회에 프롤레타리아혁명의 기운이 감돌았고, 카를 마르크스 호프라고 불리게 됐다. 유명한 1934년 2월 12일 봉기의 주 무대였다―옮긴이)가 포격을 당하면서 종말을 고했다. 크로포트킨(Kropotkin)과 후기 패트릭 게디스(Patrick Geddes)의 생명(물)―지역주의(bio-regionalism) 사상이 길드사회주의에 영향을 끼쳤고, 카를 마르크스 호프는 빨갱이화된 빈의 위대한 공동체 생활 실험이었다. 그사이에 러시아와 폴란드의 사회주의자들이 키부츠를 고안해냈고, 바우하우스(Bauhaus)의 현대적 공공 지원 주택(social housing) 프로젝트가 탄생했으며, 1920년대의 소련에서 도시 생활에 관한 비상한 논쟁들이 벌어졌다. 도시를 급진적으로 사유하던 이런 활동은 1930년대와 1940년대의 비극 속에서 마감된다. 한편에서는 스탈린주의가 기념비주의(monumentalism)로 나아갔다. 건축과 예술의 규모와 조화가 비인간화되었다. 생각해보면 독일 제3제국의 알베르트 슈페어(Albert Speer)가 추구한 바그너풍의 과장과 다를 바 없었던 셈이다. 다른 한편 전후의 사회민주주의는 대안적 도시계획을 포기하고, 케인스주의 공동주택 정책을 추구했다. 케인스주의 공동주택 정책은 값싼 교외의 부동산에 고층 건물을 세우는 방식으로 규모의 경제에 주안점을 뒀고, 이 과정에서 도시 노동계급의 전통적 정체성이 뿌리 뽑히고 말았다.

그러나 19세기 말과 20세기 초에 전개된 '사회주의 도시'(socialist city) 담론들은 오늘날의 위기를 사유할 수 있는 귀중한 출발점이다. 예컨대, 구성주의자(Constructivist)들을 떠올려보라. 엘 리시츠키(El Lissitzky), 멜니코프(Melnikov), 레오니도프(Leonidov), 골로소프(Golosov), 베스닌(Vesnin) 형제, 그 밖의 눈부신 사회주의 건축가들과 설계자들의 활약상은 참으로 인상적이다. 그들은 노동자 클럽, 인민 극장, 스포츠 시설 등을 멋지게 설계했고, 과밀한 아파트의 삶을 완화하자고 제안했다. 초기 소비에트의 비참한 도시 생활과 공공 투자가 거의 이루어지지 못하던 극단적 상황이 그들을 옥죄고 있었음을 잊어서는 안 된다. 그들은 프롤레타리아 여성의 해방에 가장 우선순위를 두었고, 공동 취사장, 탁아 시설, 공중목욕탕, 온갖 종류의 협동조합을 조직했다. 그들은 노동자 클럽과 사교 센터를 구상했다. 이것들은 광대한 포드주의 공장들 및 종내에는 고층 주택과 결부되었다. 프롤레타리아트가 주도하는 새로운 문명의 '사회적 축전기'를 염두에 뒀던 것이다. 그러나 그들은 그렇지 않아도 혹심했던 가난한 도시 노동자들의 생활수준을 향상시킬 실천적 방안들도 정교하게 구상하고 있었다.

전 세계적 환경 위기 속에서 구성주의자들의 이런 프로젝트는 다음과 같은 제안으로 번역될 수도 있을 것이다. 도시 생활의 그 평등주의적 측면들이 자원을 보존하고 탄소 배출을 감축할 수 있는 최상의 사회학적·물리적 힘이 되어줄 수 있다고 말이다. 지구온난화를 막는 운동이 생활수준을 향상시키고 세계의 빈곤을 척결하려는 투쟁과 만나지 않으면, 온실가스 배출을 줄이고 인류의 서식지를 인류세에 적응시킬 수 있으리라는 희망과 가능성도 거의 기대할 수 없다. 이 진술은 어떤 의미를 갖는가? IPCC의 아무짝에도 쓸모없는 초간단 시나리오들은 무시하자. 도시 공간, 자본의 흐름, 낭비되는 자원, 대규모 생산수단을 민주적으로 통제하고자 하는 투쟁에 우리가 실제로 적극 가담해야 한다는 얘기다.

환경정치학이 오늘날 내부적으로 위기에 봉착한 것은 빈곤, 에너지, 생물다양성, 기후변화의 도전을 인류 진보라는 통합적 비전 속에서 다루겠다는 과감한 발상이 없기 때문이다. 물론 미시적 수준에서는 대안적 기술이나 패시브 하우스(passive-energy housing, 첨단 단열 공법을 이용해 에너지의 낭비를 최소화한 건축물. 제곱미터당 연간 1.5리터 이하의 연료유를 사용해야 한다는 것이 패시브 하우스의 자격 요건이다—옮긴이) 개발 등으로 커다란 진전이 있었다. 그러나 부자들과 부국들의 시범적 프로젝트들이 이 세계를 구원하지는 못할 것이다. 부유한 사람들이 이제 친환경적 생활을 지원하는 다양한 제품과 방안들을 선택할 수 있다는 것은 분명하다. 하지만 무엇이 최종 목표인가? 선의(善意)를 지닌 유명 인사들이 탄소를 전혀 배출하지 않는 자신들의 생활 방식을 뽐내는 것을 지켜보는 것인가? 아니면 가난한 도시 지역에 태양광발전 시설, 화장실, 소아과 병원, 대중교통 체계를 제공하는 것인가?

녹색 지대를 넘어서

소수의 특권 국가나 사회집단만이 아니라 지구라는 행성 전역에서 지속가능한 도시를 기획하고 만들려면 엄청난 상상력이 요구된다. 예컨대, 브후테마스(Vkhutemas, 고등 예술과 기술 스튜디오. 1920년 모스크바에 설립된 소련의 국립 예술·기술 학교다. "산업에 보탬이 되는 최고 역량의 예술가와 직업적 기술 교육을 담당할 개발 운영자들을 배출한다"는 법령 아래 배우고 실습할 수 있는 공방이 마련되었다. 교수진이 100명, 학생은 2,500명이었다. 크게 예술 부문과 산업 부문으로 나뉘었고, 그래픽·조각·건축·인쇄·직물·세라믹·목공예·금속공예를 가르쳤다. 아방가르드 미술과 건축의 중요한 세 조류, 곧 구성주의, 합리주의, 절대주의의 거점이자 산실이었다. 공방의 교수진과 학생들은 기하학적 정확성을 바탕으로 공간을 강조하면서 예술과 실재에 대한 태도를 대폭 수정했는데, 이는 예술사의 위대한 혁명 가운데 하나라고 이를 만하다. '스튜디오'는 1926년 '연구소'로 개명되었고, 1930년 해체되면서 교수진과 학생과 성과도 여섯 개로 쪼개지고 흩어졌다. 브후테마스가 바우하우스보다 규모가 더 컸고, 두 학교는 실제로 많은 교류를 했다—옮긴이) 와 바우하우스의 호시절에 발견되는 학예(學藝)를 떠올려볼 수 있겠다. 그러려면 신자유주의적 자본주의의 지평을 뛰어넘어 가난한 농민들은 물론이고 비공식 노동에 종사하는 계급들의 노동까지 재통합하는 세계혁명을 지향하는 열정적이고도 급진적인 사유가 필요하다. 그 속에서라야 비로소 우리는 이미 구축된 환경과 생계 수단을 지속 가능한 방식으로 재건할 수 있다. 물론 이것은 완전히 비현실적인 시나리오다. 그러나 건축가, 공학자, 생태학자, 활동가들의 공동 작업이 대안적 세계를 더 가능한 현실로 만드는 데서 작지만 필수적인 역할을 할 수 있다고 믿으면서 희망의 여행을 시작하든지, 아니면 설계자들이 상상력은 풍부하지만 돈만 주면 뭐든지 하는 새로운 엘리트 기획자에 불과해지는 미래에 굴복하든지 선택지는 둘 가운데 하나뿐이다. 지구의 '녹색 지대'(green zone)에서 자신의 개인적 상상을 기념비적으로 실현할 수 있는 화려한 기회를 누릴 수 있을지도 모른다. 그러나 건축과 도시계획의 윤리적 문제들은 공동주택과 무질서한 외곽의 '적색 지대'(red zone)에서만 해결할 수 있다.

이런 관점에서 유토피아를 사유해야만 지구의 각종 위기에 직면해 인류가 계속해서 연대할 수 있는 조건들이 조금이나마 명확해진다. 이탈리아의 마르크스주의 건축가인 만프레도 타푸리(Manfredo Tafuri)와 프란체스코 달 코(Francesco Dal Co)가 '유토피아로 퇴행하는 것'에 반대한다고 말했는데 나는 그들의 경고를 알 것도 같다. 우리가 인류세의 도전에 맞서 상상력을 발휘하려면 주체와 실천과 사회관계들의 울타리를 대안적으로 설정하는 걸 마음속에 그릴 수 있어야만 한다. 그러려면 결국 우리를 속박하고 있는 현재의 정치·경제적 가정들을 중단 폐기해야 한다. 유토피아주의가 천년왕국 신앙인 것은 아니다. 유토피아주의가 임시 가두 연단으로만 국한되지도 않는다. 학자들과 활동가들이 지구온난화의 영향을 논의하고 있다. 새롭게 출현한 이 지적 토론의 무대에서 확인할 수 있는 가장 고무적인 모습 가운데 한 가지는 그들이 단순한 실용을 뛰어넘을 필요성(Necessary rather than the merely Practical)을 열정적으로 옹호하고 있다는 것이다. 더욱더 많은 전문가들이 도시의 빈곤과 기후변화 등 얼키고 설킨 점증하는 위기들과 관련해 우리가 흔히 말하는 '불가능한' 해결책을 시도하기 위해 싸우지 않는다면 사실상 인류 선별 작업에 공모하는 것이라고 경고한다.

최근의 『네이처』(Nature) 사설이 기쁘기 그지없는 이유다. 편집자들은 이렇게 설명한다. "도시화가 걷잡을 수 없이 진행되는 현상은 중대한 도전이다. 통합적이고 다학제적(多學制的)인 접근과 새로운 사고방식이 요구된다고 할 수 있겠다." 그들은 부국들이 재원을 마련해, 발전도상국들의 도시에서 탄소 배출 0을 실현하는 혁명을 해야 한다고 촉구한다. 다음의 제안이 "유토피아적으로 비칠지도 모르겠다"고 그들은 쓰고 있다.

신흥 시장 국가들과 발전도상국의 대도시에서 이런 혁명을 추진하는 게 [허황되게 비칠지도 모르겠다.] 그곳 주민 다수에게는 거처할 집이 없다. 그러나 이런 나라들도 기술을 채택해 빠른 속도로 수용할 능력이 있음을 이미 입증해 보였다. 일반 전화의 유선 설비 단계를 건너뛰고 이동식 무선전화를 채택한 것이 그런 예다. 다수의 빈곤국들에는 지역의 관습과 환경과 기후에 맞춰 건물을 짓고 활용해온 풍요로운 전통도 있다. 서양 사람들은 거의 다 잊어버린 통합적 계획과 설계를 독자적으로 해낼 수 있는 것이다. 이제는 그들도 이런 전통과 현대적 기술을 결합할 수 있는 기회를 누려야 한다.[24]

유엔 인간발전보고서에서도 '인류 연대의 미래'는 발전도상국들이 기후변화의 충격에 적응할 수 있도록 돕는 대규모 원조 계획에 달려 있다고 경고한다. 이 보고서에서는 "기후변화의 위험을 회피하는 데 필요한 저탄소 기술이 신속하게 확산되는 것을 막는 장애물들"을 제거해야 한다고 호소한다. "부국들이 기후변화에 따른 방호벽을 쌓고 자국 시민을 보호하는 가운데, 빈곤국들만 열악한 자원에 기대 허우적대다가 가라앉도록 내버려둘 수는 없다." 보고서에서는 계속해서 이렇게 적고 있다. "기후변화를 다루는 국제 협상의 지속적인 특징인 안주와 발뺌으로 인해 빈국들과 미래 세대가 활로를 찾을 수 없다는 것이 노골적인 진실이다." 모든 인류를 위해 결연하게 행동에 나서야 하지만 도무지 그럴 가망이 없어 보인다. 부국들의 이런 거부 행위는 "역사상 그 유례를 찾을 수 없는 도덕적 타락"으로 기록될 것이다.[25] 지금까지 한 얘기가 바리케이드로 돌진하라는 감상적인 호소로 들렸다면 좋다. 지금까지 한 얘기가 40년 전 강의실과 가두와 예술가들의 작업실에서 터져 나온 함성의 재탕으로 들렸다면 알겠다. 우리 앞에 놓인 증거들을 바탕으로 인류의 미래를 '현실적으로' 전망하는 작업은 메두사의 머리를 보는 것과 같다. 그 앞에서 돌로 변하지 않을 사람이 누가 있겠는가?

〔정병선 옮김〕

---

24) "Turning blight into bloom", *Nature*, 11 September 2008, vol. 455, p. 137.
25) *UN Human Development Report 2007/2008*, pp. 6, 2.

위기의 대(大)히말라야 수계(水系)

농업 위기, 대형 댐 그리고 환경

케네스 포머런츠(Kenneth Pomeranz)

우리는 '물'이라는 것을 당연하게 생각하기 때문에, 물이 뉴스에 나올 때는 거의 항상 나쁜 징조다. 그리고 최근에는 인구가 가장 많은 아시아의 몇몇 나라들에서 물과 관련된 뉴스들이 너무 많이 나왔다.* 그 뉴스들은 한발의 피해를 입은 인도 농민들의 죽음 등 괴롭도록 친숙한 것들에서 놀랄 만한 소식들, 예컨대 새로 만든 쯔핑푸(紫坪鋪) 댐의 수압이 2008년 5월 쓰촨 대지진을 촉발했을 것이라는 증거 등까지 다양하다.[1] 한편 지금껏 거의 뉴스거리가 되어본

---

* 마크 셀든(Mark Selden)과 마크 엘빈(Mark Elvin)의 논평에 감사드린다. 이 논문을 같이 수록해준 『아시아-태평양 저널: 재팬 포커스』(*Asia-Pacific Journal: Japan Focus*)에도 깊은 감사를 드린다.

1) Sharon LaFraniere, "Possible Link Between Dam and China Quake", *New York Times*, 6 February 2009; Richard Kerr and Richard Stone, "A Human Trigger for the Great Quake of Sichuan?", *Science*, January 2009; 雷興林·馬勝利·聞學澤·蘇金蓉·杜方,「地表水體對斷層應力與

적이 없는 빙하들이 이제는 수많은 걱정스런 머리기사들을 만들어내고 있다.

전 세계 인구의 거의 절반이 품고 있는, 물에 관한 희망과 우려가 히말라야 산맥과 티베트 고원 지대에서 교차한다. 다른 지역들에서도 물과 관련된 안건들을 두고 충돌하기는 한다. 터키, 시리아 그리고 이라크는 티그리스 강 상류를 두고 다투고 있고, 이스라엘과 인접 국가들은 요르단 강 유역을 두고 다툰다. 미국과 멕시코는 콜로라도 강을 두고 다투며, 파라과이 강, 파나마 강 혹은 나일 강을 두고 강에 접한 국가들은 서로 다투고 있다. 그러나 그 밖의 지역들 가운데 대(大)히말라야 지역처럼 거대한 규모의 인구, 희박한 강수량, 농업 의존도, 거대 댐 프로젝트들의 범위, 기후변화에 대한 취약성이 모두 결합된 곳은 없다. 이곳에서는 빙하와 매년 녹은 눈물이 흘러서, 지구 전체의 반에 약간 미치지 못하는 인구를 부양하는 강들에 물을 공급한다. 한편 물이 흘러내리는 고도 차이 덕분에 엄청난 수력발전 잠재력이 있다. 동시에, 인도와 중국은 모두 1940년대 이후 자신들이 일군 사회·경제적인 성취 — 계획된 그리고 그와 동시에 시장에 기반을 둔 — 가 지속 불가능한 수준의 지하수 인출에 의존해왔다는 음울한 사실에 직면했다. 이제 수억의 인구가 엄청난 부족에 직면해 있다.

그에 대한 대응으로, 인류 역사상 가장 거대한 일련의 건설 기획을 통해 히말라야의 물을 확보하려는 계획들이 진행되고 있다. 개별적으로 보면, 이들 기획 가운데 일부는 설령 계획대로 작동된다고 하더라도 엄청난 위험을 동반하며, 또 어떤 사람들에게는 도움을 주면서 다른 수많은 사람들에게는 피해를 줄 것이다. 전체적으로 보면, 즉 앞으로 수십 년 동안 지구온난화의 영향을 가장 첨예하게 받을 (이곳) 생태계에 대한 (때로는) 중첩되면서 때로는 서로

地震詩空分布影響的綜合分析-以紫坪鋪水庫爲例」,『地震地質』, vol. 30, no. 4, 2008.12. 수많은 과학자들은 싼샤(三峽) 댐에 저장된 물이, 비록 쯔핑푸 댐이 촉발했을지도 모르는 규모보다는 훨씬 작더라도, 지진을 촉발할 수 있다고 수년 전에 경고했다. Gavan McCormack, "Water Margins: Competing Paradigms in China", *Critical Asian Studies*, vol. 33, no. 1, March 2001, p. 13 참조.

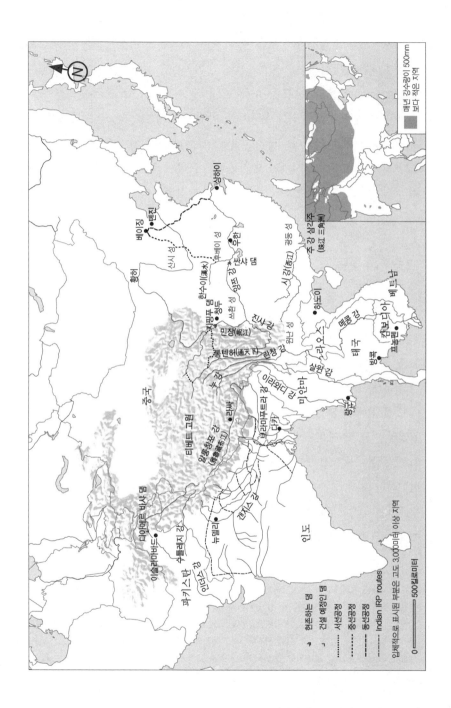

충돌하는 부담의 관점에서 보자면, 이 건설 기획들의 상호작용은 극도로 복잡하며 파괴적인 함의를 가지고 있다. 이 기획들을 책임지고 있는 많은 행위자들(agency, 정부, 시행사 등 이해 당사자들)은 결코 정보를 투명하게 드러내지 않기 때문에, 급격하게 늘어나는 발생 가능한 미래의 시나리오들을 추적하는 것도 극히 어렵다. 그러나 일단 중국에서 출발하여 남쪽에서 중국과 접한 넓은 지대까지 조사해가면 기본적인 윤곽이 일부 드러난다. 중국은 여러 가지 이유로 이 이야기의 가장 역동적인 등장인물이다.

중국의 부족

중국에서 물은 항상 문제였고, 기록이 시작된 까마득히 오래전부터 물을 효과적으로 통제하는 것은 개인적인 영웅주의뿐만 아니라 통치의 정당성과도 연결되어왔다. 혹은 그보다 더 멀리 갈 수도 있겠다. 왜냐하면 전설상의 성군 우(禹)는 홍수를 다스림으로써 통치권을 증명했기 때문이다. 그러나 아마도 물 부족은 과잉보다 더 큰 문제였고, 특히 현재는 더욱 그렇다. 중국의 일인당 지표 및 지표 근처의 물은 세계 평균의 4분의 1 정도이고, 설상가상으로 매우 불균등하게 분배되고 있다. 3억 8천만 인구, 즉 중국 인구의 거의 30퍼센트가 살며 경작 가능한 땅의 반 이상을 차지하는 북부와 서북은 지표수의 7퍼센트만 보유해서, 일인당 지표수는 중국 평균의 20~25퍼센트 정도가 되고 세계 평균의 6퍼센트에도 미치지 못한다.[2] 북부의 강들은 또한 더 많은

2) 이 수치들은 지역을 어떻게 정의하느냐, 물 공급량을 어떻게 측정하느냐에 따라 다를 수 있다. 그러나 전체적인 결론에 영향을 줄 정도는 아니다. 여기서 나는 '북부 및 북서 중국'을 허베이(河北), 산둥(山東), 산시(山西), 산시(陝西), 허난(河南), 간쑤(甘肅) 성에 더하여 베이징과 톈진(天津) 직할시까지 포함한 것으로 간주한다. 내가 사용한 수치들은 Charles Greer, "Chinese Water Management Strategies in the Yellow River Basin", PhD dissertation, University of Texas at

침전물(토사)을 운반한다. 남부 강들의 측정값은 대부분 유럽연합의 식수 침전물 허용 최대치 기준 안에 들어간다. 그러나 웨이쉐이(渭水), 용딩허(永定河), 황허의 중하류는 최대치의 25~50배에 달한다. 북방의 물 부족 때문에, 비록 남방에 훨씬 더 산업 시설들이 많음에도 불구하고 북방의 강들이 세제곱미터당 산업 오염 물질을 훨씬 많이 운반한다.[3] 또한 북방은 일반적으로 연중 물 공급량의 편차가 매우 크다. 유럽이나 아메리카(미국)보다 연중 강수량과 강 수위의 변동이 훨씬 심하다. 비록 북부 인도나 서북 인도처럼 심하지는 않지만 중국 북부의 연간 강수량 편차도 평균치를 한참 뛰어넘는다. 대략 9만에 달하는 중대형 댐들 가운데 가장 유명한 것들은 수력발전과 관계가 있지만 — 이것들에 대해서는 다음에 상술한다 — 그 가운데 다수가 주로 강의 유

Austin, 1975, p. 96에서 도출한 것이다. 비교를 위해서는 Olli Varis and Pertti Vakkilainen, "China's Eight Challenges to Water Resources Management", *Geomorphology* 41, 2001, p. 94 참조(이 자료에 따르면 허베이 평원은 중국 인구의 34퍼센트, 경작 가능한 토지의 39퍼센트, 지표수의 6퍼센트를 차지한다); 주중 미국 대사관에서 펴낸 "South-North Water Transfer Ready to Start Work", *Beijing Environment, Science and Technology Update*, 16 November 2001, p. 2(이 자료는 광역 북부가 인구의 44퍼센트, 경작 가능한 토지의 60퍼센트, 수자원의 15퍼센트를 보유하고 있다고 기술한다); James Nickum, "The Status of the South to North Water Transfer Plans in China", *Occasional Papers: Topical Background Research for the HDR*(여기서는 황화이하이 평원[黃淮海平原, 황허, 화이허, 하이허 유역을 총칭하는 말로 통상적으로 화베이 평원과 같은 의미로 쓰인다-옮긴이]에서 인구의 33퍼센트, 경작 가능한 토지의 40퍼센트, 물 공급량의 8퍼센트를 차지하는 것으로 추정한다). 판지아정(潘家錚, 中國大壩委員會 소속)이 편찬한 『중국의 대형 댐들: 역사, 성과, 전망』(*Large Dams in China: History, Achievements, Prospects*, Beijing 1987)에 나오는 '중국의 수자원 분포'(Water Resources Distribution in China)라는 제목의 지도는 지역 간 불균형을 더욱 크게 묘사하고 있다. 마크 엘빈은 "Water in China's Past and Present: Cooperation and Competition", *Nouveaux Mondes* 12, 2003, pp. 117~20에서 지표수뿐만 아니라 지하수를 합쳐서 이들 수치 일부를 좀 더 개선한다. 그러나 기본적인 지역 간 차이는 여전히 비슷한 수준으로 남는다. 그가 규정한 '북부' 전체는 중국 인구의 46퍼센트를 부양하지만 이용 가능한 수자원은 전체의 15퍼센트 미만이며, 이를 일인당 공급량으로 따지면 대략 전체의 20퍼센트에 해당한다.

3) Elvin, "Water in China", pp. 124~25.

량이 최고조에 달했을 때 물을 저장했다가 다른 시기에 쓰기 위해 존재한다.

중화인민공화국은 이런 문제들을 해결하기 위해 엄청난 노력을 기울여왔고 단기적으로 상당한 성과를 냈지만, 이 성과들은 지금 매우 불안하다. 1950년대 이래로, 주로 마오쩌둥(毛澤東) 시기에, 관개 농경지는 세 배 이상 증가했는데, 그 대다수는 북부와 서부 지역 증가분이었다. 1850~1950년 사이 악명 높은 '기아의 땅'이 주요한 곡물 잉여 지역이 된 것은 다른 무엇보다 이 같은 관개지의 증가 덕분인데, 이는 또한 1949년 이래 국민 일인당 식량 공급량이 두 배가 되도록 개선되는 데도 강력한 영향을 끼쳤다. 관개 덕에 중국 북부의 많은 지역에서는 역사상 최초로 이모작이 가능해졌다. 주로 겨울 밀을 추가로 경작했는데, 이것은 물을 많이 필요로 한다. 그리고 충분하고 안정적인 물 공급은 다양한 신품종과 화학비료를 쓰기 위해서도 필수적이다. 그렇지 않으면 이들은 지력을 고갈시킬 수 있다. 물론 관개 덕분에 비가 경작에 필요한 때에 맞추어 오지 않거나 아예 오지 않아 생기는 문제는 크게 완화되었다. 이전 두 세기 동안, 중국 북부의 농업 환경은 점점 위태로워졌다. 한편으로는 인구 증가가 지하수 수위를 낮췄기 때문이다. 20세기 초의 지도에는 150년 전에 비해 훨씬 호수가 작아 보인다. 그리고 많은 비용을 들여 다시 파야 하는 우물에 관한 보고서들이 많다. 다른 한편으로 한때 청이 제공했던 안전망이 붕괴되었기 때문이다. 그러나 1950년대부터 시작하여—대약진 운동이 좌절된 후—주로 1960년대에는 상황이 매우 인상적으로 전환되었다.

그러나 이런 전환의 큰 부분은 기름이나 전기를 써서 유례없는 깊이에서 지하수를 끌어올리는 깊은 우물들을 광범위하게 이용하는 데 의지했다.[4] 중국 북부에서 지하수의 대규모 이용은 1960년대에 시작하여 1970년대에 정점

---

4) 화베이의 관정(管井) 혁명에 대한 여러 설명 가운데 하나로는 Charles Greer, *Water Management in the Yellow River Basin of China*, Austin, tx 1979, pp. 153~60 참조. 그리어는, 1959년까지 거슬러 올라가는 일인데, 소비에트 기술자들이 광범위한 지하수 이용 확대야말로 남쪽의 물줄기들을 북쪽으로 끌어들이는 방식에 대한 유일한 대안으로 보았음을 지적한다.

에 이르렀는데, 대략 1949~61년 사이 연간 인출 규모의 열 배에 해당한다. 1980년대 무렵부터 이 수준은 1949~60년대의 대략 네 배 수준으로 꾸준히 유지되었다.[5] 그러나 이런 규모의 지하수 인출은 지속 불가능하다. 화베이의 지하수 수위는 최근 꽤 오랫동안 매년 4~6피트가량 내려갔고, 많은 지역에서는 연간 10피트 이상 내려갔다. 일부 추정치에 따르면, 이런 인출 속도가 지속된다면 평원 아래의 대수층(帶水層)은 30~40년 후면 완전히 고갈될 것이다.[6] 이는 결코 중국에만 특수한 상황이 아니다. 예를 들어 미국에서도, 오갈랄라 대수층(Ogallala Aquifer, 남南다코타, 네브래스카, 캔자스, 오클라호마, 텍사스 그리고 와이오밍 동부 지역들의 아래에 있다)은 (화베이와) 거의 똑같은 속도로 고갈되고 있다. 이곳에서도 중국과 마찬가지로 1950년대에 심각하게 과다 인출되었고, 예전에는 농사를 짓기에는 한계지 ― 1930년대의 황진(黃塵) 지대(land of Dust Bowl, 가뭄이나 과다 경작으로 건조화되어 황토가 날리는 곳―옮긴이) ― 였던 곳을 곡창으로 바꾸어놓았다. 그러나 오갈랄라 대수층이 부양하는 17만 5천 제곱마일에 사는 인구는 2백만이 안 되지만, 12만 5천 제곱마일의 화베이 평원에는 2억 1400만이 넘는 인구가 살고 있으며, 그들 가운데 80퍼센트는 농촌 거주민들이다.[7] 1950년대 말 '대약진 기근'을

5) Eloise Kendy, Tammo Steenhuis and David Molden, "Combining Urban and Rural Water Use for a Sustainable North China Plain", First International Yellow River Forum(首屆黃河國際論壇) on River Basin Management, Zhengzhou(鄭州), 12-15 May 2003.

6) Jim Yardley, Jake Hooker and Huang Yuanxi, "Choking on Growth: Water and China's Future", *New York Times*, 28 September 2007.

7) 비교를 위한 수치들은 *China News Digest*, 21 May 1998; Eloise Kendy, David Molden, Tammo Steenhuis, Liu Changming(劉昌明) and Wang Jinxia(王金霞), *Policies Drain the North China Plain: Agricultural Policy and Groundwater Depletion in Luancheng County, 1949-2000*, International Water Management Institute, 2003에서 가져왔다. 오갈랄라 대수층에 대해서는 Marc Reisner, *Cadillac Desert: The American West and Its Disappearing Water*, New York 1993, pp. 435~55; Manjula Guru and James Horne, *The Ogallala Aquifer*, US Geological Survey, National Water-Quality Assessment Program, 2000, pp. 1~12; US Geological Survey, *High Plains*

악화시켰던 가뭄 이래 최악이었던 2008년 화베이의 가뭄은 잠시 국제사회의 이목을 끌었지만, 만성적인 물 부족은 도시와 농촌을 막론하고 어쩔 수 없는 현실이 되었으며, 물 부족과 오염을 둘러싼 충돌은 일상화했다.[8] 그래서, 무엇을 해야 할 것인가?

효율?

우리는 주기적으로 도시의 비효율적인 물 사용에 대해서 듣는다. 예를 들어 중국의 철강업은 철강 1톤을 생산할 때 기술적으로 가장 진보한 나라 철강 제조사들보다 두 배의 물을 사용한다(인도 철강업의 성적은 중국보다 훨씬 더 못하지만 말이다).[9] 새는 관이나 그 밖의 기반 시설 문제는 상당한 낭비를 유발한다. 그러나 상대적으로 말해서, 산업용 손실과 도시 거주용 손실은 사소한 부분에 불과하다. 중국에서 농업은 여전히 전체 물 소비 가운데 최소한 65퍼센트를 차지하며 — 비록 20년 전보다는 비중이, 심지어 절대 소비량에서도 줄어들었지만 — 그 효율성은 훨씬 더 낮다.[10] 상업적인 기준에서 보면 도

Regional Groundwater Study, 2007 참조.

8) 2005년 한 해만 오염 관련 '사고'는 5만 1천 건에 이른다는 것이 '중국 수질오염 조사 — 천재가 아니라 인재다'(中國水汚染調査 — 不是天災而是人禍)라는 기사에서 언급되었다. 2007년 8월 15일자, house.sina.com에서 볼 수 있다.

9) 중국의 수치는 Shao Qiujun(邵球軍) and Zhang Qun(張群), "Evaluation on Sustainable Development of China's Iron and Steel Industry", *2008 International Symposium on Information Processing*, p. 701 참조. 인도의 현황에 대한 견해 가운데 하나로는 Manipadma Jena, "Steel City Tackles its Water Woes", Infochange India website, October 2004 참조.

10) Li Zijun(李志軍), "China Issues New Regulation on Water Management, Sets Fees for Usage", WorldWatch Institute, 14 March 2006. 엘빈은 "Water in China", p. 113에서 1990년대의 데이터를 인용하여 84~88퍼센트의 물이 농업용으로 쓰인다고 제시한다. 이런 수치들을 종합하면, 1980년대 이래 수확의 감소 없이 농업용수 이용량은 20퍼센트 정도 줄어들었던 것으로 보인다.

시는 확실히 가장 많은 낭비가 일어나는 장소가 아니다. 어떤 추정치에 따르면 농촌에서 톈진(天津)으로 보낸 물 1갤런은 농촌에서 사용될 때보다 60배 많은 소득을 발생시켰다.[11] 전체적인 물 수요를 줄이기 위해 가장 희망적인 것은 아마도 비록 도시 인구가 늘어나더라도 도시의 일인당 소비량이 급격하게 증가하는 것을 방지하면서, 이용 효율을 높이는 것일 터이다. 확실히, 가격 인상은 ─ 인상 폭이 소비자들이 견디지 못할 정도로 크지 않다면 ─ 도시 거주자들의 소비를 그리 줄이지 못할 것이다. 그래서 어쨌든 규모 있는 절감은 농촌 지역에서 이루어져야 할 것이다. 이 과정은 시작되었지만, 이것이 파괴적인 사회적 결과를 야기하지 않고 어디까지 진행될 수 있을지는 명확하지 않다.

농업 부문에서 많은 물이 낭비되고 있는데, 이는 부분적으로 농민들이 부담하는 비용이 인위적으로 낮게 유지되고 있기 때문이다. 그 밖에도 대부분의 농촌 공동체들은 더 높은 가격으로 물을 사려는 사람들에게 판매할 시장이 없기 때문에, '낭비'로 인해 지불할 단기 기회비용이 매우 낮다.[12] 그러나 여기서 '낭비'란 어떤 시간 틀(time-frame)을 적용하는가에 따라 의미가 달라질 수 있다는 것을 지적할 필요가 있다. 식물 뿌리에 닿지 않고 다시 땅으로 흡수되는 관개수는 단기적으로는 '낭비되는' 것이다. 흡수된 물들은 그해에 다른 용도로 쓰일 수 없다. 그러나 장기적으로 흡수된 물은 그 지역의 대수층을 다시 채우는 데 도움이 될 수 있다. 반면 적절히 정화하면 재사용할 수 있음에도 정화를 거치지 않고 바다로 흘러가는 오염된 물은 장기적이든 단기적이든 '낭비'이며, 더욱 큰 문제에 해당한다. 중국의 관개농업 부문이 다른 여

---

11) Sandra Postel, "China's Unquenchable Thirst", *World Watch*, vol. 20, issue 6, Nov-Dec 2007. 여기서는 더 적은 수치들이 제시되었지만, 여전히 '소득 20배 이상' 아래로 떨어지는 수치들은 없다.
12) 시장이 있다면, 농민들은 거의 확실히 구매 의사가 있는 사람을 찾아서 도시의 부족을 완화할 수 있을 것이다. 그러나 인도의 예에서 보듯이, 그 결과는 지속 불가능한 수준의 물(지하수) 인출 문제를 더 악화시킬 수 있다.

러 나라들보다 꼭 더 많은 물을 낭비하는 것은 아니다. 그리고 시장가격과 농민이 지불하는 실제 가격의 격차가 이른바 시장에 의해 운영된다는 미국보다 크지도 않다. 그러나 제한된 물 공급량 탓에 낭비는 훨씬 긴박한 문제가 되었다. 물 낭비를 줄이는 기술들은 실제로 존재한다. 그러나 그 비용이 너무 커서 농민들은 보조금을 받지 않으면 이 기술들을 채택하려 하지 않는다. 예컨대 회전식 관개 시스템(Center-pivot irrigation system)은 물 사용을 상당히 줄일 수 있지만, 한 대당 3만 5천 달러에 달하는 비용(화베이 농민 평균 소득의 60년치에 해당한다)으로 인해 단지 초(超)대규모 농장에나 적용될 수 있다. 또 이 장치들은 현존 경작지의 기하학적인 구조와 잘 맞지 않고, 쌀이나 다른 작물들에 필요한 조건들과도 잘 맞지 않는다. 물방울식 관개(Drip-irrigation, 종종 미세 관개micro-irrigation라 불린다)는 비교적 비싼데도 많은 분석가들에게 열렬히 환영받는 또 다른 기술적인 해결책이다. 그 개념은 물을 작은 플라스틱 관을 통해 식물 뿌리로 직접 전달하여, 낭비를 대폭 줄이는 것이다. 이 방식이 처음 개발된 이스라엘에서는 대단한 성공을 구가했고, 물이 희박한 다른 여러 환경들에서도 성공을 거두었다.

그러나 최근 이 방식의 이점에 대하여 회의가 제기되었는데, 주로 앞에서 언급된 '낭비'의 모호함 때문이다. 물방울식 관개는 식물 뿌리에 도달하는 물의 비율을 높이기 때문에, 고정된 수원(예를 들어, 봄에 사용하기 위해 겨울에 빗물을 받아놓은 지상의 물탱크 등)의 물로 전통적인 수로나 정확하게 조준하지 않은 스프링클러 등을 이용한 관개보다 더 많은 작물에 물을 공급할 수 있다. 그러지 않으면, 전과 똑같은 규모의 작물에 물을 대면서 물방울 관개를 이용함으로써 남은 물은 다른 이용자들에게 팔 수도 있다. 그러나 수원이 지하의 대수층이라면, 이 물은 과도하게 뽑아내면 고갈될 수 있으며, 새 방식의 이익은 훨씬 모호해진다. 이 경우, 수로 바닥으로 다시 흡수되는 물의 많은 부분은 대수층을 다시 채우는 데 도움을 주며, 이 물은 장기적인 관점에서는 꼭 '낭비된다'고 할 수 없다. 반면 물방울 관개란 정확히 농민이 그해 구매하는 물의 거의 대부분이 작물을 키우는 데 이용됨을 의미하므로, 그 농민은 덜 '효율적인' 방식으로 물을 이용할 때보다 더 싸게 물을 사는 셈이다. 그렇다 면 그는 (싼) 물을 더 많이 살 동기를 가지게 된다.

이리하여 물방울 관개가 단기간에 식량 생산량을 극대화하기 위해서는 좋 은 방법이겠지만, 중국 북부나 앞으로 보게 될 지하수 남용이 커다란 문제가 된 인도와 파키스탄 북부의 여러 지역들 같은 곳에서는 장기적으로 물 부족 을 실제로 악화시키게 된다. 이런 가능성이 그저 이론적인 것만은 아니다. 최 근 리오그란데 계곡 상류의 미국과 멕시코 국경 양측에서 이루어진 물방울 관개에 관한 한 조사에서는 정확히 이런 식으로 물의 사용량이 증가했다는 결론에 도달한다.[13] 간단히 말해, 첨단 기술을 이용한 방법들을 선택적으로 시행하면 어떤 면에서는 도움을 받을 수 있지만, 이 방식들이 심지어 모든 비 용을 댈 수 있다 하더라도 중국의 문제들에는 전면적인 해답이 될 수 없다.

역설적으로 하급 기술을 이용한 물 이용 효율성 증가 방안들이 더 큰 잠재 력을 가질 수 있다. 수로 라인을 재정비하고, 수로에 덮개를 씌우고, 새는 관 을 수리하는 등의 단순한 방식들로 얼마나 많은 물을 절약할 수 있을지 정확 히 알기는 거의 불가능하다. 중국이나 다른 지역들의 상당수 수자원 기반 시 설의 질이 낮다는 점을 감안하면 절약되는 양은 아마도 매우 클 것이다. 그러 나 이 방식들도 비용이 들며, 대부분의 농민들이나 지역 공동체는 보조금이 나 더 큰 유인 동기를 주지 않으면 이들 시설에 투자하지 않으려 할 것이다. 더 효율적인 오염 통제 방식(전체는 아니더라도 그것들 일부는 매우 간단하 고 상대적으로 비용이 적게 드는 기술을 이용하여 쓸 수 있다)도 매우 큰 도움 을 줄 수 있다. 그러나 여기서도 심각한 유인 동기 문제가 있다. 지방 관료들

---

13) Frank Ward and Manuel Pulido-Velazquez, "Water Conservation in Irrigation can Increase Water Use", *Proceedings of the National Academy of Sciences*, vol. 105, no. 47, 25 November 2008.

의 입장에서 보면, 일반적으로 현지 공장과 일자리를 보호함으로써 얻는 것이 물을 보호함으로써 얻는 것보다, 당연한 이야기지만 특히 하류 사람들이 쓸 물을 보호함으로써 얻는 것보다 크다.

관개용수 가격을 좀 더 상업화하면 그런 유인 동기를 제공하는 데 도움이 될 것이다. 그러나 여기에는 심각한 사회·정치적인 제약들이 있다. 물의 가격을 높이면 십중팔구 농업 생산량이 줄어든다. 물론 중국은 해외에서 식량을 수입할 충분한 외화를 가지고 있지만, 정부는 수입 의존도가 높아지는 것을 꺼리고 있다. 특히 물의 가격이 올라가면 곡물에서 채소나 과일 생산으로 전환한 농민들에게 타격을 줄 것이다. 이런 작물들은 곡물보다 더 많은 물을 필요로 하고, 물의 가격이 쌀 경우 조그마한 경작지를 가진 농민들은 곡물보다 단위당 노동력이 더 많이 투입되는 이 작물들을 경작하여 더 많은 소득을 얻을 수 있다. 그리고 베이징과 외부 세계가 수입 농산물에 대한 중국의 수요가 크게 느는 것에 동의하더라도, (여전히) 그런 시나리오 아래에서 농민들 자신은 어떻게 될 것인지의 문제가 남는다. 농민들의 소득은 이미 다른 중국 노동자들의 소득에 한참 뒤진다. 물의 가격이 상당히 오른다면 이미 급격한 이촌향도(離村向都) 현상은 대대적으로 가속화될 것이다. 결과적으로 농업 부문에서의 더 이상의 물 절약은, 그것이 비록 매우 중대하고 잠재력이 크며 거대한 물 이송(water-moving) 기획들보다 환경적으로 훨씬 덜 위험하지만, 느리고 고통스러운 과정이 될 것 같다.

이송(移送)

이런 상황 아래서, 많은 관료들은 기술적으로 야심 찬 거대 기획들 외에 다른 대안이 없는 것으로 여긴다. 특히 남수북조(南水北調, 남쪽의 물을 북쪽으로 보낸다) 공정이 핵심이다. 650억 달러짜리 계획(2001년 공식적으로 승인될 때까지 수십 년간 논의되었다) 이면에 있는 개념은 간단하다. 양쯔(揚子) 강과 그 지류의 물을 물이 훨씬 희소한 화베이로 끌어온다는 것이다. 그러나 이 계획을 시행하는 것은 극도로 어려우며, 일부 있을지 모를 실패들 가운데 어떤 것이 벌어지든 그 후과는 엄청날 것이다.[14] 완공되면 남수북조는 지구상에서 가장 큰 건설 공정이 될 것이다. 이 공정으로 매년 450억 세제곱미터의 물이 운송되는데, 이는 황허의 연간 평균 유량과 거의 비슷하다.[15] 이 공정은 세 부분으로 구성된다.

1) 동선공정(東線工程): 양쯔 강 하류의 장쑤(江蘇) 성에서 톈진까지 물을 끌어오는 것으로 대략 명청(明淸) 시대의 대운하와, 한 지선(支線)을 따라 산둥 반도에 닿는다. 여기에는 여전히 많은 문제점들이 제기되지만, 남수북조 공정 가운데 기술적으로 가장 단순하다. 이 공정의 일부는 2008년 가동에 들어갔고, 2010년 완공될 예정이다.

2) 중선공정(中線工程): 쓰촨의 싼샤 댐 근처에서 시작하여 베이징까지 닿는다. 이 공정의 작업은 최근 환경적인 문제들과 공정로 상에 있는 일부 이주민들의 저항에 대처하느라 연기되었다. 환경문제는 원래 예측보다 훨씬 복잡한 것으로 드러났다. (2009년 5월에는 무려 30만이 넘는 주민들이 떠나기로 예정된 후베이湖北 성 단장커우丹江口 부근에서 대규모 항의 시위가 벌어졌다.)[16] 공식적인 계획에 따르면 여전히 2014년까지 이 경로를

---

14) 이 기획에 대한 영어로 된 좋은 설명으로는 Liu Changming(劉昌明), "Environmental Issues and the South-North Water Transfer Scheme", *China Quarterly* 156, December 1998, pp. 900~04. 또한 McCormack, "Water Margins", pp. 19~20; US Embassy in China, "South-North Water Transfer Ready to Start Work", pp. 1~2; Nickum, "Status of the South-to-North Water Transfer" 도 참조.

15) "South-to-North Water Transfer Project", 중화인민공화국 수리부(Ministry of Water Resources) 웹사이트.

16) Chris Buckley, "China's Giant Water Scheme Creates Torrent of Discontent", *Reuters*, 27

통해 베이징까지 물을 끌어오게 되어 있다.

3) 서선공정(西線工程): 이 계획은 사실 두 노선으로 구성되어 있다. 얄룽창 포(Yalong Zangbo 또는 Yarlung Tsangpo), 따뚜허(大渡河), 통톈허(通天 河), 진사(金沙) 강의 물(이 강들은 모두 양쯔 강으로 흘러간다)을 산맥과 티베트 고원을 통과하여 끌고 가서 황허에 연결하면, 황허가 이를 화베이 전역으로 운반한다(뒤에도 나오지만 얄룽창포 강은 양쯔 강이 아니라 갠 지스 강으로 흘러 들어간다–옮긴이). 이 공정은 전체 공정 가운데 가장 복잡한 부분으로, 작업은 2010년 시작될 것으로 계획되어 있지만, 2050년 까지 완공되지 못할 것이다.

남수북조 공정은 그 규모와 비용에 걸맞은 불확실성도 동반하고 있다. 무 엇보다도 남쪽의 물이 북쪽에 도달할 때 그 물이 얼마나 오염될까가 문제다. 이런 규모로 물줄기를 바꾸면 유속이 변화하고 침전율(沈澱率)과 그 밖의 중 요한 특성(수질)들이 예측 불가능한 방식으로 바뀌는데, 그래서 원래 필요하 다고 생각된 정화 시설을 보강하기 위해 원 계획은 이미 수정되었다. 수량 변 화는 또한 스스로의 힘으로 하상을 긁어내는(침식하는) 다른 강들의 능력에 영향을 줄 것이다. 특히 양쯔 강의 가장 큰 지류 가운데 하나인 한수이(漢水) 에 줄 영향이 걱정거리다. 배수가 잘 되지 않는 지역을 통과하는 운송 수로 탓 에 또한 지하수 수면이 상승할 것이고, 토양에 과다한 염분이 더해질 것이다. 염해는 화베이의 관개지에서 이미 일상적인 문제다. 그리고 양쯔 강 삼각주 에서는 해수의 침투율이 증가할 것이다.[17] 좋든 싫든 우리는 곧 동선공정을 통해 교훈을 얻을 것이고, 몇 년 안에 중선공정을 통해서도 배우게 될 것이다.

February 2009; Michael Bristow, "Delays Block China's Giant Water Scheme", BBC News, 8 February 2009; Shai Oster, "Water Project in China is Delayed", *Wall Street Journal*, 31 December 2008 참조.

17) Liu, "South-North Water Transfer Scheme", p. 905.

그러나 그 긴 시간 범위에도 불구하고 화두는 — 중국의 극서(極西)에서 벌어지는 다른 공정들과 함께 — 서선공정이다. 우선 서선공정은 가장 극적인 보상 잠재력을 제시한다. 이 공정으로 중국 서남단의 방대한 수자원들을 확보할 것이라는 계산이다. 티베트 하나가 중화인민공화국 담수 공급량의 30퍼센트를 담당하는데, 그 대부분은 히말라야 산맥에 매년 내리는 눈과 빙하 녹은 물에서 나온다. 이 수자원 문제는 사람들이 잘 듣지 못하는 티베트 문제의 한 측면인데, 후진타오(胡錦濤)와 원자바오(溫家寶)를 포함한 중국 공산당 내의 많은 공학자들은 이를 잘 인지하고 있다. 중국인들도 점점 이를 인식하고 있는데, 티베트의 물로 만든 생수 광고가 열차 좌석의 뒷면이나 다른 장소를 장식하고는 오랫동안 서방의 소비자들에게 익숙한 형식으로 원시적인 깨끗함이라는 아이콘을 보여준다. 이 산악 지대에서의 수리 공정은 물뿐만 아니라 엄청난 양의 전력을 제공한다. 수력 발전량은 터빈에 떨어지는 물의 낙차에 정비례한다. 양쯔 강은 중국 내지(內地, 흔히 한족漢族 중국인이 다수인 거주지를 뜻하며, 전통적으로 중국 땅으로 인식되어온 곳이다. 현재 티베트나 신장新疆 등 중국령이지만 역사적으로는 다른 민족들의 땅이었던 곳과 대비시키기 위한 용어다-옮긴이)에 들어오기도 전에 해수면 기준으로 90퍼센트까지 수위가 낮아지며, 황허는 내몽골을 떠나기 전에 80퍼센트까지 수위가 낮아진다.[18] 2009년 4월 중국 정부는 양쯔 강 상류와 그 지류에 20개의 수리 공정을 추가한다고 발표했다. 이것들이 완공되면 이론적으로는 싼샤 댐을 포함한 이 강의 현존 수력발전 용량을 66퍼센트 증가시킬 것이다.[19]

---

18) 양쯔 강에 대해서는 Tao Jingliang(陶景良), "Features of the Three Gorges Reservoir", in Joseph Witney and Shiu-hung Luk, eds., *Mega-Project: A Case Study of China's Three Gorges Project*, Armonk, NY 1993, p. 68; Lyman Van Slyke, *Yangtze: Nature, History and the River*, Reading, MA 1988, p. 15 참조. 황허에 대해서는 『黃河水利史述要』, 北京 1982, pp. 4~7 참조.

19) Li Jing, "Yangtze hydro projects to get a boost", *China Daily*, 21 April 2009에서 취합한 수치들로 계산했다.

그러나 서선공정은 또한 단연코 가장 복잡한 성격을 띠는데, 이는 단순히 기술적인 도전들이 가장 복잡하며 해결책들이 아직 검증되지 않았기 때문만은 아니다. 중국의 농업 수요와 산업 수요, 현지 티베트인, 이족(彝族), 먀오족(苗族)과 그 밖의 소수민족들의 삶이 가장 직접적으로 부딪치는 곳이 윈난(雲南) 부근인 바로 이곳(히말라야 지대)이다. 댐 건설의 환경적인 위험이 국제적으로 주요한 논쟁거리가 되는 곳이 바로 이곳이며, 인도 아(亞)대륙과 동남아시아의 수억 인구가 의존하고 있는 메콩 강, 살윈(Salween) 강, 브라마푸트라(Brahmaputra) 강과 그 밖의 다른 강들에 엄청난 영향을 주는 곳이 바로 이곳이다. 그리고 대규모 수리 공정(이것들은 항상 많은 불확실성을 품고 있다)들이, 언제나 유별나게 취약했으며 이제는 기후변화 때문에 평균보다 훨씬 큰 규모의 추가적인 불확실성과 마주하고 있는 현지 환경과 충돌하는 곳이다. 티베트라는, 양극 지대를 제외하면 압도적으로 가장 거대한 빙하들의 고향인 이곳은 21세기 동안 지구 평균기온 상승의 두 배 속도로 더워지리라 예상된다.[20]

티베트에서의 댐 건설

비록 중화인민공화국이 1950년대와 1980년대 중반 사이에 많은 댐을 세웠지만, 극서(極西) 지역에 있는 것들은 상대적으로 적다. 이 지역에 수력발전 잠재력이 집중되어 있다는 점을 생각하면 이는 놀라운 일이지만, 다른 각도에서 보면 일리가 있다. 1990년대의 급속한 발전 이전에는 에너지 생산을 극대화할 필요성이 덜 긴박하게 느껴졌고, 여전히 전력 생산의 80퍼센트를 담

---

20) Timothy Gardner, "Tibetan Glacial Shrink to Cut Water Supply by 2050", *Reuters*, 6 January 2009.

당하는 석탄에 대한 의존도 훨씬 덜한 걱정거리였다.[21] 자본이 부족한 곳에서 엄청난 규모의 노동력(특히 계절별 유휴 농업 노동력)을 동원하여 많은 댐들이 건설되었다. 고향에서 가까운 작업장에 이 노동자들을 배치하는 것이 이들을 멀리 내보내는 것보다 훨씬 쉬웠다. 예컨대 도로 같은 지원 기반 시설이나 오지 산악 지대에서 댐을 건설할 기술이 없었다. 양쯔 강 최상류 지대는 1970년대 말까지 측량조차 되지 않았다. 중앙정부도 오늘날보다는 극서 지역의 급격한 발전에 대해 반신반의했다. 지도자들은, 급격한 문화적인 변동을 피하면서, 이곳의 정치적인 안정을 위한 최적의 공식을 제공하는 방안으로서 더 가부장적인 정책으로 기우는 경향이 있었다.

그러나 지난 20년 동안 이 모든 것이 바뀌어서 윈난과 특히 티베트에서 대형 댐들을 건설하는 방향으로 선회했다. 이 지역의 자본 집약적인 공정을 하는 데 필요한 지원 기반 시설과 기술적인 능력은 갖추어졌다. 국내에 에너지와 물 공급을 늘려야 하는 압박은 더 강해졌다. 더욱이, 정권은 극서 지역의 소득을 늘리는 것이 이 지역을 통제하고 활용하는 최상의 방법이라고 굳게 결심했다. 비록 고통스러운 문화적인 변동과 다수의 한족 이주민 유입 그리고 개발에 따르는 심각한 불평등이 중단기적으로는 갈등을 키우더라도 말이다. 좋든 싫든, 서부 변경 정책에서 과거에 보였던 가부장주의(이 가부장주의는 오랜 기간에 걸쳐 점진적으로 약해졌지만, 최소한 청까지 소급된다)는 이제 확실히 폐기되고 있다. 한편 중앙정부와 성 정부(지방정부), 민간 투자자들의 관계는 댐 건설이 가속화되면서 전력과 이윤을 동시에 얻을 수 있는 거대한 기회를 창출하는 데 일조했다.

'서쪽의 전기를 동쪽으로 보낸다'(서전동송西電東送)는 기획은 특히 급속히 발전하는 광둥(廣東)을 위해 윈난의 수력발전을 개발하는 것에 집중하는

---

21) Keith Bradsher, "China Outpaces US in Cleaner Coal-Fired Plants", *New York Times*, 10 May 2009.

데, 이 기획은 1980년대로 거슬러 올라간다. 1993년에는 최초로 계절별 전력 수송이 시행되었다. 2001년부터 광둥의 관료들은 윈난 당국과의 연간 전력 구매 계약들을 성사시키기 시작한다. 동시에 베이징의 관료들은 석탄을 이용한 발전소들을 광둥에 추가로 건립하는 계획들을 거부하기 시작하는데, 이로 인해 수력발전 전기가 급격하게 성장하는 주(珠) 강 삼각주에는 절대적인 필수품이 되었다.[22] 최소한 나에게는, 이 이야기에서 성 정부와 중앙정부의 권력 관계가 정확히 어떤 상황인지 명백하지 않다. 어떤 이들은 이를 부유한 광둥이 자체적으로 에너지 공급량을 확보하기 위해 이곳으로 손을 뻗치는 것으로 이해할 수도 있다. 그러나 성 내에 발전소를 짓지 못하게 한 베이징에 대하여 광둥 내부에서 제기되는 불만이나 충분한 수력발전 전기가 제때에 도착하지 못하는 것에 대한 불만 등을 보면, 새로운 성 간의 협약들은 중앙정부가 제안하여 어쩔 수 없이 체결하는 타협이라는 점을 시사한다. 중앙정부의 입장에서는, 이런 성 간의 배치가 고속 성장하는 연해 지역에 대한 영향력을 유지하는 수단이면서 동시에 주변부 지역을 베이징의 전국적 정치경제의 전망으로 더욱 깊숙이 통합하는 수단이었다.

더 일반적으로 보아, 이른바 중국 전력 산업이 '기업화'됨으로써 서남부의 수력발전에 큰 이해관계를 가진 공적·사적 행위자들 간의 복잡한 연결망이 생성되었다.[23] 국유 중국국가전력공사(中國國家電力公司)는 2002년 다섯 개 기업으로 분할되었는데, 각 기업은 모두 특정한 수계에 대하여 독점적인 개발권을 가지고 있다(여섯 번째는 싼샤와 관련이 있는데 국무원 직할이다). 이

---

22) Darrin Magee, "Powershed Politics: Yunnan Hydropower under Great Western Development", *China Quarterly* 185, March 2006, pp. 25~26; Grainne Ryder, "Skyscraper Dams in Yunnan", Probe International, 12 May 2006, p. 3.

23) Magee, "Powershed Politics", p. 35. 중국 전력 산업 개혁에 관한 유용한 연대표를 보려면 John Dore and Yu Xiaogang, "Yunnan Hydropower Expansion", Unit for Social and Environmental Research, Chiang Mai University, March 2004, p. 13 참조.

런 회사들은 국가 소유이지만, 이들은 상하이, 홍콩, 뉴욕의 증권거래소에 민간 투자자들에게 주식을 팔 수 있는 부분 소유 자회사(partly-owned subsidiary)들을 세워서, 통제권을 유지하는 동시에 자본금을 조성했다. 한편 투자자들 입장에서 발전 기업의 주식은 어떤 특정한 제조 업체에 대한 정확한 정보를 얻을 필요도 없이 '중국 경제 전체'에 베팅할 기회를 주는 상품이다. 이어서 이 자회사들은 국가전력공사에서 분할된 다섯 개 대기업 산하의 다른 자회사들 혹은 성 정부가 세운 회사들과 제휴하여 또 다른 회사를 세우고, 이렇게 만든 회사들은 특정한 기획(공정)을 담당한다.

이 시스템으로 인해 댐 건설자들은 민간 자본시장과 사기업의 구조를 이용할 수 있게 되는 한편, 그들(건설자들)과 국가의 연계는 여전히 중요한 상태로 유지된다. 란창(瀾滄) 강과 메콩 강 상류의 개발권을 가진 화넝전력집단(華能電力集團)은 최근까지 전 총리이자 싼샤 댐의 주요한 옹호자였던 리펑(李鵬)의 아들 리샤오펑(李小鵬)이 이끌었다(리샤오펑은 중국의 다른 수많은 지도자들과 마찬가지로 공학에 배경을 두고 있는데, 지금은 산시山西 성 부성장으로 전직하여, 공업과 석탄 채굴을 담당하고 있다).[24] 자회사를 설립하면서 모회사는 자회사가 새로운 업계에서 맞을 높은 리스크에 대한 대가로 종종 주요 자산, 예컨대 발전기, 운송 라인, 개발권 등을 넘겨준다. 이런 자산들을 위한 시장이 잘 개발되어 있지 않고 국유 모회사는 자회사처럼 이윤 창출 압박을 그렇게 강하게 받지 않기 때문에, 자회사와 투자자들의 비용을 줄여주기 위해(혹은 그들의 이윤을 늘려주기 위해) 이들 자산의 매각가는 쉽게 조작될 수 있다. 그리고 이런 회사들은 계속해서 상호 간의 사업 관계를 이어가기 때문에(예를 들어 다른 회사의 라인에 동력을 공급하는 등) 이윤을 창출해야

24) Yang Lifei, "Li Xiaopeng Named Deputy Governor of Shanxi", *Shanghai Daily*, 12 June 2008; Xinhua Economic News Service, "Li Xiaopeng Appointed Vice Governor of Shanxi Province", 12 June 2008.

하는 단위와 그렇지 않은 단위 혹은 힘 있는 행위자(참여자)들이 선호하지 않는 단위 사이에서 비용을 전후로 전가할 기회가 많다.[25] 정부와의 (긴밀한) 연관 관계 덕택에 이 회사들은 더 쉽사리 사회적·환경적인 비용 전부를 감당하지 않거나 훨씬 덜 감당할 수 있다.

마지막으로 이에 못지않게 중요한 사항을 언급하면, 멀리 상류에서의 매우 크고 예측 불가능한 수량 변동 때문에 발전기는 항상 완전 가동되지 못할 것이고, 이로 인해 실제로 생산되는 전력은 이 공정의 일람표에 기록된 '장착된 발전기'의 엄청난 용량보다 훨씬 적을 수도 있다. 투자 파트너를 찾거나 건설 허가를 받고자 하는 개발권 보유자들로서는 이 불확실성들을 강조할 유인이 없다.[26] 물론 이것은, 중국의 제한된 선택지를 고려한다면, 모든 댐들이(대형 댐들을 포함하여) 경제적으로 타당성이 없다는 의미는 아니다. 어떤 경우에는 환경적인 면에서 타당성이 있을지도 모른다. 그러나 이것은 많은 댐들이 거의 확실히 정치적인 동기에서 지어진다는 것 혹은 정부와 (밀접한) 연계를 가진 이들의 이윤 추구의 결과로 지어진다는 것을 의미한다. 이 경우 협소한 경제성 분석만으로도 댐 건설의 타당성은 부인될 것이다.

심지어 중국 북부와 동부의 수백만 명에게 실제로 도움을 줄(그 나라의 탄소 배출량을 줄이고 미래의 식량 수입량을 줄이는 데 기여한다면 아마도 이들 외의 다른 이들에게도 혜택을 줄) 수리 공정이라고 할지라도 이 공정이 진행되는 지역에 사는 사람들에게는 엄청난 영향을 끼친다. 서남단의 티베트인

25) 그레인 라이더(Grainne Ryder)는 이런 이유로 싼샤 댐과 윈난에서 진행되는 여러 수력발전 공정들의 경제성에 대해 회의적이다. "Skyscraper Dams", pp. 5~6. 그리고 '수생 생태계와 회복에 관한 메콩 강 프로그램'(Mekong Programme on Water Environment and Resilience) 웹사이트에 기재된 초고인 "China's New Dam-Builders and the Emerging Regulatory Framework for Competitive Power Market", 2006.7.6-7 참조.
26) 마크 엘빈은 "공학적인 기준에서 수력발전을 위한 더 좋은 기회들은 이미 고갈되었다"고 결론을 맺는다. "Water in China", p. 125.

들과 다른 소수민족들이 아마도 가장 크게 영향을 받을 것이다. 2009년 5월 티베트 망명정부의 미확인 보고에 따르면, 최소한 여섯 명의 티베트 여인들이 티베트와 쓰촨 경계의 수리 공정을 반대하다 보안군의 발포로 부상당했다.[27] 여기서 문제가 된 것은 티베트인들이 성스럽게 여기는 호수나 강에 대한 인간의 간섭, 예컨대 얌드록초(Yamdrok Tso)에 세운 대형 댐 같은 것들이다.[28] 대부분 멀리 한족들에게 전력과 물을 공급하기 위해 얄룽창포 대만곡에 짓기로 제안된 대형 댐, 발전 용량 4만 메가와트짜리로 싼샤 용량의 두 배를 보유한 이 댐은 다시 한 번 성소(聖所)에 극적인 변형을 일으킬 것이다.

한편 그 공정은 수많은 사람들의 전통적인 생계에 심각한 위협을 주고 있다. 도로와 철로 건설(특히 칭하이–티베트 간 칭장靑藏 고속도로와 그 옆을 달리는 철로는 2006년 완공되었다)은 인접 지역들의 영구동토층에 심각한 손상을 입힐 것으로 보인다. 동토층은 수많은 지하 호수들을 보호하고 있는데, 이들에 손상을 입히면 이미 걱정스러울 정도인 이 지역의 건조화를 악화시킬 것이다. 중국 조사 팀은 최근 양쯔 강의 일부 수원들이 마르고 있으며, 그 지역들이 사막화하고 있다고 보고했다. 티베트의 수많은 목축민들에게 중요한 습지와 초지는 이미 상당히 줄어들었는데, 이는 그 과정을 가속화할 것으로 보인다. 지금 윈난에 존재하는 댐들은 현지 어장을 교란하는 것으로 드러났고, 새로운 댐들은 중국에서 생물 다양성이 가장 집중된 곳에 심대한 위협을 제기하고 있다.[29] 이 지역의 많은 부분이 지진대에 속하기 때문에, 지진이 재

27) "6 Tibetans Seriously Wounded in Protests Against China's Hydro-Electric Dam Project", 티베트 중앙 행정부(Central Tibet Administration) 웹사이트, 2009.5.26.

28) 얌드록초에 대해서는 *Death of a Sacred Lake*, London 1996, Free Tibet Campaign (UK) 참조.

29) "Permafrost Soil in Yangtze River Area Disappearing", Xinhua News Agency, 13 February 2009. 중국어로 된 자료로는 楊繼斌, 「長江在這里失踪了」, 『南方週末』, 2009.2.18, infzm.com에서 볼 수 있다. 습지의 사막화는 아시아 소사이어티(Asia Society) 웹사이트의 유익한 비디오 "Origins of Rivers: Omens of a Crisis"의 주제 가운데 하나다. 최근 유엔의 한 보고서에서는 근처에 세워질 것으로 계획된 28개의 댐을 언급하면서, 이 지역을 세계에서 생물 다양성이 가장 풍부하며 가장 간

앙적인 댐 실패(붕괴)를 촉발해서 급작스런 홍수가 발생할 위험성을 배제할 수 없다.

산맥의 남쪽

물론 더 하류의 수억 인구도 히말라야 산맥에서 발원한 강들에 기대어 살고 있다. 자신들도 물을 확보할 야심 찬 계획을 가진 이 중국 남쪽의 나라들은 중국의 계획들이 자신들이 현재와 미래에 이용할 물을 선취할까 걱정하고 있다. 얄룽창포 대만곡을 대상으로 기획된 대형 댐과 물길 돌리기 공정이 핵심 사안이다. 4만 메가와트급 수력발전 공정은 그 자체로 거대한 논쟁거리다. 그러나 히말라야 산맥의 남쪽 사람들에게 더 중요한 것은 이 계획이 댐에 방대한 양의 물을 가둘 뿐 아니라 결국 남수북조 공정에 물을 대기 위해 물줄기를 돌리려고 한다는 점이다. 현재 물줄기는 아삼(Assam)으로 흘러 브라마푸트라 강을 형성하는 데 일조하며, 브라마푸트라는 이어서 갠지스 강에 합류하여 세계에서 가장 큰 삼각주를 형성하고 유역의 3억이 넘는 주민들 대다수에게 물을 공급한다. 한때 인도와 방글라데시가 중국이 이 강의 줄기를 바꿀 거라 우려했지만 베이징은 그런 의도가 없음을 반복적으로 천명했다. 그러나 물줄기 돌리기 공정이 실제로 진행되고 있다는 소문이 계속되었고, 인도 총리 만모한 싱(Manmohan Singh)은 2008년 1월 베이징 방문에서 강의 경계에 대하여 의문을 제기한 것으로 알려졌다. 올해 5월 전직 수리부장 왕슈청(汪恕誠)이 부인한 것이 최근 중국 측의 발언이다.[30]

섭을 적게 받은 온대 생태계의 하나로 칭했다. World Conservation Monitoring Centre, "Three Parallel Rivers of Yunnan Protected Areas", pp. 1, 4~6.

30) 각각 "Plan to Open Two More Trade Points with China", *Hindustan Times*, 21 November 2006; "India Quakes over China's Water Plan", *Asia Times Online*, 9 December 2008; "China

1999년, 당시 부총리였던 원자바오는 중국 과학자·기술자들과의 대담에서 물 부족이 '중국의 생존'을 위협하고 있다고 했다. 물은 실제로 생존의 문제다. 그러나 중국만의 문제는 아니다. 아시아 큰 강들 대부분(황허, 양쯔, 메콩, 살윈, 이라와디, 브라마푸트라, 갠지스, 수틀레지Sutlej 그리고 인더스 강)은 히말라야의 빙하와 눈물에서 기원하며, 갠지스 강을 제외하면 모두 중국령 티베트에서 발원한다. 이 강들을 공유하는 것에 관한 협약은 대부분 존재하지 않으며, 심지어 이들 강에 대한 정보도 교환되지 않는다. 남아시아와 동남아시아 전역에 물 문제가 있지만 그 성격은 서쪽에서 동쪽으로 가면서 달라진다. 파키스탄과 인도 북부의 많은 지역에서는 농촌의 전력 공급 부족은 물론이고 농업용뿐만 아니라 일상 가정용 물의 부족이 심각하다. 많은 사람들에게 전자의 문제는 후자의 문제를 악화시킨다. 전력 부족 탓에 깊은 우물을 이용할 수 없기 때문이다. 그러나 장기적으로 보면, 물 공급 위기를 해결하지 않고 전력 부족 문제를 완화하는 것은 단지 미래의 부족을 심화할 뿐이다. 반면 동남아시아의 대부분 지역에서는 물이 지금까지는 풍부하다. 그러나 전력 공급이 부족하고, 이 부족을 완화하기 위한 수력발전 계획들은 취약한 하천 생태계를 위협하고 있다.

파키스탄은 아마도 지구상의 어떤 나라보다 더 관개에 의존한다. 이 나라의 반 이상에서 연간 강수량이 8인치 이하다. 피닉스의 연간 8.4인치를 생각하면 될 것이다. 국토의 단 8퍼센트에서 20인치 이상이 내리는데, 이 수치는 텔아비브와 같다. 그러나 이 나라에서는 농업이 압도적이고, 거의 80퍼센트에 달하는 경지에는 관개가 필요하다. 최근 1990년까지 관개용수는 물 이용의 96퍼센트를 차지했다. 지하수의 많은 부분이 염분이 섞여 있거나 심하게

won't divert world's highest river to thirsty north", Xinhua News Service, 25 May 2009 참조. 2000년의 확인되지 않은 보고서들에서는 베이징이 이미 이 일을 진행하기로 결정했지만, 싼샤 공정이 완성되는 2009년까지는 실시하지 않을 예정이라고 했다. McCormack, "Water Margins", p. 18.

오염되어 있기 때문에 사람들은 일상생활용 물을 종종 관개수로에서 빼내온 것에 의존한다.[31] 농업은 여전히 경제의 중심축이고, 심지어 곡물 수출을 급격히 늘리려는 계획도 있다. 이들 계획은 해외 투자자들의 지원을 받고 있는데, 곡물은 주로 중동으로 수출하게 된다.[32] 관개의 효율을 높이기 위한 노력들이 진행되고 있지만, 정부는 또한 공급을 크게 늘릴 공학적인 방법을 찾고 있다.

인도 북부와 서북부는 파키스탄만큼 건조하지는 않지만 수백만의 농민들이 살고 있으며, 일부 건조지역과 강수가 매우 불규칙하거나 종종 부족한 지역들이 속해 있다. 인도 전체를 보면, 일인당 물 공급량은 중국과 마찬가지로 세계 평균의 4분의 1 정도다. 더욱이 연간 강수량의 대부분이 15일 이내에 집중되고, 전체 강물 유량의 90퍼센트가 4개월 동안에 흐른다. 그러나 인도는 일인당 물 저장 용량이 중국의 5분의 1, 미국이나 호주의 4퍼센트에 불과하다. 지표 관개를 위한 수로들은 영국 통치기에 일부 지역에서 놓였고, 독립 후에는 상당히 더 큰 규모로 만들어졌다. 그러나 이들 가운데 많은 것들이 잘 관리되지 않았거나, 정치적인 영향력이 있는 사람들만을 위해 기능해왔다. 인도 북부와 북서부에서 우물 파기는 아마도 중국의 경우보다 더 농민들의 생존에 필수적인 역할을 해왔다. 또 인도는 '녹색혁명'을 강조하여 지난 반세기 동안 급격한 인구 증가를 따라잡을 만큼 충분한 농업 생산의 증가를 달성했다. 이 증산의 버팀목인 고수확 교잡종 밀, 쌀과 면화는 모두 옛 종자들보다 더 많은 물을 필요로 한다. 지하수는 현재 인도의 관개 수요의 70퍼센트를 담당하고 있으며, 국내 이용량의 80퍼센트에 가깝다.[33]

31) 이 자료들을 보려면 P. K. Jensen, W. Van Der Hoek, F. Konradsen and W. A. Jehangir, "Domestic Use of Irrigation Water in Punjab", WEDC Conference, Islamabad 1998 참조.

32) Shripad Dharmadhikary, *Mountains of Concrete: Dam Building in the Himalayas*, Berkeley 2008, p. 8.

33) 물 공급에 관해서는 G. Karakunan Pillai, "Interlinking of Rivers in India: Objectives and Plans",

이런 공격적인 지하수 이용은 지속 불가능하다. 우물물은 자기 땅에 구멍을 뚫어서 물까지 닿기만 하면 누구나 이용할 수 있다. 양수기를 돌리는 전기에는 많은 보조금이 주어져서, 이는 많은 인도 주들의 예산을 압박하고 있다.[34] 그러나 이런 낮은 가격에도 불구하고 수위가 낮아지면서 양수기를 더 심하게 돌려야 하고, 그에 따른 에너지 비용은 수많은 소농들에게 커다란 부담이 되었다. 게다가 불규칙한 전기 공급, 잦은 전압(전류) 변화와 공급 중단으로 종종 양수기가 고장 나기도 했고, 이는 운 나쁜 농민들에게 날벼락이었다. 많은 인도 촌락 내의 심각한 토지 소유 불평등(중국 농촌보다 훨씬 두드러진다) 때문에 문제는 더 복잡해진다. 부유한 농민들은 당연히 더 깊이 우물을 파고 대수층에서 물을 끌어올려서, 자신이 쓰고 남은 것을 우물이 없는 사람들에게 가정용으로 높은 웃돈을 붙여서 되판다. 사실 이것이 작물을 기르는 데 물을 쓰는 것보다 종종 더 수지맞는다. 다른 농민들은 이에 대한 대응으로 더 깊이 팔 필요가 있다. 결국 관정 뚫기 경쟁이 심해지면서, 대수층은 한층 빨리 고갈된다. 농사를 지을 충분한 물을 더 이상 확보할 수 없는 농민들의 자살은 최근 몇 년 동안 일상화되었고, 그 가운데 대규모 집단 자살을 통한 항의 사건들도 있었다.[35] 이런 항의 시위 가운데 일부는 많은 농민들이 감당할

in Anil Kumar Thakur and Pushpa Kumari, eds., *Interlinking of Rivers in India: Costs and Benefits*, New Delhi 2007, p. 3; Shashi Bala Jain, "Interlinking of Indian Rivers: A Viewpoint", 같은 책, p. 24 참조. 관개 부분은 John Briscoe, *India's Water Economy: Bracing for a Turbulent Future*, World Bank draft report, 2005, pp. 4, 14~23, 41~45 참조. 브리스코(Briscoe)는 지금은 기존 설비들을 더 잘 관리·운용하는 것이 더 건설하는 것보다 절박하지만, 그런 필요한 방향으로의 자원 이동은 일어나지 않았음을 강조한다.

34) 브리스코는 여러 주의 재정 적자에 관한 수치들을 보여준다(Briscoe, *India's Water Economy*, pp. 23~24). 대니얼 페퍼는 농민들을 보조함으로써 전력 산업이 부담하는 비용을 연간 90억 달러로 계산한다(Daniel Pepper, "India's Water Shortage", *Fortune*, 24 January 2008).

35) Sean Daily, "Mass Farmer Suicide Sobering Reminder of Consequences of Water Shortages", *Belfast Telegraph*, 15 April 2009. 이 글에서는 최근 농민 1,500명이 대규모로 자살했고 20만으로 추정되는 농민들이 12년간에 걸쳐 자살했다고 언급한다(아마도 이들 모두가 항의의 표시로 자살

수 없을 정도로 전기요금을 올린 주 정부를 겨냥해왔다. 비록 전기요금 요율은 도시 거주자들의 경우보다 여전히 훨씬 낮음에도 말이다. 또 일부는 기업 이용자들과 물을 오염시킨 이들을 표적으로 했다. 코카콜라는 가장 잘 알려진 목표였다.[36]

또 물 부족과 오염이 위험스러울 정도로 농업 생산물 부족을 야기할 수 있다는 걱정 또한 커지고 있는데, 특히 이 나라의 가장 큰 농산물 잉여 생산지이며 중앙정부가 가격 안정을 위해 사들이는 밀과 쌀의 약 절반을 생산하는 인도 펀자브 주(펀자브는 수틀레지 강을 기준으로 동서로 나뉘어 있다. 인도 펀자브란 동펀자브를 말하고, 서펀자브는 파키스탄령이다—옮긴이)와 인접한 파키스탄에서 더욱 심하다.[37] 선천적 결함이나 암 발생을 크게 증가시킬 수 있는 오염의 원인은 많다. 그 가운데는 다년간의 집약적인 관개, 시비, 농약 사용의 후과도 포함된다. 역시 말라리아 발병률을 높이는 염수화와 침수는 19세기 말 영국에 의해 연중 관개가 도입된 이래 펀자브 지역에서 점증하는 문제가 되어왔다.[38] 오늘날 동펀자브에서는 50퍼센트의 지하수가 관개수로에서 다시 들어와 재활용되는 것으로 추정되며, 서펀자브에서 그 비율은 80퍼센트로 추산된다. 강이 바다로 들어가는 카라치 부근에서 인더스 강은 하

■■

한 것은 아닐 것이다).

36) 예를 들어 Georgina Drew, "From the Groundwater Up: Asserting Water Rights in India", *Development* 51, 2008, pp. 37~41 참조. 코카콜라의 옹호자들은 그들이 농민들보다 더 비싼 전기료를 내고 물을 끌어다 쓴다는 것을 지적한다. 그럼에도 불구하고 그들은 더 많은 양의 물을 끌어 쓸 돈이 있고, 이렇게 해서 지하수 수위를 낮추고 농민들이 쓸 몫은 줄어든다. 코카콜라 공장들에서 나오는 쓰레기들이 또한 논쟁의 원천이 되어왔다.

37) Government of Punjab Food, Civil Supplies and Consumer Affairs Department website; Dharmadhikary, *Mountains of Concrete*, pp. 8~9 참조.

38) Indu Agnihotri, "Ecology, Land Use and Colonization: The Canal Colonies of Punjab", *Indian Economic and Social History Review*, vol. 33, no. 1, 1996, pp. 48~55. 마이크 데이비스는 단지 펀자브 지방뿐 아니라 인도에서 심지어 19세기 말부터 등장하는 영국의 관개 공정들이 지니는 수많은 문제들을 지적한다(Mike Davis, *Late Victorian Holocausts*, London 2001, pp. 332~35).

상의 좁은 일부밖에 채우지 못하고 있다. 어업은 자취를 감추었으며 해수의 침입은 농사에 피해를 입히고 있고, 가정용 용수는 극도로 부족하다.[39]

이런 위기가 새로운 수리 공정의 확산과 마주쳤다. 사람들은 과거의 공정들로 야기된 부작용이 현재의 어려움들을 만들어내는 데 일조했다는 것을 잘 알고 있지만, 관개를 통해 일구어낸 농업 생산물 소득을 잃는다는 전망은 끔찍한 일이며, 심각한 전력 부족—농업에 대한 의존을 줄일 수 있는 제조업 성장을 무엇보다 저해하는—을 완화할 가능성은 매우 매혹적으로 보인다. 그리고 많은 계획들이 실질적인 필요에 의해 추동되지만, 중국은 비용-편익의 관점에서 보면 이해할 수 없음에도 불구하고 정치적·경제적인 이해관계들이 거대 수리 시설들을 건설할 유인 동기를 만들어내는 거의 유일한 국가다. 예를 들어 인도에서는, 중앙정부가 여러 주들 간의 수자원 공유를 강제할 수 없을 정도로 무능력해서, 일부 상류 주들이 하류 주들도 마찬가지로 극도로 갈구하는 물을 선취하기 위해 추가 저수 시설들을 건설했다. 한편 일부 하류 주들은, 절망적인 물 부족에도 불구하고, 여러 주들을 거쳐 내려오는 물줄기들에 대해 더 많은 할당량을 주장할 명분을 약화시킬 수 있다는 이유로 저수 시설 설치를 꺼려왔다. 그리고 단지 인간이 직접 쓰는 물만 이런 할당을 위한 '수요'로 계산되고, 다른 목적의 이용들(예컨대 강어귀 생태계를 유지하기 위해 물을 흘려보내는 것 등)은 훗날의 할당량 주장을 약화시킬 수 있는 '낭비'로 취급되기 때문에 좌절된다.[40] (이런 이유로, 양국 간의 수십 년간의 적대적 관계에도 불구하고 인도와 파키스탄 사이의 물 공유 협약은 인도의 주들 사이의 협약들보다 더 일관성 있게 지켜져왔다.)

아니나 다를까, 가장 야심적인 새 계획들이 가장 높은 산맥들 속의 지역들

39) Briscoe, *India's Water*, p. 22; "Pakistan's Water Crisis", *PRI's The World*, 13 April 2009. 카라치 부근에서 거의 5킬로미터에 달하던 강폭이 이제는 겨우 200미터에 불과하다.

40) Briscoe, *India's Water*, pp. 37~38; Anju Kohli, "Interlinking of Indian Rivers: Inter-State Water Disputes", in Thakur and Kumari, *Interlinking of Rivers in India*, pp. 287~92.

을 대상으로 진행되고 있다. 파키스탄, 인도, 부탄과 네팔은 모두 히말라야에 대형 댐을 건설할 목표를 세우고 있다. 오는 10년간 계획된 댐들의 발전 용량은 총 8만 메가와트에 이르는데, 이는 라틴아메리카 전체의 약 6만 4천 메가와트에 비견된다. 인도 혼자만 오는 10년 내에 추가로 6만 7천 메가와트를 더할 생각이다. 중국처럼 인도도 산이 적은 지역에서 먼저 수력발전을 시작했고, 이제는 히말라야 지역을 제외하면 수력발전 잠재력은 1만 1천 메가와트만 남아 있다. 중국을 제외한다고 하더라도 히말라야 지역의 발전 잠재력은 19만 2천 메가와트로, 그 가운데 거의 절반을 인도가 보유하고 있다.[41] 한편 2001년 인도의 조사 보고에 따르면 44퍼센트의 가구가 전기의 혜택을 받지 못하고 있다. 이 수치는 부탄과 비슷하며 60퍼센트인 네팔에 근접한다. 비록 전력보다는 관개가 더 주요한 목적이지만, 댐 건설에 대한 관심은 파키스탄도 똑같이 강렬하다. 그러나 오는 10년간 예정된 공정을 수행하는 데 드는 비용은 9백억 달러로 추정되는데, 이 자금의 대부분은 아직 확보하지 못했다. 인도는 2012년까지 계획된 댐 건설비의 반을 약간 넘는 자금을 확보했지만 2017년까지 소요될 비용에는 턱없이 미치지 못한다. 최근 파키스탄은 126억 달러가 소요되는 공정으로서 2006년 발표되었지만 자본을 끌어들이는 데 어려움을 겪었던 디아메르 바샤(Diamer Bhasha) 댐 건설을 위해 중국의 자본과 기술로 방향을 돌렸다. 또한 중동과 여러 국제 개발은행으로부터 자금도 일부 지원받았다.[42]

한편 외국의 지원을 받는 다른 계획들은 파키스탄의 물 공급에 추가적인

---

41) Dharmadhikary, *Mountains of Concrete*, p. 7. 현재 전 세계적으로 설치된 수력발전 시설의 용량은 대략 67만 5천 킬로와트다. National Renewable Energy Laboratory, *Power Technologies Energy Data Book*, Golden, co 2005, p. 51 참조.

42) Dharmadhikary, *Mountains of Concrete*, pp. 8~15. 파키스탄의 자금 확보에 관해서는 Ann-Kathrin Schneider, "South Asia's Most Costly Dam Gets an Infusion", *World Rivers Review*, vol. 23, no. 4, December 2008도 함께 참조. 이 글은 중국 기업들과 '몇몇 아랍 기업들'의 컨소시엄을 언급하고 있다.

압력을 가할 것이다. 부유하지만 건조한 중동 국가 출신의 여러 투자자들은 최근 파키스탄과 아시아, 아프리카 등지에서 대규모로 농장을 사들이고 있다. (한국과 중국은 이미 그래왔지만, 내가 알고 있는 한 파키스탄에서 구매하지는 않았다.) 현지 농민들이 이주될 것이라는 우려를 불식시키려는 파키스탄 투자국에서는 외국인에게 매각되거나 임대될 토지 6백만 에이커(현재 파키스탄 경작지의 대략 10퍼센트에 해당한다)는 모두 현재 사용되지 않는 것들이라고 밝혔다.[43] 만약 이것이 사실이라면, 이 새로운 경작지에 댈 물은 모두 현재 수요 이외의 추가적인 것들이라는 점을 의미한다. 사실 최근 『이코노미스트』의 한 기사에서는 이런 토지 거래들이 무엇보다도 이 땅을 지나는 물에 대한 권리를 겨냥한 것으로 보인다고 전했다. 이 기사에서는 이 거래들을 '거대한 물 낚아채기'로 부르는 네슬레사(社) 회장의 말을 인용한다.[44]

인도의 강을 연결하는 사업

인도는 중국과 마찬가지로 현재 곡물을 더 생산하기 위해 광대한 건조 지대들 일부에서 지하수를 끌어들이고 있기 때문에, 물길을 끌어들이려는 거대한 계획을 고려하고 있는 것은 놀랄 만한 일도 아니다. 인도의 '강 연결 공정'

---

43) Amena Bakr, "Pakistan offers farmland to foreign investors", *Reuters*, 20 April 2009; "Pakistan Opens More Farmland to Foreigners", *Maktoob*, 17 May 2009. 1997년 현재 파키스탄은 5,600만 에이커 이상의 경작지를 가지고 있다.

44) "Buying farmland abroad: Outsourcing's third wave", *Economist*, 23-29 May 2009. 국제식량정책연구소(International Food Policy Research Institute, IFPRI)에서는 이런 거래를 추적하면서, 많은 거래가 비밀리에 진행되는 것 같다고 언급한다. Joachim von Braun and Ruth Meinzen-Dick, "'Land Grabbing' by Foreign Investors in Developing Countries"(국제식량정책연구소 웹사이트, 2009.4). 중국은 주로 바이오 연료 생산을 목적으로, 대개 아프리카의 땅을 구매하는 것으로 보인다.

의 가장 야심 찬 부분인 히말라야 구간에서는 갠지스, 야무나(Yamuna), 브라마푸트라 강의 상류에서 물을 끌어들여 서쪽으로 라자스탄(Rajasthan)과 구자라트(Gujarat) 주의 루니(Luni) 강과 사바르마티(Sabarmati) 강으로 끌고 갈 예정이다. 하르야나(Haryana)와 펀자브 주도 이 물의 일부를 받을 것이다. 이 공정의 두 번째인 '반도' 구간에서는 오리사(Orissa)와 타밀 나두(Tamil Nadu)의 건조 지대로 직접 물을 끌어댄다. 그리고 중국이 일찍이 인도에 얄룽창포-브라마푸트라 강의 물길을 끌어올 계획이 없다고 확언한 것을 물릴 듯 보이는 것과 마찬가지로, 이 공정은 인도가 방글라데시에 파라카(Farakka) 댐(인도-방글라데시 국경에서 수킬로미터 떨어져 있다) 상류의 갠지스 강의 물길을 끌어들이는 일은 절대 없으리라는 (중국의 경우보다) 더 공식적으로 약속한 것들(여기에는 1996년의 문서로 된 양해각서도 포함된다)을 뭉갤 것이라는 점을 암시한다.[45]

강 사이의 연결 수로 일부에는 수상 운송로가 만들어질 예정이고, 이 공정은 또한 특히 델리 근처 야무나 강의 계절적인 홍수 문제를 줄일 목표를 가지고 있다. 또한 3만 메가와트의 순(純) 수력 발전량(물을 움직이는 데 쓰이는 전력을 제외한, 순수하게 다른 용도로 쓰일 수 있는 전력 생산량)이 예정되어 있다. 그러나 이 공정의 주요한 목적은 주로 인도 서부 지역에 엄청난 양의 추가적인 관개수를 공급하는 것이다. 공식적인 계획안에서 이 공정은 3,500만 헥타르에 달하는 관개지를 확장할 수 있다고 주장된다.[46] 강 사이에 연결로

---

45) Ramaswamy Iyer, "River-linking Project: A Critique", in Yonginder Alagh, Ganesh Pangare and Biksham Gujja, eds., *Interlinking of Rivers in India*, New Delhi 2006, pp. 61~62; A. Muniam, "Water Crisis in India: Is Linking of Rivers a Solution?", in Thakur and Kumari, *Interlinking of Rivers: Costs and Benefits*, p. 229; Debotpal Goswami, "Linking of Major Rivers: the Case for Mighty Brahmaputra", 같은 책, pp. 297~98.

46) Narendra Prasad, "A Bird's Eye View on Interlinking of Rivers in India", in Thakur and Kumari, *Interlinking of Rivers: Costs and Benefits*, p. 19.

260개를 만드는 공정 전체의 공식적인 추정 비용은 1,200억 달러인데, 이것은 중국이 계획하고 있는 물길 바꾸기 공정보다 규모가 더 크다. 이 계획을 입안한 전담 팀 팀원들의 이어지는 언급을 근거로 한 어떤 연구에서는 총비용을 1,200억이 아니라 2,000억 달러로 늘려 잡았다.[47]

이 공정을 위한 계획들은 인도에서 이례적일 정도의 기밀 사항으로 베일에 가려져 있는데, 심지어 중국의 물길 돌리기 공정들보다 더 은밀하게 비밀에 부치는 것 같다. 얼마나 많은 사람들이 이주될지 추정하기는 어렵다. 그러나 두 학자는 그 수가 550만에 이를 것으로 본다.[48] 드러난 계획의 일부는 수많은 측면에서 비난을 받았고, 결국 무엇이 만들어질지도 아직 명확하지 않다. 이 공정의 특정한 부분들에 대해 기술적·생태적인 측면에서 몇몇 의문을 제기하는 것 외에, 국내의 비난과 세계은행의 연구에서는 공히 현재 고려되고 있는 물 이송 공정이 '물의 배분과 기증자에 대한 보상'에 관한 강제력 있는 협약이 체결될 수 있어야만 정치적으로 타당한 것이라는 점을 지적한다. 이런 협약 조항들이 인도에서는 이제껏 잘 되지 않았다. 또한 설비를 더 짓는 것보다는 기존 설비들을 유지·보수하는 데 물 보존 자금을 더 많이 쓸 필요가 있다는 주장도 광범위하게 동의를 얻고 있다. '강 연결 공정'에 대체로 동의하는 어떤 학자는 이용 가능한 순 수량이 (현재의) 물 이용 효율을 20퍼센트만 개선해도 이 공정과 같은 효과를 얻을 수 있을 것이라고 추정한다(비록 그는 전력 생산 같은 공정의 다른 편익들을 지적하고, 또 공정 실행과 효율성 개

47) Jayanta Bandyopadhyay and Shama Perveen, "A Scrutiny of the Justifications for the Proposed Inter-linking of Rivers in India", in Alagh et al., *Interlinking of Rivers*, p. 30에 있는 지도 참조. 비용 추정치는 Ashok Khosla, "Foreword", 같은 책, p. 11의 기사 참조. 발전량 추정치는 Iyer, "River-linking Project", p. 57 참조. 아울러 Narpat Singh Rathore, "Proposed Plan for Satluj-Ghaggar-Yamuna-Jojari-Luni-Sabarmati River Link channels", presented at Map India conference, January 2003도 참조.

48) H. H. Uliveppa and M. N. Siddingappanavar, "Interlinking of Rivers in India: Problems and Prospects", in Thakur and Kumari, *Interlinking of Rivers: Costs and Benefits*, p. 276.

선을 동시에 옹호하지만 말이다).[49] 반면 일부 반대자들은 이 공정이 다른 급수 시설에 쓸 자금을 고갈시켜서, 현금을 조달하려면 그 시설들이 민영화되어야 할 것이며, 이는 가난한 소비자들에게 상당한 위험이 될 것이라는 주장을 제기했다.

환경적인 위험

이런 수리 공정과 관련된 더 광범위한 환경적 위험들을 고려하기 전에, 대형 댐들의 경우 환경적인 불확실성은 댐 건설자 자신들에게 엄청난 재정적인 위험을 안겨준다는 점을 언급할 필요가 있다. 그런 댐들에는 막대한 건설비가 들어가지만, 일단 완공된 후 운영비는 미미하다. 이리하여 이것들이 발전을 개시하기 시작하면 엄청난 현금을 쏟아내는 효자가 '될 수 있다'. 특히 이 지역에서 예상되듯이, 전력 수요가 계속해서 증가한다면 그렇다. 그러므로 수익성은 완공 후에 댐들이 얼마나 오랫동안 전력을 생산하느냐에 달려 있다. 이 가동 기간은 여러 요인들에 의해 짧아질 수 있고, 그 가운데 가장 주요한 것은 아마도 토사 퇴적이다. 1962년 완공된 황허 중류의 싼먼샤(三門峽) 댐은 특히나 악명 높은 예다. 단지 많은 비용을 들여 짓자마자 가동이 중단되었기 때문만이 아니라, 이런 수많은 문제들이 사전에 예견되었기 때문이다. (어쨌든 이 계획은 계속 진행되었는데, 부분적으로는 소련 기술자들이 철수한 후 중국이 외부 도움 없이 자신의 힘으로 그런 댐들을 건설할 수 있음을 증명하고 싶었기 때문이다.)[50] 건설비에 대한 이자를 지불해야 하기 때문에, 수익

49) Krishna Nand Yadav, "Interlinking of Rivers: Need of the Hour", in Thakur and Kumari, *Interlinking of Rivers: Costs and Benefits*, p. 71.
50) 싼먼샤 댐에 관해서는 Pomeranz, "The Transformation of China's Environment, 1500-2000", in Edmund T. Burke III and Kenneth Pomeranz, eds., *The Environment and World History 1500-*

성은 또한 댐이 연속적으로 수익을 내기까지 걸리는 시간에도 영향을 받는다. 이리하여 완공까지 오랜 기간이 걸리는 거대 공정들은, 경제적으로 말해서, 전력 생산량 부족에 특히나 취약하다.

최소한 세 가지 요소가 이런 새 공정들의 수명을 예정보다 줄일 수 있다. 첫째, 히말라야 산맥은 상대적으로 젊어서 침식률이 크고, 고지대들은 표토를 잡아줄 식물 포장이 거의 되어 있지 않다. 이 상황은 최근 수십 년 동안의 벌목으로 악화되었다. 이것이 히말라야 산맥을 내려오는 강들에 높은 퇴적 부하를 거는 경향이 있다. 1986년의 한 연구에 따르면, 1949년 이후 티베트에서 건설된 수력발전용 댐들 가운데 거의 40퍼센트가 토사 퇴적으로 없어졌거나 사용할 수 없게 되었다. 수많은 파키스탄의 댐들에서도 비슷한 문제들이 진행되어서, 댐들은 전력 생산 능력뿐만 아니라 계절적인 저수 능력을 잃어버렸다.[51] 역설적으로, 이런 저수 능력 상실이 더 많은 댐을 지어야 한다는 주장의 근거가 되었다. 두 번째로, 미래의 유량에 대한 예측 실패도 댐의 내구성에 심대한 영향을 끼치고, 수익성을 급격하게 감소시킬 수 있다. 히말라야의 많은 강들의 장기 유량 변동에 대한 이용 가능한 자료가 없고, 중국 정부는 자신들이 취합한 자료를 그다지 공개하려 하지 않았다. 그러나 대체로 기후변화와 연관이 있는 것으로서, 앞으로 지난 수십 년간보다 더 건조하리라고 생각할 이유들이 있다. 특히 히말라야 서부 지역이 그렇다. (물론 그 반대로 생각할 이유들도 있다.) 그리고 수많은 거대 공정들이 똑같은 강과 지류들을 대상으로 계획될 경우 미래의 강의 유량 모델을 만들어내는 것은 기하급수적으로 더 어려워진다. 인도의 '강 연결 공정'에 대한 일부 분석들에서는 브라마푸트라 강 유역(이 공정의 주요한 수원 가운데 하나다)이 심지어 현재에도 의

_2000_, Berkeley 2009, p. 138 참조.
51) Free Tibet Campaign, _Death of a Sacred Lake_, p. 7; Wang Xiaoqiang(王小强) and Bai Nanfeng(白南風), _The Poverty of Plenty_, p. 89(원문에는 Bai Nianfeng으로 되어 있는데, 오기인 듯하다—옮긴이); Dharmadhikary, _Mountains of Concrete_, p. 28.

미 있는 수준의 물 '잉여량'을 보유하고 있는지 의문을 제기한다. (그들의 견해에 따르면) 중국의 거대한 물줄기 돌리기 공정과 지구온난화로 인한 빙하의 융해 가능성 때문에 이곳의 어떤 물이든지 이송할 수 있다는 생각이 매우 의심스러워졌다.[52]

인도의 수자원 미래에 관한 세계은행의 한 연구에서는 히말라야 산맥이 세계에서 댐 건설에 '가장 양호한 환경'을 제공한다고 주장한다. 이 추정의 기준은 단순한데, 1메가와트의 전력을 생산하기 위해 이주되어야 하는 사람 수와 수몰되는 땅의 크기다.[53] 이런 거대 공정들의 분모에 들어가는 거대한 전력 생산 잠재력과 여러 고원 지대의 희박한 인구를 감안하면, 이런 비율은 놀라운 것도 아니며 충분히 고려할 가치가 있다. 그러나 이것들은 결코 연관된 위험과 비용을 측정하는 완벽한 수단이 아니다. 다른 모든 댐들과 마찬가지로, 인도 히말라야 산맥에 계획된 댐들은 이 지역에 남아 있는 수많은 소수민족 유목민들에게 매우 중요한 숲과 초지를 수몰시킬 것이다. 몇몇 댐은 광범위한 건조 지대들을 만들어낼 수 있는 지하 터널을 통한 물의 이동과 연관되어 있어 현지 어장과 농업에 심대한 타격을 줄 것이다. 더욱이 히말라야 산맥은 하나의 중요한 (동시에 취약한) 생물 다양성 밀집 지대다. 5백 미터에서 8천 미터까지 고도가 급격히 상승하는 까닭에 비교적 좁은 공간에 엄청나게 넓은(다양한) 범위의 생태계들이 만들어졌다. '컨서베이션 인터내셔널'(Conservation International)은 1만 종의 식물이 히말라야 아지대(亞地帶)에 사는 것으로 추정되는데, 이 가운데 3,100종이 다른 지역에서는 발견되지 않는 종이라고 발표했다.[54] 그리고 그곳에는 티베트나 윈난과 마찬가지로 지진과 빙하호(氷河湖) 붕괴로 인한 홍수 위험이 있다.

---

52) Thakur and Kumari, *Interlinking of Rivers: Costs and Benefits*에 있는 논문들도 참조. 특히 Sharma and Kumari, "Interlinking of Rivers: Rationale, Benefits, and Costs" 에 주목하라.

53) Briscoe, *India's Water*, pp. 45~46.

54) Dharmadhikary, *Mountains of Concrete*, pp. 23~27.

아마 가장 놀라운 일은, 거대한 수력발전용 댐들이 여전히 기후 친화적인 에너지 공급원인지 명백하지 않다는 점이다. 수력발전은 화석연료 사용으로 인한 탄소 배출의 대안이 될 수 있지만, 댐에 저장된 물에는 종종 엄청난 양의 식물들이 썩어가고, 이로 인해 저수지는 메탄가스(훨씬 더 강력한 온실효과 가스)의 중대한 발생 원인이 된다. (이것은 흐르는 물을 이용하는, 저수지가 없는 댐에는 해당되지 않는다. 그러나 이런 댐들은 거대 공정들의 아주 일부 일 뿐이다.) 메탄가스 배출량은 식물의 성장과 부패가 더 빠른 열대와 아열대 지역에서 더 크다. 2007년의 어떤 조사에 따르면, 댐에 저장된 물에서 발생하는 메탄은 실제로 인도 온실가스 배출량의 19퍼센트를 차지하는 반면, 수력 발전은 국가 전력 생산의 단 16퍼센트만 차지하며, 전체 에너지 소비량과 대비하면 더 적다.[55] 이런 수치들은 아직 기초적인 것이다. 식물들이 빨리 자라고 썩는 곳이 아닌 히말라야 고지대의 댐들은 평균적인 댐들보다 메탄 발생량이 적을 것이다. 그리고 더 많은 전력을 생산하기 위해 메탄을 모으고 태워서 메탄 방출 효과를 완화할 방안들이 있을 것이다. 그러나 메탄 발생 문제는, 환경적인 위험에도 불구하고 대형 댐들이 다른 대부분의 방법들보다 더 환경 친화적인 에너지원이라는 일반적인 가정에 의문을 제기한다. (댐을 만들 때 쓰는) 어마어마한 양의 콘크리트와 철을 생산할 때 나오는 무시할 수 없는 양의 온실가스는 이 문제를 더 복잡하게 만든다.

---

55) 온실가스 배출에 대해서는 Ivan Lima, Fernando Ramos, Luis Bambace and Reinaldo Rosa, "Methane Emissions from Large Dams as Renewable Energy Resources: A Developing Nation Perspective", *Mitigation and Adaptation Strategies for Global Change*, vol. 13, no. 2, February 2008, pp. 200 and 202, table 2 참조.

인도차이나

더 동쪽으로 가면 계획들이 그렇게 야심 차지는 않지만, 이것들도 여전히 수백만의 삶에 급격한 변화의 불길한 징후를 드리운다. 살윈 강(동티베트와 윈난에서는 누怒 강으로 불린다)은 가장 거대한 미스터리의 장막에 갇혀 있다. 왜냐하면 이 강의 대부분이 중국이나 버마, 버마–태국 국경 지대에 걸쳐 있는데, 이들 가운데 어떤 나라도 공개를 환영하지 않는다. 살윈 강은 버마 영토를 지난 후에도 가파른 산골짜기를 수마일 동안 흐르다가 삼각주에 이르기 직전에 급격하게 떨어지기 때문에 엄청난 수력발전 잠재력이 있으며, 가정용 수요는 훨씬 적다. 지금까지는 인간의 이용을 위해 살윈 강을 그다지 가두지 않았다. 이 강은 아시아에서 별로 남지 않은 자연 상태로 흐르는 강 가운데 하나다. 중국 국경 안에서 계획되었던 대규모 댐은 2004년 환경상의 문제로 중단되었고, 최근에 건설은 다시 연기되었다. 그러나 이제는 이 강을 대상으로 중국과 버마 모두 엄청난 수의 댐들을 계획하고 있거나 건설 중이다(이 기획은 최대 15개의 댐의 '계단'을 필요로 한다).[56] 버마에서 생산된 전력은 태국, 베트남 그리고 아마도 중국까지 수출될 예정이다.

버마의 공정들 가운데 매우 많은 것들이 중국 기업들에 의해 진행되고 있으며, 완공 후에도 수년 동안 이 회사들이 운영을 맡을 것이다. 다수가 버마 샨(Shan) 주의 고지대에 위치해 있는데, 이곳에서 정부는 다년간 이곳의 소수민족들을 더 전면적으로 통치하기 위해 애써왔다. 활동가들은 정권이 댐을 이용하여 이곳 주민들을 이주시킴으로써 자신들의 정치적·군사적인 목적을

---

56) Shi Jiangtao, "Wen Calls Halt to Yunnan Dam Plan", *South China Morning Post*, 21 May 2009, the International Rivers Network's China Dams List에서 재수록; Dore and Yu, "Yunnan Hydropower Expansion", p. 14. 진사(金沙, 양쯔 강의 지류) 강과 란창–메콩 강 위에 계획된 공정들의 목록은 15쪽에 있다.

달성하려 한다고 비난했다.[57] 또 다른 댐이 버마–태국 국경 근처 카렌(Karen) 소수민족 지구 내의 기본적으로 교전지인 곳에 세워질 예정이다. 이 지역의 대부분은 공식적으로 야생동물 보호구역이지만 최근 몇 년 동안 이 지역으로 인구가 대규모로 유입되었는데, 특히 태국이 자국 국경을 봉쇄한 후 그렇게 되었다. 댐 건설과 국가의 통제를 용이하게 하기 위해 이곳을 가로질러 도로들이 닦였다.[58] 이 지역들은 방문하기가 어렵고, 또 이 공정들이 지금 어떤 단계에 와 있는지 알려지지 않는 상태에서, 이 공정이 가져올 사회적·환경적인 충격을 추측하기는 어렵다. 그리고 7백만이 살고 있는 살윈 강 수계에는 서쪽의 갠지스–브라마푸트라나 북쪽의 중국의 주요 강들은 말할 것도 없고 약 7천만이 살고 있는 동쪽의 메콩 강 수계보다 훨씬 인구가 적기 때문에 그만큼 주의를 끌지 못했다. 그럼에도 불구하고 이 강 역시 똑같이 광범위하고 복잡한 논쟁거리들과 (댐 건설로 인한) 대가들을 불러일으킨다. 한편에는 (멸종) 위험에 처한 종들, 강제 이주 그리고 일부 인사들이 말하는 강제 노동에 대한 걱정이 있으며, 다른 한편에는 뼈저리게 가난한 국가 내의 발전에 대한 압력이 있다.

더 크고 인구가 밀집된 메콩 강 유역에서는 앞의 모든 그리고 그 이상의 문제들이 제기된다. 여기서는 물리적·정치적인 지리에 의해 거의 모두 중국 국경에서 하나의 중요한 구분선이 그어진다. 우선 강의 수력발전 잠재력이 대부분 중국 측 국경 안에 있다. 이 강은 칭장(靑藏) 고원의 해발 5,500미터에서 시작하여, 중국 국경을 나설 때는 해발 500미터까지 내려온다. 중국 영토 내의 수위 하락의 고작 3분의 1만 담당하는 윈난 성 한 곳의 수력발전 잠재력이

57) Milton Osborne, "The Water Politics of China and Southeast Asia II: Rivers, Dams, Cargo Boats and the Environment", Lowy Institute, May 2007, pp. 4, 10~11. Shan Herald Agency for News, "Activists Protest Tasang Dam", 26 October 2003도 참조. 샨(Shan)족 자신들은 대부분 저지대에 사는 농경민이지만, 샨 지역에는 여러 민족들이 살고 있다.
58) Karen Environmental and Social Action Network, *Khoe Kay: Biodiversity in Peril*, July 2008.

버마, 라오스, 태국, 캄보디아, 베트남을 합친 것과 비슷하다(물론 이들 동남아 국가들의 잠재력도 결코 작은 것이 아니다).[59) 지금까지 중국은 메콩 강에 수력발전용 댐을 세 개 만들었고, 최소한 두 개가 더 건설되고 있으며, 전체 계획에 의하면 최소한 8기, 아마도 15기에 달하는 대형 수력발전소가 쉴 새 없이 세워질 것으로 보인다.[60)

메콩 강 하류 계획(Planning for the Lower Mekong)은 1950년대 미국과 유엔이 지원한 메콩 강 위원회(Mekong River Committee)에 의해 시작되었다. 중국과 (북)베트남 민주공화국은 제외되었고, 캄보디아도 미국과의 관계 변동에 따라 간헐적으로 참가했다. 여러 사람들 가운데서 특히 린든 존슨(Ryndon Johnson)은 메콩 강 하류 공정(Lower Mekong Project)이 미국의 테네시 계곡 개발공사(Tennessee Valley Authority)를 본딴 것이라고 자주 말했지만, 전쟁 기간에 실질적인 작업은 전혀 이루어지지 않았다. 전후 베트남 복구 지원 사업의 일환으로 메콩 강 댐들의 건설을 돕겠다고 미국이 명백히 사적으로 했던 약속 역시 전혀 이행되지 않았다. 단지 1980년대 말에 가서야 베트남과 캄보디아가 정회원으로 참여하는 새 메콩 강 위원회가 구성되었다.[61) 그러나 위원회는 상대적으로 취약하며(중국과 버마는 회원국이 아니다) 각 나라들은 자신의 계획을 발전시키고 있는데, 종종 중국, 일본, 미국 등지의 파트너들과 협력한다. 지금까지 메콩 강 하류에 대한 중국의 주된 관심사는 항운이었다. 2000년부터 일련의 전체 공정이 수행되고 있으며, 최근 5년 동안

59) 수치는 Magee, "Powershed Politics", pp. 28~29와 그 주(注)에서 가져왔다.

60) Geoffrey Gunn and Brian McCartan, "Chinese Dams and the Great Mekong Floods of 2008", *Japan Focus*, 31 August 2008에서는 15개를 제시한다. Magee, "Powershed Politics", pp. 31~32에서는 8개에서 14개 사이를 언급한다.

61) 이 과정의 약사(略史)는 Nguyen Thi Dieu, *The Mekong River and the Struggle for Indochina*, Westport, ct 1999 참조. 이 책의 49~96쪽에는 제2차 세계대전 종전에서 1960년대 중반 미국이 부상하던 때 사이를 다루고 있다.

교통량은 상당히 늘어난 것으로 보인다. 이와 함께 중국의 윈난 성과 버마, 태국, 라오스를 잇는 도로도 건설되고 있다. 중국이 메콩 강을 따라 건설하려는 수상 운송로가 정확히 얼마나 중요한지 아직 명백하지 않다. 중국의 한 관리는 미래에 미국과의 갈등으로 미 해군이 말라카 해협을 봉쇄할 경우 중국은 메콩 강을 따라 중동의 원유를 운송할 것이라고 하지만, 그 운송량이 중요성을 띨 정도로 클 것이라는 생각은 타당성이 없어 보인다. 그러나 메콩 강을 따라 원유를 운송한다는 생각은, 독성 물질 배출과 함께 이곳 농민들과 어민들에게는 관심사다.[62]

메콩 강 하류의 수력발전 잠재력은 상류와 비교할 수 없는 수준이지만 여전히 크고, 특히 대(大)메콩 강 지역의 일인당 소득이 겨우 하루 1달러로 추정되는 현 상황에서는 더욱 매력적이다. 현재 최소한 11개의 대형 수력발전용 댐들이 동남아시아의 메콩 강 주류에 건설될 예정인데, 주로 라오스에 집중되어 있다.[63] 이런 댐들이 메콩 강 하류의 농업과 어업(농업과 어업은 거의 7천만에 이르는 이곳 주민들의 삶에 절대적으로 중요하다)에 피해를 끼칠 수 있다는 우려가 광범위하게 퍼져 있지만, 산업적·도시적·'현대적' 발전의 관점에서 생각하는 정권들은 전력 생산에 우선순위를 두는 것 같다. 한편 '메콩 강 하류 국가들 간의 상당히 취약한 협력'과 '중국이 하는 일에 대한 실질적인 통제의 전면적인 부재'는 댐 건설을 촉진하는 죄수의 딜레마(Prisoner's dilemma, 협력할 경우 더 큰 이익을 얻을 수 있으나 상대를 믿지 못하기 때문에 상대에게 해를 주거나 자신만의 이익을 추구하는 현상—옮긴이)를 만들어

---

62) Osborne, "Water Politics of Southeast Asia", pp. 11~16. 건(Gunn)과 매카턴(McCartan)은 메콩 강에 대한 중국의 주안점이 현재 수송에서 에너지로 바뀌고 있다고 지적한다("Chinese Dams and the Great Mekong Floods of 2008").

63) 생태복원재단(Foundation for Ecological Recovery) 웹사이트의 'Key Points' from the International Conference, "Mekong Mainstream Dams: People's Voices across Borders", 12-13 November 2008 참조.

낼 수도 있다. 즉 어쨌든 다른 국가들이 강의 생태계를 엉망으로 만들려고 하는 차에, 자국 국민들을 위해 강에서 전력을 좀 뽑아내는 것이 무슨 문제가 있느냐는 것이다.

여기서 명백하면서도 중요한 점은, 어떠한 관점이나 이해관계도 떠나서 존재하는 '이상적인' 강은 없다는 것이다. 예를 들어, 란창 강과 메콩 강 상류에 존재하는 세 개의 댐과 현재 건설 중인 두 개의 댐의 영향에 대한 중국의 추정치가 정확하다면, 이 댐들은 건조기에 더 많은 물을 내려보내고 습윤기에 적게 내려보내서 연간 유량은 변하지 않을 것이며, 이는 운항과 수력발전, 또 아마 관개에도 도움이 될 것이다.[64] 운항에 도움을 주기 위한 공정은 또한 일반적으로 계절적인 유량을 고르게 하는 것을 목표로 한다. 그러나 이것이 사실이라고 하더라도, 란창 강 댐들은 메콩 강 하류의 어장에 심각한 충격을 준다. 그 이유는 최소한 두 가지다. 우선 댐은 불가피하게 양분이 풍부한 퇴적물 일부를 가두어 삼각주로 흘러가지 못하게 한다. 이는 다른 대형 댐들에서도 나타난 문제로서, 먼저 건설된 세 개의 란창 강 댐들 때문에 윈난에서 이미 진행되고 있는 현상으로 보이며, 메콩 강 하류에서도 진행되리라 예상된다. 두 번째로, 많은 종의 물고기들이 미묘한 유량 변화에 반응하여 언제 이동하고 산란할 것인지를 판단한다. 예를 들어 싼샤 댐 완공 후 계절적인 유량 최고조기의 변화는 양쯔 강 잉어 네 종류에 파멸적인 영향을 끼쳤다. 유엔은 메콩 강 하류의 어장에서 4천만 명의 어민들이 어업에 종사하는 것으로 추정하고 있으며, 한 보고서에 따르면 이 지역에 사는 사람들은 단백질의 80퍼센트를 어업에서 얻고, 또 중요한 수출 소득을 얻는다. 태국과 라오스 어민들은 현재 메

---

64) Dore and Yu, "Yunnan Hydropower Expansion", p. 21에서는 건조기 유량이 강의 여러 지점에서 40~90퍼센트 증가할 것이라는 추정치를 제시한다. 그러나 이런 댐들이 (하류에) 아주 제한적인 영향만 줄 것이라는 주장은 결코 일반적으로 받아들여지지 않고 있다. 많은 이들은 작년 메콩 강 대홍수의 원인으로 란창 강 댐들을 비난한다(Gunn and McCartan, "Chinese Dams and the Great Mekong Floods of 2008").

82

콩 강 상류에 건설된 중국 댐들이 어획량에 영향을 주기 시작했다고 주장하는 반면, 댐 건설 측의 대변인들은 이런 공정들이 메콩 강 하류에 별로 영향을 주지 않는다고 주장한다. 또 한 해의 특정 시기에 줄어든 유량이 삼각주에 염수 침입을 늘려서 농업에 악영향을 주었다는 주장도 있다.[65]

  메콩 강 중류와 상류에 있는 댐들은 또 다른 영향도 끼칠 수 있다. 이 댐들은 주로 강 중류와 하류(특히 하류)에서 벌어지는 물고기의 이동을 방해할 것이다. 물고기가 이동할 수 있게 하는 기술들은 심지어 북미나 유럽의 낮은 댐들에서도 효과가 단지 제한적이라는 것이 밝혀졌고, 메콩 강에서는 또한 훨씬 큰 문제가 제기된다. 메콩 강의 물고기 생물총량(biomass)은 물고기 이동용 계단식 통로로 긍정적인 효과를 본 컬럼비아 강보다 아마도 1백 배나 더 크고, 물고기의 종은 몇 배 많다(종이 다양할수록, 이동과 관련된 시간대와 장소들도 많아진다).[66] 메콩 강 중류와 하류가 지나는 지역은 메콩 강 상류보다 훨씬 덜 가파르며 종도 더욱 다양하다. 그리고 하류로 갈수록, 열대에 가까울수록 저수지에서 뿜어내는 메탄의 양도 늘어날 것이다. 그렇다면 여러 측면에서 메콩 강 하류의 댐들은 상류의 댐들보다 위험할 것이고, 메가와트당 전력 생산 단가는 훨씬 높을 것이다. 그러나 이 댐들의 이익은 대부분 발생이 예상되는 손해를 입는 바로 그 나라에 돌아갈 것이다. 국가의 이익이라는 관점에서 생각하는 계획자들에게 정말 중요한 것은 바로 이것일 터이다.

65) Jorgen Jensen, "1,000,000 Tonnes of Fish from the Mekong", Mekong River Fisheries Newsletter, *Catch and Culture*, vol. 2, no. 1, August 1996; Frank Zeller, "New Rush to Dam Mekong Alarms Environmentalists", Agence France Presse, 27 March 2008; "UN Says China Dams Threaten Water Supplies to Mekong Delta Farmers", VietNamNet/TT, 27 May 2009. 또한 Elizabeth Economy, *The River Runs Black: The Environmental Challenge to China's Future*, Ithaca 2005, p. 204도 참조.

66) Patrick Dugan, "Mainstream Dams as Barriers to Fish Migration", Mekong River Fisheries Newsletter, *Catch and Culture*, vol. 14, no. 3, December 2008 참조.

일방주의?

그러나 모두가 히말라야에서 내려오는 강들에 댐을 만들고 싶어한다고 하더라도, 중국의 지위는 독보적이다. 이것은 문제의 강들 대부분이 중국 영토 안에서 시작되기에 베이징이 소유권을 주장하는 물을 어떤 식으로든 선취할 더 상류의 국가가 없기 때문만은 아니다. 두 번째의 중요한 차별점은 관련된 모든 나라들 가운데서 오직 중화인민공화국만이 국제 채권자들에 의지하지 않고 어떤 기획이든지 재원을 충당할 수 있는 유일한 나라라는 사실이다. 세계은행, 아시아개발은행과 큰 민간 은행들은 세계의 열렬한 환경 보호론자들에 속하지 않는다. 그러나 이들도 그들 자신의 판단이건 아니면 제3자의 압력 때문이건 특별히 논란이 벌어지는 일부 공정들을 지원하기를 거부했다. 중국 국내의 댐 건설 산업 또한 점점 기술적으로 정교해지고 있고, 현재는 자신들의 공정 기술을 이 지역에 수출하고 있다. 이리하여 중국의 댐 건설이 당면한 유일한 제약들은 국내에서 발생하는 것들이며, 비록 모두는 아니더라도 그런 제약들은 대체로 매우 약하다. 2009년 1월 말, 중국 사회과학원의 장까오밍(蔣高明)은 서남 지역에서의 댐 건설 가속화(이것은 전 세계적인 경기후퇴에 대응하기 위한 중국 정부의 대응책의 일환이다)가 이미 심각한 수준인 이 지역의 환경적·사회적 위험을 심화하고 있으며, 일부 공정들은 환경영향평가조차 다 받지 않고 건설되고 있다고 냉철하게 비판하는 글을 썼다.[67] 싼샤 댐을 반대하는 일부 유력 과학자들이나 기술자들의 항의로도 그 공정을 중단시키지 못했다.[68] 향후에 그들의 영향력이 더 커질지는 두고 볼 일이다.

67) Jiang Gaoming(蔣高明), "The High Price of Developing Dams", *China Dialogue*, 22 January 2009.
68) 매코맥(McCormack)은 여러 사람들 가운데 특히 고위 수리 기술자인 황완리(黃萬里)의 항의를

간단히 말해, 물과 에너지에 대한 중국의 이런 식의 접근법은 인접 국가들에 심대한 타격을 줄 것이며, 이에 상응하는 정치적인 긴장을 품고 있다. 예전메콩 강의 수원에 영향을 주는 물길 돌리기 공정은 이미 베트남의 항의를 받았다. 그리고 앞에서 언급했듯이 누(怒) 강에 댐을 세우려는 계획은 2004년국내외적인 상당한 반대에 직면해 연기되었다가, 최근에 원자바오의 명령으로 다시 중단되었다. 그러나 현재 진행되거나 고려 대상인 일부 공정은 중국이나 외국 모두에 상당히 더 큰 함의들을 품고 있다. 무엇보다 얄룽창포 강의물줄기를 돌리는 공정이 — 만약 실제로 건설 대상으로 확정된다면 — 중국과외국(인접국) 모두에 가장 큰 영향을 끼칠 것이다. 비록 확신할 수는 없지만,이 물들이 도중에 상당한 전력을 생산한 후 화베이에 안전하고 비교적 덜 오염된 상태로 도달할 수 있다면, 심각한 중국의 수중 생태(hydro-ecology)의압박감은 상당히 완화될 것이다. 반면 합치면 인구가 화베이보다 더 많은 인도 동부와 방글라데시에 주는 충격은 파멸적일 수 있다. 이런 공정이 중국과인도 사이에 갈등을 유발하고, 현재 물길을 공유하는 방글라데시와 인도의갈등을 증폭할 가능성이 있다는 것은 명약관화하다.

기후변화

한편 기후변화의 영향으로 이런 모든 공정들로 확보하고자 하는 물의 공급량이 기대치보다 더 불안정할 것이라는 증거가 부상하고 있다. 『지구물리학지』(*Geophysical Research Letters*)에 실린 2008년 보고서에는 히말라야의빙하에서 채취한 최근 표본들에 두 개의 표지(당시에 형성된 얼음층에는 핵

언급한다("Water Margins", p. 13). 아마도 가장 저명한 싼샤 댐 비판자인 다이칭(戴晴) 또한 수리공학은 아니지만 전공이 공학이다.

실험으로 인해 발생한 물질들이 들어 있었다-옮긴이)가 없었는데, 이 표지들은 1951~52년과 1962~63년 사이의 야외 핵실험을 반영하는 것으로 쉽사리 발견할 수 있다. 이를 통해 추론할 수 있는 사실로, 빙하는 1940년대 중반부터 축적된 얼음을 모두 잃었는데, 빙하는 그 가장자리뿐 아니라 꼭대기도 녹고 있다는 것이다.[69] 그리고 기후변화 정부 간 위원회(Inter-Governmental Panel on Climate Change, IPCC)에서는 히말라야 고원이 오는 한 세기 동안 지구 평균의 약 두 배 속도로 온도가 상승할 것이라고 추정하는데, 아무래도 상황이 더 나빠지리라고 생각하는 것이 타당할 듯하다. 어떤 추정에 따르면, 2050년까지 히말라야 빙하의 3분의 1이 없어질 것이고, 2100년까지는 3분의 2가 사라질 것이라고 한다.[70] 현재의 모델들에서는 이런 과정이 동부 히말라야보다 서부에서 더 빨리 일어날 것이라고 예측한다. 이렇게 되면 파키스탄과 인도 서북의 전망이 음울한데, 처음에는 유량이 많아지는 횡재를 누리다가 곧이어 이미 줄어들고 있는 인더스, 수틀레지 및 다른 강들의 유량이 파멸적으로 줄어들게 된다.[71] 만약 이 시나리오가 맞다면, 남수북조 공정의 모든 기술적인 문제들이 해결된다고 하더라도, 그리고 이 강들을 이용하는 다른 사람들에게 끼치는 비용을 무시한다고 하더라도, 이 공정으로 인한 편익은 단지 일시적인 것으로 드러날 것이다.

기후변화는 다른 문제들도 제기한다. 그 가운데 가장 심각한 것이 빙하호의 붕괴에 의한 홍수다. 고도가 높은 지역의 빙하들이 녹으면서, 얼음과 바위로 된 천연의 댐 뒤에 거대한 호수가 생겨날 수 있다. 이것들은 제방의 일부 재질이 얼음이라는 점을 제외하면 지난 5월 쓰촨 대지진 때 잔해들의 댐 뒤에

69) Natalie Kehrwald, Lonnie Thompson, Yao Tandong, Ellen Mosley-Thompson, Ulrich Schotterer, Vasily Alfimov, Jürg Beer, Jost Eikenberg and Mary Davis, "Mass Loss on Himalayan Glacier Endangers Water Resources", *Geophysical Research Letters*, vol. 35, L22503, 2008.
70) Gardner, "Tibetan Glacial Shrink to Cut Water Supply by 2050".
71) Briscoe, *India's Water*, p. 32. 인더스, 갠지스, 브라마푸트라 강의 유량 예상치가 나와 있다.

한시적으로 형성된 호수와 약간 비슷하다. 그런 호수들은 어떤 순간이든지 둑을 뚫고 나와, 하류에 급작스럽고 파멸적인 홍수를 일으킬 수 있기 때문에 위험하다(이것이 중국군이 대지진 때 쓰촨의 호수들이 더 커지지 전에 다이너마이트로 폭파한 이유다). 이런 종류의 홍수는 하류에 만들어진 인공 댐들을 쉽사리 압도하여, 연쇄적인 댐 붕괴(실패)를 야기할 수 있다. 부탄은 영토 안에 이런 호수가 2,600개 있음을 확인했고, 그 가운데 25개는 붕괴 위험이 크다.[72] 한편 지구온난화가 계절풍 우기(monsoon)에 끼칠 수 있는 영향에 대한 예측치들은 매우 다양하지만, 대체로 남아시아에서 극단적인 폭우가 빈번해지는 반면 평균 강수일은 줄어들 것이라고 예측된다. 이리하여 물을 저장할 필요성이 커지는 동시에, 만약 강수량의 변화를 충분히 고려하지 않고 짓는다면 그 댐들이 실패할 위험도 커졌다.

물론 중국만이 이웃들을 희생해서 물 문제를 해결하려 하는 것은 아니다. 나는 이 글을 캘리포니아 남부에서 쓰고 있는데, 이곳에는 한때 멕시코로 흘렀던 콜로라도 강의 줄기를 끌어들였기에, 그러지 않았을 경우 수용할 수 있는 수보다 훨씬 많은 사람들이 살고 있다. 조약에 따라 강물 일부는 여전히 멕시코로 흘러야 한다. 그리고 이 거대 지역(중국) 전역에 사는 수억 인민들이 직면한 심각한 물과 에너지 부족 문제를 해결하는 데 거대 공정들(댐)을 배제하는 것도 어리석은 일일 것이다. 그러나 가장 좋은 시나리오를 따른다 해도, 이런 공정들이 애초에 해결하고자 했던 문제들 모두를 해결할 수 없으며 다른 많은 문제들을 더 악화시킬 수 있다는 점은 점점 명백해지는 것 같다.

거대한 재앙들을 예방하기 위해서는 이미 제안된 공정들을 면밀히 검토하여 선택하고, 지금보다 훨씬 광범위하게 국가들의 경계를 가로지르는 노력들을 조직해내야 할 것이다. 최소한 장기적으로는, 풍력과 태양력 등의 기술이

---

72) Ann-Kathrin Schneider, "Dam Boom in Himalayas Will Create Mountains of Risk", *World Rivers Review*, vol. 24, no. 1, March 2009, p. 10.

진정 깨끗하고 가격이 맞는 전기를 생산하는 데 적합한 것으로 보인다. 중기 미래를 위한 시급한 임시방편들을 찾아내면서도 덜 만족스러운 기술들의 덫에 걸리지 않는 것은 매우 어려운 문제다. 무엇보다, 곧 닥칠 것 같은 물 부족 위기를 극복하는 일은 거대한 공정들보다 끊임없이 소규모이고, 매력이 없으며, 때로는 고통스러운 물 보존 방법들을 계속 시행해가는 것에 훨씬 많이 의존하는 것 같다. 즉, 관을 수리하고, 배수로 라인을 재정비하고, 물 재사용 공장을 만들고, 더 효율적인 관개 기술을 선택적으로 시행하고, 일부 소형 댐들을 짓고, 식량 수입 의존 확대와 그에 따른 세계의 다른 지역에서의 식량 가격 상승을 허용하고, 또 환경이나 사회구조가 파괴될 정도로 압력을 주지 않으면서도 대량으로 비농업 직업들을 계속 창출하는 등의 일 말이다.

〔공원국 옮김〕

비자연적 역사?[*]

스벤 뤼티켄(Sven Lütticken)

　자유시장을 선전하는 자들이 가능한 모든 세상 가운데 가장 좋은 세상이
곧 도래할 것임을 알렸던 1990년대의 비교적 잠잠한 소강 상태가 지난 후, 대

---

[*] Unnatural History: 아도르노가 쓴 자연사(natural history, Naturgeschichte)라는 용어와 개념을 비
튼 조어법. 본문에서 볼 수 있듯이 자연과 역사의 관계를 파악하기 위해 뤼티켄은 아도르노의 자
연사 관념, 즉 역사는 일종의 자연적 과정이고 자연은 본질적으로 역사적이라는 역사와 자연 간
의 상호 이행 관계에 대한 변증법적 관념에서 출발한다. 그러나 이러한 자연사로서의 역사 관념
은 역사를 자연화·신화화하는 이데올로기에 취약할 수밖에 없다. 뤼티켄은 이를 비판적으로 보완
하기 위해 natural history를 unnatural history로 옮겨 쓰고 있다. 따라서 '비자연적 역사'는 ('자연
과 대립되는 역사'를 의미하는 것이 아니라) '자연화되고 신화화되는 근본적인 경향을 가지고 있
지만 사실은 인간의 행위와 개입에 의해 이룩되는 역사'라는 의미다. 나아가 뤼티켄은 본문에서
unnatural history라는 표현을 그때마다 조금씩 다른 뉘앙스를 담아 unnatural natural history,
(un)natural history(이하 본문 92, 94, 100쪽) 등으로 다시 써서 의미를 풍부하게 하고 개념을 심화
하려 하고 있다.

대적인 생태 변동을 경고하는 언설들이 다시 뉴스 매체의 중심 무대를 장악했다. 온난화가 더 이상 정상적이고 주기적으로 유동하는 지구의 기후 현상 가운데 하나일 수 없다는 점에 대해 과학자, 정치가, 저널리스트들이 압도적으로 합의하고 있는 지금, 하나의 새로운 자연사가 형성되고 있는 것으로 보인다. 즉 베이징을 휩쓸고 있는 모래 폭풍에서부터 중부 유럽의 지속적인 하천 범람에 이르기까지, 양극 지방의 해빙에서부터 해수면 상승에 이르기까지, 우리를 근심케 하는, 비자연적으로 보이는 자연현상이 끊이지 않는다. 그러나 유전공학을 포함한 수많은 변화들이 예상을 뛰어넘을 정도로 자연을 변화시키고 있는 와중에 기후변화는 그 가운데 가장 눈에 띄는 사례일 뿐이다.

인간이 개입하여 명백히 자연이 변화되고 있는 가운데 이 새로운 자연이 거꾸로 인간의 문화를 점점 지배해가는 상황에 비추어볼 때, 자연의 역사와 인간의 역사 간의 관계를 재고찰하는 일 그리고 '벌거벗은 원숭이'로서의 인간이 가지는 불변의 동물적 측면에 주목하여 문화를 자연화하는 대중화된 과학 담론과 반대로 자연을 역사적으로 파악하는 관점에 도달하는 일은 매우 중요하다 하겠다. 이를 시도한 사례는 종종 있었다. 그 가운데 프랜시스 후쿠야마가 주목할 만한데, 그는 1989년에 헤겔을 활용한 코제브를 다시 활용하여 역사의 종언을 천명했지만 이제 "근대 자연과학과 기술의 종언 없이는 역사의 종언도 있을 수 없다"고 관측한다.[1] 후쿠야마에 따르면, 인간의 본성/자연 자체를 변화시키는 유전공학적 연구를 통해 역사는 재천명된다. 인간이 인간으로서 가지는 권리와 시민으로서 가지는 자격을 여러 가지 방식으로 의문시하면서 말이다. 많은 사람들이 (2002년에 간행된 후쿠야마의 책 제목을 인용하자면) '우리의 탈인간적 미래'를 찬양하거나 근심하는 반면, 다른 사람들은 [어떤 조치를 취하지 않을 때] 우리 인간의 미래는 없다는 것을 보여주

---

1) 프랜시스 후쿠야마, 『우리의 탈인간적 미래: 바이오테크놀로지 혁명의 결과들』(*Our Posthuman Future: Consequences of the Biotechnology Revolution*), 2002, 15쪽.

려고 했다. 앨 고어(Al Gore)의 영화 「불편한 진실」과 기후변화에 대한 니컬러스 스턴(Nicholas Stern)의 영국 재무부 보고서가 그 사례다. 그도 그럴 것이 생태 환경의 붕괴는 인간 종의 존속까지는 아니더라도 적어도 현 사회질서의 존속을 위협하기 때문이다.

하지만 역사화하려는 이 두 가지 시도는 모두 민주주의적 국민국가와 자본주의 경제의 이상적인 결합이 여전히 궁극적인 목표이자 단 하나의 바람직한 미래라는 자유주의 역사관에 묶여 있다. 스턴의 보고서에서는 탄소 배출권 거래제* 등을 통한 계획과 규제가 필요하다는 것을 강조하는 반면, 다른 사람들은 문제를 일으킨 혹은 적어도 문제를 일으키는 데 현저한 영향을 끼친 경제체제가 치유책 또한 제공할 것이라고 주장한다. 자본주의가 해방시킨 믿기지 않을 정도의 창조성이 그 부산물로서 공해를 증가시킨 것이 사실이라면, 또한 자본주의는 공해를 일소하는 방법과 쓰레기를 보다 적게 남기는 생산과 소비의 형태를 만들어내어 공해와 싸우는 수단을 창출할 것이다. 환경 영역에서조차 성장을 위한 기회가 있는 것이다. 이런 식으로 자본주의가 또 한 번 그 적응력을 입증하면서 새로운 자연은 기존 체제의 상징적 건축물 안으로 재통합된다.

테오도르 아도르노는 초기 에세이 「자연사의 이념」에서 "자연과 역사의 관계라는 문제는 우리가 역사적 존재를 심지어 그 가장 극단적인 역사적 결정성 속에서도 자연적 존재로 이해하거나 자연을 심지어 그것이 명백히 가장 정태적인 것으로 남아 저항하는 곳에서도 역사적 존재로 파악하는 데 성공할 때만 대답될 수 있다"고 말했다.[2] 아도르노는 자신이 '자연'을 '신화'와 얼마간 동의어로 사용한다

---

* carbon trading schemes: 온실가스 총량 규제에 따라 기업들에 탄소 배출량을 할당하여 탄소 배출을 억제하려는 제도. 기업들은 거래소에서 탄소 배출권을 매매하거나 정부에 구매를 신청하게 된다.

2) 테오도르 아도르노, 「자연사의 이념」(Die Idee der Naturgeschichte, 1933), 『저작집(Gesammelte Schriften)』 제1권, 1973에 수록, 여기서 인용은 354~55쪽, 강조는 원문.

고, 두 용어가 공히 인류가 자연에 대한 통제를 단언하기 이전의, 운명의 힘에 사로잡히고 두려움에 종속된 삶을 나타낸다고 말하고 있다.[3] 다윈을 대중화한 자들에 의해 굴곡을 얻은 현재의 담론은 자연을 말하지 못하는 신화적 존재와 동일시하는 관점을 해체(deconstruction)하는 아도르노를 어느 정도 뒤따르고 있다. 즉 자연은 그 자체로 이미 역사적이다. 하지만 아도르노가 [자연이 이미 역사성을 내포하고 있는 데 반해] 또한 인간의 역사는 또 다른 자연으로, 신화의 회귀로 귀결된다고 주장한 반면, 새로운 자연사, 비자연적인 자연사(the new, unnatural natural history)를 개념화하고 있는 현재의 시도들이 새로운 자연의 충격파를 조용히 흡수하여 교착상태에 빠진 문화에 대한 탐사를 회피하는 것은 흔한 일이다. 이러한 태만 때문에 심지어 이들이 붕괴가 임박했음을 시사할 때조차 근본적인 변화를 위한 가능성은 침식되어버린다. 즉 오늘날의 담론 속에서 자연이 사실은 역사적 변화를 자기 안에 감추고 있다는 점이 간파되는 경우는 드문 형편인데, 이렇게 간파된 변화조차 현재의 체제가 가지는 의사(擬似) 자연적 지위를 문제삼는 데 사용되기보다는 이 체제의 '자연적 존재' 안으로 통합되어버리고 만다.

이러한 점을 전형적으로 보여주는 제러드 다이아몬드(Jared Diamond) 같은 자유주의적인 저자들이 하는 일은 명상에 불과하다 할 만하다. 즉 과거와 현재의 여러 사회에서 저질러진 '환경 학살'(ecocide)을 비교하여 다이아몬드는 점점 다가오는 전 지구적인 환경 재앙을 방지하기 위한 교훈을 끄집어내고자 하지만, 비교적 접근법을 통해 사회적·생물학적·심리학적 상수들을 추출해내려 함으로써 현재 상황의 특수성을 이루고 있는 많은 부분을 보지 못하게 되었다. 결국 우리는 올바른 일을 했던 '용기 있는 지도자와 용감한 대중의 사례들'로부터 위안을 얻을 수밖에 없게 된다.[4] 오늘날의 자유주의자들

3) 아도르노, 「자연사의 이념」, 345쪽.
4) 제러드 다이아몬드, 『붕괴: 사회가 실패 혹은 성공을 선택하는 방식』(*Collapse: How Societies*

에게 기존 질서가 붕괴된다는 것은 오직 생물학적이고 생태적인 견지에서만 생각될 수 있는 일일 뿐이고, 사회·정치적 변화는 이 질서를 다만 국지적으로 조정하는 형태를 띨 수 있을 뿐이다. 다이아몬드처럼 관심 있고 박식한 저자조차 이러한 한계를 넘어서 사고하지 못한다. 자유시장 혹은 '자유주의적 민주주의'는 제2의 자연의 모습을 하고 있기 때문에 그것이 붕괴된다면 물리적 환경이 붕괴될 때보다 더 파국적이게 될 것이다.

하지만 〔자유시장과 자유주의적 민주주의 체제는 인간의 손으로 교정될 수 없는 것이라는〕 이런 제약 조건 아래에서라면 암울한 시나리오들이 계속해서 나올 수 있다. 예컨대 『다윈주의의 오늘』(Darwinism Today)*의 런던 정경대학 출간본 편집자인 올리버 커리(Oliver Curry)는 지금 상태로 간다면 10만 년이 지난 후 인류는 '우아한' 인종과 '조잡한' 인종으로 분리될 것이라고 예견했다. BBC의 보도에 따르면, 그는 "유전적 상위 계급의 후손들은 키가 크고 날씬하고 건강하고 매력적이고 지적이고 창조적이어서, 우둔하고 추하고 작달막한 요괴 같은 피조물로 진화하게 될 '하위 계급' 인간들과의 격차는 굉장할 것"이라고 했다.[5]

머록족(Morlocks)과 엘로이족(Eloi)**을 선보인 웰스(H. G. Wells)의 정신에 입각한 이런 품종 개량 판타지가 유전공학을 명시적으로 언급하고 있지는 않다고 하더라도, 유전공학과 다른 분야의 선진 기술에 접근할 수 있다는 점

Choose to Fail or Succeed), 2005, 440쪽.

* 1999년 미국 예일대 출판부에서 출간. 피터 싱어 등이 필진으로 참여하여 정치학과 성 연구, 가족학, 인류학, 법학, 생명윤리학, 진화학 등의 방대한 분야를 다루었다. 이 시리즈 가운데 일부가 『다윈의 대답』(전 4권)으로 도서출판 이음에서 번역·출간되었다.

5)「인간 종이 '둘로 갈라질 수도 있다'」, BBC 뉴스 웹사이트, 2006년 10월 17일.

** 웰스의 소설 『타임머신』(*The Time Machine*, 1895)에 등장하는 80만 년 후 미래의 지구에 거주하는 두 종족. 두 종족 모두 현재의 인류로부터 진화했지만 엘로이족은 지상에, 머록족은 지하에 거주한다. 머록족은 엘로이족을 부양하기 위한 노동을 담당하고, 엘로이족은 이러한 노동에서 완전히 해방된 삶을 누린다.

이 엘리트가 가지는 이점 가운데 하나라는 것은 분명하다. 과대망상적인 성격에도 불구하고 혹은 바로 그런 성격 때문에 '두 인종' 시나리오는 선의를 가진 자유주의적 내러티브들의 한계를, 즉 현재의 질서에 대한 위협을 제어하는 수단은 바로 이 질서 안에 놓여 있다고 생각하는 한계를 보여준다. 이 시나리오의 거리낌 없는 솔직함은 적어도 자본주의의 문제 해결 능력에 대한 찬가 뒤에 감추어진 것을 명시적으로 드러낸다는 장점이 있다. 즉 서구 사회에서도, 전 지구적인 차원에서도 붕괴의 시대에 불균등은 해소될 기미조차 없다는 것.

현대의 문화에는 종종 비역사적이라는 딱지가 붙고, 유행의 반복과 지나간 산업화 시대에 대한 향수가 이 문화의 표지로 간주된다. 그런데 이러한 조건은 이제, 정치·경제 질서가 전 지구적으로 동요하는 시기에 역사가 자연사로서 재천명됨으로써 일소된 것으로 보인다. 그러나 지구온난화의 원인을 지구 온도의 주기적인 유동으로 돌릴 수 없다는 합의에도 불구하고, 지구온난화 과정을 초래한 인간적 요소들, 즉 사회·정치적 요소들은 최소화되어왔다. 이를 통해 인간에 의해 만들어진 자연은 다시 자연화되고, 새로운 (비)자연사(the new [un]natural history)는 운명으로 제시된다. [이러한 운명론적인 역사관을 신봉하는 자들에게] 진짜 끔찍한 것은 이 역사가 돌이킬 수 없는 것이라는 생각이 아니라, 반대로 경제·사회 질서를 근본적으로 바꾸는 비용을 지불한다면 역사를 실제로 돌이킬 수도 있다는 생각이다.

끔찍한 변화들

아도르노가 「자연사의 이념」에서 중요하게 참조하는 것 가운데 하나는 비애극에 대한 벤야민의 저작이다. 이 저작에서 벤야민은 바로크극의 역사관에 따르면 역사는 몰락의 과정이며 자연의 기본적인 힘들에 종속된 것이라고 했다. 아도르노는 벤야민이 이 저작에서 두 가지 커다란 반고전주의적인 경향인 바로크와 낭만주의 간의 상응 관계를 이끌어낸다고 말하고 있다. 즉 바로크 시대에는 페어갱리히카이트(Vergänglichkeit, [주로 예술 작품의 모티프로 사용되었던] 네가 죽을 수밖에 없다는 것을 기억하라memento mori라는 경구가 종교적으로 변형된 관념이자 '덧없음'을 의미하는 관념)에 집착하는 전반적인 경향을 보였는데, 이러한 경향은 19세기 낭만주의 시대로 접어들면서 대변동에 시달리는 자연에 대한 과학적 탐구로 변형되었다.[6] 즉 이 시기에 자연은 [이러한 과학적 탐구와 더불어] 급진적으로 역사화되었고 성서적 연대기가 포기된 대신 조르주 퀴비에(Georges Cuvier)나 윌리엄 버클런드(William Buckland) 등이 재구성한 피조물들이 살았던, 인류가 출현하기 전에 오랫동안 지속되었던 자연사, 즉 나중에 '태곳적 시간'(deep time)이라고 불리게 될 자연사가 선호되었다.* '자연의 시간'은 더 이상 계절이 순환하는 것처럼 동일하게 반복되는 시간이 아니라, 이제 이전에는 상상하지도 못했던 규모를 가지는 역사의 좌표축 위에 표시되었다. 그러나 이 역사의 축은 다시 반복적 패턴을 띠는 대재앙들에 시달렸다. 즉 인간의 문화 자체가 이제 언제든 [역사적] 파국을 겪을 수 있는 것이 되었다. 가령 세기말[1895년]에 웰스는 자신의 시간여행자를 [추측건대 어떤 대재앙 이후 퇴화를 겪은 인간의 후예들인] 머록족과 엘로이족이 살고 있는 탈인간적 미래로 보내게 될 것이었다. [파국을 겪은 인류의 미래를 그린 웰스와는 반대로] 생명의 과거 단계들 또한 예술가들과 작가들이 창출한, 태곳적 시간의 환상적 장면들 속에서 다시 생명을 부여받았다.[7]

▪

6) 아도르노, 「자연사의 이념」, 357~58쪽; 발터 벤야민, 「독일 비애극의 원천」(1928), 『저작집』 (Gesammelte Schriften), 제1-1권, 1991에 수록, 여기서 인용은 352~53쪽.

* 성서적 연대기는 신에 의해 창조된 모든 종이 신의 완전함을 증명하므로 멸종되지 않는다는 가설에 기초해 있는 데 반해, 퀴비에나 버클런드는 지질학적 대격변을 겪으면서 멸종된 종들이 있다고 주장했다.

'노아의 홍수 이전의' 장면들을 시각화한 19세기의 많은 시도들 가운데, 앙리 드 라 베시(Henry de la Beche)는 1830년에 다윈주의적인 원초적 생존 투쟁에 참여한 다양한 종류의 어룡들과 선사시대의 다른 피조물들을 그림으로 그려서 특히 많은 영향을 끼쳤다. 당대의 지질학·고생물학의 선구자 가운데 한 명이었던 드 라 베시는 심각한 드라마를 위해 다른 저자들이 곧 포기하게 될 선명하고도 해학적인 스타일로 어떤 동물도 쉴 틈이 없는 선사시대의 먹고 먹히는 세계, 주둥이들이 먹이를 찾아 헤매고 몸들을 뒤틀어대는 바닷속의 야단법석을 묘사했다.[8] 1840년대부터 이러한 도해는 보다 유치한 버전으로 통속화되었는데, 이러한 경향은 문학에서도 나타났다. 가령 앞에서 언급된 것과 유사한 생존 투쟁이 쥘 베른(Jules Verne)의 『지구 속 여행』(1864)에서 등장인물들이 지하의 호수를 횡단하는 가운데 벌어진다. 이번에는 태곳적 시간의 계기들이 땅속 깊은 곳에 보존된 것이다.[9] 아서 코넌 도일(Arthur Conan Doyle)의 『잃어버린 세계』와 1922년에 그것을 영화로 만든 버전에서는 공룡이 시대를 뛰어넘어 어떤 고립된 행성에 살아남게 되었다. 영화 「킹콩」은 본질적으로 원숭이가 추가된 『잃어버린 세계』인데, 여기서는 공룡이 멀리 떨어진 섬에 살게 된다.

멸종되지 않은 공룡과 다른 선사시대 동물들이 발견된다는 그러한 픽션들

---

7) 태곳적 시간을 도해한 사례에 관해서는 스티븐 제이 굴드(Stephen Jay Gould), 『시간의 화살/시간의 순환: 지질학적 시간의 발견에서 신화와 은유』(*Time's Arrow/Time's Cycle: Myth and Metaphor in the Discovery of Geological Time*, 1987)과 마틴 러드윅(Martin Rudwick), 『태곳적 시간의 장면들: 선사시대에 대한 초기 도판들』(*Scenes from Deep Time: Early Pictorial Representations of the Prehistoric World*, 1992) 참조.
8) 러드윅, 『태곳적 시간의 장면들』, 64~67쪽. 고대 도어셋 해변에 대한 드 라 베시의 묘사— '오래 전의 도어셋'(Duria antiquor)이라는 제목을 가진—는 분명 기발한 것인 데 반해, 러드윅이 드 라 베시의 그림을 '유쾌'하고 '신고전주의적'이라고 기술한 것은 그 그림이 가지는 호프만(E. T. A. Hoffmann)풍의 으스스한 특성들, 선사시대의 동물들을 본 적이 없는 관람자들의 눈에는 분명 훨씬 인상적이었을 특성들을 경시하고 있다.
9) 데이비드 스탠디시(David Standish), 『속이 텅 빈 지구』(*Hollow Earth*), 2006, 132~236쪽 참조.

은 다시금 태곳적 시간을 풍자적으로 도해하는 앙리 드 라 베시의 잘 알려진 그림과의 연관 아래 고찰될 수 있다. 그 그림의 제목은 '끔찍한 변화들'이고 여기서는 '교수 어룡'이 그의 동료 어룡들에게 인간의 두개골에 관해 설명하면서 이것이 '낮은 단계의 동물들 가운데 어떤 것이 지녔던' 것이라고 강의한다. '지구상에 다시 출현한 어룡'에 관한 1830년의 이 카툰은 유명한 지질학자인 윌리엄 버클런드를 가리킨다고 한때 생각되었으나, 스티븐 제이 굴드(Stephen Jay Gould)는 이 카툰이 큰 영향을 발휘한 『지질학의 원리들』의 초기 판본들에서 지구 역사의 순환 모델을 주창한 찰스 라이얼(Charles Lyell)을 겨냥한 풍자라는 점을 보여주었다.[10] 라이얼은 지질학적 기록들이 단선적인 발전을 보여준다는 견해를, 즉 어떤 종들은 멸종되는 가운데 단순한 종으로부터 보다 복잡한 종으로 진화함을 보여준다는 견해를 거부했다. 그는 환경의 변화가 한 지역에 사는 동물군의 주기적인 변화를 초래할 수는 있겠지만 어떤 변화도 최종적인 것은 아니라고 주장했다. 드 라 베시의 풍자 대상이 된 구절을 보면, 라이얼은 어룡과 매우 비슷한 피조물과, 당시 그 뼈가 도어셋(Dorset) 해변*과 채석장에서 발견되던 공룡들이 세상의 멀리 떨어진 어느 구석에 아직도 살고 있을지도 모르며, 그들에게 적합한 조건이 다시 한 번 갖추어지면 영국에서 다시 출현할 수도 있으리라고 주장한다.

잃어버린 세계들

벤야민은 19세기의 영원회귀 이론들, 그 가운데 특히 니체의 이론을 신화

---

10) 굴드, 『시간의 화살』, 89~179쪽.

* 1억 8천만 년 이상의 지질사를 보여주는 영국 남서부의 해변. 라임리지스의 절벽에서 어룡과 장경룡의 유골이 발굴된 것은 고고학적으로 귀중한 발견이다.

의 반복(rétition du mythe)으로, 즉 순환적 세계관의 퇴행적 재천명으로 규정지었다.[11] 라이얼이 태곳적 시간을 고찰할 때 취했던 단선적이지 않은 시각을 이러한 재천명과 동일시하는 것도 불가능하지는 않을 것이다. 그러나 니체의 생각은 그 자체로 보면, 엘리아데 같은 현대의 신화학자들이 전통 사회의 그것과 동일시했던 시간의 순환적인 관념이 피타고라스식 버전으로 뒤늦게 나타난 것이었다. 엘리아데의 주장에 따르면, 전통 사회는 시간을, 신들과 신화적 조상들이 지상을 활보했던 선사시대에 속하는 원형들, 사건들, 상징들이 순환적으로 반복되는 형식으로 파악하여 '역사의 공포'(terror of history)를 저지하는 데 주력했다. 그런데 고대 그리스의 소크라테스 이전 사상가들, 특히 피타고라스주의자들은 시간에 대한 전통 사회의 이러한 접근법을 만물은 영원히 반복될 것이라는 관념으로 급진화했다. 이에 따르면 [선사시대의 신화적 원형 따위가 아니라] 과연 매 순간이 무한 번 반복될 원형이 된다.[12] 그러나 니체의 결론은, 영원한 반복이라는 고대 피타고라스적 관념은 제각각의 방식에 따라 특수하고 독특한 역사적 사건들에는 거의 적용하기 힘들다는 것이다. 역사적 사건들의 진정한 반복은 지구가 첫 번째 작용 이후에 자신의 '드라마'를 새롭게 시작하게 될 때나 가능할 것이다. 이것이 후기 니체가 자신의 영원회귀론을 가지고 내기를 걸었던 것이다.[13]

니체는 역사라는 것에 홀딱 빠진 19세기에 대해 성찰하던 1870년대 초기에 영원회귀 관념과 대결을 시작했다. 그의 사변에 따르면, 역사주의는 아직 생산적일 수 있다. 즉 르네상스가 단지 1백 명의 뛰어난 인간에 의해 창출되

11) 발터 벤야민, 『파사젠 베르크』(Das Passagen-Werk, 1927–40), 『저작집』, 제5-1권, 1991에 수록, 여기서 인용은 177~78쪽 [우리말 번역은 『아케이드 프로젝트』, 새물결, 2005].
12) Mircea Eliade, The Myth of the Eternal Return: Cosmos and History (1954), Princeton 2005, pp. 89, 119~23 [우리말 번역은 『우주와 역사: 영원회귀의 신화』, 현대사상사, 1976].
13) 프리드리히 니체, 『반시대적 고찰 II: 삶에 대한 역사의 공과』(1874), 『니체 전집』 제2권, 책세상, 2005에 수록, 여기서 인용은 305쪽.

었다는 점을 깨닫는다면, [역사적 사건을 만들어내는] 그러한 돌파구는 반복될 수 있을 것이다.* 들뢰즈는 영원회귀에 대한 니체의 '심연과도 같은' 사상이 이 개념[영원회귀]을 급진화한다고 주장했다. 신화적 원형에 더 이상 기반을 두지 않는 영원회귀는 오직 지시체 없는 기호들로, 따라서 차이로 이끌어갈 수 있을 뿐이라고 강조하면서 말이다.[14] 현대 문화는 역사상의 특정 모델이나 산업 시대의 원형들로 기능하는 상투적인 본보기들을 사용하여 반복을 '재신화화'하고 있기는 하지만, 현대 문화의 준순환적인 반복은 닫힌 체계가 아니다. 역사적 충격들의 영향 아래 대중문화의 반복들은, 태곳적 시간에 대한 19세기와 20세기의 픽션에서 반복되는 모티프들이 보여주듯이 변화의 기호와 징후로 기능하는 비자연적인 돌연변이들을 산출할 수도 있을 것이다.

도일의 『잃어버린 세계』는 우선 라이얼의 영원회귀 신화, 즉 적절한 환경이 주어지고 천적들로부터 보호받을 수 있는 곳에서 공룡은 진짜로 살아남았다는 신화를 허구적으로 구상화한 것으로 볼 수도 있을 것이다. 그러나 『잃어버린 세계』의 이데올로기적인 하부 텍스트는 결정적으로 라이얼의 관점을 따르지 않는다. 도일의 작품은 제국주의적인 진보주의에 깊이 물들어 있다. 즉 자연의 변종을 찾아 헤매는 영국의 백인 탐험가들은 역사의 관념을 무너뜨리기보다 자연의 역사에 대한 통찰을 얻기 위해 그리하는 것이며, 타임 캡슐은 역사의 단선적 발전을 철회시키지 않는다. 다른 한편, 영화 「쥐라기 공원」과 그 연작들은 태곳적 시간의 고립된 아성이 존속하고 있음을 허황되게 묘사하

---

* 즉 니체에게서 진정한 반복은 단지 원형을 있는 그대로 모사하는 데 있는 것이 아니라 원형의 위대성을 반복하는 것이다. 니체의 『두 번째 반시대적 고찰: 삶에 대한 역사의 공과』에 나타난 이러한 역사와 반복의 문제를 필리프 라쿠-라바르트(Philipp Lacoue-Labarthe)는 모방(mimesis)의 역설이라는 개념을 가지고 정식화한다. 즉 진정한 모방은 역사성의 기원으로서의 비역사적인 위대성을 자기화하는 모방이다. Philipp Lacoue-Labarthe, *L'imitation des Modernes*, Galilée 1986, pp. 87~112에 수록된 "Histoire et mimèsis" 참조.
14) 질 들뢰즈, 『차이와 반복』, 민음사, 2004. 들뢰즈는 피에르 클로솝스키(Pierre Klossowski)의 뛰어난 책인 『니체와 악순환』(1969), 그린비, 2009에 기반하여 자신의 의견을 개진하고 있다.

기보다 소멸한 종들을 되살려내는 현대 테크놀로지의 겸손함을 보여준다. 위험스럽게도 통제에서 풀려난, 인간에 의해 만들어진 새로운 자연의 사례로서 이 공룡들은 〔인간의 개입이 그 부분적인 원인을 제공한〕 지진해일과 해수면 상승, 진행 중인 사막화의 대역을 맡고 있다. 오래전에 실존했던 유전적 원본의 복제품인 이 새로운 공룡은 비자연적인 새로운 자연(the unnatural new nature)을 자연화하지만, 〔영화 속에서〕 공룡이 곧 인간의 통제를 벗어나게 된다는 사실은 반복이 주어진 상태를 뒤흔들 수 있다는 점을 시사한다. 미래를 바라보는 요소와 과거를 바라보는 요소가 「쥐라기 공원」에서와 유사하게 혼합된 사례를 우리는 밸러드(J. G. Ballard)의 1962년 소설 『물에 빠진 세계』에서 볼 수 있다. 이 소설은 온난화와 해수면 상승으로 거주가 불가능해진 세계를 묘사한다. 이렇게 된 것은 길을 잘못 든 과학 때문이 아니라 '태양의 갑작스런 불안정성' 때문이다.[15] 이런 점에서 밸러드는 인간에 의해 초래된 환경 붕괴를 문제삼는 데서는 꽁무니를 빼면서 과거를 바라보는 듯〔자연적 요인에 원인을 돌리고 있는 듯〕 보일 수도 있다. 그러나 빼어난 작품인 『크리스털 세계』(The Crystal World)를 포함한 밸러드의 초기 소설들을 보면, 환경을 변화시킨 원인이 단적으로 통제 불가능하고 때때로 알려지지 않은 채로 남아 있기 때문에 비자연적인 역사가 만들어지고 있다는 으스스한 느낌이 일게 된다.

순환적 회귀를 수단으로 해서 자연에 역사성을 복원하는 태곳적 시간에 대한 판타지들이 기후변화에 대한 현재 담론의 한 원천을 이루고 있음은 분명하다. 즉 미래에 관한 시나리오들은 이데올로기적인 픽션들에 의해 깊이 침윤되어 있다. 그러나 나아가 사실은 많은 사람들이 자신의 목적을 위해 이 픽션들의 힘을 이용하려 한다. 밸러드가 그린 반쯤 물에 잠긴 미래의 런던은 「워터월드」(Waterworld, 1995)와 큐브릭/스필버그의 「에이 아이」(A.I., 2001)

---

15) 밸러드, 『물에 빠진 세계』(1962), 1999, 70쪽.

에서 영화화되었고, 물이 범람한 뉴욕을 묘사한 앨 고어에게 영향을 끼치기도 했다. 고어와 다른 이들은 우리가 우리의 방식을 고치지 않을 때 닥칠 우리 서구의 생활 방식이 가지는 위험성을 '우리'에게 알리기 위해 태곳적 시간의 픽션을 활용한다(비록 경제를 계속 유지하기 위해서 우리는 충실한 소비자로 남아 있어야 함에도 불구하고 말이다). 그러나 그들은 그들 자신의 상태를 전면적으로 문제삼는 것을 삼간다. 인간이 개입하고 있기 때문에 자연이 위험한 방향으로 가고 있다는 것을 극화하는 데 만족할 뿐, 그들은 인간의 개입이 오염을 초래하는 특수한[예외적인] 관행(practices)이라고만 생각한다. 이러한 인간의 개입이 그들이 문제삼고자 하는 새로운 자연만큼이나 전적으로 불안정한 사회의 징후라는 사실은 그들에게 주변적으로 그리고 간헐적으로만 인식될 뿐이다. 그래서 그들은 인간의 활동 때문에 자연이 취하게 되는 경로가 [우리가 사회질서를 변경하지 않는다면] 사회 자체의 경로만큼이나 불가피하고 변경 불가능한 것이 아니냐는 반박에 대해서 어떠한 근본적인 대안도 내놓지 못한다.

사회적 재앙은 자연화되고, '자연적' 재앙은 인간에 의해 만들어진 것으로 간주되기는 하지만 재앙을 막기 위한 인간의 개입에는 열려 있지 않은 것으로 생각된다. 이리하여 사회는 제 차례에서 준자연적인 운명에 종속된 것으로 지각되는 것이다. 이러한 맥락에서 자본주의적 근대성의 시대는 대격변적 반복들과 단선적 발전의 변증법으로서 전개되는데, 벤야민이 아주 분명히 간파했듯이 이 변증법적 전개가 명백하게 불가피하다는 생각 자체가 신화적이다. 문화 산업의 반복들이 변화를 등록하고 제안할 수 있다면, 문화 산업이 제안하는 변화 자체는 고작 부와 건강을 어떤 사람들에게 그리고 재앙을 다른 사람들에게 분배하는, 또 다른 형태의 신화적 운명이 된다. 뉴올리언스가 태풍 카트리나에 의해 파괴되는 것을 보면서, 부시 행정부와 미 연방재난관리청(FEMA)의 무능한 대처에 관련해 자연과 제2의 자연으로서의 사회 양자가 인간의 통제를 벗어나 있기 때문에 개입을 통해 자연의 재앙을 교정하려는 모든 시도는 무용하다는 신념을 마치 공고히 하려고 노력하거나 한 것처럼 모든 관련 당사자들이 효과적으로 행동했다는 음모 이론에까지 생각을 뻗을 필요는 없지만 말이다.

제2의 자연

「자연사의 이념」과 훨씬 이후의 『부정변증법』 모두에서 아도르노는 헤겔의 제2의 자연 개념에 대한 청년 루카치의 마르크스주의적인 독해를 따랐다. 이러한 마르크스주의적 독해에 따르면 제2의 자연 개념은 '소외되고 죽은 세계'를, 빈곤해진 사회관계의 물화된 표상을 나타냈다.[16] 여기서 '제2의 자연'은 뼈처럼 굳어진 인간 노동의 산물을 대변하게 된다. 인간의 통제를 벗어나 명백히 자율적인 것이 된 인공물의 물신적인 스펙터클로서 말이다. 다른 한편 '제1의 자연' 자체는 과학에 종속되기는 하지만 유사한 과정을 겪는다. 제2의 자연에 대한 루카치–아도르노식 이해가 이전의 관념론적인 용법들과 달라진다고 할 때, 관념론적인 용법 자체에도 이미 다양한 버전이 있었다. 즉 헤겔이 '관습'으로서의 제2의 자연이라는 일반적인 의미에 가까이 머물러 있었던 데 반해, 후기의 셸링은 이 개념을 역사화했다.

'제2의 자연'은 키케로에서부터 몽테뉴와 파스칼에 이르기까지 '관습'을 의미하는 것으로서 긴 역사를 갖고 있다. 그러나 제2의 자연이 새로운 의미와 긴급성을 얻게 된 것은 루소와 함께 그리고 루소의 사상이 우아함과 결백의 상태로 간주된 '자연으로의 복귀'를 요구하는 것으로 단순하게 해석되면서부터다. 18세기 후반과 19세기 초반에 등장한 사유의 역사적 전환기에 '제2의 자연'은 특히 실러에 의해, 가능하다면 예술의 도움을 얻어 자연의 직접성과

16) 아도르노, 「자연사의 이념」, 355~56쪽.

조화를 닮은 어떤 것을 인간 사회 안에 잠재적으로 재천명하는 것으로 간주받게 되었다.[17] 물론 헤겔은 제2의 자연을 이렇게 개념화하는 것에 대해 단호하게 반대했다. 무엇보다 헤겔에게 '제1의 자연'의 소박한 직접성은 [정신의 역사 속에서] 분쇄되었고 그리로 다시 돌아갈 수는 없는 일이었다. 즉 '자연과의 일치 속에서' 도덕성과 관습을 개혁하려는 시도들은 극히 의심스러운 것이다. 법체계는 그것이 단지 외부적으로 부과되는 것이 아니라 살아가면서 겪는 것인 한에서 '제2의 자연'이라고 언명하면서 그는 '다스 지틀리헤'(das Sittliche), 즉 도덕적으로 정당한 것은 하나의 '지테'(Sitte), 즉 관습 혹은 제2의 자연이 된다고 생각한다. 그러나 습관이 너무 강하게 장악하게 되면 부정적인 결과가 초래된다. 헤겔은 "인간은 습관 때문에 죽기도 한다"고, 정신 자체는 자연의 동일성을 뒤흔드는 운동이라고 언급한다. 고대 이집트에 대해 말하면서 그는 모든 것이 고정되고 관습적이며 안락하게 전승된 제2의 자연인 문명 상태는 "정신의 본성에 반한다"고 강조한다. 그렇게 만족해 있는 관습들을 뒤흔드는 것이 정신의 역사적 임무다.[18]

헤겔의 제2의 자연 개념이 여전히 '관습'의 오래된 의미에 빚지는 반면, 셸링은 '제2의 자연'을 정신 및 정신의 역사적 전개와 사실상 동의어로 사용한다. 『신화철학』(*Philosophy of Mythology*)의 마지막 판본에서 셸링이 말하듯이, 인간의 역사는 제2의 창조로 귀결된다.[19] 이 새로운 형태의 역사와 비교해 볼 때 자연은 창백할 뿐이다. 즉 자연은 닫힌 순환이자 역사 없는 왕국이다.

---

17) 노르베르트 라트(Norbert Rath), 『제2의 자연: 1800년경의 인간학과 미학에서 자연과 문화를 매개하는 구상들』(*Zweite Natur. Konzepte einer Vermittlung von Natur und Kultur in Anthropologie und Ästhetik um 1800*), 1996 참조.

18) 헤겔, 『법철학』(*Grundlagen der Philosophie des Rechts oder Naturrecht und Staatsrecht im Grundrisse*), 지식산업사, 1990, 전 2권, 272쪽(151절 보유); 같은 저자, 『역사철학 강의』(*Vorlesungen über die Philosophie der Geschichte*), 『저작집』 제12권, 1970, 255쪽.

19) 셸링, 『신화론의 철학』(*Philosophie der Mythologie*) 제2부, 『셸링 저작집: 보충을 위한 다섯 번째 권』(*Schellings Werke. Fünfter Ergänzungsband*), 1943에 수록, 여기서 인용은 10쪽.

그의 반복적인 언급에 따르면, 창조는 세 가지 역량들(Potenzen), 다시 말해 신의 세 가지 측면을 이루는 힘들 혹은 잠재성들, 즉 순수한 존재 역량(pure Seinkönnen) 혹은 주체, 순수한 존재(pure Sein) 혹은 객체, 그리고 주체이면 서도 객체인 정신(Geist)의 변증법적 상호작용의 결과였다. 창조가 있기 이전 에 이 세 가지 역량들은 절대적인 것 안에 잠재되어 있었다. 그것들은 잠재된 의지가 어떤 태곳적 행위에 의해 현실적인 의욕함으로 전환되면서 활성화되 었다. 셸링이 후기 저작에서 초점을 맞추는 문제가 바로 이 전환이다.[20] 이 세 힘들과 그것들의 변증법적 운동은 헤겔의 사유 안에 그 등가물이 있기는 하 지만, 셸링은 헤겔의 변증법이 단지 논리적인 것에 머물 뿐이라고, 헤겔의 철 학은 관념으로부터 출발하기 때문에 창조 행위 자체도, 현실적인 역사도 감 당할 수 없다고 주장한다.[21] 세 번째 힘, 즉 자기의식적인 역량 혹은 주체가 객체 안에 완전히 모습을 드러냄을 의미하는 정신의 힘은 바로 인간의 의식 에서 절정에 도달한다. 이는 '자연의 종언'을, 즉 자연을 넘어서 인간 의식 안 에 '제2의 세계, 즉 정신적 세계'가 출현한다는 것을 의미한다.[22]

셸링이 『자연철학』에서 점진적인 정신화 과정과 자연의 역사성을 강조하 기는 하지만, 이 운동은 단지 그 정도까지만 앞으로 나아갈 수 있었을 뿐이다. 왜냐하면 셸링의 체계에서 결국 자연은 인간 역사에 의해 분쇄되어야 할 순 환적 패턴 속에 머물기 때문이다. 그러나 셸링은 여전히 인간 정신 안에서의 신통기적(theogonic) 과정, 즉 신화 안에서 신의 점진적인 계시를 하나의 자

20) 세 가지 잠재력의 체계는 1830년대와 1840년대에 여러 차례 강의되었고 사후에 출간된, 후기의 『신화철학』(Philosophie der Mythologie)과 『계시철학』(Philosophie der Offenbarung) 전반에 걸 쳐 논의되고 전개된다. 예컨대 『셸링 저작집: 보충을 위한 여섯 번째 권』(1954), 제4장, 제5장, 제8 장(55~93쪽, 147~74쪽)에 수록된 『계시철학』 참조.
21) 1841~42년 베를린에서 계시에 대한 강의를 하면서 이루어진 헤겔에 대한 폭넓은 비판 참조. 이 강의들은 파울루스(Paulus)에 의해 필기되어 셸링, 『계시철학 1841~42년』(Philosophie der Offenbarung 1841/42, 1977)으로 출간되었다. 이 가운데 121~39쪽 참조.
22) 셸링, 『계시철학 1841~42년』, 107쪽.

연적 과정으로 생각하는데, 이는 이 과정이 신의 직접적인 계시라기보다 인간 정신 안에서 일어나는 사건들의 인과적 연쇄이기 때문이다.[23] 이러한 관점에서 그의 저작은 '자연사'가 근대적 의미에서 역사적인 것이 되었던 19세기 초반의 발전들을 반영한다. 셸링이 신화 속에 요약된 것으로서의 인간 역사를 자연사로 간주할 때, 그는 '제1의 자연'이 가지는 역사성을 경시할 때조차 인간 역사에 새로운 패러다임〔인간의 역사를 자연사로 간주하는 패러다임〕을 적용하는 것이다. 신들의 순차적인 출몰 혹은 역사적 과정을 겪는 다신교를 의미하는 신화는 세 잠재력들 간의 상호작용에 의해 틀 지어지지만, 이 잠재력들은 이제 순전히 자연적인 원인들로서 작용한다. 그의 주장에 따르면, 인간은 세 가지 잠재력들을 자유로이 지배하기를 바랐지만, 반대로 그 힘들에 의해 지배당하게 되었다. 자신의 타락한 상태로부터 서서히 빠져나오면서, 인간은 결국 참된 (기독교적) 계시에 준비된 수준에 인간 정신이 도달할 수 있게 해주는 신화를 발전시키게 되었다. 셸링의 제2의 자연에 대한 관념은 이렇게 한편으로 자연의 종언과 다른 한편으로 인간 역사 안에서의 자연의 재천명, 즉 자연사의 견지에서 자연적 과정으로 생각되는 운동 사이에서 동요했던 것이다.

신들과 신화들에 관한 셸링식 퍼레이드는 그 연속적 장면이 계시에까지 이르게 되는 세 잠재력들의 순서에 따른 지배를 반영한다고 상정되는데, 이 것이 19세기와 현재의 관심사에서는 낯설고 무관하게 보일 수도 있겠지만, 비역사적인 신화/자연과 '역사적 존재'의 이분법을 문제삼으면서 놀랍게도 셸링은 아도르노에 가까이 다가간다.[24] 온갖 몽상적인 측면에도 불구하고, 셸

---

23) 셸링, 『신화철학』 제1부, 『셸링 저작집 제6권: 1841~54년의 종교철학적 저작들』(Schellings Werke, Sechster Hauptband: Schriften zur Religionsphilosophie 1841-1854), 1927, 378~79쪽.
24) "위대한 신화들 안에는 이미 암묵적으로 역사적 동력이 내재해 있다"고 주장하면서 아도르노는 우라노스가 크로노스에게 살해당하고 크로노스 자신은 제우스에게 왕위를 박탈당하는 과정, 즉 셸링에게 중요한 〔신통기적인〕 과정을 언급한다. 아도르노, 「자연사의 이념」, 363쪽.

링의 제2의 자연 개념은 성찰의 계기들을 제공한다. 즉 자유시장의 이데올로 그들이 하는 일은 사실 자유시장과 그 정치적 상부구조의 전개를 준자율화하는 어떤 '제2의 창조'를 환기시키는 것이 아닌가? 준자율성을 획득한 경제적 논리가 자연적 과정으로 간주되는 신화들의 순차적인 등장을 대신한 것이다. 심지어는 후쿠야마, 스턴, 다이아몬드 같은 이들, 생명 연구와 인위적인 기후 조작의 영역에서 자유방임 자본주의에 반대하고 어느 정도의 규제가 필요하다고 보는 이들조차 현재의 정치·경제적 질서의 자연화라는 주식을 사들이고 있는 것으로 보일 정도다. 이 체제가 또한 지구를 황폐화하는 새로운 비자연적 역사를 창출했고 인류 자체의 실체를 변화시키는 테크놀로지들을 만들어 냈다는 사실에도 불구하고, 이러한 전개 양상에 대한 대응은 기껏해야 이 체제의 테두리 내에 머물 뿐이다. 이 체제가 결국 사회적 붕괴와 생태적 붕괴로 이끌어갈지라도, 두 세기에 걸친 과학적 혹은 상상적 시나리오들은 그러한 결과를 자연스러운 것으로, 심지어는 수용할 만한 것으로 만들었다.

엔트로피적인 체념

생명이 종말에 이르는 것이 불가피하다는 것은 이제 하나의 상식이 되었다. 특히 열역학 제2법칙에 간직된 엔트로피 관념이 대중적으로 확산되면서 그리되었다. 루돌프 아른하임(Rudolf Arnheim)은 1970년대 초반에 이러한 전개를 다음과 같이 요약했다.

열역학 제2법칙이 대략 한 세기 전에 공중의 의식 속으로 들어오기 시작했을 때, 그것은 지구상에서 일어나는 일들에 대한 종말론적인 비전을 시사했다. 이 법칙에서는 세상의 엔트로피가 최대치를 지향한다고 하는데, 이는 우주의 에너지가 그 총량은 일정하지만 점점 흩어져서 퇴화해버린다는 뜻이다. 이러한 용어들은 뚜렷하게 부정적인 색채를 띠는 동맹을 형성했다. 그 용어들은 시대의 염세적인 분위기에 조응했다. …… 헨리 애덤스(Henry Adams)의 재기 넘치는 논고인 『민주주의적 도그마의 쇠퇴』(*The Degradation of the Democratic Dogma*)에 따르면 "통속적이고 무식한 역사가들에게 열역학 제2법칙은 잿더미의 크기가 끊임없이 증가하고 있다는 것을 의미할 따름이었다." 태양은 점점 작아졌고, 지구는 점점 추워졌으며, 프랑스와 독일의 신문들이 '추정된 사회적 노화에 대한 토론을 불러일으켜 심기를 불편하게' 하지 않는 날이 없었다.[25]

아른하임이 이렇게 쓰고 있었을 때, 예술가인 로버트 스미드슨(Robert Smithson)은 엔트로피를 자신의 반이상주의적 역사관 아래 정렬하느라 여념이 없었다. 이 역사관에 따르면 미니멀리스트 건축, 폐허들, 마구잡이로 흉하게 뻗어나가는 도시, 자연재해, 노천 채굴장은 "전 우주가 소진되어 모든 것을 포괄하는 획일적인 동일성으로 변형될" 엔트로피적인 종말의 시간을 가리키는 표지들이다.[26] 스미드슨의 포스트모던한 신임장에도 불구하고, 제니퍼 로버츠(Jennifer Roberts)는 그러한 관념이 "미리 결정된 종말론적인 역사 개념"에 저항하기보다 그것을 자연화한다고, 스미드슨에게 "정치적이든 다른 어떤 것이든 여하간의 행동주의(activism)에 대한 그의 혐오를 우주론적으로 재가"해준다고 올바르게 주장한다.[27] 그의 유명한 포토 에세이에서 기술되고 묘사된, 전혀 스펙터클하지 않은 '파사익의 기념비들'(monuments of

25) 루돌프 아른하임, 『엔트로피와 예술: 무질서와 질서에 대한 에세이』(*Entropy and Art: An Essay on Disorder and Order*), 1971, 9쪽.
26) 로버트 스미드슨, 「엔트로피와 새로운 기념비들」(Entropy and the New Monuments, 1966), 『저작집』(*The Collected Writings*), 1996에 수록, 여기서 인용은 11쪽.
27) 제니퍼 로버츠, 『거울 여행: 로버트 스미드슨과 역사』(*Mirror Travels: Robert Smithson and History*), 2004, 9쪽.

Passaic)에서 '나선형 방파제'(Spiral Jetty)에 이르기까지 이 열정적으로 예견된 종말의 시간에 대한 스미드슨 자신의 기념물들이 과연 중요한 것으로 남아 있기는 하다. 그러나 이것들은 또한 자연화라는 의문스런 기획의 한 부분으로 간주될 수 있다. 즉 자연사는 큰 스케일에서 볼 때 피해갈 수 없는 쇠퇴와 붕괴로서, 파괴의 스펙터클로서 간주되고 이는 스미드슨에 의해 기꺼이 공모하는 태도로써 성찰된다.

루카치에서 기 드보르(Guy Debord)에 이르기까지 제2의 자연에 대한 헤겔적 관념이 마르크스주의적으로 직조되면서 제2의 자연으로서의 '사회적 습관'은 상품물신주의와 그것의 이데올로기적인 환상으로 재해석되었다. 드보르의 단언에 따르면 "스펙터클한 관계의 물신적이고 순수히 객관적인 외관은 이 관계가 사실 인간과 계급의 관계일 뿐이라는 사실을 감춘다ㅡ제2의 자연은 그 운명적인 법칙을 가지고 우리의 환경을 지배하는 것으로 보인다." 준자연적인 이 '운명적 법칙들'은 한편으로 철두철미하게 목적론적이고 단선적인 것으로 나타나며 이러한 불가피한 과정 속에서 사람들은 끊임없이 진보에 적응해야 한다. 다른 한편 이 법칙들은 경제의 성장과 후퇴, 전쟁과 평화, 일과 여가의 영원한 회귀로서 제시될 수 있다. 드보르가 말했듯이, 촘촘하게 구조화되고 구획된 스펙터클의 시간은 '준순환적'인 것이 되지만 이 준순환적 시간성은 그것의 타자, 즉 결국 파멸로 귀결되는 것에 다름 아닌 숙명론적인 진보(fatalist progress)의 축 위에 표시된다.[28]

스미드슨은 여러 차례 공룡들과 그 멸종을 언급했다. 뉴욕의 천문관과 자연사박물관에서 태곳적 시간의 일화들을 도판으로 전시한 예술가들이 "'공간

---

28) Guy Debord, *La Société du Spectacle* (1967), Paris 1992, pp. 26, 149~64 〔우리말 번역은 『스펙터클의 사회』, 현실문화연구, 1997. 기 드보르의 '스펙터클' 개념에 관한 최근의 주목할 만한 연구로는 조르조 아감벤, 「『스펙터클의 사회에 관한 논평』에 부치는 난외주석」 참조. 이 글은 아감벤, 『목적 없는 수단』, 난장, 2009, 82~101쪽에 수록되어 있다. 같은 책 190~209쪽에 수록된 '스펙터클' 개념에 대한 옮긴이들의 해설 또한 유용하다〕.

과 시간'의 보다 접근하기 힘든 영역들에 기반을 두어 최후의 재난에 대한 쓸 만한 '구상들'을 시각화했다고 칭송하면서 말이다. "그들은 금지된 영역들을, 눈이 휘둥그레지게 만드는 왕국들을 자신들의 상상 속에서 여행했다."[29] 엔트로피의 관점에서 보자면 공룡들은 매우 현재적이다. 왜냐하면 우리 역시 [재난을 당한] 공룡들이기 때문이다. 아니면 공룡들은 바로 몇몇 국가들, 몇몇 계급들일까? 태풍에 강타당한 뉴올리언스, 태풍과 싸운 대다수 주민이 가난한 흑인이었던 뉴올리언스의 티브이 취재 기사는 경제적인 적자생존에서 패배해버린 자들을 자연이 처벌하는 미래의 원시적 풍경을 시사했다.

초인이 되돌아온다

푸코와 그의 영향을 받은 이들은 근대사회를 생명 정치의 체제로 특징지었다. 이전의 사회체제에서 생물학적인 인간 신체 자체는 정치의 주제가 아니었다. 반면 근대 생명 정치에서 유아 사망률이 낮아지고 전례 없는 수준의 건강관리가 보장되면서 인구는 의학적 관리의 대상이 된다.[30] 인간 생명의 관리 체계로서 생명 정치는 점점 제1의 자연을 제2의 자연에 의해 다른 어떤 것으로 변형하는 일이 되어간다. 즉 인간 본성/자연을 돌보는 일은 인종주의적인 맥락에서든 명백히 보다 더 상냥한 이데올로기적인 맥락에서든 은연중에 인간 본성/자연을 개선하는 일이 되어간다. 이리되면 생명 정치는 역사에 대한 전형적으로 근대적이고 진보적이며 단선적인 접근법으로 보일지도 모르겠다. 하지만 생명 정치의 시간성은 상실된 위대함의 회귀에 대한 몽상적인

29) 멜 보히너(Mel Bochner)와 로버트 스미드슨, 「거대한 곰의 영역」(The Domain of the Great Bear, 1966), 스미드슨, 『저작집』에 수록, 여기서 인용은 33쪽.

30) 특히 미셸 푸코, 『 '사회를 보호해야 한다': 1975~76년 콜레주 드 프랑스에서의 강의』, 동문선, 1998 참조.

시나리오의 형태로 자신의 꼬리를 물게 될 수도 있다〔순환적인 시간성의 형태를 띠게 될 수도 있다〕.

니체에게는 다윈의 자연선택 관념도 역시 결정론적인 것이었을 뿐이다. 이에 비하면 인간을 포함한 자연은 이보다 훨씬 유연하고 교정 가능해서 인공적으로 주조될 수 있다. 근대사회는 위계를 평준화하고 문화를 잠식하여 스스로 생계를 유지할 수 없는 자들과 프롤레타리아들의 무리를 창출해냈지만, 영원회귀는 기독교 도덕을 넘어서는 새로운 종의 주권적인 유미주의자들을 창출하여 결국 이 과정을 뒤집어엎게 될 것이다. 하지만 자연은 이를 이루기에 충분히 신속하게 작동하지 않을지도 모르기 때문에, 니체는 이 영원회귀를 통제하는 엘리트를 꿈꾸었다. 역사주의의 문화가 제2의 자연이 되어버렸고 과거의 것과 고대 및 비서구 문화들의 형식들을 모방하는 데만 열중하여 삶을 억압하게 된 당대의 세태를 혐오하면서 니체는 그 자체가 인공적 창조물인 위버멘시가 "진기하고도 엄선된 식물들의 온실"로 행동하리라고 말했다.[31] 이 구절과 함께 그는 위스망스(Huysmans)*에 가까이 다가가는 듯 보이지만, 인공적이고 비자연적인 자연에 대한 그의 비전은 실험을 거쳐 신뢰를 얻은 모델들에 호소함으로써 어느 정도 재자연화된다. 이 모델들이 상스럽게 모방되어서는 안 될 일이지만 말이다. 영원한 순환에 능동적으로 개입한 결과로서 위버멘시는 기독교 도덕으로부터 해방되었다는 축복 속에서 르네상스 귀족과 고대 아테네인의 두 번째 혹은 세 번째 도래여야 했다.

31) 프리드리히 니체, 『유고(1887년 가을~1888년 3월)』, 『니체 전집』 제22권, 책세상, 2000, 110쪽 (단편 153). 니체는 자주 Kultur라는 용어를 오늘날 통용되는 의미로, 즉 ('르네상스 문화'에서처럼) 한 사회와 그 성취물들을 지시하기 위해 사용하기는 하지만, 이와 같은 구절들은 라틴어 cultura가 우선 무엇보다도 농경(agriculture)과 원예(horticulture)를 의미했다는 점을 상기시킨다.

* 조리스-카를 위스망스(Joris-Karl Huysmans, 1848~1907). 그의 작품들은 대체로 근대적인 삶에 대한 혐오와 뿌리 깊은 염세주의를 표현한다. 데카당스 문학의 극단적인 사례로 간주되는 대표작 『거꾸로』(À rebours)에서 주인공은 19세기 부르주아사회에 염증을 느끼고 자신이 만들어낸 유미적이고 이상적인 삶 속에 칩거한다.

그러나 사육 프로그램의 산물인 니체의 초인은 사실 제3의 자연이라는 가상적 형태다. 관념론적 사상가들과, 그보다 덜하지만 마르크스주의 사상가들은 과학·기술의 발전으로 제1의 자연이 변형되는 것을 성찰하기를 주저했다. 제2의 자연은 [관념론과 마르크스주의에서 말하듯이] 그저 제1의 자연에 [외부적으로] 부과된 상부구조가 아니라, 제1의 자연에 개입하여 비자연적 역사의 제3의 자연을 발생시킨다. 호황을 누리고 있고 말해주는 바가 분명한 이름을 가진 '세컨드 라이프'(Second Life)*라는 온라인 커뮤니티에 숍을 개설하려는 기업들이 최근에 보여주는 광중이 예시하듯이, 제2의 자연이 정보 테크놀로지 덕분에 점점 '탈물질화'되어 그 결과 물질성을 탈피한 깔끔한 자본주의라는 신관념론적인 비전들이 나타난다면, 제3의 자연이라는 관념이 부상(浮上)하고 있다는 사실은 '탈물질화된' 자본주의와 같은 그러한 주장들의 허깨비 같은 성격을 강하게 환기시킨다.[32] 원칙적으로 보자면 제3의 자연에 대

* 린든 랩이 2003년에 개발한 인터넷 가상 세계. 가상공간에서 아바타를 이용해 대리 체험과 대리 만족을 가능하게 하는 커뮤니티 서비스이며 이 가상공간 안에서는 가상 자산과 서비스를 창조하고 다른 이와 거래할 수 있다. 즉 세컨드 라이프에서는 전용 화폐인 린든 달러를 사용하고 있는데, 특기할 만한 사실은 세컨드 라이프 공식 사이트 등에서 현실의 미국 달러와 환전이 가능하다는 점이다. 자사 제품을 주문받고 판매하기 위해 도요타, IBM, 델, 나이키, 아디다스 등을 비롯해 1만 2천여 기업이 입점해 있다.

32) '제3의 자연'이라는 용어를 다른 방식으로 사용하면서 매킨지 와크(Mckenzie Wark)는 2001년에 그것을 "자연과 제2의 자연 모두를, 자연을 제2의 자연으로 변형하는 과정을 통제할 수 있는 정보 풍경(information landscape)으로 변형함"으로 정의했다(「공간적 토론」[Spatial Discursions], www.nettime.org에서 구해 볼 수 있다). '제2의 자연'을 물질적 문화로 제한하고 '제3의 자연'을 정보 테크놀로지를 지시하기 위해 사용하면서 와크는 '신경제'(New Economy)의 준관념론적인 구성물들에 동의하는 듯 보인다. 나는 정보 테크놀로지 자체를 제2의 자연과 구별해야 할 이유를 이해하지 못하겠다. 비록 정보 테크놀로지가 제2의 자연을 제3의 자연으로 변형하는 데서 중요한 요소이기는 하지만 말이다. ['신경제'는 1990년대의 10여 년간 저물가, 고성장, 저인플레, 낮은 실업률의 장기 호황이 지속돼온 미국 경제를 가리킨다. 이는 구경제 이론으로 설명하기 힘든 현상으로, 정보 통신 기술의 발달이 경제구조를 개선하고 생산성을 획기적으로 높임으로써 물가가 안정되고 경제성장이 촉진되어 미국의 장기 호황을 이뤄낼 수 있었다.]

한 관념은 제1의 자연에 인간이 개입한 이래로 있어왔지만 과학과 기술의 현대적 발전과 더불어 비로소 그 실현이 목전에 있다고 생각되어, 질병의 종말과 심지어는 죽음의 극복에 대한 환상을 창출한다. 반면 제3의 자연은 또한 환경 학살의 공포를 불러일으키기도 한다. 왜냐하면 생태 환경의 붕괴라는 제3의 자연은 생명 정치적 개선이라는 제3의 자연의 이면이기 때문이다. 그러나 두말할 필요 없이 생태 환경의 붕괴가 가져오는 결과가 새로운 자연이 불러오는 카트리나 같은 태풍을 겪고서도 살아남을 수 있게 해주는 최근의 테크놀로지를 활용할 수 있는 경제적으로 우월하고 유전적으로 개선된 초인들에게는 치명적이지 않을 것이다.

이미 19세기 초에 샤를 푸리에는 생명 정치와 기후변화 간의 상호 관계를 몽상적인 방식으로 시사했다. 물리 영역에서의 뉴턴의 '인력 법칙'과 비견될 만한 것을 자신이 심리 영역에서 발견했다고 확신한 푸리에는 이러한 법칙들에 부합하게, 즉 자연으로서의 인간에 부합하게 사회를 개혁하자고 제안했다. 자유로운 인간들의 연합이 이루어지는 팰런스테리(Phalanstery)*에서 인류는 자신의 참된 운명을 획득하게 될 뿐만 아니라, 자연환경의 변화까지도 초래된다. 대양이 레모네이드로 변할 것이라는 푸리에의 잘 알려진 발언은, 인간 사회가 자신의 방식을 수정할 수만 있다면 자연은 변형 가능하다는 그의 극단적인 신념을 잘 보여준다. '지구의 물질적 쇠퇴'에 대한 놀라운 글에서 그는 당시 지구의 눈에 띄는 냉각(실제로 19세기 초 몇 년간 계속해서 아주 추운 적이 있었다)은 산업 공해로 인해 기후가 온난해지리라는 예상을 뒤엎는 것이라고 했다.[33] 이 기이하고 비논리적인 자연의 경로는 병들고 비자연적

---

* 푸리에가 고안해낸 주거, 생산, 소비가 공동으로 이루어지는 자족적 공동체. 이러한 집단 거주를 가능하게 하는 동기를 제공하는 것은 무엇보다도 자유연애인데, 전통적인 가정은 특히 여성에게 일종의 억압적인 유형지일 뿐이라고 간주되었기 때문이다. 푸리에에 따르면, 정확히 1620명이 같이 거주할 때 가장 이상적이라고 한다.
33) 샤를 푸리에, 「지구의 물질적 쇠퇴」(Détérioration matérielle de la planète, 르네 셰레 엮음), 『샤

인 사회질서의 만연에 대해 지구가 반응한 것이라고밖에 달리 설명될 수 없었다. 그러나 이와 반대로 푸리에가 제시하는 방향으로 사회가 진화하면 실제로 세상이 물질적으로 풍부한 땅이 될 것이었다. 그랑빌(Grandville)은 잘 구워진 새들이 하늘에서 떨어지는 것을 묘사한 삽화에서 푸리에의 유토피아를 풍자했는데, 이는 푸리에의 글이 가지는 이러한 공상적인 측면을 가차 없이 공정하게 다룬 것이다. 하지만 그가 민중적인 유토피아적 모티프들을 채택했다는 사실은 그의 비전에 커다란 동력을 제공했고, 사회의 근본적인 변화가 가져올 자연적 혜택들을 강조하고 있다. 앨 고어나 다이아몬드와는 아주 대조적으로 푸리에는 지구가 존속하기 위해서 사회 체계가 전반적으로 변해야 할 필요가 있다고 주장했다.

생명 정치적 스펙터클

푸코는 근대사회가 '스펙터클의 사회'일 수 있다는 제안을 일언지하에 일축했다. 드보르의 이름을 거론하는 것조차 거부하면서 말이다. 그보다 푸코는 "우리는 우리가 생각하는 것보다 훨씬 덜 그리스인들이라고, 우리는 원형 경기장에 앉아 있거나 무대에 서 있는 것이 아니라 일망 감시 기계 속에 있다고, 우리는 이 기계가 발휘하는 권력의 효과들에 의해 점유당한 채로 있다고, 우리가 바로 그 메커니즘의 부분이기 때문에 우리는 스스로에게 이 권력의 효과들을 초래하는 것"이라고 주장했다.[34] 그의 말년에 생명 정치의 관념은 훈육(discipline)의 관념을 보완하고 일부분 대체하게 되어서, 삶의 생명 정치

를 푸리에의 환경철학: 미발간된 두 텍스트』(*L'Écosophie de Charles Fourier. Deux textes inédits*), 2001, 31~125쪽에 수록.

34) 미셸 푸코, 『감시와 처벌』, 나남, 1994, 358쪽

적 관리는 '민주주의적'인 통치 형태와 '전체주의적'인 통치 형태에 공히 근본적인 것으로서 보다 미묘하면서도 보다 근본적이고 어디든 스며들어 있는 권력의 형태로서 등장한다. 그러나 스펙터클의 관념을 앙시앵 레짐의 공개적인 고문 및 처형과 동일시했던 푸코는 드보르의 스펙터클 개념에 대한 날카로운 비평가라고 하기 힘들었다. 설령 이 개념이 사회적 관계를 상품 속에서 물화된 방식으로 표상하는 데 기반을 둔 것이라고 해도 말이다. 결국 푸코가 이론화한 생명 정치적 절차들은 스펙터클에 의해 흡수되고 스펙터클로 변형되는 것 아닌가? 가령 '환희를 통한 힘'(Kraft durch Freude)*에서처럼 생명 정치의 형태들이 스펙터클한 가치를 갖는 것과 똑같이, 성형외과 시술의 붐이 보여주는 것처럼 스펙터클은 점차 생명 정치적인 것이 되어간다.

푸코의 후기 저작들을 언급하면서 브뤼노 라투르(Bruno Latour)는 근대사회는 전복될 수 있는 것이 아니라고, 왜냐하면 근대사회는 전복되지 않도록 설계되어 있기 때문에 그렇다고 말했다. 이것은 엄격하게 말하자면 마치 설계자의 의도가 성공을 보장하기라도 한다는 듯한 궤변과는 조금 다른 그 이상의 무언가를 말하고 있는 것이기는 하지만, [전복의] 승산이 적다는 것은 정확히 말해 유리한 것은 아니다.[35] 어떠한 결렬도 기존 질서 내의 작은 틈으

---

* 1933년 11월 설립. 독일 노동자들에게 선박 여행, 콘서트, 오페라, 미술 전시회, 스포츠 등 보다 잘 조직된 여가를 제공한다는 목적 아래, 기존 노동조합들을 강제 해체한 후 창립되어 모든 노동자들의 가입을 강제했던 독일노동자전선(Deutsche Arbeiterfront)의 하부 조직으로서 창설된 단체 및 이 단체가 펼친 여가 선용 운동을 가리킨다. 이 단체는 부자들만이 누릴 수 있었던 여흥을 평범한 사람들도 누릴 수 있게 하여 좋은 교육의 혜택을 입은 보다 건강하고 보다 생산력 있는 노동자들을 길러낸다는 기치를 내걸어 큰 대중성을 누릴 수 있었다. 나아가 '자동차는 특정 계층만이 아닌, 전 인민(Volk)을 위한 운송 수단이어야 한다'는 히틀러의 생각 아래 탄생한 '폴크스바겐'의 본래 이름이 'Kraft durch Freude'였다. 이 단체는 전쟁 발발 이후 군 위문 공연에도 주력했다. 본문에서 글쓴이가 생명 정치가 스펙터클한 가치를 갖는 사례로 Kraft durch Freude를 든 것은 이 단체와 운동이 주로 시각적 이미지의 활용, 선전, 조직을 통해 노동력의 대규모 재생산을 꾀했다는 점에 주목했기 때문인 듯하다.

35) 브뤼노 라투르(Bruno Latour), 「죽은 자들(죽은 혁명가들)이 죽은 자들을 묻게 하라」(Let the

로부터, 이 질서의 반복적 진보 안의 작은 변이로부터 강요되어야 할 것이다. 아마도 이러한 상황에서는 예술가 마크 다이언(Mark Dion)이 만든 일단의 설치 예술 작품들의 주인공인 미키 퀴비에(Mickey Cuvier)라는 그로테스크한 인물이 기존 질서에 기능장애를 일으키는 모델이 될 수 있다. 이 캐릭터는 미키 마우스와 1800년 직후에 멸종한 동물들의 선구적인 재구성과 분류에 열중했던 위대한 분류학자 조르주 퀴비에를 혼합해놓은 것이다. 그는 미키 마우스 인형의 모습을 하고서, 습작과도 같은 여러 설치 작품들을 주재하는 위치에 서 있다. 이 작품들 가운데는 핑크 팬더(Pink Panther), 딱따구리(Woody Woodpecker), 빅 버드(Big Bird)처럼 대중적으로 친숙한 돌연변이체들을 담은 항아리가 놓인 선반을 갖추고 있는 「멸종 위기에 처하지 않은 종들의 분류학」(1990)도 있다. 퀴비에는 멸종한 동물들에 대한 엄격한 분류학을 수단으로 해서 당대의 상징적 질서를 논박했다. 그가 비록 종들의 진화를 부정하기는 했지만 말이다. 이에 상응하여 디즈니는 한 무리의 새로운 인위적 종들을 창조했다. 미키 퀴비에라는 형상 속에 두 형상을 혼합하여 다이언은 부분들의 단순한 총합 이상인 비자연적 잡종을 창조하여, 제1, 제2, 제3의 자연을 불변의 운명으로 이데올로기화하려는 모든 시도를 문제삼아야 한다고 제안했다.

〔정대훈 옮김〕

Dead 〔Revolutionaries〕 Bury the Dead), 2006, www.bruno-latour.fr에서 읽을 수 있음.

제2부
국제 정치경제

사막의 모래언덕은 끊임없이 움직인다

수전 왓킨스(Susan Watkins)

편집진에서

몇 주년 기념이 하필 역사적 국면과 서로 겹치는 때는 그 관계가 역설적일 때가 많다. 『뉴레프트리뷰』가 50년 전인 1960년 1월 런던에서 창간되었을 당시는 좌파의 혁신을 예고하는 규모는 작지만 무수한 전조들이 있었으며 『뉴레프트리뷰』의 창간 자체가 그 가운데 하나였다. 반식민주의 운동이 아프리카, 아시아, 아랍 세계에서 승리를 기록하고 있었고, 스탈린 정통주의가 숨통을 누르는 가운데에서도 공산주의 운동이 새로 출현하고 있었으며, 북미와 서유럽과 일본에서는 새로운 세대가 나타나서 냉전 시대가 강요했던 순응주의 문화를 떨쳐내기 시작했다. 1960년대 중반 『뉴레프트리뷰』는 일국의 사회적 구성체들―특히 영국―을 비교 분석하는 일련의 연구들을 통하여 제1세

계 제2세계 제3세계의 지형을 그려내는 일종의 강령을 제시하기도 했다. 『뉴
레프트리뷰』는 유럽 대륙의 사회사상과 이론에 대한 지향성을 강하게 담고
있었으며, 저 68년의 아찔했던 나날들에 떠오른 마르크스주의 내부의 격렬한
논쟁에도 한몫을 차지했다. 또 여성해방, 생태, 미디어, 영화 이론, 국가 이론
등에 걸친 선구적 작업들이 생겨나도록 돕는 역할을 했다.

1990년대가 되자 우리 저널은 1960년대였다면 공상과학영화에나 나올 디
스토피아로 여겼을 법한 극악한 국제적 상황을 견뎌내야 했다. 프리드먼식
통화주의자들이 크레믈린의 경제정책을 장악했고, 중국 공산당 서기장이 주
식시장을 찬양했으며, 가장 다원적이고 성공적인 노동자 국가였던 유고슬라
비아가 IMF에 의해 구조 조정을 당하고 곧 이어 또 NATO의 3개월에 걸친 폭
격으로 완전히 박살이 났으며, 이를 서방의 자유주의자들은 환호로 화답했
다. 각국의 사회민주당은 국유 자산을 사유화하고 노동자들의 이득을 보장하
는 장치들을 없애버리기 위해 앞을 다투었다. 신자유주의가 최고의 자리에
등극하면서 거침없는 자본 흐름과 금융시장이 침범하지 못할 성역이 되었고,
노동 시장은 탈규제를 맞았으며, 국제적으로 통합된 가치 사슬(value chains)
이 나타났다. 『뉴레프트리뷰』의 40주년이었던 2000년은 지구화와 미국 지배
가 최정점에 달하던 시점이었다. 이때 우리 편집위원회는 물러섬 없는 현실
주의 정신으로 우리 저널을 재창간했다. "지배 체제의 힘을 결코 과소평가하
는 일도 없을 것이며, 또 지배 체제와의 그 어떤 화해도 거부할 것이다."[1]

그로부터 다시 10년이 지난 지금, 이 체제의 심장부로부터 금융 위기가 폭
발해 그 위용을 드러냈으며, 이로 인해 신자유주의 시대가 계속될 수 있을지
자체가 의문에 처하게 되었다. 2008년 9월의 저 엄청난 나날들 동안, 모기지
유동화 증권(MBS) 시장의 중심부에 있던 미국 기관 패니 매(Fannie Mae)와
프레디 맥(Freddie Mac)이 90퍼센트의 주가 대폭락을 겪은 후 미국 정부의 관

1) Perry Anderson, "Renewals", NLR I. Jan-Feb 2000.

리 아래로 들어갔다. 리먼 브러더스는 파산했고, 메릴 린치는 뱅크 오브 아메리카와 어거지 결혼식을 올렸으며, 이 어거지 결혼식은 이후 HBOS와 로이즈 뱅킹 그룹 사이로도 이어졌다. 시티 그룹은 한때 2,440억 달러에 달하던 시가 총액이 60억 달러로 대폭락을 겪었으며 정부의 공적 자금으로 겨우 지탱하는 상태가 되었다. 워싱턴 뮤추얼은 JP 모건 체이스가 관리를 맡음으로써 겨우 구제되었다. 골드먼 삭스, 메릴 린치, 도이체 방크, 소시에테 제네랄 등은 모두 자신들의 파산 보험자인 AIG에 재무부가 막대한 금액을 수혈함으로써 겨우 구제되었다. 그 후 몇 개월 동안 세계 총생산, 무역, 주식, 투자 등은 모두 멈추어버렸고, 실업률은 북반구 전체에 걸쳐서 두 자리로 치솟아버렸다.

이 금융기관들을 구제하기 위해 직접 간접으로 들어간 돈은 수조 달러를 헤아렸고, 이 돈은 고스란히 각국 국내 경제—주로 미국과 영국—가 향후 짊어져야 할 부담으로 전락해버렸다. 하지만 이러한 막대한 국가 개입이 신자유주의 모델의 종말을 알리는 것일까? 이데올로기적으로 보면, 대규모 금융이야말로 부를 창출하는 재주를 가지고 있다는 것이 신자유주의를 정당화하는 핵심적 주장의 하나였다. 그런데 이번 위기로 인해 이제는 이런 패러다임 자체를 내팽개쳐야 한다는 정서가 좌파를 넘어 전체로 확산되고 있다. 이 위기는 심지어 미국 패권에까지도 결정타를 날릴 수 있었던 것이다. 월스트리트의 거인들이 기가 죽어 꼬리를 내리는 것을 보라. 미국 재무장관 폴슨은 의회에서 월스트리트를 대표하여 무릎을 꿇겠다고까지 제안했다. 이는 전 세계가 이제 새로운 시대로 들어서려는 순간에 서 있음을 암시하는 듯하다. 그 이후로 금융 체계는 안정화되었다. 하지만 그 근본적 문제들은 하나도 제대로 해결된 것이 없다. 또 이번 위기에 대한 문헌이 폭포수처럼 쏟아지고 있음에도 불구하고 그 역사적 의미가 무엇인가는 여전히 안갯속에 묻혀 있다. 도대체 2008년 9월에 끝난 것은 무엇이며 끝나지 않은 것은 무엇이었는가?

1.

이에 대한 대답은 이번 사태를 비교의 관점에 놓는 것으로 시작해야 할 것이다. 자본주의는 비록 창조와 파괴의 반복을 자체적 성격으로 삼는 체제이지만, 자본주의 세계 전체가 뒤흔들리는 위기는 놀랄 정도로 드물다. 하지만 2008년은 1873년의 철도 붐 붕괴나 1929년의 뉴욕 주식시장 몰락에 비길 수 있고, 그보다 좀 더 하위의 제한된 범위에서는 1907년의 '대공황'(great panic)에 비길 수 있다. 이러한 사태들은 그 결과로 보면 서로 큰 차이가 있다. 1873년 독일은 1871년의 프로이센·프랑스 전쟁 승리의 대가로 전쟁 배상금을 파리로부터 받았는데, 그 액수는 금으로 9천만 파운드였다. 이 돈이 들어오면서 베를린과 비엔나에는 광적인 건설 경기가 일어났다. 그 전에는 독일 자금이 과도하게 팽창한 미국의 철도 트러스트들에 대출되었지만, 이제 그 자금이 독일 본국으로 싹 빨려들어가게 되자 이번에는 미국 은행들이 무너지기 시작했다. 금융상의 전염이 확산되었고 그 뒤를 이은 경기후퇴로 인해 광범위한 디플레이션 악순환이 시작되었다. 이른바 '가격 하락, 이자 하락, 이윤 하락'이라는 사태였다.[2] 중간에 간간이 호황의 기미라든가 더 심한 후퇴 등이 간헐적으로 반복되는 가운데 이 디플레이션은 1896년까지 계속되었다. 1907년의 '부자 공황'(Rich Man's Panic)은 이탈리아에서 투기적 은행업의 파산과 뉴욕에서 구리와 철도 붐의 몰락으로 나타난 결과였지만, 그 전과는 달리 제조업과 무역에 대한 오래 지속된 충격은 거의 없었다. 짧지만 심한 경기후퇴가 있은 후 그다음 해가 되자 곧 회복이 시작되었던 것이다. 하지

2) 알프레드 마셜의 『경제학 원리』(*Principles of Economics*)에 나오는 말로서, Eric Hobsbawm, *The Age of Empire: 1875-1914*, London 1987, p. 36에 인용되어 있다. 또한 Charles Kindleberger and Robert Aliber, *Manias, Panics and Crashes: A History of Financial Crises*, 5th edition, Basingstoke 2005, pp. 17, 44, 118~19.

만 1929년 주식 폭락 사태에서는 또 한 번 경향이 역전되었다. 이번에는 다시 무역과 생산 모두가 바닥으로 처박히게 되었고, 이것이 대공황을 불러들이는 사태가 벌어졌음을 알리는 신호탄이었던 것이다.

2008년 위기를 더욱 깊이 이해하기 위해서는 이렇게 예전의 위기들과 철저하게 비교 분석하는 것이 전제 조건일 터이다. 하지만 이는 이 글에서 개괄하고자 하는 범위를 넘어서는 작업이다. 이제부터 나올 이야기는 2008년 이후에 펼쳐질 일들을 잠정적으로 짚어보면서 신자유주의가 강령이나 이데올로기로서 오늘날 남은 것이 무엇이며 이미 과거가 되어버린 것은 무엇인지를 따져보는 것이거니와, 예전의 위기들에 대한 이야기는 그저 이 작업을 위한 유용한 길잡이 정도로 그칠 것이다.

'신'(新)?

'신자유주의적'이라는 말은 물론 상당히 음울하게 들리는 별명으로서, 정밀한 용어도 아니면서 과도하게 남용되어왔다. 하지만 1970년대 말에서 최소한 2008년까지 지배적 위치를 점해온 거시 경제적 패러다임을 부를 용어가 필요한 것은 사실이다. 하이에크가 언젠가 자신을 고전적 자유주의자라고 본다고 한 적이 있기는 하지만, 이 신자유주의라는 용어가 아주 터무니없는 것은 아니었다. 19세기 이래로 서구에서 자유주의는 아주 철저하게 폐기되었던 적이 있다. 따라서 그 원칙들로 회귀한다 — 이 회귀 작업은 지금도 진행 중이다 — 는 것만으로도 그 앞에 '신'이라는 접두사를 붙일 충분한 이유가 될 것이다.[3] 20세기 후반의 자유주의는 단순한 자유 시장의 신봉이라는 옛날의 유령과 구별되는 세 가지 특징이 있다. 첫째, 신자유주의는 미국적인 것이다. 신자유주의적 프로그램은 카터 행정부 이래 미국이 주도하는 기관들에 의해 개

---

3) 물론 대부분의 신자유주의자들은 하이에크만큼 역사적 안목을 갖지 못했고, 그래서 이들은 정치적으로 이 말을 싫어했다.

발되고 확산되었으며, 이것을 국제 정책으로 밀고 나갔던 것 또한 미국 국가였다. 미국의 다국적기업들과 초거대 금융기관들이 그 주된 수혜자들이었을 뿐만 아니라 세계의 많은 이들에게 신자유주의는 경제, 문화, 사회의 미국화의 경험으로서 나타났던 것이다. 둘째, 그 적수는 제2차 세계대전 이후에 나타난 사회민주주의적 협정, 조직 노동, 국가사회주의였다. 옛날 빅토리아 시대의 자유방임은 당시 아직 스멀거리면서 나타나던 보호무역주의에 저항하는 것이었지만, 신자유주의는 이미 존재하는 기존 구조들과 재화들을 파괴하고 수탈하는 과정에서 그 창의성을 유감없이 발휘했다. 공공시설의 사유화, 노동의 탈조합화, 보편적 수당의 재산 조사(means-testing)로의 전환,* 관세와 자본 통제의 제거 등등이 그것이었다. 반면 WTO, 그림자 은행업, 근로 복지, NAFTA 등 신자유주의가 능동적으로 건설한 것들은 오히려 커다란 카리스마를 지닌 것들이 되지 못했다.

신자유주의가 옛날의 자유주의와 구별되는 세 번째 특징은 그것이 거둔 성공이다. 19세기 자유주의는 자본주의 이전의 소유관계, 제국에 의한 관세, 점증하는 사회주의 운동 등으로 사면초가에 빠졌다. 그와 대조적으로 냉전이 끝난 후 신자유주의의 패권은 거의 전 세계에 걸쳐 보편화되었다. 사실상 모든 나라의 여당들이 철저한 신자유주의자가 되었다. 신자유주의 정책을 국제적 수준에서 부르는 말로서, 지구화라는 용어가 새로 생겼다. 물론 이데올로기라는 말을 아무리 넓게 확장 — 이를테면 인간 경험의 총체를 해석하는 공통의 세계관(Weltanschauung)의 차원으로 — 해서 본다고 해도, 신자유주의는 결코 이데올로기였던 적이 없으며 그보다 훨씬 협소하고 좀 더 전문화된 무언가였다. 즉 어떤 특정한 묶음의 거시적 경제정책들이 다른 묶음들과 비

* 재산 조사란 정부에서 주는 여러 수당을 받는 이들이 자신의 재산 상태를 증명하여 그 수당을 받을 만큼 가난함을 입증하는 것이다. 본래 보편적 복지로 주어지던 수당들이 재산 조사를 거치도록 전환하게 되면 여러 사회적 부작용이 발생하는 것으로 알려져 있다.

교해서 상대적으로 성공적이며 또 실패나 비용이 적으므로 더 우월하다는 믿음이었다. 신자유주의는 그것에서 구체적으로 셀 수 있는 이득을 얻는 이에게는 열렬한 지지를 동원할 수 있었지만, 전체적인 선거 프로그램으로 가면 항상 무언가 좀 더 뜨뜻한 이데올로기적 조류의 물을 섞어 넣을 필요가 있었다. 민족주의(레이건, 대처), 제3의 길을 내세운 사회적 자유주의(클린턴, 블레어), 종교 (극우 힌두주의 정당인 인도인민당BJP, 터키의 정의개발당AKP) 등등. 남미에서는 아래로부터 저항에 부닥쳤으며, 독일, 일본, 한국, 중국 등에서는 신자유주의가 적용된 정도가 들쭉날쭉했다. 하지만 1990년대 이후로는 재무부—월스트리트 복합체를 중심으로 자유화된 미국 경제의 모습이 온 세계를 풍미하는 패러다임이 되었다.

구제 계획

공식적 설명을 따르면, 자본주의 체제에 대해 상상을 넘어서도록 파괴적이었던 공황은 미국 재무부와 연방준비위원회의 결정적 개입 덕분에 피할 수 있었다고 한다. 이들의 재빠른 행동 — 쓰러진 은행들에 공적 자금을 퍼붓고 멈춰버린 경제에 재정 및 금융정책 완화를 재빨리 시행한 것 — 이 '세계를 구원'했다는 것이다.[4] 오늘날의 위기와 제2차 세계대전 이전의 여러 위기들을 비교해볼 때, 미국을 중심으로 한 세계경제의 협조가 이전과는 비교할 수 없을 정도로 커졌다고 많은 이들이 주장하고 있다. 폴슨, 가이트너, 버냉키 등은 예전의 선배들과는 달리 광대하고도 밀접하게 통합된 지구적 금융 체계를 명령할 수 있는 위치에 있다는 것이다. 미국 재무부는 미국 시장의 크기에 힘입어 다른 나라의 핵심적 금융 부서들에도 패권을 행사할 수 있으므로, 옛날 앤드루 멜런(Andrew Mellon)이나 몬터규 노먼(Montagu Norman)* 등이 상상

---

4) 이 구절은 고든 브라운이 런던 금융가를 위하여 이러한 노력들을 행한 것에 대해 폴 크루그먼이 만들어낸 말이다. "Gordon Does Good", *NYT*, 12 October 2008.

조차 할 수 없었던 방식으로 조화롭게 국제적 대응을 조직하고 이끌어낼 수 있었다는 것이다. 미국 재무부가 AIG에 대한 원조를 경유하여 도이체 방크와 소시에테 제네랄을 구제할 수 있었던 것이 그 한 모습이며, 선진 자본주의 세계 전체에 걸쳐서 통화의 양적 완화 그리고 경기순환에 반대되는 정부 지출—G20 나라들 GDP의 평균 2퍼센트—을 조화롭게 투약할 수 있었던 것이 또 한 모습이라고 한다.

이 신케인스주의적 긴급 처방은 1929년 당시 미국 후버 정권의 재무장관으로서 금융 체계가 스스로 정화되도록 내버려두어야 한다고 주장했던 멜런의 순정(純正) 자유주의와 적나라한 대조를 이루고 있다.[5] 하지만 2008년의 '구제' 계획은 현존 질서를 떠받치는 것을 목표로 삼았으며, 이 점에서 1933년 글래스–스티걸 법에 구현되었던 루스벨트 대통령의 '구호와 개혁'이라는 강령과는 전혀 다르다. 이는 오히려 1907년의 '대공황'(great panic) 당시 모건(J. P. Morgan)이나 1998년 롱텀 캐피털 펀드(LTCM) 위기 당시 뉴욕 연방준비위원회가 조직했던 은행 주도의 구제금융을 미국 재무부 자금으로 수행한 것에 더 가깝다. 그 결과 2008년에 대승리를 거둔 이들은 은행들이었다. 당시의 상황 전체는 리먼 브러더스만 빼고서 재무부–월스트리트 복합체가 자신들 스스로를 돌본 이야기라고 할 수 있다. 미친 듯한 합병 기간이 지나갔고, 여기에서 살아남은 은행들은 그 전 어느 때보다 훨씬 더 커져 그 결과 체제 전체에서 더욱 필수 불가결한 위치를 점하게 되었다는 것은 잘 알려진 일이다. 정부는 이들에게 수조 달러에 달하는 자금을 집중적으로 퍼부었으며,

---

* 멜런은 1929년 대공황 당시 미국의 재무장관이었으며, 몬터규 노먼은 잉글랜드은행 총재였다.

5) 후버 대통령이 멜런의 주장을 '내버려둬 파산주의'(leave-it-alone liquidationism)라고 요약했던 것은 유명하다. Kindleberger, *Manias, Panics and Crashes*, p. 178. 킨들버거는 1873년 철도 거품 붕괴 당시 워싱턴 정가에는 그동안 막나가던 은행가들이 꼴좋게 되었다고 고소해하는 감정(Schadenfreude)이 팽배하여, 이것이 연방 정부가 완전히 손을 떼는 식으로 대응하게 된 결정적 요인 가운데 하나라고 주장한다.

그 방식 또한 대개 공적 조사를 모면할 수 있는 형식이었다. 이것이 이 은행들이 각종 유보 조항으로 꽉 찬 부실 자산 프로그램(TARP)* 자금을 그토록 빨리 갚을 수 있었던 이유였다. 이들은 미국 재무부가 아낌없이 내어준 이 부조금을 써서 자기들 계정 앞으로 큰 이윤이 남는 거래를 벌였고, 연방 정부 자금을 낮은 이자율로 받아서 이를 대출과 신용카드에서 고리대로 빌려주는 짓을 벌여 거의 모든 이들로부터 돈을 앗아갔다. 가이트너가 2009년 3월에 내놓은 금융 구제 계획은 모기지 거품으로 과대평가된 이 은행들의 자산 가격을 하향 조정하는 대신, 눈속임에 불과한 스트레스 테스트를 거쳐 이 은행들을 모두 멀쩡한 모습으로 곱게 치장해주어 그러한 가격 조정을 연기해버렸다. 이것이 중요한 전환점이 된다. 이제 은행들은 정치적으로 모든 책임에서 벗어나 도망간 셈이며, 그 후로 이 은행들의 주가는 하늘로 치솟았다.

이렇게 손발을 맞춘 여러 정부 개입에도 불구하고 생산, 무역, 주가, 주택 가격 등은 2008년 9월 이후의 두 분기 동안 폭락을 면치 못했고, 이는 1929년의 폭락보다도 가팔랐다. EU 전체로 보면 2009년 1/4분기의 생산이 동년 대비 10퍼센트가 떨어졌고, 일본에서는 12퍼센트가 떨어졌다. 공황이 지구적으로 확산되는 데는 연방준비의장께서 "월요일에는 아마 경제 자체가 없어질 수도 있다"고 말씀하신 것도 큰 몫을 했지만, 그래도 지구적 공황은 이러한 전염 과정 가운데서 한 요인에 불과했다. 일본과 독일의 은행들은 이미 미국의 서브프라임 시장에 깊이 물려 있었고, 중국에서 온 자금도 더 폭넓은 미국 주택 건설 부문 전체에 물려 있었다. 미국의 주택 거품 형성 과정을 충실하게 흉내 냈던 나라들은 자기 나라에서 폭탄이 터지는 사태에 직면했고, 빚을 갚지 못한 이들의 주택 압류가 증가하게 되자 외국에서 들어온 자본이 빠져나가버렸다. 헝가리에 돈을 꾸어주었다가 탈이 난 오스트리아 은행들, 또 발트 국가들에서 탈이 난 독일 은행들 때문에 오스트리아와 독일 본국에서는 자금줄이

---

* 미국 정부는 2009년 은행들의 부실 자산을 인수하기 위해 7천억 달러의 공적 자금을 투입했다.

죄어들었다. 미국의 수요가 줄어들면서 아시아의 제조 수출업자들뿐만 아니라 아프리카와 남미의 원자재 생산국들도 바짝 긴장하지 않을 수 없었다.[6]

지역별 경제 전망

2009년 여름이 되면 저 장대한 규모의 재정 및 통화 완화 조치가 지구적 경기 수축에 제동을 걸기 시작했다. IMF는 2007년 4월까지만 해도 희망적 전망을 내놓았던 바 있으니 이들의 예측 진단을 그냥 믿을 수는 없는 일이지만, 그래도 이들은 미국 GDP가 2009년의 마이너스 2.7퍼센트에서 2010년에는 1.7퍼센트로 꾸준히 오를 것으로 예측했으며, 유로존은 마이너스 4.2퍼센트에서 0.3퍼센트로 오를 것이며 특히 프랑스와 독일은 약간 더 좋을 것이라고 했고, 일본은 마이너스 5.4퍼센트에서 1.7퍼센트로 안정화될 것이라고 전망했다.[7] 이는 1930년대와 큰 대조를 보인다. 당시에는 북미, 유럽 대부분, 남미 등에서 생산이 지속적으로 격감해 4년간 29퍼센트가 하락했고, 미국의 경우에는 최정점에서 최저점으로 처박히는 일까지 벌어졌으니까.[8] 하지만 공황이 두 번째 해로 접어들자 세계에 걸쳐 지역마다 눈에 띄도록 전망이 들쭉날쭉해졌다. 선진 자본주의 나라들 가운데 가장 큰 타격을 입은 것은 균형이 맞지 않게 금융 부문이 비대해진 대서양의 핵심 경제국들, 즉 미국과 영국이지만, 스페인, 그리스, 아일랜드처럼 신용 거품, 부동산 거품, 가계 부채와 금융기관의 과도한 차입 등이 있었던 나라들 또한 무너져내렸다. 러시아는 석유와 천연가스 가격이 높던 시절 여러 기업들이 막대한 대외 차입 잔치를 벌였던 바 있

6) IMF *World Economic Outlook*, October 2009; Carmen Reinhart and Kenneth Rogoff, *This Time is Different: Eight Centuries of Financial Folly*, Princeton 2009, pp.248~73.
7) 숫자와 진단은 IMF, *World Economic Outlook*, October 2009와 유럽, 서반구, 아프리카, 아시아, 중동에 대해서는 *Regional Economic Outlooks*, 2009 참조. 이러한 추산에 따르면 긴급 경기 부양 지출이 선진 자본주의 나라들에서는 GDP를 평균 1.5퍼센트 끌어올렸다고 한다.
8) Reinhart and Rogoff, *This Time is Different*, pp. 234~36; Eric Hobsbawm, *Age of Extremes: The Short Twentieth Century, 1914-1991*, London 1994, pp. 85~108.

으나 이제는 그 혹독한 대가를 치르면서 최악의 상태를 맞고 있다. GDP는 2009년 전반기에 거의 10퍼센트가 떨어졌으며, 국내 소비도 절반으로 그리고 산업 생산 수준도 40퍼센트가 떨어졌다. 공식 실업률은 미국과 유로존에서 10퍼센트를 넘나들고 있고, 스페인에서는 18퍼센트를 기록하고 있다. 건설, 제조업, 서비스 할 것 없이 일자리 창출은 모두 된서리를 맞았다. 이번 위기에 대한 G20 나라들의 대응이 차별성을 보였던 몇몇 부문들 가운데 하나가 고용 체계였다. 동아시아, 프랑스, 독일의 기업들은 노동자들의 고용을 계속 유지 했다. 대서양 경제들에서는 실업률이 5퍼센트가량 뛰어올랐다. 미국에서는 남미계 노동자들과 25세 미만의 청년 실업 수준이 각각 13퍼센트와 18퍼센트 를 기록하고 있다. 이 수치는 아직 1930년대의 수치들, 즉 유럽과 미국 대부분 에서 20퍼센트가 넘는 장기 실업률을 기록했던 것에는 미치지 못하지만, 그 럼에도 불구하고 징벌이라고 해도 좋을 만큼 높은 숫자다. 게다가 질적으로 보면 오히려 1907년 이후의 충격이나 '정상적' 경기후퇴보다 더 나쁘다고 할 수밖에 없는 것이 현재의 상황이다.

미국과 유럽 나라들에 대해 IMF는 향후 4년간 기껏해야 아주 느린 회복세 일 것이며 오히려 더 큰 규모의 하락이 나타날 리스크 또한 아주 크다고 전망 하고 있다. 재정과 신용 긴축의 가능성이 불길하게 떠오르고 있는 데다가, 결 국에 가서 이자율이 상승하게 될 경우에는 채무와 주택 담보의 상태가 더욱 악화될 것이다. 이 지역의 가장자리에 있는 의존적인 나라들이 이러한 위험 에 가장 심하게 노출되어 있다. 이 나라들은 적자 지출이나 일자리 보전에 힘 쓸 여력이 거의 없기 때문이다. 멕시코의 GDP 성장은 2007년의 3.3퍼센트에 서 2009년 마이너스 7.3퍼센트로 처박혔고, 미국으로 이민 간 이들이 모국으 로 부쳐오는 송금에 크게 의존하는 중미 국가들도 미국 건설업 몰락으로 초 토화되어버렸다. 동유럽 나라들은 부채 수준이 하늘로 치솟는 가운데 사회보 장이 거의 없는 상태에 노출되었고, 지금은 그저 자국 통화와 유로의 환율을 유지하는 데 안간힘을 쓰고 있는 형편이다. 옛날 소련 치하에 있다가 독립한 공화국들은 러시아로부터 송금이 줄어들면서 큰 타격을 입었다. 지금 말한 지역의 국가들, 코스타리카, 엘살바도르, 과테말라, 라트비아, 헝가리, 보스니아, 세르비아, 루마니아, 벨라루스, 우크라이나 등이 지금까지 IMF의 신탁통치 아래로 들어왔다.

동쪽과 남쪽으로 가보면 이 그림은 아주 달라진다. 중국과 인도는 막대한 경기 부양 지출을 활용하여 거의 침체를 겪지도 않고 다시 뛰어올랐다. 2010년 이 두 나라의 성장률은 각각 9퍼센트와 6.5퍼센트에 달했다. 특대형 재정 및 통화 부양 조치 — 두 나라 모두 GDP의 5퍼센트에 달하는 부양 조치 — 를 취했으며, 이는 G20 나라들 평균을 3퍼센트나 웃도는 수치다. 덕분에 이들이 단기 성장률 수치를 2퍼센트 더 끌어올릴 수 있었다고 평가되며, 중화인민공화국의 사회간접자본 투자로 인해 인도네시아와 오스트레일리아의 수출이 크게 늘었다. (한국과 타이완도 2009년 초에 가파른 하락을 겪은 후 비록 수치는 적어도 경기 부양 지출을 감행하여 2010년에는 4퍼센트 성장이 예상되고 있다.) 중국의 산업 생산 회복은 주로 전자 제품 생산에서 이루어졌는데, 이 분야는 금융 위기 이후 무역 경색으로 인해 가장 크게 타격을 입은 분야였다. 하지만 중국의 수출은 양적으로는 늘었지만 가치로 보자면 2009년 말 현재 여전히 예전보다 30퍼센트 떨어진 상태다. 미국과 유럽이 회복하지 못한 상황에서 이러한 수준의 성장이 어느 만큼 지속 가능한지도 두고 볼 일이다. 계속해서 수출이 줄어든다면 최상층의 자본 집약적 부문들이 가장 큰 타격을 입게 될 것이다. 한편, 싱가포르, 홍콩, 인도, 중국 등에서 부동산 가격이 급속하게 오르고 있어서 2008년에 이미 주택 가격이 40퍼센트 상승을 보인 바 있다.

남미로 가보면, 브라질은 인도와 비슷하게 거대한 국내 시장을 완충 장치로 사용했으며 원자재 상품 가격에 대한 투기가 과열되면서 되레 작은 규모의 호황을 겪고 있다. 2009년에는 브라질의 가장 주요한 수출품인 콩 가격이 20퍼센트 뛰어올랐다. 브라질 통화 레알(real), 남아프리카공화국 통화 란드(rand), 오스트레일리아 달러 등은 모두 원자재를 기초로 삼거니와 이 통화들이 모두 20퍼센트 이상 가치가 상승했다. 남아프리카공화국과 보츠와나는 2009년 초입에 자본 유출로 타격을 입었고, 나이지리아는 그동안 석유에 기초하여 풍부한 자금 조달로 거품 경제를 이끌었으나 이 거품이 터지는 바람에 몰락을 겪고 있다. 하지만 많은 아프리카 나라들—케냐, 우간다, 모잠비크, 탄자니아, 세네갈—은 금융 위기보다는 2007~08년의 식량 및 석유 가격 앙등으로 큰 고통을 받고 있다. 남반부 전반에 걸쳐서 가난한 나라들은 그동안 세계시장에 통합된 정도가 덜했기에 위기 이후에도 생산량으로 보면 비교적 타격이 적은 편이며, 2009년 초 세계 무역이 경색되었지만 가장 낮은 기술 수준의 섬유와 의류 부문은 가장 영향이 덜했다. 하지만 이곳 사람들의 소득 수준은 이미 생존 자체가 위협받을 정도로 낮기에, 여기에서 또다시 충격을 받아 감소할 경우 얼마 만큼의 고통과 비극이 벌어질지는 이런 몇 가지 알량한 성장률 수치로서 가늠할 수 있는 문제가 아니다.

아직 위기 이후의 전망을 말하기에는 이른 시기다. 하지만 적어도 2010년이 시작되는 시점에서 볼 때 그 '회복'이 아주 불안정하다는 것은 명백하다. 북대서양 지역은 실업에 시달리고 있으며 그 중심부의 신용 체계는 이미 불구가 되어 있다. 동아시아 경제는 한창 거품이 생겨나고 있지만 자기들이 생산한 재화를 흡수해줄 시장이 계속 줄어들고 있어서 여기에 다시 적응해야 하는 과제가 있다. 세계적으로 청산되지 못한 빚더미가 태산처럼 쌓여 있으며 체제 전체에 투기 자금이 활개를 치고 있어서 원자재 상품 가격이 위로 치솟고 있다. 금융은 여전히 함정에 빠져 있고 불투명성의 불안은 동아시아와 남아시아로 이미 이동한 상태다.

규제되는 자유주의?

이러한 '구제 계획'의 배후에는 이 위기의 원인들과 해결책들에 대한 기성의 권력 세력들이 괄목할 만한 합의와 공감을 이루고 있다는 사실이 버티고 있다. 이들은 자신들의 생각에 확신을 가지고 있는데, 그 근거는 위기 이전에 미국 경제의 기초 여건이 튼튼했다고 파악한 데 있다. 문제는 그저 금융 부문에 국한되었고 이것이 동유럽의 저축과 미국의 채무라는 지구적 불균형 때문에 악화되었을 뿐이라는 것이다. 따라서 미국이 지금 취해야 할 해결책은, 경제를 계속 돌아가게 하면서 은행들을 규제하고 공격적인 무역 정책을 제도화해야 한다는 것이다. 일단 이러한 조치들이 자리를 잡고 재정의 엄격성을 회복 — 물론 이것이 아주 힘들다는 점은 이들도 인정한다 — 하기만 하면 예전과 마찬가지로 지구화되고 자유화된 세계경제가 좀 더 합리적이고도 지속 가능한 모습으로 다시 떠오르게 되리라는 희망에 부풀어 있다. 이들 사이에 견해 차이가 있기는 하지만, 이는 주로 이러한 조치들을 취할 적에 그 균형을 어떻게 유지해야 하는가 정도일 뿐이다. 즉 경기 부양 지출이 세입의 규모를 훌쩍 넘어서야 하는가 그렇지 않은가, 규제와 감독이 너무 소심한가 아니면 너무 개입적인가 등등. 좀 더 분석적인 수준에서 보자면, 효율적 시장 가설에 근거한 경제 이론들과 대표적 행위자 모델들이 인간 본성, 정보의 불완전성, 인센티브의 왜곡 등을 고려하지 못했다는 비판을 받고 있다. 하지만 여기에서도 그 답은 규제라는 것이다.[9] 자유 시장 원칙에 따라 청산되도록 놓아둘 것을 요구하는 몇몇 고독한 목소리들이 있지만,[10] 기성 세력의 합의는 규제되는 자유주의라고 부를 수 있는 것 쪽으로 거의 완전하게 수렴되고 있다. '자본주의의 다양한 변종들'(varieties of capitalism)을 주장하던 이들의 목소리는 들리지 않는다. 아마도 이들 또한 이제는 규제적 자유주의자들이 되었기 때문이리라. 이것이 월스트리트의 대형 금융기관들과 메이페어(Mayfair) 및 코네

9) Krugman, "How did economists get it so wrong?", *NYT*, 6 September 2009; George Akerlof and Robert Shiller, *Animal Spirits: How Human Psychology Drives the Economy and Why it Matters for Global Capitalism*, Princeton 2009. 또한 Joseph Stiglitz, "The Current Economic Crisis and Lessons for Economic Theory", *Eastern Economic Journal*, vol. 35, no. 3, 2009; Jeff Madrick, "They Didn't Regulate Enough and Still Don't", *NYRB*, 5 November 2009.
10) James Buchan, "Is Britain Bust", *Prospect*, August 2009.

티켓*의 헤지 펀드들이 세세한 사실 묘사를 앞세워 이번 위기에 대하여 내놓고 있는 설명들이 깔고 있는 관점으로서, 이 위기가 더욱 영광스런 결과를 맺게 될 것이라는 주장으로 귀결되고 있다.[11] 이에 맞서서 대안적 분석들이 조만간 나타나게 될 것임은 분명하다. 하지만 최소한 현재로서는 이러한 기성 담론의 처방과 진단이 위로부터도 아래로부터도 별 도전을 받지 않고 있으며, 이 점에서 옛날의 대위기들과 지금의 위기가 큰 대조를 보이고 있다. 자유무역 자본주의가 큰 도전에 처한 1873년에는 미국 중부 평야 지대의 인민주의자들이 복본위제(bimetalism)를 요구하고 나섰고, 무역과 농업 관세가 나타났으며, 해외에서의 상업적 기회들을 찾기 위한 제국주의 팽창 등이 있었다. 그리고 1929년의 경우에는 케인스와 슘페터의 대결이 펼쳐졌고, 소비에트연방의 5개년 계획이 어떤 미덕들을 가지고 있는가에 대한 논의가 있었다.

이데올로기적으로 보자면 규제되는 자유주의는 신자유주의적 패러다임에 어떤 파열이 생겼다기보다 그것이 굴절된 모습을 대표하는 듯 보인다. '규제'라는 말은 무언가 공정하고 중립적으로 보이는 유리함이 있지만, 사실상 이는 강성 자유주의 경제학의 개념으로서, 바로 그 강성 자유주의 경제학의 당대 이론가들 가운데 하나인 잔도메니코 마요네(Giandomenico Majone)가 이를 분명히 한 바 있다. 이 말은 1880년대 미국의 사적 소유 철도들을 관리하기 위한 혁신적인 방식을 뜻하는 것으로 생겨났으며 그 후로도 항상 국유화나 공적 소유의 대당(對當)으로 여겨져왔다. 국유화나 공적 소유 같은 개념들은 국가가 인민들의 이익을 대표하여 취하는 조치로서, 경제 발전, 완전고용, 사회적 공평성 등등 무수한 요구와 기대들에 복속하는 것일 수 있다. 하지만 규제 체계라는 것은 이와 달리 국가가 그 책임을 선거를 통한 선출이라는

---

* 메이페어는 영국 웨스트민스터 시의 금융가다. 영국에서 헤지 펀드는 런던 금융가보다 여기에 많이 몰려 있다. 코네티컷 또한 미국에서 헤지 펀드가 밀집해 있는 곳이다.

11) 한 예로 Gillian Tett, *Fool's Gold: How Unrestrained Greed Corrupted a Dream, Shattered Global Markets and Unleashed a Catastrophe*, London 2009.

책임에 매이지 않은 제3자에게 위임하는 것을 뜻한다. 이러한 규제의 논리는 따라서 "전문성의 이름 아래에 권위가 갈수록 완벽하게 인민들의 의지로부터 유리되는 것"이다.[12] 현실적으로 이 새로운 규제 요건들이라는 것을 은행들 스스로가 결정하게 된다. 현재로서는 글래스–스티걸 법, 심지어 '좁은' 혹은 제한된 목적의 은행업 등을 회복하자고 하는 온건한 개혁 조치를 주장하는 이들마저 자신들이 주변으로 밀려났다고 고백하고 있는 형국이다. '대형 은행들의 로비 공세' — '의원 한 명당 로비스트 다섯 명' — 속에서 심지어 청문회를 한 번 여는 일조차 '고지 점령 전투'만큼 어려운 실정이다.[13] 그 결과 이데올로기적으로나 실제 관행적으로나 그동안 해오던 바를 약간의 수정과 조정만 거친 뒤 계속 하던 대로 하자는 생각이 지배적으로 되고 있다. 자본주의의 냉전 승리 20주년을 기념하는 『파이낸셜 타임스』의 칼럼에 나오는 설교를 보자. 마틴 울프(Martin Wolf)는 독자들에게 자유민주주의의 위대한 미덕을 일깨운다. 자유민주주의는 새로운 것을 배우고 거기에 맞추어 스스로를 적응시키는 능력을 가지고 있다고 강조하면서, 그는 유토피아적 강령에 대해 냉소를 퍼붓고 대신 이것저것 있는 대로 실용적 개혁 조치를 모아놓는 카를 포퍼(Karl Popper) 식의 방법을 떠받든다.

현재의 위기의 경우, 실패는 시장 체제 전체에 있다기보다 세계의 금융 및 통화 체제의 결함에 있다. …… 다행히도 각국 정부와 중앙은행들은 1930년대의 교훈들을 이미 배운 바 있기에 경제 체제와 금융 체제 어느 쪽도 붕괴하지

---

12) Giandomenico Majone, *Regulating Europe*, London 1996. 이에 대한 충분한 논의로는 Perry Anderson, *The New Old World*, London 2010, pp.105~16. 이 인용문은 앤더슨의 책 107쪽에서 가져왔다.

13) John Plender, "How to tame the animal spirits", *FT*, 30 September 2009; John Kay, "Narrow Banking: The Reform of Banking Regulation", CSFI pamphlet, London 2009; Niall Ferguson and Laurence Kotlikoff, "How to take the moral Hazard out of banking", *FT*, 2 December 2009.

않도록 막아야 한다는 올바른 결정을 내린 바 있다. 이것이야말로 올바른 종류의 '아주 조금씩 바꾸는 사회공학'(piecemeal social engineering)이다.[14]

근저에 도사린 문제들

이러한 자신감은 터무니없는 것으로 보인다. 1870년대에나 1950년대에나 주식과 주택 거품의 배후에는 실물경제에서의 자본축적의 문제들이 있었으며, 이로 인해 경기후퇴가 전 지구적 하락으로 장기화되는 원인이 되었다. 1873년의 위기 이전에는 20년에 걸친 장기적 세계경제 팽창이 있었다. 그 가운데 독일과 미국의 경제 발전이 영국의 그것을 따라잡는 일이 벌어져서 유일한 산업 강국으로서 영국의 우위가 끝나고 경쟁 격화의 국면이 시작된다. 노동시장은 등락은 있었지만 상대적으로 경직되어 있었던 데다 노동자들이 전투적이었기에 기업들 간의 경쟁은 주로 가격 디플레이션의 형태를 취했다. 1873년과 1896년 사이의 기간에는 투자와 생산성이 증가했음에도 이윤과 가격은 하락했다. 이 기간은 또 노동운동이 큰 진전을 보았던 시기다. 가혹한 탄압 — 미국에서의 핑커턴(Pinkertons),* 독일에서의 사회주의 금지법 — 에도 불구하고 대중적인 노동계급 조직들이 성장하여 문맹률도 낮추고 부분적인 참정권도 얻어냈다. 임금 또한 상승 — 이는 부분적으로는 노동력이 남성화됨에 따라 '가족 임금'이 생겨났기 때문이다 — 했음에 반해 식량 가격은 계속 낮은 채로 머물러 있었다.[15] 1929년의 상황은 더욱더 불균등했다. 제1차

---

14) Martin Wolf, "Victory in the Cold War was a start as well as an ending", *FT*, 11 November 2009.

* 핑커턴 전국 탐정 기관(Pinkerton National Detective Agency)은 1850년 앨런 핑커턴(Allan Pinkerton)이 설립한 사적 보안 서비스 업체였으며, 그 요원의 숫자가 한때 미군을 넘어설 정도로 팽창하여 오하이오 주 같은 곳에서는 불법화되기도 했다. 이 기관은 사적인 차원에서 치안과 법률 집행까지 맡아보아, 19세기 말 자본가들이 노동조합을 파괴하려는 책동에 대규모로 동원되었다.

15) Hobsbawm, *Age of Empire*, pp. 34~62; Giovanni Arrighi, *Adam Smith in Beijing*, London 2007, pp. 101~40, 193~210.

세계대전 기간과 후에 미국 경제는 포드주의적 자동차 생산, 내구 소비재와 전기화 등으로 힘차게 전진하면서 호황을 구가했던 반면, 유럽 대륙은 짧은 전후 회복 기간을 겪은 뒤 생산이 다시 붕괴했다. 그리고 미국은 유럽의 생산 수준이 오르기 시작했던 1920년대 중반에 이미 과도한 팽창의 징후를 보이기 시작했다.[16] 1920년대 끝 무렵에도 미국의 농산물 가격은 요지부동으로 오르지 않았고 임금 또한 안정 상태로 들어가버렸다. 주택 가격은 1926년 폭락했고 그 후에는 주식시장 거품이 나타나서 유럽과 남미에 나가 있던 미국 자금을 다시 본국으로 빨아들이는 바람에 이 지역들은 1929년 대폭락이 있기도 전에 어려움에 빠져들었고, 그것도 모자라서 결국 은행 대출까지 동원하여 자신의 연료로 썼어야 할 자금을 먹어댔다. 미국은 전 세계 1차 상품 — 브라질 커피, 일본 비단, 남아시아 쌀, 아르헨티나 밀 — 의 상당 부분을 수입하는 중차대한 역할을 맡고 있었는데, 이러한 미국 경제에서 은행과 기업이 줄줄이 도산하고 주식 청산이 벌어지고 가격 디플레이션이 나타나면서 또다시 줄도산 사태가 벌어지게 되자, 이것이 금세 지구적 규모의 대사태로 비화되었던 것이다.[17]

오늘날 자본축적, 노동 공급, 세계무역의 상태를 서로 비교해보면 어떠한가? 과잉 생산 설비의 문제들은 이미 1970년대 시작 무렵 독일과 일본이 섬유, 철강, 자동차, 기계, 전자 제품 등의 핵심 산업에서 미국을 앞지르기 시작할 때부터 분명히 존재했다.[18] 그 후로 브라질, 한국, 타이완, 태국 그리고 마침내 중국까지 새로운 생산 중심지에 합류하여 세계시장에 제품을 쏟아놓고 경쟁을 벌이게 되었다. 이와 동시에 세계경제에서 노동의 지위와 임금 몫이

---

16) 후버 대통령 또한 대공황의 원인을 유럽 바깥—일본과 캐나다 또한 중요하다—에서 제1차 세계대전 기간에 생산이 확장된 데 돌렸다. 여기에 유럽에서의 생산이 회복되기 시작하자, '1925년의 가격 수준으로 볼 때' 생산 설비의 과다가 생겨났다는 것이다.

17) Reinhart and Rogoff, *This Time is Different*, pp. 234~36; Hobsbawm, *Age of Extremes*, pp. 85~108.

18) Robert Brenner, *The Economics of Global Turbulence*, London 2006, pp.112~13.

역사적으로 악화되면서 상대적 수요를 내리누르게 되었다. 1970년대 이후 서비스 부문의 팽창과 더불어서 노동력의 여성화가 진행되었고, 이 또한 여러 나라 국경을 넘나들며 임금 하락을 가져왔다. 미국 제조업이 북동부와 중서부(rustbelt)에서 남부(sunbelt)로 이동하자 전통적인 노동계급 공동체들은 직장을 잃게 되었고, 이 때문에 노동조직에서의 세대 간 연속성 또한 끊어지게 되었다. 게다가 엄청난 생산력을 가진 유럽과 미국의 기업형 농업으로 인해 지구의 남반부 전역에서 생계형 농가들의 숫자가 격감하게 되었고 IMF 프로그램들이 이 과정을 가속화했으며, 결국 수억의 사람들이 임노동 일자리를 찾아 쏟아져 나오게 되었다. 인도와 중국이 지구적 자본주의 경제에 통합되면서 만성적인 저임금 노동자들이 15억 명이나 추가적으로 노동시장에 쏟아져 들어오게 되었고, 이로 인해 노동시장의 크기 또한 두 배가 되었다. 한 추산에 따르면, 이로 인해 자본/노동 비율은 그 전 수준의 55~60퍼센트로 줄어들게 되었다.[19] 결국 집단농장, 농촌, 가사 노동 등에 전념하던 이들이 이제 재산을 갖지 못한 노동자로서 무더기로 노동시장에 들어오게 되자 과잉 설비의 여러 문제에다 상대적 과소소비의 문제들까지 겹쳐 더욱 상황을 악화시켰다. '유효 수요의 체계적 부족'이 나타난 것이다.[20]

이러한 조건들 속에서 한 경제에서만 유독 이윤이 살아난다면 이는 비용을 낮추든가 시장을 팽창하든가 또는 교역 조건을 바꾸든가 하여 다른 이들을 희생시킨 것일 수밖에 없으리라고 보이기 쉽다. 신자유주의 시대가 애초에 시작되던 순간으로 돌아가봐도, 미국 제조업이 독일이나 일본과의 점증하는 경쟁에 직면하여 충분한 수익을 내지 못했던 것이 미국이 브레턴 우즈 체제의 금-달러 고정비율을 지키지 못한 주요한 원인이었다. 포트 녹스(Fort

19) Richard Freeman, "The Challenge of the Growing Globalization of Labor Markets to Economic and Social Policy", in Eva Paus, ed., *Global Capitalism Unbound: Winners and Losers from Offshore Outsourcing*, New York: 2007.

20) Giovanni Arrighi, "Winding Paths of Capital", NLR 56, March-April 2009, p. 82.

Knox)*의 금고가 텅 비게 된 것은 미국 기업들이 외국의 저임금 경제로 투자했던 것만큼이나 군사적·사회적 정부 지출이 치솟아 올랐던 것에도 기인했다.[21] 미국 이자율의 급격한 변동에 따른 부산물로 환율 충격이 나타나 이것이 또한 신자유주의 시기 혼란의 큰 부분을 촉발했다. 1979년 볼커-카터가 주도한 이자율 급상승은 인플레이션과 국내의 노동을 한꺼번에 잡기 위해 실행된 것이었지만, 제3세계의 부채국들과 코메콘(Comecon) 국가들을 파산시키고 산업 발전 프로그램들을 정지 상태로 몰아넣었다. 1980년대 IMF와 세계은행이 강제했던 위기 해법이라는 것은 대외적 자본 통제를 폐기하고 국내적 자유화를 가져올 프로그램들을 인정사정없이 더욱 밀어붙였다. 그리고 이 과정에서 거대 금융기관들은 사유화라는 노다지를 제공받았고, 그러자 연기금과 뮤추얼 펀드 매니저들이 이 분야로 뛰어들면서 미국의 금융 부문은 엄청난 팽창을 보게 되었다. 1985년 베이커-레이건의 플라자 협정(Plaza Accord)은 미국 수출 기업들에 혜택이 돌아가도록 달러 가치를 낮추고 대신 호황 중이었던 일본과 독일 기업들을 경기후퇴로 몰아넣었다. 그리하여 일본의 자본은 역사상 전무후무한 부동산 거품을 부풀리게 되었다. 1992년 이 거품이 꺼지자 일본의 자금은 국내에서의 저조한 수익률과 미국에서의 낮은 이자율로 활로를 찾지 못하다가 한국, 태국, 말레이시아, 싱가포르, 타이완, 중국 등으로 넘쳐 흘러갔다. 이 동아시아의 호랑이들이 호황을 맞아 1990년대의 새로운 전자 제품들을 생산했다. 국제적으로 투자자들도 모두 이 흐름을 따라 함께 움직였고, 이 나라의 지역 은행들은 외국 신용이 잠시 머무는 간이역이 되어버렸다.

1990년대 초 이후 동아시아의 이륙은 중심 지역에서의 계속되는 하락과 복잡한 공생 관계를 이루며 발전했다. 여기에 매개가 된 것은 무역, 자본재,

---

* 켄터키의 군 요새. 연방준비위원회의 금이 이 요새에 보관되어 있었다.

21) Richard Duncan, *The Dollar Crisis: Causes, Consequence, Cures*, Singapore 2003, p. 10.

투자의 흐름 등이었다. 1990년대와 2000년대 초반에 걸쳐 일본과 독일은 거의 적극적인 모습을 보이지 못했고, 미국의 '신경제' 또한 1990년대 중반 호황을 보이는 듯하더니 오래가지 못하고 끝나고 말았다. 클린턴 정부의 경제 전략은 미국 투자은행 골드먼 삭스가 짜준 것으로서, 자본-투자 수익이 악화되고 임금 상승이 정체된다고 해도 금융 부문의 부 창출 효과가 이를 보상해준다는 것이었다. 하지만 1995년 달러 가치가 다시 높아지자 미국 기업들의 경쟁력이 다시 악화되었다. 이렇게 기업 부문 수익이 악화되면서 2000년에는 닷컴 주식 또한 무너지고 말았다. 그 후로는 외국 투자자들 — 무엇보다도 일본과 중국 — 이 값싼 신용을 계속 제공해준다는 전제 위에서 부채에 기초한 거품들이 줄지어 나타났다.[22] 그린스펀은 또 미국 경제의 경기를 계속 부양하기 위해 2001년 이후 4년간 이자율을 6.5퍼센트에서 1퍼센트까지 깎아내렸고, 이것을 계기로 주택 가격은 50퍼센트까지 부풀어 올랐다. 2003년 미국 군대가 이라크로 쏟아져 들어가자 주택 가격이 떨어질 기미를 보이게 되었다. 그러자 그린스펀은 이번에는 서브프라임 유동화 시장을 활성화할 것을 강하게 촉구했다. 하지만 미국의 성장률은 2004년 3.6퍼센트, 2005년 3.1퍼센트, 2006년 2.7퍼센트, 2007년 2.1퍼센트, 2008년 0.4퍼센트로 계속 떨어졌다. 일자리 창출 또한 2000년 경기후퇴 이래 전혀 회복되지 못했다. 버냉키가 2006년 달러를 안정시키고 버블을 가라앉히기 위해 이자율을 올리기 시작하자 거대한 청산이 시작되었다.[23]

이와 반대로 중국 경제는 질적으로나 양적으로나 놀랄 만한 변신을 보여주어 대조를 이룬다. 이제 중국 경제는 세계 최대의 자동차 시장이다. 향후

22) 이 데이터를 보려면 Anton Brender and Florence Pisani, "Globlalized Finance and its Collapse", Brussels 2009.

23) 이러한 설명은 Robert Brenner, "What's Good for Goldman Sachs is Good for America", April 2009에 크게 빚고 있다. 또한 R. Taggart Murphy, "In the Eye of the Storm: Updating The Economics of Global Turbulence", *Asia Pacific Journal: Japan Focus*, 7 December 2009 참조.

20년에 걸쳐서 중국 경제위원회(Chinese Economic Council)는 2백 개의 도시를 더 건설하여 각각 1백만 명씩의 거주자를 들일 계획이며(이는 미국 댈러스 정도의 크기다), 이는 기간 시설 투자, 서비스, 소비 등의 잠재적 성장에서 실로 극적인 함의를 담고 있다. 중국 경제가 얼마나 위기에 대한 회복이 빠르고 강한지는 이제 중국 앞으로 몰려와 쌓여가는 여러 압력들 — 미국 시장 축소, 원자재 가격 상승, 2008년 경제 위기 여파로 취했던 6천억 달러의 경기 부양 계획과 1조 달러의 신용 팽창 등 — 을 어떻게 대처해나가는가에 따라 판명날 것이며, 이는 좀 더 두고 보아야 한다. 현재 중국이 보여주는 미친 듯한 공장 가동률을 볼 때, 중국이 단기적으로 일종의 경기후퇴성 위기 — 아주 일시적으로라도 — 를 겪는 것을 피할 수 있을지는 심히 의문이다.

여러 압력들

세계경제에 어떤 직접적인 안정화와 균형 회복이 올 수 있을지는 워싱턴이 베를린과 도쿄뿐만 아니라 베이징과 진행하고 있는 협정에 달려 있음이 자명하다. 이 글을 쓰고 있는 시점에서, 오바마와 버냉키는 신(新)레이거노믹스로의 전환을 실행에 옮기고자 하는 것으로 보인다. 달러 가치를 낮출 제2의 플라자 협정, 부채를 날려버리기 위한 인플레이션, 세계무역에서의 경쟁 우위 회복, 주요 국가 부채 채무자들의 위협에 대해 눈을 부라려 국가주권 지키기, 여기에 곁들여 기록을 갱신할 만큼 재정 적자와 해외 군사 지출을 팽창시키기 등이다. 그런데 이러한 전략과 충돌하는 몇 가지 요인들이 있다. 첫째, 또 다른 국제적 신용 쇼크 혹은 국채 지불 중지가 벌어질 경우 국제 자금은 안전한 자산으로 도피할 것이기 때문에 달러 가치는 다시 올라갈 것이다. 둘째, 비록 유로존과 일본의 지도자들이 워싱턴의 요구에 순순히 응하고 있지만 당분간은 베이징이 미국의 환율 보호주의에 맞서 스스로의 환율 보호주의로 단호하게 대처할 것이다. 중국의 정부 관계자들은 EU와 중국이 미국 통화정책에 맞서 '함께 대처'할 것을 촉구했다. 미국의 정책 조언자들은 이미 1970년대 초 닉슨이 수입품에 10퍼센트 관세를 부과하겠다고 으름장을 놓아 일본과 독일이 재빨리 달러 절하를 받아들이도록 만들었던 것을 상기시키고 있다. 어떤 이들은 이제 공공연하게 미국의 경제정책에 운신의 폭을 주기 위해 달러를 유로, 엔, 위안 등의 다른 무역 통화들로 보조해야 한다고 주장하고 있다.[24] 하지만 마르셀로 드 세코(Marcello De Cecco)가 지적했듯이, 세계경제가 만약 '담합적 과점'에서 '경쟁적 과점'으로 변천한다고 해도 한 나라가 여러 중상주의적 전략을 추구할 수 있는 조건은 여전히 주요 경제국들 사이의 상호 의존에 의해 규정되게 되어 있다. 이는 제2차 세계대전 이전에도 유례를 찾아볼 수가 없는 상황이다.[25]

하지만 미국이 경제적 재화를 공급하는 능력이 줄어들었다고 해서 미국 패권이 그에 비례하여 줄어든다고 보는 것은 실수다. 국제정치 체제에 대한 워싱턴의 지도력—적과 친구를 결정하고 전쟁과 평화를 결정—을 지지하는 것과 미국의 거시 경제 안정의 우선을 지지하는 것은 전혀 다른 문제다. 하지만 현실에서는 이 둘이 중첩된다. 자본 통제를 철폐하는 일이나 미군 기지 주둔권을 부여하는 일이나 또 유엔 안보리 결의를 지지하는 일이나 모두 똑같은 정부가 하는 일이다. 따라서 한 영역에서 보상을 줌으로써 다른 영역에서의 순종을 더욱 강화하는 것은 반드시 벌어지게 마련이다. 미국 경제는 지난 수십 년간 세계 총생산에서 차지하는 몫이 계속 줄어들고 있다. 1945년에 거의 50퍼센트에 달했으나 2008년에는 22퍼센트가 되고 말았다. 하지만 대부분의 척도로 볼 때 그 군사적·정치적·문화적 영향력은 지금 20세기 그 어느 때보다도 크다. 또 오바마 정부는 워싱턴이 1990년 이래로 제1차 걸프전, 발칸 반도, 이라크, 아프라니스탄 등을 거쳐 밀어붙여온 제국적 권력 보호 전략

24) C. Fred Bergstein, "The Dollar and the Deficits: How Washington Can Prevent the Next Crisis", *Foreign Affairs*, Nov–Dec 2009.

25) Marcello De Cecco, "From Monopoly to Oligopoly: Lessons from the pre-1914 Experience", in Eric Helleiner and Jonathan Kirshner, eds., *The Future of the Dollar*, Ithaca 2009, p. 122.

에서 후퇴하지도 않았다. 오히려 오바마 정권은 선제공격 전쟁이 미국의 특권이라는 부시 대통령의 입장을 확장했을 뿐만 아니라 그것을 당연한 것으로 만드는 데 성공했다. 2002년의 국가 안보 전략(National Security Strategy) 보고서는 수많은 이들을 성나게 만든 바 있다. 그런데 2009년 오바마의 스태프들이 아프가니스탄과 파키스탄이 단일한 전장(AfPak)이라고 천연덕스럽게 공표했음에도 아무도 험한 눈으로 쏘아보는 이가 없다. 중국 또한 이 문제를 두고 '인도적 개입'이라는 원리는 권력을 추구하는 패권적 행태를 은폐하는 짓에 불과하다고 혹평하고 있지만, 여전히 그 지정학적 전략은 '저 아름다운 제국을 따라잡아 넘어서라'가 아니라 '다극적 세계에서 중국을 하나의 극으로 우뚝 세운다'로 남아 있다. 중국은 이라크에 있는 자국의 석유 회사들과 아프가니스탄에 대한 광업의 이해관계에서 미국의 군사 무력에 의존하고 있는 상태다. 엄청난 단일 권력을 가진 세계적 패자는 여전히 존재하고 있다. 비록 현재가 이행기라고 하더라도, 왕좌가 비어 있는 공위(空位) 기간(interregnum)은 아니다.

미국 패권이 계속 힘을 가지고 있는 으뜸의 이유 하나는 신자유주의 프로젝트의 성공에 있으며, 이는 항상 이데올로기와 프로그램을 모두 내포하고 있다. 이데올로기는 일련의 여러 가지 형태들—통화주의, 대처주의, 자유 시장적 제3의 길, 지구화 대세론 등—을 띠었지만, 이들은 모두 이제 옛날 이야기가 되었다. 하지만 신자유주의 프로그램이 거두었던 혁명적 효과는 여전히 남아 있다. 사회적 여러 관계들은 지구 전체에 걸쳐 새롭게 재편되었다. 금융 자본은 일국적 산업과 단절되어 지구적인 부의 순환으로 통합되었고, 새롭게 미디어의 유명 인사로 떠오른 엘리트들은 이를 미화했다. 공공 부문에서나 민간 부문에서나 화이트칼라 노동력은 새로운 시장의 규범에 무릎을 꿇은 채 푼돈의 금융자산으로 대단치 않은 소득을 보전하고 있다. 노동계급은 이중화되었고, 대부분의 청년 노동은 비정규직 부문에 몰려 있으며 조직적 영향력과 정치적 계획 등을 모두 상실한 상태다. 아마도 2008년의 위기에서 지금까지 나타난 가장 충격적인 특징은, 경제적 혼란이 벌어졌음에도 정치적으로는 정체된 답보 상태가 함께 결합되어 있다는 점이리라. 1931년의 은행과 통화 붕괴 직후에는 유럽 전체에 걸쳐 여러 나라 정부들 — 영국, 프랑스, 스페인, 독일 — 이 전복되었던 바 있다. 그리고 심지어 1873년에도 철도 관련 거품이 붕괴한 뒤 미국에서 그랜트 행정부가 부패 스캔들로 마비되어버렸고, 영국에서는 글래드스턴 내각이 넘어지게 되었던 바 있다. 2008년의 경우 유일한 정치적 희생자는 아이슬란드의 하르데(Haarde) 체제와 케이먼 군도의 여러 정부뿐이다.* 실업자들이 늘어나고 공공 지출 삭감이 실행되면 더 많은 단호한 저항이 출현할 것이라는 희망을 가져볼 수 있다. 하지만 적어도 지금까지 공장점거나 경영진 납치(bossnaping)** 등은 대부분 정리 해고 급여에 대한 요구 정도에 머물고 있다. 신자유주의가 처음 자리를 잡던 시절과 비교해볼 때, 지금 그 위기가 왔음에도 불구하고 이토록 무서우리만큼 별다른 진통을 앓지 않고 있다는 점은 그것이 지금까지 얼마나 철저한 승리를 거두었는지를 냉철하게 보여주는 척도다.

그람시는 자신의 '상황에 대한 분석'에서 장기적인 '유기적' 역사 발전과 단기적인 '국면적'(conjunctural) 역사 발전을 구별했던 것으로 유명하다. "이 국면이란 주어진 단계 내에서 시장을 결정하는 한 묶음의 정황들로 정의할 수 있다." 즉 "경제적 상황이 갖는 일시적이고도 직접적인 특징들의 묶음"이라는 것이다. 그는 이미 1933년에 이렇게 경고한 바 있다. "직접적인 경제 위기 자체가 역사적인 사건들을 낳을 가능성은 없다고 해도 좋다." 그런 위기가 오면 일정한 질문들을 던질 수 있는 유리한 지형을 조성해줄 수 있을지 모르지만, 그뿐이다. 모든 상황에서 결정적 요소는 개입할 준비가 된 조직적 힘들

---

* 아이슬란드는 2008년 심각한 부채 위기에 몰렸고 케이먼 군도는 이른바 조세 회피처(tax-haven)로서 여러 헤지 펀드와 금융기관들이 몰려 있었던 곳이다.
** 노동자들이 정리 해고 등에 항의하여 경영진을 작업장에 가두어두는 행위. 2009년 프랑스에서 널리 행해지면서 유명해졌다.

이다.[26] 돌이켜보면 1873년과 1929년이라는 국면들은, 그 전부터 계속해서 진행되어온 유기적 운동들이 심화되었음을 나타내는 사건들이라고 볼 수 있다. 즉 1873년에는 산업자본가들 사이의 경쟁이 심화되어 제국주의 간의 충돌을 낳았으며 이것이 결국 제1차 세계대전으로 터지고 말았다. 1929년은 폭발적이지만 불균등한 미국의 성장, 극적인 등락을 겪은 독일의 운수, 가속적으로 쇠퇴해가는 영국의 상황이 맞물리다가 지독하게 적대적인 계급 갈등을 배경으로 그 모순이 터져나온 사건이었다.

2008년이라는 국면의 근간에 도사리고 있는 유기적 운동들에는 첫째, 대부분의 선진 자본주의 경제가 장기적으로 침체하는 것과 중국의 폭발적 성장 사이의 긴밀한 관계, 둘째, 미국의 제국적 국가가 계속해서 확장되는 것, 셋째, 노동의 위치가 지구적으로 악화일로에 있는 것 등이 포함된다. 정치적으로 보면 위기의 결과는 지금까지 전적으로 위로부터 그 모습이 결정되었다. 미국 재무부–월스트리트 복합체가 그 장악력을 확장했고 그 가운데서 그 모든 전체 비용을 노동 인민들에게 떠넘기는 일을 보장했다. 그 결과는 노동 측의 조건이 갈수록 악화되는 것으로서, 이는 무엇보다도 중심부 경제 지역과 그 주변부에서 나타났다. 이념적으로 보자면, 대규모 금융이 대세라는 목소리가 지금은 잦아든 듯하다. 하지만 만약 신자유주의 패러다임이 지금 규제되는 자유주의로 모습을 바꾸고 있는 것뿐이라면 신자유주의의 주된 구성 요소들은 여전히 제자리를 그대로 지키게 될 것이다. 족쇄 없는 자본 이동, 사적 소유권, 주주 가치 등이 여전히 최고 목적의 자리를 유지하게 될 것이다.

신자유주의 프로그램은 위기 중에도 실제로 아무런 반대에 부닥치지 않았고, 사실상 더욱 진전되어온 것이 사실이다. 은행에 대한 구제금융으로 그 어느 때보다도 큰 수탈이 현실화되었다. 하지만 신자유주의의 '거대한 온건화'(great moderation)가 가져온, 노동에서 자본으로의 엄청난 부의 이전은 어쩌

---

26) *Selections from the Prison Notebooks*, London 1971, pp. 177~85.

면 이제 체제 자체를 잠식해 들어가고 있는지도 모른다. 미래의 영구적 성장에 기반한 투기적 이윤으로 이를 떠받치는 일은 그저 임시변통의 해법 이상이 될 수 없다. 하지만 미국 재무부–월스트리트의 질서는 그 외의 어떤 방법도 정치적으로 착상할 능력이 없다. 노동 측을 보자면, 세계의 수십억 노동 인민들에게 유리하도록 세상의 방향을 바꾸거나 변형할 수 있는 헤게모니적 대안을 재건하는 일은 몇 세대가 걸릴지도 모른다. 서구와 중국은 서로 다른 세계관(Weltanschauung)을 가지고서 충돌하고 있다. 하지만 중국의 지배계급 혹은 지배 카스트는 지구화된 신자유주의를 수입함으로써 지금까지 아주 성공적인 실적을 보였다. 중국 공산당이 좀 더 공평한 세계 질서를 지지한다는 주장들도 있지만, 중국 내부의 여러 불평등 격차가 커져가는 것은 이러한 주장들의 근거를 약화시킬 뿐이다.

가능한 여러 미래의 상들

역사를 돌이켜보면 현재 위기의 좀 더 장기적인 결과에 대해 무언가 실마리를 얻을 수 있을까? 1873년의 하락 이후 전반적인 수익성은 1896년이 되자 큰 슬럼프 없이 회복되었다. 비록 오래 계속된 농업 공황이 도시의 노동시장이 좀 느슨해지는 데 일조했지만. 그리고 제국의 확장으로 새로운 상품 시장이 개척되어, 1896년경에는 그때까지 독립 상태로 남아 있던 아프리카와 태평양에 걸친 모든 독립국들과 지역들이 사실상 대도시의 지배 아래로 들어가게 되었다. 그리고 산업의 규모에 걸맞은 재군비가 진행 중이었다. 국내적으로는 대규모 금융기관들(finance houses)이 엄청난 자본집중을 이루고 있었다. 주식회사들과 카르텔들은 간접적으로 개입하여 디플레이션을 막았다. 경기는 하락했지만 투자는 고조되던 이 시기에 영화, 녹음 기술, 내연기관, 대규모 발전기, 주식회사, 테일러주의, 광고, 백화점, 대량 소비 시장 등 여러 혁신들이 있었기에 나중에 저 제1차 세계대전 이전의 황금시대(Bell Epoque)를 이루게 되었다. 그리고 1930년대의 대공황의 완전한 회복은 제2차 세계대전을 위한 무장이 시작될 때 비로소 이루어졌다. 처음엔 독일, 그다음엔 미국에서 전쟁 준비를 위하여 엄청난 산업투자가 이루어지면서 전후 호황을 위한 여러 조건들이 생겨난 것이다. 이번에도 마찬가지로, 그다음 시대를 형성할 만한 발명품들 ─ 플라스틱, 브라운관 등 ─ 이 이미 이 기간에 생겨나고 있었다. 세계 정치의 수준에서 보자면, 미국의 엘리트들은 1920년대와 1930년대의 실패를 거울삼아서 이번에는 단호하게 세계적 패권의 역할을 계획했고 전후 시대 국제 관계의 청사진을 만들어나갔다.

고팔 발라크리시난(Gopal Balakrishnan)은 최근에 쓴 글에서 이렇게 주장했다. 비록 2010년대에 들어가면 결국 자본주의도 재편성의 합리화를 거쳐 다시 회복될 것이라고들 기대하고 있지만, 대부분의 선진 자본주의 지역들에서 성장 동력은 소멸되고 있다는 것이다.[27] 이러한 관점에서 보면, 현재의 국면적인 축적 위기는 사회의 고령화 그리고 생산성 낮은 서비스 경제로 이동하면서 촉발되고 있는 좀 더 장기적인 침체에 수렴하고 있는 셈이다. '신경제'의 생산 혁명이라는 것은 이미 신화임이 입증된 바 있다. IT, 컨테이너화,* 포스트 포드주의적인 생산 및 공급 사슬 등은 모두 '통계적으로는 유의미한 모습을 보이지 못했다'. 마찬가지로 중국 중심의 자본축적 국면이 올 것이라는 주장 또한 신화임이 밝혀질 것이다. 이는 새롭고 더욱 진보된 생산력 조직화를 가져오는 것이 아니라 그저 기존의 생산 시설을 더 광범위하게 확산시키는 데 불과하기 때문이다. 브레너는 『지구적 혼돈의 경제학』(*Economics of Global Turbulence*)에서 자본 투자의 수익성은 좀 더 장기적으로 볼 때 감소하고 있다고 진단한 바 있다. 발라크리시난은 이에 근거하여 2008년은 각국 국제수지 불균형, 자산 거품, 부채 창출에 기반한 경제성장이 '막바지에 도달

---

27) Balakrishnan, "Speculations on the Stationary State", NLR 59, Sept. Oct 2009. 28.

* 국제표준화기구(ISO)에 의해 일률적으로 매겨진 코드에 따라 컨테이너에 보관 및 운송이 이루어지도록 하는 것. 이를 통해 화물과 생산 중간재의 수송비 절감과 효율성이 극적으로 상승되었다고 이야기된다.

한' 해였던 것으로 판명날지도 모른다고 추측하고 있다. 자본주의 세계는 슘
페터식의 광범위한 재편성과 합리화가 없는 한 '정상 상태'(定常狀態,
stationary state)로 가는 길에 이미 들어선 것으로 보인다.

이러한 시나리오에 반대하면서 미셸 아글리에타(Michel Aglietta)는 중국
경제성장의 잠재력이 아직 남아 있음을 강조하고 있고, 니컬러스 크래프츠
(Nicholas Crafts)와 야마무라 고조(山村耕造)는 기술적 진보의 물결이 반드시
이윤율 수준으로 결정되는 것이 아님을 지적하고 있다. 예를 들어 1930년대
에는 수많은 기술적 돌파와 혁신이 있었다는 것이다. 또 1870년대에 그랬던
것처럼 진입 장벽이 높아지게 되면 투자와 혁신이 더욱 늘어날 수가 있다.[28)]
IT와 반도체가 어째서 1990년대에 그러한 생산성 혁명을 가져오지 못했는지
는 아직 분명하지 않다. 크래프츠는 이런 혁신이 생산성이 낮은 서비스 산업
에만 집중되는 바람에 전체 경제에서 차지하는 비중이 너무 작았던 탓이 아
닌가라고 보고 있다. 그런데 이러한 논리는 비록 혼란과 침체 그리고 거품 붕
괴의 세월이 몇 년 더 지속될지 모르지만 결국 정상 상태는 모면하는 쪽으로
갈 것이라는 가능성을 암시하고 있다. 합성 실리콘의 혁신이 이루어져서 지
구의 남반부를 태양열 발전으로 동력화하고, 교통에 혁명을 일으키고, 녹색
노다지라고 할 탈염수화(desalination) 프로그램을 부양하여 해수면이 올라가
는 바닷물을 담수로 바꾸어 관개수(灌漑水)로 쓸 수 있으리라는 비전은 좀 너
무 나간 것임이 분명하다. 하지만 중국과 인도의 농촌 지역에 걸쳐서 가장 낮
은 수준의 소비자 시장이 확장될 여지는 분명하다. 전 세계 노동력의 주변에
걸쳐 있는 수억의 사람들도 결코 지구적 소비의 순환 고리에서 동떨어져 있
는 이들은 아니다. 브라질의 빈민가(favela)에 서 있는 판잣집에 들어가보면

---

28) The Symposium on Brenner's *Economics of Global Turbulence*: Crafts, "Profits of Doom";
   Aglietta, "A New Growth Regime"; Yamamura, "More System, Please!" in NLR 54, Nov-Dec.
   2008.

하수도도 제대로 없고 가족들 누구도 일자리가 없음에도 텔레비전과 전자레인지가 떡 하니 들어서 있다. 룰라 정부의 가족수당(bolsa família) 정책 덕분에 이들은 끊임없는 할부로 말도 되지 않게 높은 비용을 치르고 이것들을 사들인 것이다. 국가는 신자유주의 기간 전체에 걸쳐서 자본축적을 위한 사회적 여러 조건들을 조성하는 방벽 역할을 수행해왔다.[29] 더 많은 인구가 세계시장의 그물에 걸려들도록 국가가 많은 일을 할 수 있다는 것은 의심의 여지가 없다. 옛날 플라자 협정 당시 미국은 일본과의 무역 적자를 해소하기 위해 엔화의 가치 절상을 요구했지만, 가치가 높아진 일본 화폐 때문에 되레 일본 자본이 중국과 동아시아의 호랑이 나라들로 수출되는 의도치 않은 결과가 나타났던 바 있다. 우리를 기다리고 있는 것이 지속적인 침체든 아니면 세계경제의 재가동이든, 아마 옛날 플라자 협정 때처럼 지금 진행 중인 최근의 경제 회복 작전의 결과에도 의도치 않은 결과의 법칙이 적용될 것이다.

2

이러한 신자유주의의 위기가 『뉴레프트리뷰』의 출간 프로그램에 가지는 의미는 어떤 것일까? 10년 전 『뉴레프트리뷰』가 재창간을 단행했을 적에 우리는 좌파들에게 분명하게 패배를 표명할 것을 요구하여 수많은 이들을 분노하게 만들기도 했다. 페리 앤더슨(Perry Anderson)은 "자본의 권력에 상대가 될 만한 능력을 가진 집단적 행위자는 아직 보이지 않는다"고 말했으며, 또 사상의 차원에서는 "16세기 종교개혁 이래 최초로 서구의 사상 세계 내부에서

---

29) 신자유주의가 시작된 처음 10년간 OECD 23개국에 걸쳐 국가가 어떤 역할을 했는가를 평가한 이정표와 같은 저술로는 Göran Therborn, "The Prospects of Labour and the Transformation of Advanced Capitalism", NLR 1/145, May-June 1984 참조.

아무런 의미있는 반대 사상—즉 지배적인 세계관에 경쟁할 만한 체계적 세계관—이 더 이상 존재하지 않는 사태가 벌어졌다"고 쓴 바 있다.[30] 이러한 판단은 지금도 유효하다. 현존하는 자본주의 발전을 주의 깊게 살펴보는 것은 여전히『뉴레프트리뷰』같은 저널의 1차적 의무다. 서로 방식은 각각 다르지만, 로버트 브레너(Robert Brenner)는 세계경제의 추동력으로서 미국 경제가 비틀거리는 것을, 로빈 블랙번(Robin Blackburn)과 로버트 웨이드(Robert Wade)는 금융 중개에 대해서, 앤드루 글린(Andrew Glyn)은 지구적 불균형에 대해서 각각 근본적 질문들을 제기했고 이 질문들은 더 많은 미래의 연구조사 과제들을 낳았다. 슬라보이 지젝(Slavoj Žižek)은 또 '시차(視差)적 관점'(Parallax View)에 입각하여 급진적 비판이 생산뿐 아니라 소비 또한 염두에 두어야 한다고 주장한다. 조반니 아리기(Giovanni Arrighi)의「아프리카 위기」(The African Crisis)와 마이크 데이비스(Mike Davis)의「슬럼의 지구」(Planet of Slums)는 남반부의 관점에 서서 새로운 연구를 기다리는 광활한 영역을 개척했다. 다가오는 시기에『뉴레프트리뷰』가 중점을 둘 부분은 지구적 금융의 시대가 발전하면서 나타나게 될 여러 결과들을 분류할 수 있는 새로운 유형학이다. 또 다른 부분으로는, 현재 도처에서 벌어지고 있는 계급의 형성과 소멸을 생생하게 다룰 수 있는 지구적 프롤레타리아의 지도—장소, 부문, 차등적 위치 등등을 모두 표기—다.

지난 몇 년간 아리기의「해체되는 헤게모니」(Hegemony Unravelling)와 앤더슨의「현재 국면에 대한 몇 가지 메모」(Jottings on the Conjuncture)는 세계 정치 질서에 대해 대조되는 분석들을 제공했다. 아리기는 미국이 새로운 제국적 체제를 강제하려는 노력에 위기가 생겨난 반면 중국이 미국 지도력에 대한 대안으로 떠오를 가능성이 있다고 본다. 반면 앤더슨은 여러 국가들이 서열을 두고 다투는 가운데서도 우월한 단일 국가가 이들을 모종의 강대국

---

30) Anderson, "Renewals", NLR 1, p. 17.

협조 체제(concert of powers)로 묶어내고 있다고 본다. 비록 정도는 다르지만 양쪽 모두 중국이 어느 만큼이나 대안적 체제를 표상하는 것으로 보아야 하느냐라는 질문과 닿아 있다.[31] 이 문제는 앞으로 『뉴레프트리뷰』가 논쟁하고 탐구해야 할 중심적인 질문들로 남아 있다. 자유주의적·자본주의적 지배의 새로운 과정들에 대해서는 무척 해야 할 작업이 많다. 피터 마이어(Peter Maier)는 라틴아메리카, 아프리카, 아시아에서 자유민주주의의 세 번째 물결이 나타나는 데 반해 서유럽에서는 의회주의가 공동(空洞)화되고 있음을 발견했거니와, 이를 경험적으로 검증할 수 있는 연구가 필요하다. 개념적 분석 또한 필요하다. 치코 데 올리베이라(Chico de Oliveira)는 브라질 노동자당의 국가화에 대하여, 치한 투갈(Cihan Tuğal)은 터키 정의개발당(AKP)의 나토화에 대하여, 왕차오화(王超華)는 여러 민족주의 — 다분히 중국과 타이완 — 에 대한 날카로운 유형학을 제시했다. 톰 네언(Tom Nairn)과 루츠 니타머(Lutz Niethamer)는 탈민족적 사회 정체성의 문제를 놓고 균형잡힌 문제제기를 하고 있다. 왕후이(汪暉)의 「탈정치화된 정치」(Depoliticized Politics) 같은 글은 중국의 짧았던 혁명기의 렌즈를 통하여 현재의 무기력해진 상황을 다시 자세히 들여다보고 있다. 루치아노 칸포라(Luciano Canfora)는 자본주의 과두제의 '여러 혼성 정체'(mixed constitutions)를 분석하고 있으니, 이 또한 똑같은 수준에서 비판적인 관심을 가질 것을 요구하고 있다. 1960년대와 1970년대에 걸쳐 벌어졌던 정치사회학의 여러 뜨거운 논쟁들은 당시의 권력 엘리트들에 대해 일련의 혜안을 제공했다. 그렇다면 거대하고도 유동적인 것으로 유명한 미국의 지배계급은 어떻게 분석해야 할 것인가. 그것은 어떻게 재생산되고 있고, 그 구성 요소는 어떻게 변동하고 있으며, 미국 특유의 제국적 국가와는

---

31) 아리기는 자신이 *Adam Smith in Beijing*, London 2009, pp. 351~78에서 개진했던 관점을 "Winding Paths of Capital", NLR 56, pp. 79~80, 84~86, 88~89에서 다시 고찰하고 있다. 앤더슨의 분석에 대해서는 "Two Revolutions", NLR 61, Jan-Feb 2010.

어떠한 매개로 맺어져 있는가—이것이 우선적으로 관심을 가져야 할 또 다른 문제다.

『뉴레프트리뷰』가 생태 문제를 다루었던 경험은 아무래도 상당히 별쭝난 것이었다고 해야 할 듯싶다. 한스 마그누스 엔첸스베르거(Hans Magnus Enzensberger)의 「정치 생태학 비판」(Critique of Political Ecology), 알렉산더 콕번(Alexander Cockburn)의 「육식 지향의 세계사」(Meat-Oriented History of the World), 앙드레 고르(Andre Gorz)의 「새로운 의제들」(The New Agenda)처럼 대단히 독창적인 글들을 게재했지만, 이 쟁점들은 서로 고립되어 있었던 데다가 이따금 한 번 나오는 식이었다. 이는 응당 변해야 한다. 여기에도 탐구해야 할 여러 영역들이 있다. 경험적인 종합도 필요하고, 프로그램을 통한 개입도 필요하며,[32] 정치적 분석도 필요하다. 예를 들어 각국의 녹색 정당들이 어쩌다가 나토가 벌이는 전쟁들에 대한 강성 지지 세력이 되었는가에 대해서는 그 자초지종을 비판적으로 다룬 연구가 나와야 한다. 생태 운동의 여러 프로그램들(재활용, 유전자 조작 식품, 산림 녹화)이 해체되고 세계 정상 회의에서도 기꺼이 받아들일 수 있는 것으로 왜소화된 지금, 아마도 사회적·경제적·환경적 관계들의 생태학적 총체성을 다시 그려내기 위해서는 유토피아적인 사유밖에 길이 없을지도 모른다. 마이크 데이비스는 이번 호에 실린 자신의 글에서 이러한 정신에 입각하여 더 녹색이 된 도시들이라는 구성주의(Constructivist)의 꿈을 다시 살펴보고 있다. 『뉴레프트리뷰』가 사회문제를 다룬 경험도 생태 문제에 못지 않게 들쭉날쭉했으니, 그 가운데 하나가 한때 여성 문제라고 불리던 이슈다. 이 지점에서도 대부분의 논의가 우경화로 방향을 틀면서 제대로 탐구되지 않고 있는 넓은 영역이 그대로 버

---

32) 그 첫 번째 예는 이 책에도 수록된 아시아의 물 부족 사태에 대한 케네스 포머런츠(Kenneth Pomeranz)의 개괄 「위기의 대(大)히말라야 수계(水系)」일 것이며, 두 번째 예는 글로벌 커먼스 인스티튜트(Global Commons Institute)에서 출간한 인구 일인당 탄소 예산에 대한 오브리 마이어 (Aubrey Meyer)의 저작을 들 수 있을 것이다.

려져 있다. 성별 간의 지위와 노동 분업이 변동해온 역사를 지구적 차원에서 대차대조표로 제대로 다루어본 적도 없으며, 그러한 일들이 어째서 그리고 어떻게 벌어졌는가에 대한 만족스런 설명도 없다. 두 번째 페미니즘 물결이 갖는 신자유주의적 자본주의와의 선택적 친화성(selective affinities)*에 대한 헤스터 아이젠슈타인(Hester Eisenstein)과 낸시 프레이저(Nancy Fraser)의 저작들이 절대적으로 중요한 출발점이 될 것이다.[33]

현대 자본주의 문화를 하나의 역사적 현상으로 이해하는 데서 『뉴레프트 리뷰』는 프레드릭 제임슨(Frederic Jameson)의 저작에서 엄청나게 많은 것을 배웠다. 그의 연구에서 일련의 중요한 연구 영역들 — 조성 환경(built environment), 이미지의 지배(reign of the image), 문학적 혹은 유토피아적 파열구의 가능성, 특정한 저작들의 독해 — 이 새로 열리게 되었다. 문화적 실천 자체로 보자면, 아직도 체제 전체를 겨냥하여 무언가 말할 수 있는 아르키메데스적 지점들은 다국적 스튜디오 세트의 외곽에서 일하는 영화 및 다큐멘터리 제작자들, 시장보다 독자들을 신경 쓰는 작가들처럼 주로 가장자리에 자리 잡고 있다. 호베르투 슈바르스(Roberto Schwarz)의 작품 해설들 — 예를 들어 시코 알뱅(Chico Alvim)의 미니멀리즘 시 또는 파울로 린(Paulo Lin)의 새로운 브라질 빈민가에 대한 서사시 등 — 은 이러한 가장자리의 형식들 가운데 가장 세련된 것들에 대해 날카로운 사회의식과 높은 비평적 지성을 적용한 뛰어난 예라고 할 것이다. 앞으로는 막다른 골목에 처한 아랍 세계의 절

---

* 근대 초기의 화학 이론에서 특정한 화학적 물질들의 조합이 특정한 상황에서 더욱 잘 반응을 일으키는 경향을 일컫는 용어로 쓰였다. 이후 괴테가 자신의 소설에서 이를 남녀 간의 궁합을 나타내는 메타포로 썼고, 이에 영향을 받은 막스 베버는 특정한 경제형태, 이념 형태, 사회조직 등의 이념형끼리 서로 더욱 잘 조응하는 경향이 있음을 나타내는 용어로 썼다. 잘 알려진 예로, 합리적 자본주의는 개신교라는 종교와 선택적 친화성이 있다고 볼 수 있다는 것이다.

33) Eisenstein, *Feminism Seduced: How Global Elites Use Women's Labor and Ideas to Exploit the World*, Boulder, Co 2009; Fraser, "Feminism, Capitalism and the Running of History", NLR 56, Mar–Apr 2009.

망적 상태를 아무런 환상의 색안경도 쓰지 않은 젊은 아랍 작가들의 눈을 통하여 들여다볼 것이며, 중국에서 벌어지고 있는 중요한 사회적 격변을 다룬 독립영화들을 다룰 것이다. 『뉴레프트리뷰』는 과거와 현재의 세계 곳곳의 좌파 진영들을 다룬 글을 게재하고 싶어한다. 예를 들어 베네딕트 앤더슨(Benedict Anderson)은 아방가르드, 아나키즘, 반식민주의적 상상력 등이 바다와 대륙을 넘나들며 서로 상호작용 했던 것을 다루는 놀라운 모범을 보여주었다. 그리고 문학의 고전들에 대한 새로운 독해 또한 다룰 것이다. 베케트에 대한 이글턴(Eagleton)의 글, 톨스토이에 대한 화이트(White)의 글, 조설근(曹雪芹)에 대한 플랙스(Plaks)의 글, 플라토노프(Platonov)에 대한 우드(Wood)의 글, 입센에 대한 모레티(Moretti)의 글 등이 그 예다.

이번 호에 실린 스튜어트 홀(Stuart Hall)의 글이 생생하게 그려내고 있듯이, 『뉴레프트리뷰』가 처음 창간되었을 때에는 '뉴 레프트'를 형성하는 것 자체가 직접적인 실천적 과제였다. 21세기의 두 번째 10년에 들어선 지금, 과제는 장기 지속이 되었다. 하지만 우리 저널은 효과적인 ─ 즉 다원적이면서도 국제주의적인 ─ 좌파가 필요로 하는 전반적인 지적 문화를 어떻게 미리 그려낼까를 상상해볼 수 있다. 그러한 운동은 정의상 더 폭넓고 풍부한 비판적 문화, 더욱 활발하고 현실적인 정치적 실천, 더욱 의식적인 경제학 등이 생겨날 수 있는 여러 조건들을 수호해야 할 것이며, 또 그것이 맞서고자 하는 권력만큼 단호하고도 냉철하면서 빈틈없어야 할 것이다. 비록 관념적인 말에 불과하지만, 이는 젊은 세대가 전면에 나서고 있는 지금 결코 시야에서 놓치지 말아야 할 원칙들이다. 『뉴레프트리뷰』는 초기부터 서로 다른 두 정치적 세대가 만든 저널이 합쳐서 공동 계획으로 창간되었거니와, 그 시절 그 두 세대의 결합 덕분에 많은 도움을 받은 바 있다. 그 가운데 하나인 『뉴 리즈너』(*New Reasoner*)의 편집인들은 1920년대에 태어나서 제2차 세계대전에 참전했고, 주로 영국 공산당(CPGB)을 통해 정치적 교육을 습득한 이들이다. 다른 하나인 『유니버시티스 앤드 레프트 리뷰』(*Universities and Left Review*)에 모인 젊은 작가들과 비평가들은 좀 더 새로운 문화적 조류와 사회적 반항에 코드가 맞는 이들이었다. 오늘날 『뉴레프트리뷰』의 세대 중첩은 더욱더 넓어졌다. 사회의 고령화가 엉뚱하게도 좌파에게는 축복이 된 셈이다. 홉스봄과 홀 등은 『뉴레프트리뷰』가 창간되었던 1960년 당시 아직 태어나지도 않았던 필자들과 같은 지면을 공유하고 있는 셈이다. 예를 들어 말컴 불(Malcolm Bull)은 미학과 철학 분야에서 활동하고 있으며, 고팔 발라크리시난, 딜런 라일리(Dylan Riley), 베노 테슈게(Benno Teschke) 등은 정치 이론에서, 장융러(章永樂)는 중국 지성사 분야에서, 토니 우드(Tony Wood)와 포리스트 힐턴(Forrest Hylton)은 러시아와 남미에 대해서, 치한 투갈과 에체 테멜쿠란(Ece Temelkuran)은 터키에 대하여, 카시안 테자피라(Kasian Tejapira)는 태국, 피터 홀워드(Peter Hallward)는 아이티, 세바스천 부전(Sebastian Budgen)이나 알렉산더 제빈(Alexander Zevin)은 프랑스, 톰 머티스(Tom Mertes)와 나오미 클라인(Naomi Klein)은 새로운 사회운동에 대해서, 스벤 뤼티켄(Sven Lütticken), 줄리안 스탈라브라스(Julian Stallabrass), 에밀리 비커턴(Emilie Bickerton)은 시각예술에 대해서 각각 글을 쓰고 있다.

덧붙이자면, 세대 간의 차이는 1960년 당시보다 더욱 뚜렷해졌다. 『뉴레프트리뷰』를 처음 몇 십 년간 이끌었던 편집자들이 활동하던 환경은 아직 문화나 공론장이 나라별로 뚜렷이 구별되던 시대였고, 또 여러 사회 계급도 구체적인 사회적 현실이었던 시대였다. 이들이 지적으로 급성장을 이루었던 1960년대는 좌파 진영이 대단히 헌신적이었고 또 승리도 눈앞에 다가오고 있는 것으로 보였던 시대였으며, 대단히 정치화되고 국제주의적인 환경이 조성되어 그 속에서 자신들의 입장을 형성하고 논리를 벼려낼 수 있었다. 반면 오늘날의 젊은 저술가들은 문화적으로나 지적 환경에서나 그때보다 훨씬 탈정치화된 분위기 속에서 성장했다. 이들이 자라난 환경은 시장경제에 의해 구조가 만들어지고 또 좋든 나쁘든 인터넷 형태로 사회적 교류가 매개되고 있었다. 저항의 불꽃이 없었던 것은 아니지만 금세 사그라들었다. 이들이 경험한 모든 대규모 대중 동원 — 대안 세계화 운동, 기후변화, 이라크전 반대 행진 등 — 은 패배로 끝났다. 하지만 어쩌면 이 기간에 진지한 좌파의 토론장이 극히 드물었다는 사실 때문에 『뉴레프트리뷰』 같은 저널이 더욱 가치 있어졌던 것이리라. 서구의 담론 세계는 갈수록 미국과 영국에 중심을 둔 부와 권력 구조에 의해 그 패턴이 만들어지고 있다. 대학의 여러 학과들 — 국제관계학, 경제학, 법학, 사회과학, 지역 연구 등 — 은 그 지배자들의 필요라는 시각에서 교육 내용을 도출하고 있기에 갈수록 협소해지고 있다. 학계의 마르크스주의는 무력화되어버렸으며 부지불식간에 이러한 경향을 반영하는 존재가 될 위험에 빠졌다. 『뉴레프트리뷰』는 이러한 학계의 세상에는 발을 담그지 않을 것이며, 스스로의 의제를 스스로 규정해나갈 것이다. 정치 운동이 존재하지 않는 상태에서 과연 좌파적인 지적 프로젝트의 번성을 희망하는 일이 가능할까? 이는 앞으로 계속 두고 보아야 할 일이다. 하지만 그동안에 해야 할 작업은 벌써 얼마든지 차고 넘친다.

〔홍기빈 옮김〕

오바마의 (중동) 전쟁

새로운 월스트리트 시스템의 결과

타리크 알리(Tariq Ali)

백악관의 주인이 바뀌고 1년이 지났다. 미 제국은 어떻게 달라졌는가? 주류 언론은 물론이고 기억상실 증세가 있는 좌익 분파의 상당수도 부시 행정부가 일탈 정권이라는 판단을 공유했다. 한 무리의 우익 광신자들—극도로 반동적인 기업집단으로 바꿔 쓸 수도 있을 것이다—이 사실상 쿠데타를 일으켜 미국을 장악했다는 것이다. 그들이 미국의 민주주의를 탈취했고, 중동에서 전례가 없는 공격 정책을 취했다. 그 반동으로 혼혈의 한 민주당원이 대통령에 당선되었다. 그는 국내의 상처를 치유할 것이며, 대외적으로는 미국의 명성을 되찾겠다고 맹세했다. 케네디 시절 이후로 볼 수 없었던 이데올로기적 환희가 들끓었다. 미국이 세계인들에게 다시 한 번 자신의 진면목을 보여줄 것 같았다. 고의(故意)를 버리고 평화를 위해 애쓰며, 강경한 태도를 그만두고 아량을 보이는 미국, 인도적이고 정중하며 여러 문화가 편견 없이 공존하는 그런 미국을 말이다. 미국의 새 젊은 지배자는 우리 시대의 링컨이자 루스벨트였다. 그러나 그도 여느 정치가처럼 타협을 해야만 할 터였다. 당연했다. 그러나 공화당의 위협과 범죄행위라는 부끄러운 막간극은 적어도 끝났다. 부시와 체니가 미국의 다원적 리더십을 망가뜨렸다. 냉전 시대부터 쭉 미국에 큰 도움이 되었던 정책의 연속성이 그들 때문에 붕괴해버렸다. 이제 오바마가 미국의 다원적 리더십을 복구해야 했다.

사욕을 추구하는 이기적 신화—선의를 속여 넘긴 사례로 바꿔 쓸 수도 있을 것이다—가 이보다 더 빨리 폭로된 경우도 거의 없다. 외교가의 기대와는 정반대로 아버지 부시, 클린턴, 아들 부시 행정부들의 외교정책에 근본적 차이는 없었다. 부시 정권과 오바마 정권 사이에서도 그건 마찬가지였다. 미국의 절대주권이라는 전략 목표와 원칙이 그대로 유지되고 있다. 미국의 주요 활동 무대와 수단도 여전히 동일하다. 소련이 붕괴한 후 카터 독트린(Carter Doctrine, 인권이 수호되는 민주주의의 거점을 새롭게 건설하자는 논리)으로 '그레이터 미들 이스트'(Greater Middle East)가 미국의 권력을 전 세계에 강요할 수 있는 핵심 전역(戰域)으로 부상했다. 그레이터 미들 이스트의 각 지역을 일별하는 것만으로도 오바마가 부시의 후예라는 걸 바로 알 수 있다. 말할 필요도 없지만 부시는 클린턴의 후예였고, 클린턴은 아버지 부시의 후예였다. 누가 누구를 낳고 또 낳았다는 성서의 그 유명한 대목을 떠올리지 않을 수 없는 것이다.

가자: 무시로 일관

오바마의 이스라엘 정책은 집무를 시작하기도 전에 이미 명약관화했다. 2008년 12월 27일 이스라엘 국방군(IDF)이 지상과 공중에서 가자 주민을 상대로 전면 공격을 단행했다. 폭격, 방화, 살인이 무려 22일 동안 아무런 방해도 받지 않고 계속되었다. 대통령 당선자 오바마는 그 행위를 비난하는 말이나 성명을 단 한마디도 입 밖에 내지 않았다. 텔아비브는 2009년 1월 20일 오바마가 취임하기 몇 시간 전에야 비로소 전격전을 중지한다고 선언했다. 파티를 망치지 말아달라는 사전 협의에 따른 것이었다. 당시에 이미 오바마는 시카고 출신의 강경파 시온주의자인 람 이매뉴얼(Rahm Emanuel)을 비서실장으로 뽑아놓은 상태였다. 이 도베르만은 이스라엘 국방군에 지원병으로 복무했던 자다. 오바마도 일단 집무를 시작하자 다른 모든 미국 대통령처럼 신성한 땅에서 고통받고 있는 두 민족이 평화롭게 공존해야 한다고 호소했다. 팔레스타인 사람들이 이스라엘을 인정하고, 이스라엘 역시 1967년에 장악한 땅에다 정착촌을 건설하는 것을 중단해야 한다고 요구한 것도 다른 모든 전임자들과 똑같았다. 오바마가 카이로에서 더 이상의 정착촌 건설에 반대한다고 연설하고 일주일이 채 되지 않은 상황에서도 네타냐후 연립 정권은 동예루살렘에서 아무런 제재도 받지 않고 유대인의 영토를 확장했다. 가을에는 국무장관 클린턴이 네타냐후 정부가 취한 '전례 없는 양보 조치'에 환영 의사를 표했다. 예루살렘에서 기자회견이 열렸고, 『뉴욕 타임스』의 마크 랜들러(Mark Landler)가 물었다. "국무장관님, 당신은 이곳을 처음 방문하신 3월에 동예루살렘의 주택가 파괴를 비난하는 강경한 성명을 발표하셨습니다. 그런데도 그 폐허화 정책은 중단되기는커녕 계속되었습니다. 사실을 말씀드리자면 며칠 전에도 예루살렘 시장이 새로 파괴 명령을 내렸습니다. 당신은 이 정책을 어떻게 생각하십니까?" 힐러리는 감히 대꾸하지 못했다.[1]

가자 침공의 실상을 파악하기 위해 설치된 유엔 진상조사단(UN Fact Finding Mission)에서 한 달 전에 보고서를 발표했다. 하마스의 로켓포 공격에 의한 것이었지만 이스라엘 국방군이 항상 교전 수칙을 따른 것은 아니라

---

[1] "Remarks with Israeli Prime Minister Binyamin Netanyahu", Jerusalem, 31 October 2009, 국무부 웹사이트에서 볼 수 있음.

는 내용이 들어가 있었다. '국제사회의 정의'라는 시류에 편승해온 가장 지독한 악당 가운데 한 명인 남아프리카공화국 출신의 재판관 리처드 골드스톤(Richard Goldstone)이 조사단을 이끌었다. 무슨 말인가? 그는 유고슬라비아 전범 처리 문제를 놓고 철저하게 사전 조율된 헤이그 법정에서 검사로 활약한 자칭 시온주의자다. 조사단에서 이스라엘을 고발했다고 한들 그 내용이 힘없고 무딜 수밖에 없는 이유였다. 조사관들이 가자에서 청취한 증언과 조사단 웹사이트에서 읽을 수 있는 공술서는 보고서 내용과 뚜렷하게 대비된다.[2] 그러나 텔아비브는 일체의 제도권 비판을 받아들이지 못했고, 몹시 화를 냈다. 워싱턴도 팔레스타인 해방기구(PLO)의 수장으로 재직 중인 똘마니 마흐무드 압바스(Mahmoud Abbas)에게 유엔이 이 문제를 심의하는 것에 반대하도록 지시했다.[3] 압바스 추종자들에게도 이건 너무한 일이었다. 곧이어 항의가 분출했고, 그는 물러서지 않을 수 없었다. 압바스의 신용은 한층 추락했다. 이 사건은 미국 이스라엘 공공정책위원회(AIPAC)의 워싱턴 장악력이 그 어느 때보다 강력하게 유지되고 있음을 확인해주었다. 미국의 좌파가 그 이스라엘 압력단체는 이제 아메리카 시온주의라는 보다 개화된 흐름으로 대체 중이라는 환상을 유포하고 있었으니, 실상은 정반대였던 셈이다. 그들은 AIPAC가 오래되었지만 대단한 세력이었던 적이 단 한 번도 없다고 주장해왔다.

2) 헤브루에서 이루어진 이스라엘 육군 라디오 방송과의 한 인터뷰에서 니컬 골드스톤(Nicole Goldstone)은 이렇게 말했다. 그녀는 이 재판관의 딸이다. "아버지가 이 일을 맡으신 것은 평화를 달성하기 위한 최선이라고 생각하셨기 때문이에요. 모두를 위한 것이고, 이스라엘을 위한 것이기도 하죠. …… 쉽지는 않았어요. 아버지는 당신이 보고 들은 내용을 보거나 듣게 될 것으로 기대하지는 않으셨습니다." 그녀는 그 라디오 방송국에 만약 아버지가 없었다면 보고서 내용이 더 가혹해졌을 것이라고 얘기했다. 이런 말도 보탤 수 있을 것이다. 조사단에 성마른 파키스탄인 여성 변호사 하나 질라니(Hina Jilani)가 없었더라면 보고서 내용이 한층 더 유(柔)해졌을 것이라고 말이다.
3) 이스라엘은 결정적 제재를 가하겠다고 위협했다. 압바스가 골드스톤 보고서를 인정하면 이스라엘 회사와 PLO 고위직 인사 전원의 이동전화 계약이 해지될 판이었다.

미국의 세계 지배 체계 속에 존재하는 팔레스타인 전역에서 뭔가 새로운 소식이 들리지 않는다고 해서 진전과 변동이 없는 것은 아니다. 더 장기적인 관점에서 볼 때 미국의 정책은 얼마 전부터 이스라엘을 달래서 하나 또는 그 이상의 반투스탄(bantustan, 자치를 어느 정도 허용하는 고립 지대–옮긴이)을 만들도록 하는 것이었다. 그 반투스탄들은 이스라엘의 이익에 철저히 종속돼야 했다.[4] 물론 진정한 팔레스타인인인들의 자치나 팔레스타인 국가의 싹을 완전히 제거하는 것이 이 반투스탄 설립의 전제 조건이다. 오슬로 합의가 그 과정의 첫 단계였다. 오슬로 합의로 팔레스타인 자치정부가 수립되었고, PLO의 신뢰는 추락했다. 팔레스타인 자치정부가 점령 지구의 진짜 권력인 이스라엘 국방군을 은폐해주는 포템킨식 포장(Potemkin facade, 실상을 속이고 겉만 번지르르하다는 의미–옮긴이)에 불과했던 것이다. 서안의 PLO 지도부는 명목상의 독립조차 달성하지 못한 채 돈 버는 일에만 몰두했다. 팔레스타인 주민들은 아무런 도움도 기대할 수 없게 됐다. 다수가 빈곤의 늪에서 허덕였고, 정착민의 폭력에 무시로 짓밟혔다. 하마스의 활동은 이와 대비된다. 그들은 유치하지만 그래도 효율적인 후생 활동을 조직했다. 그들은 가난한 주민들에게 음식과 의료 혜택을 제공했고, 약자를 돌봐줬다. 하마스가 2006년 팔레스타인 선거에서 광범위한 대중의 지지를 얻어 승리할 수 있었던 이유다. 유럽과 미국이 그 즉시 정치·경제적 보이콧을 단행했다. 파타(Fatah) 당이 서안에서 다시 권좌에 복귀했다. 가자에서는 하마스가 여전히 가장 강력했고, 이스라엘은 그 전부터 모하메드 달란(Mohammed Dahlan)에게 쿠데타를 일으키라고 선동하고 있었다. 모하메드 달란은 워싱턴이 제일 좋아한 PLO 보안 기구의 깡패였다. 국방장관 벤–엘리에제르(Ben-Eliezer)는 크네세트

---

4) 투투(Tutu) 주교와, 만델라 정부에서 국방부 차관을 지낸 로니 캐스릴스(Ronnie Kasrils)가 이 정책에 격렬하게 반발했다는 것을 지적해야 할 것이다. 그들은 점령 지역 팔레스타인인들의 생활수준이 반투스탄 흑인들보다 훨씬 더 나빠질 거라고 주장한다.

(Knesset, 이스라엘 국회―옮긴이) 외교안보위원회에 출석해 이스라엘 국방군이 가자에서 철수하던 2002년 자기가 달란에게 그 지역을 넘겼다고 공개 증언하기도 했다. 달란은 팔레스타인인들 사이에서 내전을 일으키느라 혈안이 되어 있었고, 다수의 이스라엘 식민주의자들에게 팔레스타인 내전은 오랜 숙원 사업이었다. 달란은 4년 후 워싱턴의 사주 아래 가자에서 군사 반란을 일으켰으나,[5] 하마스에 기선을 제압당하고 만다. 하마스는 2007년 중반에 가자 지구를 장악했다. 가자 지구 유권자들이 서방에 도전하자 유럽과 미국이 정치적·경제적 응징을 가해왔고, 그다음 순서는 이스라엘의 군사 보복이었다. 2008년 말의 그 이스라엘 공격을 못 본 체한 게 바로 오바마였고 말이다.

그러나 '평화 정착'을 기원하는 사람들이 여느 때처럼 개탄해 마지않는 막다른 난국으로 사태가 귀결되지는 않았다. 공격이 거듭되면서 고립이 심화되었다. 팔레스타인인들의 저항 역시 점점 약화되었다. 하마스는 일관된 전략을 내놓지 못했다. 하마스도 오슬로 협정에 포박당한 채 거기에서 벗어날 수 없었던 것이다. 궁지에 몰린 하마스는 이스라엘의 쥐꼬리만 한 시혜적 제안을 받아들이지 않을 수 없었다. 서방의 위문금이 장식물로 여기에 보태졌다. 실질적이고 의미 있는 팔레스타인 자치정부는 존재하지 않는다. 서안과 가자 지구에서 선출된 대표들은 구걸하며 돌아다니는 NGO와 다를 바 없다. 무릎을 꿇고 서방의 명령에 따르면 보상을 받고, 독립적으로 행동하면 제재를 받는 것이다. 팔레스타인 사람들이 팔레스타인 자치정부를 해소하고, 차라리 단일국가 내에서 동등한 시민권을 달라고 요구하는 게 훨씬 더 낫다는 생각이 합리적으로 보일 지경이다. 알다시피 이스라엘의 아파르트헤이트 체제가 해체될 때까지 보이콧과 투자 회수와 경제제재를 해야 한다는 국제 캠페인이 이 안을 지지한다. 그러나 가까운 미래에 그런 일이 일어날 가능성은 거의 없거나 전혀 없다. 내 장담한다. 오바마와 네타냐후는 '팔레스타인' 자주독립국

5) David Rose, "The Gaza Bombshell", *Vanity Fair*, April 2008 참조.

이라는 최종 해결책으로 의견을 함께할 것이다. 팔레스타인 자주독립국이라니? 이스라엘은 살고 팔레스타인은 그 안에서 죽는 최종 해결책 말이다. 『하아레츠』(*Haaretz*)도 그 최종 해결책이 라빈의 안보다 훨씬 진전된 것이라며 이미 환영을 표했다.[6]

바그다드: 포획

그러나 지금 당장은 더 긴급한 사안들을 처리해야 한다. 동쪽으로 더 멀리 자리한 전역은 제국이 가장 주목하는 곳이다. 이라크가 언론의 머리기사를 더 이상 장식하지 않을지는 몰라도 대통령 집무실의 일일 안보 보고에서 빠지는 일은 없다. 2002년에 오바마는 이라크 전쟁에 반대했다. 당시 그는 일리노이 주 상원의원으로 대중의 관심을 거의 받지 못한 채 정치적 사다리를 기어오르는 중이었다. 그가 전쟁에 반대해도 치러야 할 정치적 비용이 크지 않았다. 오바마가 대통령에 당선되었을 때 미군은 이라크를 무려 6년째 점령 중이었다. 오바마의 첫 번째 조치는 부시가 임명한 국방장관 로버트 게이츠(Robert Gates)를 유임하는 것이었다. 로버트 게이츠는 CIA에서 오랫동안 근무했고, 이란-콘트라 게이트에 연루됐던 자다. 부시의 정책을 지속하겠다는 의중을 이보다 더 노골적이고 분명하게 드러낼 수도 없었을 것이다. 공화당 행정부의 마지막 2년 동안 미군 규모가 5분의 1 증강되어, 15만에 이르렀다. 두 당 모두 저항 세력을 분쇄할 수 있게 돼, 이라크가 서방 친화적이고 바라건대 민주적이기까지 한 안정된 미래를 맞이할 것이라며 이 군사력 증강 조치를 환영했다. 새로 출범한 민주당 행정부는 이 각본에서 전혀 벗어나지 않고

---

6) 예컨대 Ari Shavit, "Netanyahu is Positioning Himself to the Left of Rabin", *Haaretz*, 6 December 2009.

있다. 부시와 그의 바그다드 협력자들이 3년 전에 서명한 주둔군 지위 협정은 모든 미군이 2011년 12월까지 이라크에서 철수하고, 미군 '전투'부대가 2009년 6월까지 이라크의 도시, 마을, 지역사회에서 물러날 것을 명문화했다. 그러나 후속 협정으로 미군 주둔이 연장되리라는 것은 불을 보듯 뻔한 일이다. 오바마는 당선되기 전에 모든 미군 '전투'부대를 집무 시작 16개월 안에, 그러니까 2010년 5월까지 이라크에서 철수하겠다고 약속했다. 물론 유보 조항이 덧붙었다. 그 약속이 사태의 추이에 따라 '바뀔' 수 있다는 것이었다. 정말이지 그 약속은 순식간에 바뀌었다. 2009년 2월 전투부대가 이제는 2010년 9월까지 이라크에서 철수할 거라는 발표로 바뀌었다. 그렇다면 이라크에서 미군의 작전 활동은 없는 것인가? 천만에! '남게 되는' 5만의 병력이 '계속되는 우리의 민간·군사 활동을 보호하'기 위해 전투도 할 수 있었다.[7]

미국과 동맹 세력들, 그 가운데서도 영국이 이라크를 상대로 자행한 학살과 파괴를 이제는 모두가 알고 있다. 문화유산은 폐허가 되었고, 사회 기반 시설은 참혹하게 파괴되었고, 천연자원은 도둑질당하고 있고, 국민은 분열되었고, 다른 무엇보다 무수한 시민이 죽거나 고향을 떠나야 했다. 정부 통계를 따르더라도 100만 이상이 죽었고, 난민은 300만이며, 고아가 500만이다.[8] 총사령관과 그 부하 장군들이 이 사태와 관련해 일언반구도 언급하지 않는 걸로 보아 그들의 관심은 다른 데 있는 듯하다. 이제는 이라크를 미국이 중동에서 구축하고 있는 체계의 어느 정도는 안전한 전초기지로 간주할 수 있을까? 그들에게는 기뻐할 만한 이유가 있는가 하면 의혹을 품게 되는 이유도 있다. 항

---

7) 캠프 레준(Lejeune)에서의 오바마의 연설, 27 February 2009.

8) *Cultural Cleansing in Iraq: Why Museums were Looted, Libraries Burned and Academics Murdered*, edited by Raymond Baker, Shereen Ismael and Tareq Ismael, London 2009에서 상세한 통계와 출처를 확인할 수 있다. 워싱턴이 2003년부터 2007년 사이에 입국을 허용한 난민의 수가 463명뿐이라는 사실도 거기 나온다. 그 대부분이 기독교를 믿는 전문직 종사자였다. 이라크 석유의 역사와 현재 진행 중인 약탈 사유화 과정을 자세히 확인하려면 Kamil Mahdi, "Iraq's Oil Law: Parsing the Fine Print", *World Policy Journal*, Summer 2007 참조.

쟁이 최고조에 이르렀던 2006년 상황과 비교할 때 오늘날 이라크 영토는 대부분 바그다드에 장악되었다. 미군 사상자 수도 극히 적다. 대부분이 시아파로 구성된 약 25만 규모의 군대가 훈련과 무장을 마친 상태로, 저항군이 부활한다고 해도 능히 대처할 수 있는 수준이다. 유대인 군사 조직 하가나(Haganah)가 그 혁혁한 전공을 자랑스러워할 바그다드의 반대파 소탕 작전으로 수니파 주민들이 수도에서 대부분 제거되었다. 침공과 점령 이후 사상 처음으로 부시가 세운 말리키(Maliki) 정권은 이라크의 중심 지대를 장악 통제할 수 있게 됐다. 이라크 북부를 보자. 쿠르드 보호령은 미국 권력의 든든한 요새다. 남부는 어떤가? 모크타다 알-사드르(Moqtada al-Sadr)의 민병대가 파견되고 있다. 무엇보다도 기름을 선용하는 법을 아는 사람들이 유정(油井)을 차지하기 시작했다. 외국 기업들이 공매를 통해 25년 임대 사업권을 획득하고 있는 것이다. 지나친 폭력 행위들로 바그다드의 풍경이 훼손될지는 몰라도[9) 거룩한 시스타니(Sistani)의 미소가 새로운 이라크에 축복을 내려주는 것 같다.

그러나 엊그제까지만 해도 미국의 군사력에 상당한 피해를 입혔던 이라크 저항 세력이 쓰라린 패배를 겪고 주요 세력마저 이탈해버렸음에도, 내일이면 다시 협력자들에게 능히 혼란을 안겨줄 수 있다는 생각만 하면 마음이 영 개

9) 다음은 『이코노미스트』(Economist) 기사의 일부다. "사담 후세인 치하의 오래된 관행들이 다시 일상으로 복귀했다. 고문이 정부가 운영하는 강제수용소에서 무시로 일어난다. …… 이라크 경찰과 보안군이 다시 손톱을 뽑고 있다. 그들은 억류된 사람이 이미 자백했어도 두들겨 팬다. 감옥에 들어갔다가 절름발이가 되어서 나온 사람의 얘기를 들어보자. 그는 자신이 한 정부 기관에서 무려 5일 동안 고문을 받았는데, 상대적으로 운이 좋았다는 걸 알게 됐다고 했다. 함께 잡혀갔던 사람들과 재회했는데 다수가 팔다리와 신체 기관 일부가 사라지고 없더라는 것이었다. 사담이 6년 전에 전복된 후로 국내 보안 기구가 특히 수도에서 가장 바쁜 시절을 보내고 있다. 7월에 바그다드 경찰은 다시 야간 통행금지를 실시했다. 이로써 정치인들의 명령을 받는 경찰은 시아파 정부가 싫어하는 사람들을 더 쉽게 체포할 수 있게 됐다." "Could a Police State Return?", 3 September 2009 참조.

운치 않다. 어쩌면 미국이 전면 철수해야 할지도 모른다.[10] 워싱턴은 이런 불길한 사태를 막기 위해 과거에 십자군이 세웠던 것과 같은 요새들을 설치했다. 훨씬 더 크고 소름 끼치는 군사기지를 말이다. 바그다드에 냉큼 날아가 폭격할 수 있는 거리에 있는 발라드(Balad) 기지는 미군이 거주하는 소규모 도시국가라고 할 수 있다. 세계에서 히스로 다음으로 분주하게 돌아간다고 전해지는 공항이 여기에 있다. 미군과 보조 인력 3만 이상이 발라드에 상주한다. 주로 남아시아 출신으로 구성된 노동력이 집을 청소하고 요리를 하고 서브웨이(Subway) 샌드위치 가게에서 일한다. 마약 판매상은 공급이 달리는 일이 없다. 휴대전화로 무장한 동유럽 출신 매춘부들이 발라드 기지의 다른 욕구도 채워준다. 15개의 버스 노선이 이 공항을 보완한다. 그러나 봉사 업무를 수행하는 직원 일부에게는 여전히 통근이 문제다.[11] 그 밖에도 육군과 공군 기지 13개가 이라크 전역에 배치되었다. 그 가운데서도 키르쿠크 인근의 레니게이드(Renegade) 캠프는 유정을 지키는 임무를, 이란 접경의 바드라지(Badraj) 캠프는 이란이슬람공화국에서 정탐 활동을 수행한다. 1930년대까지 거슬러 올라가는 나시리야(Nasiriyah)의 영국군 기지는 미국의 필요에 따라 한층 중요한 임무를 맡게 됐다. 바그다드도 상황이 좋다. 미국 총독은 이제 세계에서 가장 크고 운영비도 가장 많이 들어가는 대사관에서 호의호식한다.

---

10) 페트라이우스(Petraeus) 장군은 최근에 이라크 내 미군을 대상으로 한 공격이 하루에 '불과' 15건으로 감소했다고 밝혔다. *Financial Times*, 2 January 2010. 민족 집단이나 종교와 무관하게 대다수 이라크인의 정서를 대변하는 존재는 말리키가 아니라 바그다드에서 신발을 투척한 문타다르 알–자이디(Muntadhar al-Zaidi)다.

11) "키르기스 출신의 안마사 밀라(Mila)는 이 무질서하게 팽창 중인 미군 기지에서 버스로 일터까지 출근하는 데 한 시간이 걸린다. 그녀의 마사지 업소는 6,300에이커 면적의 이 기지에서 같은 서비스를 제공하는 세 영업장 가운데 한 곳으로, 트레일러로 장사를 하는 서브웨이 샌드위치 가게 옆에 있다. 폭발 차폐 벽과 모래 그리고 바위가 두 가게를 에워싸고 있다." 마크 샌토라(Marc Santora)는 이렇게 적고 있다. "Big US Bases Are Part of Iraq, but a World Apart", *New York Times*, 8 September 2009.

바티칸시국(市國) 크기의 주이라크 미국 대사관은 그린 존(Green Zone)이라고 하는 요새화된 고립 지대 안에 있다.

이라크의 과거사를 더듬어보자. 영국이 1920년에 이라크 땅을 식민의 제물로 삼았고, 하셈 왕조를 지역 대리 기구로 앉혔다. 전면적인 항쟁이 일어났고, 영국은 곤경에 처했다가 무지막지한 야만 행위를 통해 겨우 항쟁을 진압할 수 있었다. 이후로 12년 동안 런던은 이라크를 제국의 보호령으로 다스린다. 마침내 1932년 국제연맹이 승인했던 '위임통치'를 영국이 포기한다. 그러나 영국이 남겨놓은 꼭두각시 정부가 이후로도 사반세기 동안 지속되었다. 그 정권은 결국 1958년 혁명으로 전복된다. 미국이 이라크를 장악하자 훨씬 빠른 속도로 전면적인 항쟁이 일어났다. 이번에는 국제연합이 승인한 위임통치에 맞서 항쟁이 계속되고 있다. 미 제국도 똘마니 정권을 남겨둬, 계속해서 이라크를 지배하려고 할 것이다. 램지 맥도널드(Ramsay MacDonald)의 후계자로 버락 오바마만 한 인물도 없을 것이다. 더 이른 시기의 그 잘생기고 호리호리했던 인물도 희망적인 말을 할 줄 알았다. 그러나 그 시절 이후로 역사는 전진했다. 말리키와 그의 고문관들이 누리 알–사이드(Nuri al-Said)의 운명을 그보다 더 빨리 맞이할 가능성도 존재한다. 다시 한 번 전국을 뒤흔드는 항쟁이 일어나 외세의 군사기지와 엄청난 규모를 자랑하는 대사관과 석유 회사들과 그들에게 협력한 자들이 일거에 축출될 수도 있는 것이다.

테헤란: 협박

미국의 엘리트들에게 이란은 오래전부터 수수께끼 같은 존재였다. 공개적으로는 사탄(Great Satan, 미국을 가리킴–옮긴이)에게 마구 욕설을 퍼부어대면서도 가장 필요할 때는 언제라도 그 악마에게 은밀히 힘을 보태는 '이슬람 공화국'이라니……. 이란은 니카라과 반혁명, 아프가니스탄 침공, 이라크 점

령 과정에서 미국과 결탁했다. 이스라엘 지배자들은 이런 편익들의 수혜 대
상이 결코 아니었다. 그들이 워싱턴의 후원자들보다는 런던의 별 볼일 없는
사탄(Little Satan)과 자신들을 겨냥해 훨씬 맹렬하게 퍼부어지는 물라(mullah,
이슬람교 율법학자-옮긴이)들의 수사를 더 탐탁지 않게 여겨온 이유다. 무엇
보다도 이란의 핵 개발 프로그램으로 중동에서 대량살상무기의 이스라엘 독
점이 해체될 것이라는 전망이 불길하게 스멀거리자, 텔아비브는 미국 내 자
원과 인력을 총동원해 캠페인을 벌였다. 워싱턴이 어떤 희생을 치르더라도
기필코 이란을 작살내도록 설득하는 캠페인 말이다. 미국의 정책 입안자들이
오래전부터 이스라엘의 목표를 제2의 천성이라 할 정도로 내면화해온 정도를
고려하면 이렇다 할 반발이랄 게 사실상 없었다. 2003년에 하타미(Khatami)
정부가 지역 현안을 일괄 타결하기 위해 예비교섭을 하자고 제안했다. 그러
나 공화당 행정부는 이를 거절했고, 오히려 이란에게 이스라엘의 대량살상무
기 독점 체제를 순순히 받아들이라고 압박했다. 미국은 테헤란식의 장광설을
늘어놓았고, 경제제재로 이란의 목을 졸랐다.

　집무를 시작한 오바마는 그렇게까지 노골적으로 얘기하지는 않았다. 사태
가 이런 식으로 흘러가서는 안 된다는 것을 이해시키려는 몸짓이었다. 테헤
란과 '용서하고 잊는'(forgive-and-forget) 회담을 시작할 수 있다면 훨씬 좋
을 터였다. 이란 정권은 예로부터 실리주의를 고수했고, 중간계급과 청년층
일반도 뚜렷하게 친미적이기 때문에 외교로 우호적 결론을 낼 수만 있다면
모든 정당이 만족할 터였다. 이란은 핵무기 능력을 포기하고, 답례로 국제사
회에서 경제와 정치의 주체이자 일원으로 받아들여질 터였다. 그러나 시기가
좋지 못했다. 이란의 내정이 양극화하면서 이런 계획은 휴짓조각이 되어버렸
다. 2009년 6월의 대통령 선거를 놓고 기득권 성직자들의 분파 투쟁이 격화되
었다. 이란에서 가장 공공연한 서방 친화적 세력이 (주로) 중간계급의 항의
시위를 등에 업고 권력 장악에 나섰다. 현직 대통령이 선거 부정과 민병대 폭
력을 동원해 반란을 진압했다. 미국은 이데올로기적 입장을 취할 수 있는 더

없이 근사한 기회를 맞이했고, 오바마도 어쩔 수가 없었다. 그는 슬픔으로 촉촉하게 젖은 눈을 하고 나와 테헤란에서 시위를 벌이다가 살해당한 이란 민주화 투사의 죽음을 애도했다. 독실한 태도를 드러낸 유례가 없는 쇼였다. 같은 날 미국의 무인 비행기가 파키스탄에서 촌락민 60명을 몰살했다. 그 대다수가 여성과 아이들이었음을 기억해야 한다. 서방 언론은 일제히 대통령을 지지했고, 이란 대선에서 좌절당한 후보자는 자유세계의 새로운 우상으로 떠올랐다. 그의 전력을 따져보는 것도 유용하리라. 그는 과거 정권에서 활약한 최악의 학살자 가운데 한 명으로, 1980년대에 대규모 처형 작전을 주도했다. 두 나라가 염두에 뒀던 대타협과 화해 계획은 파기되지 않을 수 없었다.

민주당 행정부는 이 불운한 사건 이후 전임 정부의 노선으로 되돌아갔다. 오바마 행정부는 이란을 경제적으로 봉쇄하려는 노력에 러시아와 중국을— 유럽의 묵인은 당연했다—동참시키려고 했다. 이란을 강력하게 압박하면 최고 지도자가 축출되거나 굴복하지 않을 수 없으리라는 기대를 걸었던 것이다. 이런 압박이 실패하면(실패해도) 이스라엘과 미국의 전투폭격기가 이란의 핵 시설을 공습한다는 복안이 위협 수단으로 남아 있다. 아직까지는 가능성이 낮지만 이런 전격적 공격이 완전히 배제된 것은 아니다. 서방 세계 전체—이 경우는 오바마뿐만 아니라 사르코지, 브라운, 메르켈도—가 이란의 핵무기 개발을 절대로 용납하지 않겠다고 선언했기 때문에도 더욱 그렇다. 만약 이란이 핵무기 개발을 구체화한다면 수사를 동원해가면서 후퇴할 여지가 거의 없는 셈이다.[12] 과거에는 이라크에서 미국의 처지가 위태로웠고, 해서 이란의 보복이 걱정스러웠다. 아마도 이런 염려 때문에 이란을 공격하지 못했을 것이다. 그러나 바그다드에서 테헤란의 영향력은 예전만 못하다. 이

12) 나는 2004년 일리노이에서 오바마가 방송사 인터뷰를 하는 걸 시청했다. 그는 상원의원 선거에 도전하는 중이었고, 여기서 승리한다. 부시가 이란을 폭격하기로 결정하면 지지하겠느냐는 질문이 나왔다. 이 미래의 대통령은 잠시도 주저하지 않았다. 오바마는 용맹스런 표정을 지어 보였고, 그럴 것이라고 답변했다.

라크가 얼마 안 있어 이란의 형제 국가가 될 것이라는 확신이 한때 들기도 했지만, 두 나라의 관계가 지역의 다른 여러 수니파 국가들과 맺고 있는 관계보다 조금이라도 더 나을지 더 이상은 자신할 수 없어진 것이다. 말리키 정권은 현 시점에서 어느 쪽이 자신의 빵에 버터를 발라주고 있는지 잘 알고 있다. 이란은 미국이 제공하는 달러와 무기에 결코 필적할 수 없다. 시스타니는 오래전부터 국경 너머의 여러 성직자들보다 자신이 더 탁월하다고 자임해왔다. 모크타다 알-사드르의 민병대가 지금과 똑같이 유순하게 나올지는 여전히 불분명하다.

그럼에도 불구하고 펜타곤은 그 어떤 군사적 모험에도 여전히 반대하고 있는 실정이다. 혁명수비대가 레바논과 아프가니스탄 서부에서 군사행동을 벌이기라도 하면 리타니 강(the Litani, 레바논을 흐른다-옮긴이)에서 옥수스 강(the Oxus, 아무 다리야 강의 옛 이름-옮긴이)까지 전역을 확대하고 병력을 전개해야 할 위험성이 있기 때문이다. 재래식 미사일로 이스라엘의 도시들을 요절내버리겠다는 테헤란의 보복 위협도 에누리해서 들어야 한다. 워싱턴의 다른 동맹국들을 참조해야 하는 것은 물론이다. 이스라엘과 그 로비스트들이 앞장서서 이란 공격을 계속 선동할 것이다. 그러나 그들은 혼자가 아니다. 독특한 종파의 독재 군주국인 사우디아라비아는 테헤란과 바그다드가 연합해 아라비아 반도의 정세가 불안해지는 걸 두려워하고 있다. 바레인은 물론이고, 사우디아라비아에서도 기름이 나오는 지역은 대다수 인구가 시아파이기 때문이다. 그러나 사우디아라비아는 테헤란을 직접 공격했다가는 자신들의 지배가 훨씬 큰 위험에 직면할 수 있음도 잘 알고 있다. 시아파 봉기가 일어나 자신들을 삼켜버릴 수도 있는 것이다. 리야드로서는 워싱턴에서 검토 중인 다른 방안이 차라리 낫다. 수니파가 다수를 차지하는 나토 동맹국 터키를 개입시켜 지역의 안정을 꾀하는 것이 그 하나요, 사우디아라비아의 석유 달러를 시리아에 제공해 이란과 단절하도록 유도하는 것이 그 두 번째다. 워싱턴의 새 전략이 먹히면 테헤란과 바그다드의 그 어떤 미래 동맹도 가능하지 않을 테고, 다마스쿠스는 헤즈볼라를 외면할 것이다. 헤즈볼라는 약화될 테고, 이스라엘 국방군은 복수의 칼을 겨눌 수 있는 것이다.

카불: 날조

오바마는 팔레스타인과 이라크와 이란에서 미 제국의 새로운 대리인일 뿐이다. 그는 수사가 좀 더 완화되기는 했어도 여전히 같은 수단을 사용해 전임자들과 동일한 목표를 추구하고 있는 것이다. 아프가니스탄에서 오바마는 한층 나아갔다. 그는 군사기술과 영토 모두에서 폭력을 크게 강화해 미 제국의 공격 전선을 확대했다. 오바마가 취임했을 때 아프가니스탄은 미국과 졸개국가 병력이 무려 7년 넘게 점령 중이었다. 오바마는 선거 기간에도 '정의로운 전쟁'을 수행하는 데서 부시를 압도하겠다는 결의가 확고했다. 그는 더 많은 병력과 화력을 동원해 아프간 저항 세력을 궤멸하겠다고 맹세했다. 그는 파키스탄에도 지상군 병력과 무인 항공기를 더 많이 투입해, 국경을 넘어오는 반군 지원 세력을 소탕하겠다고 약속했다. 그가 지킨 선거공약 하나가 바로 이것이다. 현재 추가로 3만의 병력이 힌두쿠시(Hindu Kush)로 파송 중이다. 이 전개 작전이 완료되면 미 점령군 규모가 10만에 육박하게 된다. 아프가니스탄 총사령관은 이라크의 잔혹한 활약상에 주목해 오바마가 임명한 자다. 이라크에서 그의 부대는 암살과 고문을 전문으로 하는 정예 요원들이었다. 파키스탄 공중 강습 작전도 대규모로 증강 실시되고 있다. 『뉴욕 타임스』는 직접적으로 언급하기가 힘들었던지 이 공중 강습 작전을 "백악관이 발표하지 않는 통계"라고 썼다. "오바마가 집무를 시작하고 나서 중앙정보국은 부시의 8년 임기 때보다 무인 항공기 프레데터(Predator)를 더 많이 띄워 파키스탄을 공격하고 있다."[13]

이렇게 공격을 확대 강화하는 이유는 너무나도 뻔하다. 미국과, 유럽에 있는 하수인들은 2001년에 아프가니스탄을 침공했고, 손수 꼭두각시 정권을 세웠다. 이 괴뢰 정권은 본(Bonn)에서 열린 한 회의에서 탄생했다. CIA의 한 관리가 그 회의를 주재했고, 잡다한 타지크 군벌들이 입회인으로 참석해 지지를 보냈으며, NGO까지 중세 궁정의 시동(侍童)들처럼 그 회의를 수행했다. 이 사이비 권력은 아프가니스탄에서 적법성을 전혀 가지지 못했다. 탈레반이 누리던 협소하지만 충성스런 근거지도 전무했다. 카불에 설치된 꼭두각시 정권은 스스로 부자가 되는 과업에 활동을 집중했다. 원조 물자가 유용되었고, 부패가 만연했으며, 탈레반이 금지했던 마약이 넘쳐나기 시작했다. 카르자이(Karzai)와 일당은 엄청난 부를 축적했다. 공여국 지원금의 75퍼센트 이상이 곧장 카르자이의 친구들과 북부동맹, 또는 둘 모두가 고용한 민간 계약자들에게 건네졌다. 별 다섯 개짜리 호텔과 쇼핑몰을 새로 짓는 게 세계 최빈국 가운데 하나인 아프가니스탄의 우선 역점 사업이었다. 조금 떨어진 곳에서는 고문과 살인이 일상으로 벌어지고 있었고 말이다. 관타나모 기지를 개혁하는 쇼가 벌어지면서 바그람(Bagram) 공군 기지가 공포의 방이 되었다. 아편 생산이 사상 최고를 기록했다. 2001년 수준을 90퍼센트 이상 초과하는 정도까지 치솟은 것이다. 2001년 당시 아편은 북부동맹이 통제하는 지역에서만 생산되고 있었다. 이제는 카르자이 일당의 보호와 후원 아래 아편 생산이 남부와 서부로 확산되고 있다. 아프간의 빈민 대중이 외세가 부과한 새로운 질서에서 얻은 것이라고는 아무것도 없거나 거의 없다. 목숨을 잃거나 사지가 잘려나갈 위험이 커졌다는 걸 제외하면 말이다. 재편성된 신(新)탈레반 세력이 점령군에 반격을 가해오면 나토의 무차별 폭격이 촌락민을 겨냥한다. 카르자이조차 이 마구잡이 폭격을 거듭해서 항의했다.[14]

---

13) David Sanger, "Obama Outlines a Vision of Might and Right", *New York Times*, 11 December 2009.

14) 가장 최근으로는 12월 27일에 미국의 비밀 작전부대가 민간인 10명을 살해했다. 같은 날 아마디네자드의 민병대가 테헤란에서 시위대원 5명을 죽였다.

2009년 6월 현재 게릴라 세력은 아프가니스탄을 상당 지역 장악했고, 경찰과 군대에도 침투해 있는 상태다. 아프간 게릴라들은 도로매설급조폭탄(IED)과 도시의 자살 폭탄 공격이라는 이라크형 전술을 채택했고, 서방 점령군과 그 협력자들에게 그 어느 때보다 더 막심한 타격을 가하고 있다. 제국 군대의 병영 내에서조차 혼란이 비등하고 있다.[15] 미국의 외교관들과 군인들은 공개적으로 서로를 공박했다. 카르자이가 요식행위로 치른 가짜나 다름없는 선거를 도대체 언제까지 지지해야 하는지 또는 거부할지를 놓고 다툰 것이다. 결국에는 워싱턴의 최고위 관리가 선거 부정 사태를 격렬하게 비난했다. 형식적인 2차 투표가 진행되었고, 오바마는 카르자이의 승리를 축하하며 이 광대극을 마무리했다. 사실을 말하자면, 두 달 전의 이란 대선보다 더 노골적으로 날조된 승리였다. 오바마는 아마디네자드(Ahmadinejad)가 유라이어 힙(Uriah Heep, 찰스 디킨스의 소설 『데이비드 코퍼필드』에 나오는 악역—옮긴이)처럼 대선 승리를 도둑질했다며 가차 없이 비판했었다. 테헤란 정권은 비록 줄어들기는 했지만 나름의 고유한 사회적 기반을 가지고 있다. 그러나 카불 정부의 실체는 사실 서방이 이식한 것이다. 보위 임무를 띠고 파견된 나토 병력이 떠나면 이 무늬만 정부는 순식간에 붕괴해버릴 것이다.

---

15) 매튜 호(Matthew Hoh)가 써 보낸 편지를 보자. 해병 대위로 전역한 호는 차례로 이라크와 아프가니스탄에서 행정관으로 근무하다 2009년 9월에 사임했다. "파슈툰족 반란군은 다양한 집단으로 구성되어 있고, 얼핏 봐도 끝없이 무궁한 것 같다. 파슈툰족은 작금의 사태를 수세기까지 거슬러 올라가는 파슈툰 땅과 문화와 전통과 종교에 대한 내외부 적들의 끊임없는 공격으로 인식하고 있다. 이런 인식이 바로 저항군의 자양분인 셈이다. …… 나는 지역 사령부 동부와 남부 모두에서 상당수의 저항군을 목격했다. 그들은 탈레반의 하얀 깃발 아래서가 아니라 외국 군인들과 대표성 없는 카불 정부가 부과한 세금에 반대해 싸우고 있다. …… 솔직히 말해보자. 우리는 아프가니스탄을 확보해, 알카에다가 부활해서 재결집하는 것을 막겠다는 전략을 천명했다. 우리가 그 목표를 달성하려면 또다시 서부 파키스탄과 소말리아와 수단과 예멘 등등을 침공해 점령해야 할 것이다." Ralph Nader, "Hoh's Afghanistan Warning", *CounterPunch*, 4 November 2009 참조.

이슬라마바드: 압박

스스로 선택한 '정의로운 전쟁'에서 반드시 승리하고 싶었던 오바마는 유서 깊은 미래로의 도피 행동(fuite en avant)에 뛰어들었다. 그는 원정군을 훨씬 더 큰 규모로 파견했고, 적이 원조를 받는다고 의심되는 이웃 국가로 전쟁을 확대했다. 오바마 행정부가 출범하면서 파키스탄과 아프가니스탄이 이제부터는 통합 전역으로 취급될 것이라는 발표가 나왔다. '아프팍'(Afpak)이 바로 그것이다. 사절과 특사들이 이슬라마바드로 쏟아져 들어갔다. 파키스탄 국가에 억압적 과제를 수행하라고 요구하려면 인력 배치는 필수였다.[16] 아프가니스탄과 현재의 파키스탄은 2,460킬로미터의 국경을 맞대고 있다. 대영제국이 1893년 듀런드 라인(Durand Line)이라는 것을 그었지만 이 국경은 내내 월경이 쉬웠다. 파슈툰족이 아프가니스탄 남부에 1,600만 명, 파키스탄의 북서 변경 주에 2,800만 명 산다. 이 변경에 경찰을 배치해 경비를 서는 것은 불가능하다. 월경 행위를 탐지하는 것도 어렵다. 같은 방언을 쓰면서 많은 경우 서로 결혼으로 맺어진 부족들이 국경 양쪽에 살고 있기 때문이다. 아프간 반군이 이 지역에서 은신처를 구하고 도피한다는 사실은 비밀도 아니다. 나토와 파키스탄 군대가 이런 흐름을 차단하려면 최소 25만의 병력을 동원해, 1930년대에 장제스가 했던 것과 같은 초토화작전을 수행해야 한다. 무샤라프(Musharraf) 치하에서 파키스탄 군대는 탈레반 세력의 후원자에서 적으로 바

---

16) 미국의 방위 사업체 딘코프(DynCorp)의 파키스탄 내 자회사 인터리스크(Inter-Risk)가 최근에 지역 경찰의 급습을 받았다. 현지 경찰은 '첨단 불법 무기'를 압수했다. 인터리스크 사장은 대위로 전역한 알리 자파르 자이디(Ali Jaffar Zaidi)다. 그가 기자들에게 이렇게 말했다. 이슬라마바드의 미국 관리들이 '인터리스크 명의로' 금지 무기를 수입하도록 명령했다는 것이다. 대금 지불은 미국 대사관이 할 거라고 약속했다고도 그는 전했다. Anwar Abbasi, "Why the US security company was raided", *The News*, 20 September 2009.

꿰었다. 명령을 따르지 않으면 폭격을 퍼부어 석기시대로 돌려놓겠다고 허풍을 친 펜타곤 관리들의 위협도 떠오른다. 그러나 파키스탄이 진심으로 탈레반의 적이었던 적은 단 한 번도 없다. 그도 그럴 것이 파키스탄은 카불의 유력자를 인도에 넘겨주지 않을 수 없음을 너무나도 잘 알았기 때문이다. 유감이지만 그게 사실이었다. 인도는 지체하지 않고 카르자이를 후원했다. 무샤라프는 최선을 다해 미국을 흡족하게 해주었다. 그는 미군 특수부대와 무인 항공기의 자국 진입을 묵인했고, 가능한 곳에서는 알카에다 요원들을 넘겨줬다. 그러나 워싱턴은 진정한 의미에서 무샤라프에게 단 한 번도 만족한 적이 없다. 그는 미국에 굴종한다며 대다수 파키스탄인들의 업신여김을 받고 있지만 충분한 주의 속에서 방심하지 않고 있었다.

오바마가 집권했을 즈음 두 가지 사태로 이런 풍경에 변화가 생겼다. 펜타곤의 끊임없는 채근 속에 무샤라프는 2004년부터 2006년까지 연방자치부족구역(FATA)으로 파키스탄 병력을 아홉 차례 파견했다. FATA는 북서 변경 주 관할권 밖에 있는 일곱 개의 산악 지구다. 중앙정부의 권위가 허울뿐인 이곳에 병력을 파견한 것은 잠입한 탈레반 세력을 단속하기 위해서였다. FATA 주민들은 아프간 저항 세력에 공감하게 됐고, 그들을 모방하겠다는 결의까지 끓어올랐다. 2007년 12월에 테릭-이-탈레반 파키스탄(TTP)이 결성되었다. 이 무지막지한 자생적 게릴라 단체는 이슬라마바드를 상대로 보복전을 벌이겠다고 천명했다. (이 부대는 서방의 억측과 달리 아프가니스탄에서 활동하는 신탈레반 세력의 부속물이 아니다. 물라 오마르Omar가 그 조직에 화를 낸 것만 봐도 이 사실을 분명하게 알 수 있다. 오마르는 진짜 적은 미국과 나토이므로 파키스탄 군대를 표적으로 삼는 행위는 잘못이라고 주장했다.)

2008년에 무샤라프가 쫓겨났다. 그는 탄핵을 피해 메카로 도주했다. 무샤라프를 대신해 대통령이 된 사람은 베나지르 부토(Benazir Bhutto)의 악명 높은 홀아비 아시프 자르다리(Asif Zardari)였다. 이 사기꾼은 미국의 완벽한 허수아비를 자처했다. 워싱턴은 콜롬비아에서 우리베(Uribe)를 무장시키던 앤

패터슨(Anne Patterson)을 대사로 파견했다. 그녀는 자르다리의 호의적 협력을 칭찬하는 말들을 쏟아냈다. 곧 결실이 맺어졌다. 2009년 4월 자르다리의 명령으로 파키스탄 군대가 북서 변경 주의 스와트(Swat) 지방을 점령했다. 두 달 전에 TTP가 이곳을 접수했던 것이다. 정부군의 전면 공격으로 TTP는 산악 지대로 쫓겨갔다. 200만의 난민이 발생했다. 오바마는 이 인도주의 작전의 성공에 고무됐고, 10월에 자르다리에게 FATA 본토로 군대를 투입해 남와지리스탄(South Waziristan)과 바자우르(Bajaur)에서 탈레반 세력을 쫓아내라고 압박했다. 탈레반 전투원들이 아프가니스탄 사람인지 파키스탄 사람인지는 아무 문제가 되지 않았다. 부족민 수십만이 추가로 고향을 잃고 쫓겨났다. 그들이 산지사방으로 뿔뿔이 흩어지는 와중에 미군 폭격기가 굉음을 울리며 머리 위로 날아다녔다.[17] 파키스탄 육군이 11월에 '공세가 끝났다'고 선언했다. 게릴라 세력은 이미 사라지고 없었다.

이렇게 국내에서 인종 청소를 하는 게 어느 정도까지 가능하며, 또 그로 인해 어떤 결과가 발생할지는 앞으로 지켜봐야 할 것이다. 그러나 분명한 사실은 오바마가 파키스탄 군대로 하여금 이전까지 상당히 잘 지내온 자국 부족에게 총부리를 겨누도록 했다는 것이다. 미 제국의 이익 때문에 또 한 사회가 불안정 상태로 치닫고 있다. 파키스탄의 대도시에서는 현재 일주일 단위로 자살 폭탄이 터지고 있다. 변경에서 자행된 탄압을 응징하겠다는 무익한 보복 행위인 것이다. 무샤라프가 면제해준 부패 혐의 기소를 대법원이 반려해 버렸고, 자르다리와 측근들은 휘청거리고 있다. 심지어 벌레 먹은 파키스탄 인민당(PPP)이 와해돼, 그와 함께 사라질 수도 있다. PPP는 베나지르 부토의 두 번째 재임 이래 파키스탄에 재앙을 가져왔다.[18] 워싱턴이 이렇게 요긴한

---

17) 스와트와 FATA에서 발생한 난민 수를 확인하려면 Mark Schneider, "FATA 101: When the Shooting Stops", *Foreign Policy*, 4 November 2009 참조. 슈나이더는 흠잡을 데 없는 주류파인 국제위기감시기구(International Crisis Group)의 선임 부회장이다.

18) 미국이 알선 중재한 거래로 자르다리와 죽은 그의 아내가 무샤라프 재임기에 파키스탄에 돌아

꼭두각시를 실각하도록 내버려두지는 않을 것이다. 그러나 그들이 편리하게도 군대의 고위급 장교를 물색해, 대역(代役)을 찾을 수 있다는 것 역시 분명한 사실이다. 과거에도 늘 그랬으니까. 파키스탄 군대에서는 애국주의로 무장한 초급 장교가 나온 적이 없다. 라틴아메리카나 아랍 세계에서 종종 목격할 수 있는 행태를 기대할 수 없는 것이다. 무슨 말인가? 그곳들에서는 초급 장교들이 군 수뇌부를 제거하고 외세를 추방한 다음, 개혁을 실시하기도 했다. 미국에 굴종하는 파키스탄의 태도가 구조적임을 알아야 한다. 단 한 번도 전면적이지 않았던 것이다. 파키스탄은 대규모로 주입되는 미국의 현찰과 장비에 의존하고 있고, 따라서 자신의 이익에 반하여 행동하지 않을 수 없을 때조차 공개적으로 워싱턴에 도전할 수 없다. 파키스탄이 조금이나마 자주권을 유지하려고 항상 애쓴다는 것은 공공연한 비밀이다. 인도와 계속 대결하는 한 이는 파키스탄의 숙명이다. 파키스탄은 미국의 명령에 따라 자국민을 유린할 것이다. 그러나 부족민들이 거주하는 지역에 회복할 수 없을 정도로 피해를 입히지는 않을 것이다. 그들은 국경 너머의 저항 세력을 근절하지도 않을 것이다.

사이공의 재판(再版)?

오바마의 '정의로운 전쟁'은 파키스탄으로 전역을 확대했다. 이 확전 사태

올 수 있었다. 이 밀약은 급조된 '국가 화합 포고령'을 통해 추진되었다. 국가 화합 포고령으로 각종 범죄로 기소된 정치인들이 사면되었던 것이다. 지난 11월 파키스탄 국회는 이 포고령을 갱신하는 것에 반대했다. 복권된 대법원장이 나머지 일을 떠맡았다. 2009년 12월 16일 이슬라마바드의 날씨는 추웠지만 상쾌했다. 16명의 상급 재판관과 대법원장으로 구성된 파키스탄 대법원 전원 재판부에서는 이 포고령이 무효라고 판결했다. 자르다리의 통치가 거의 끝났다는 것에는 의심의 여지가 없다. 이 특별한 미국의 꼭두각시는 이제 두바이나 맨해튼으로 무사히 돌아가는 일만 남았다.

176

의 전망은 어떤가? 먼저 미국과 소련의 아프가니스탄 점령을 비교해보자. 두 가지 중요한 차이점이 드러난다. 미국이 설치한 정권은 소련이 보호한 정부보다 훨씬 취약하다. 소련이 보호한 정권은 물론 남용하기는 했지만 나름의 토대가 있었다. 아프가니스탄 인민민주주의정당(PDPA)은 외부에서 이식된 조직이 결코 아니었다. 이 당이 만든 군대와 행정부는 소련군이 철수한 뒤에도 살아남았다. 나지불라(Najibullah) 정부는 외세의 대규모 지원 속에서 비로소 무너졌다. 미국과 사우디아라비아와 파키스탄이 그 과정을 주도했다. 그런데 이 지원 사업을 잘 살펴보면 두 번째이자 결정적인 차이를 파악할 수 있다. 1992년 카불에 입성한 전투원들에게 자금을 공급하고 그들을 무장시킨 것은 처음부터 끝까지 외세였다. 그러나 작금의 아프간 저항 세력은 거의 완전히 고립되어 있다. 워싱턴뿐만 아니라 모스크바, 베이징, 두샨베 (Dushanbe, 타지크 공화국의 수도–옮긴이), 타슈켄트, 테헤란도 아프간 저항 세력을 질색한다. 그들은 기껏해야 이슬라마바드의 간헐적이고 은밀한 용인을 기대할 수 있는 정도다.

바로 그렇기 때문에 군사적 측면에서 아프가니스탄과 베트남을 비교하는 일은 별로 효과적이지 못하다. 물론 다른 많은 측면들, 곧 도덕적·정치적·이데올로기적 차원에서 두 나라를 비교해보는 작업이 꽤나 인상적이기는 하지만 말이다. 오바마는 오만하게도 아프가니스탄에서 전쟁을 단계적으로 확대했다. 1961년에 케네디가 선보인 자기 과신과 1965년의 존슨, 나아가 1972년에 닉슨이 보여준 오만이 결합된 행위라고 할 수 있다. 닉슨의 캄보디아 폭격은 작금의 파키스탄 작전과 상당히 비슷하다. 그러나 미국의 젊은이들이 불만을 품으려면 징병을 해야 하는데, 모병이다. 게릴라 세력을 지탱해줄 러시아나 중국의 원조도 전무한 상태다. 본국의 체계를 약화시킬 반제국주의 연대 활동도 없다. 오히려 오바마의 타고난 설득력 덕택에 무려 42개국이 카불의 꼭두각시가 벌이는 쇼를 지원하고 있다.[19] 미국 총독이 다시 한 번 대사관 지붕에서 헬리콥터로 탈출하는 광경보다 더 기꺼운 세계사의 장관도 없을 것이다. 잡다한 원정군과 그들의 민간 하수인들도 미국 총독과 함께 줄행랑을 쳤었다. 그러나 제2의 사이공 사태가 펼쳐질 것 같지는 않다. 미국의 헤게모니가 종말을 고했다는, 단조롭기 이를 데 없는 담론은 진부하기까지 한 보편적 생각으로, 대개 진지한 반대 활동을 회피하는 수단으로 기능하고 있다.

미국의 외교정책이 행정부들이 바뀌어도 동일하게 유지됨을 증명하는 실례를 교과서에 실어야 한다면 여기 오바마의 행동과 정책이 있다. 많은 멍청이들이 부시-체니 연간을 근본에서 다를 바 없다고 보기보다는 예외적인 사태로 취급하려는, 무익한 시도를 한다면 여기 오바마의 행동과 정책이 있다. 중동 전역에서 오바마가 불러일으킨 유일하게 의미 있는 실질적 변화는 테러와의 전쟁을 한층 강화한 것뿐이다. 그는 '사악한 세력과의 전쟁'(War on Evil)이란 말을 선호한다. 이제 예멘이 다음 표적으로 부상하고 있다.[20] 그 밖에도 이야기는 거의 같다. 대리인을 시켜 고문하는 등의 연출된 쇼가 마치 관례처럼 확인된다. 그들의 하수인들은 플로리다나 다른 곳에서 속 편하게 빈둥거린다. 오바마의 보호를 받고 있으니 본국의 송환 영장 따위는 무시할 수 있다. 국내에서는 도청이 계속된다. 중앙아메리카에서 쿠데타가 승인된다. 콜롬비아에 새로 군사기지가 세워진다.

19) 오슬로에서 오바마가 아프가니스탄에 파병된 노르웨이군을 언급하며 노벨 평화상 위원회를 치하한 것은 당연했다. 그는 다른 파병국들인 알바니아, 아르메니아, 오스트레일리아, 오스트리아, 아제르바이잔, 벨기에, 보스니아-헤르체고비나, 불가리아, 캐나다, 크로아티아, 체코 공화국, 덴마크, 에스토니아, 핀란드, 프랑스, 그루지야, 독일, 그리스, 헝가리, 아이슬란드, 아일랜드, 이탈리아, 요르단, 라트비아, 리투아니아, 룩셈부르크, 마케도니아, 네덜란드, 뉴질랜드, 폴란드, 포르투갈, 루마니아, 싱가포르, 슬로바키아, 슬로베니아, 에스파냐, 스웨덴, 터키, 우크라이나, 아랍에미리트연합, 영국 등도 거론했다.

20) 2009년 12월 27일 오바마는 미국의 대예멘 군비 지출을 두 배로 늘리겠다고 발표했다. 『이코노미스트』는 이렇게 언급했다. "오바마의 경계 태세 속에서 미국의 무인 항공기와 특수부대가 여느 때보다 더 바삐 움직였다. 아프가니스탄과 파키스탄에서뿐만 아니라 전하는 바에 따르면 소말리아와 예멘에서도 그렇다고 한다." 30 December 2009.

윌슨 따라하기

그러나 아무것도 바뀐 게 없다고 생각한다면 그것 역시 잘못이다. 똑같은 행정부들은 존재하지 않는다. 모든 대통령은 나름의 개성을 보여준다. 오바마 치하에서 미 제국의 지배 체제가 거의 바뀌지 않았다는 것은 중요한 사실이다.[21] 그러나 정치 선전 차원에서는 상당히 진전되기도 했다. 손꼽히는 칼럼니스트가 2009년 한 해 동안 벌어진 가장 중요한 사건 다섯을 나열하면서 오바마의 빈번한 연설을 집어넣은 것은 결코 우연이 아니다.[22] 반쯤은 비꼬는 이 선정으로 볼 때 그가 상당히 똑똑한 칼럼니스트임을 알 수 있다. 세계인들은 카이로에서, 웨스트포인트(West Point)에서 그리고 오슬로에서 매번 희망과 행복감을 안겨주는 설교를 들어야 했다. 오바마의 모든 연설에는 온갖 탁월한 수사가 담겼다. 백악관의 연설문 작성자들은 미국이 이 세계에서 맡은 열정적 사명을 설명했다. 거기에 두렵다는 겸손한 고백과 더불어 책임지고 임무를 완수하겠다는 사명감이 포함되었음은 물론이다.

21) 이전까지 오바마를 열렬히 지지했던 다수가 어느 정도 환상에서 깨어난 이유다. 자유주의적 입장에 기초해 빌 클린턴한테는 꽤나 오랫동안 열중했던 것과 비교하면 놀라운 속도로 미망에서 깨어난 셈이다. 그럼에도 불구하고 그들의 설명 방식은 재임 중인 오바마 자신보다 구조적 제약을 성토하는 경향이 있다. 개리 윌스(Garry Wills)는 선의를 지닌 대통령이 미 제국주의 국가기구의 톱니바퀴에 끼어서 옴짝달싹하지 못하는 것으로 본다("The Entangled Giant", *New York Review of Books*, 8 October 2009). 프랭크 리치(Frank Rich)는 "다시금 정부를 미국인들이 신뢰할 수 있는 대상으로 만들겠다고 약속한" 오바마의 기염을 무너뜨린 로비스트들을 격렬하게 공격했다("The Rabbit Ragu Democrats", *New York Times*, 3 October 2009). 톰 헤이든(Tom Hayden)은 아프가니스탄에 병력을 증파하겠다는 "이기적" 결정을 "마지막으로 더 이상 [오바마에게] 기대를 걸지 않는다." 물론 오바마는 선거운동 기간에 아프간 증파를 천명했다. 그러나 헤이든은 범퍼 스티커(bumper sticker)는 떼어내겠지만 "앞으로도" 계속해서 "오바마를 지지할" 것이다("Obama's Afghanistan Escalation", *Nation*, 1 December 2009).

22) Gideon Rachman, "The Grim Theme Linking the Year's Main Events", *Financial Times*, 23 December 2009.

"우리는 마음속에 품고 있는 생각들을 서로에게 솔직하게 말해야 한다"는 전형적인 말투다. "우리나라는 국제 문제에서 특별한 책임을 져왔다. 미국은 여러 대륙의 수많은 나라에서 피를 흘렸다. 우리는 우리의 재원을 써가며 다른 나라들이 폐허에서 출발해 자국 경제를 재건하고 개발하는 걸 도왔다. 우리는 다른 나라들과 협력해, 유엔, 나토, 세계은행 등 공동의 안보와 인류의 번영을 도모하는 제도와 기관들을 만들어냈다." "극단적 폭력에 맞서는 투쟁이 쉽사리 사라지지는 않을 것이다. 그 싸움은 아프가니스탄과 파키스탄을 뛰어넘는 문제다. …… 우리는 무법이 판치는 지역, 실패한 국가, 산개한 적들을 대상으로 활동할 것이다." "우리의 대의는 정의롭다. 우리의 결의는 확고하다. 정의가 곧 권력이라는 자신감을 갖고 우리는 전진할 것이다." 중동에는 '긴장'이 흐르고 있다(알-아자르에서 무바라크가 동원한 청중을 상대로 그가 행한 연설에는 이 말이 무려 아홉 번 나온다). 가자에서는 "인도주의가 위기에 처해 있다." 그러나 "팔레스타인 사람들은 폭력을 버려야 한다." 미국의 군사행동으로 "이라크 국민은 형편이 더욱 좋아졌다." 오바마는 오슬로에서 이렇게 연설했다. "어떤 실수도 용납할 수 없다. 이 세계에는 사악한 세력이 존재하기 때문이다." "가끔은 무력이 필요하다는 태도는 냉소주의적 자세가 아니다. 역사를 알고 승인해야 그런 말도 할 수 있다. 인간은 불완전하고, 이성에도 한계가 있다." 카이로에서 그는 이렇게 연설했다. "폭력과 살인을 일삼는 저항은 옳지 않다." 요컨대, 미국과 이스라엘의 전쟁은 안됐지만 도덕적 의무다. 그러나 팔레스타인인과 이라크인과 아프가니스탄인의 저항은 부도덕한 무법 행위다. 오바마가 좋아하는 말처럼, "우리는 모두 신의 자식이다." "이것은 신의 비전인" 것이다.[23]

23) "Remarks by the President on a New Beginning", Cairo, 4 June 2009; "Remarks by the President to the Nation on the Way Forward in Afghanistan and Pakistan", West Point, 1 December 2009; Nobel Peace Prize acceptance speech, Oslo, 11 December 2009; "Remarks by the President to the Ghanaian Parliament", Accra, 11 June 2009. '불완전한 인간'과 '한계가 있는

진부한 말이 낭랑하게 울려 퍼지면서 위선을 꽁꽁 숨기고 있다. 오바마의 전형적인 행태다. 제국 기계를 유지 보수하는 오바마와 클린턴의 현재 임무가 그렇다고 해서 잘 돌아가지 않는 건 아니다. 필수적이었던 감언이설이 사라졌다는 지적보다 더 국제사회의 여론을 불쾌하게 자극하는 평가도 없다. 부시와 체니가 일을 벌이면서 너무나 자주 종교적 열정을 들먹이는 바람에 다른 식으로 미국의 지도력에 호의를 가진 동맹국과 청중이 듣고 싶지 않았을 불편한 진실에 속수무책으로 노출될 수밖에 없었다는 것이다. 역사적으로 볼 때 제왕적 대통령의 현재형을 제시해준 모범적 선례는 우드로 윌슨(Woodrow Wilson)이다. 그는 누구 못지않게 독실한 기독교인이었다. 윌슨은 입만 열었다 하면 평화, 민주주의, 자결권을 떠들어댔다. 그러는 사이에 미군은 멕시코를 침략했고, 아이티를 점령했으며, 러시아를 공격했다. 윌슨은 조약을 통해 동맹국들에 차례로 식민지를 넘겨줬다. 오바마는 같은 일을 그냥 따라하기만 하면 되는, 독창성이 전혀 없는 대통령이다. 그에게는 어기고 자시고 할 평화 원칙 14개 조항도 없다. 그러나 대통령의 위선은 여전히 쓸모가 있다. 그걸 열망하는 사람들을 만족시켜주기 때문이다. 오바마에게 노벨 평화상을 주었다는 사실이 이를 여실히 증명해준다. 가르시아 마르케스는 노벨 평화상을 노벨 전쟁상이라고 불렀다. 윌슨은 유권자들에게 엄청난 거짓말을 하고서 — 평화를 약속하면서 전쟁을 해댔다 — 재선에 성공해 두 번째 임

이성'이란 수사(修辭)는 냉전 의식으로 무장한 종교 지도자 라인홀트 니부어(Reinhold Niebuhr)의 허풍에서 가져온 것이다. 그에 관해서는 Gopal Balakrishnan, "Sermons on the Present Age" 참조. 그러나 니부어는 가끔씩 자신의 제자보다 더 솔직했다. 그는 '고통받는 두 민족'과 관련해 위선적인 허튼소리 따위는 하지 않았다. 그는 시온주의자를 시온주의자라고 솔직하게 부를 만큼 정직했다. 그는 1942년에 이렇게 말했다. "추축국이 패배해도 앵글로색슨족의 헤게모니가 계속 유지되어야 한다. 그들은 팔레스타인을 유대인들에게 넘겨야 한다는 사실에 유의해서 대비해야만 한다. 자신들의 요구가 아랍 민족에게 절대로 '부당'(injustice)하지 않다고 주장하는 시온주의 지도자들은 거짓말을 하는 것이다." 아랍 민족에게는 "다른 방식으로 보상"을 해줘야만 할 것이다("Jews after the War—II", *Nation*, 28 February 1942).

기를 시작했다. 그러나 그의 두 번째 임기는 끝이 좋지 않았다. 더 투쟁적이었던 시기에 존슨은 유권자들을 다시 속여먹을 기회도 잡지 못한 채 전쟁광이라는 불명예를 뒤집어쓰고 퇴진하지 않을 수 없었다. 12년 후에는 테헤란 사태로 카터가 몰락했다. 최근에는 웨스트버지니아와 뉴저지에서 민주당을 지지하는 유권자들이 대거 기권하는 사태가 발생했다. 이런 좌절과 역풍이 하나의 양상으로 굳어지면 오바마 역시 임기를 한 번밖에 수행하지 못하는 세 번째 대통령으로 전락할 수 있다. 지지자들이 등을 돌리고, 그가 환심을 사려고 그렇게 애쓰는 사람들이 조롱하면서 무시로 일관한다면 말이다.

〔정병선 옮김〕

표류하는 황금 주(州), 캘리포니아

리처드 워커(Richard Walker)

공화당이 2010년 중간선거에서 약진했다. 의석을 64석 더 차지해 하원을 장악했고, 상원 의원이 여섯 명 늘어났으며, 새로 주지사를 배출한 곳도 열한 군데나 됐다. 이런 압승 때문인지 캘리포니아는 유난히 도드라져 보인다.[1] 황금 주(Golden State, 미국 캘리포니아 주의 별명. 이하에서 캘리포니아와 '황금 주'를 혼용한다–옮긴이)가 민주당의 거점임이 밝히 드러난 것이다. 주지사와 상원 의원 선거에 출마한 민주당 후보들은 압도적인 승리를 거두었다. 민주당은 연방 하원에 진출하는 캘리포니아 대표단 전체 53명 가운데 약 3분

---

1) 후안 델라라(Juan Delara), 매트 윌리엄스(Matt Williams), 켄 제이컵스(Ken Jacobs), 알렉스 샤프런(Alex Schafran), 앤서니 파너리스(Anthony Panaresse), 웬디 브라운(Wendy Brown), 조 매튜스(Joe Matthews), 프레드 글래스(Fred Glass)가 조언을 해줬다. 감사드린다. 아쇼크 바르단(Ashok Bardhan)이 특히 고맙다.

의 2에 해당하는 32명을 배출했고, 주 상원(15/25)과 하원(28/52)에서도 압도적 다수를 차지했다.

캘리포니아 유권자들이 11월 중간선거에서 재임자 반대 정서에 아랑곳하지 않았다는 사실은 훨씬 더 놀랍다. 엄청난 경기 침체로 주민들의 삶이 만신창이가 됐고, 실업률이 미국에서 3위를 달린다는 점을 고려하면 더욱 그렇다. 네바다와 미시간에 뒤이어, 12퍼센트다. 사실을 볼작시면, 2007년 이후 미국 경제가 추락하는 사태를 캘리포니아가 주도했다. 오랜 세월 캘리포니아가 거둔 혁혁한 성과와 비교하면 처량하기 그지없는 반전이었다. 황금 열풍(gold rush)이 불었던 1840년대부터 첨단 기술로 호경기를 구가한 1990년대까지 캘리포니아는 창의성과 판타지가 분출하는 세계의 산실이었다. 캘리포니아가 도가니였고, 미국의 세기(American Century)는 경제적·정치적·기술적 위용을 과시할 수 있었다. 지난 50년의 대부분 기간에 캘리포니아는 미국 경제의 주력 엔진이었다. 그러나 이제 그 엔진이 털털거린다. 이 충격적인 사태의 전환을 어떻게 설명할 수 있을까?

캘리포니아는 사랑하는 아들 로널드 레이건(Ronald Reagan)이 재임한 절정기 이래 전 세계 자본주의를 신자유주의로 전환하는 데 앞장섰다.[2] 그 비통한 얘기가 유럽과 북아메리카와 일본의 관찰자들에게는 낯익을 것이다. 신자유주의 시대의 전매특허인 금융 광란, 공공 서비스 후퇴, 임금 정체, 계급 및 인종 불평등 심화로 고통받고 있으니 말이다. 그러나 캘리포니아가 차지했던 선봉의 지위를 고려할 때 이 황금 주를 전반적 침체를 예증하는 추가 사례로만 볼 수는 없는 일이다. 캘리포니아의 상황은 대단히 심각하다. 이는 자유민주주의 국가들이 경제적·정치적 난국에 빠져들었다는 슬픈 실황 중계일 뿐만 아니라 나머지 북반구가 직면할 수도 있는 사태를 경고하는 메시지이기도

2) 레이건 혁명(Reagan revolution)은 내가 쓴 "California Rages against the Dying of the Light", nlri/209, Jan~Feb 1995 참조.

한 것이다.

모기지 붕괴

월스트리트(Wall Street) 다음으로 2000년대의 거품경제와 뒤이은 재앙을 책임져야 할 곳은 바로 캘리포니아다.[3] 2008년에 금융 거품이 터지면서, 뉴욕의 투자은행들이 망했다. 문제의 금융 거품은 주택 담보대출에 집중되었다. 월스트리트에서 2차 융자를 신용 파생 상품과 투자 수단으로 전환하는 마법의 연금술이 횡행했고, 대출이 일명 '모래 주들'(sand states) ― 플로리다, 캘리포니아, 애리조나, 네바다 ― 에 집중되었다. 주택 담보대출이 주로 시작된 곳이 미국의 에스파냐로 통하는 캘리포니아다. 캘리포니아는 미 대륙의 투기 전초기지인 셈이다. 캘리포니아는 에스파냐보다 면적이 약 15퍼센트 적고, 인구는 20퍼센트 적다. 그러나 캘리포니아는 GDP가 미국에서 세 번째로 많은 주로, 세계 10위의 경제권을 자랑한다.

2000년에서 2008년 사이에 황금 주의 대출 기관들은 최초 600만 건의 모기지 대출과 1,000만 건의 차환 대출을 일으켰다. 도합 3~4조 달러에 상당하는 이 금액은 미국 전체 모기지 대출의 약 20퍼센트를 차지했다. 이게 다가 아니다. 2005년에서 2007년 사이에 전국에서 대출된 서브프라임 모기지(비우량 주택 담보대출―옮긴이) 금액 1조 3,800만 달러의 무려 56퍼센트를 캘리포니아가 차지했다. 서브프라임 모기지 대출 업체 상위 5개사의 본부가 캘리포니아에 있었다. 컨트리와이드 파이낸셜(Countrywide Financial), 아메리퀘스트

---

3) 이 절과 다음 절은 Ashok Bardhan and Richard Walker, "California, the Pivot of the Great Recession", Working Paper #220-10, Institute for Research on Labor and Employment, University of California, Berkeley를 바탕으로 썼다.

모기지 뱅크(Ameriquest Mortgage Bank), 뉴 센트리 파이낸셜(New Century Financial), 퍼스트 프랭클린 뱅크(First Franklin Bank), 롱 비치 모기지 뱅크(Long Beach Mortgage Bank). 금융 부문의 과잉은 캘리포니아에서 새로운 일도 아니었다. 이미 1980년대에 마이클 밀큰(Michael Milken)이 주도해 정크 본드(junk-bond, 수익률이 아주 높지만 위험률도 큰 채권—옮긴이) 열풍이 불었는가 하면 저축대부조합(Savings & Loan)이 무너지기도 했다. 캘리포니아는 1990년대에도 역사상 최대 규모의 주식 거품이 피어오른 중심지였다. 실리콘 밸리(Silicon Valley)의 경이로운 성과에 투자가 폭주하면서 나스닥 지수가 최고치를 경신했던 것이다.

그럼에도 불구하고 새로운 세기에 접어들면서 모기지 사업이 급성장했고, 금융 부문이 크게 팽창했다. 1996년에서 2006년 사이에 금융, 보험, 부동산 쪽(finance, insurance, real estate의 두문자頭文字를 합쳐 FIRE라고 부른다) 일자리가 27퍼센트 증가해 거의 100만에 이르렀다. 부동산 매매 중개인, 브로커, 모기지 판매원 규모가 2008년 6만에 달했으니 해당 분야에서 캘리포니아를 능가하는 주는 없었다. 이들과, 은행에 똬리를 틀고 있던 이들의 후견인들은 월스트리트에서 끌어온 수십억 달러의 투자금을 순진한 주택 구매자들에게 대주면서 희희낙락했다. 캘리포니아 주민 수십만이 서브프라임 모기지에 뛰어들었다. 예치금이 전혀 없었고, 티저 금리(teaser rate)와 변동 금리 모두 조건이 좋았으며, 준비할 서류도 별로 없었으니 유혹적이라 할 만했다.

모기지 광풍이 불었고, 미국의 다른 어떤 지역보다 캘리포니아에서 주택 시장 거품이 더 극적으로 부풀어 올랐다. 이미 1970년대에도 캘리포니아의 주택 가격은 미국의 다른 지역과 비교할 때 기절초풍할 지경이었다. 호경기를 구가한 1980년대와 1990년대에도 상황은 여전했다. 캘리포니아의 주택 가격은 2000년대에도 로켓탄처럼 치솟았다. 2006년 거품이 정점에 달했을 때 주택 가격의 중앙값은 59만 4천 달러를 기록했다. 이것은 전국 평균인 22만 1천 달러의 2.5배가 넘는 액수다(그림 1 참조). 샌프란시스코만 지역은 미국 도

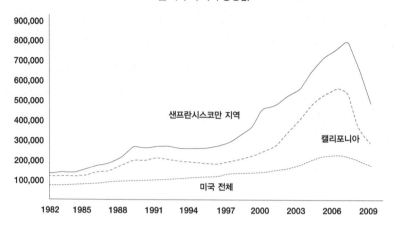

그림 1. 주택 가격 중앙값

900,000
800,000
700,000
600,000
500,000
400,000
300,000
200,000
100,000

샌프란시스코만 지역

캘리포니아

미국 전체

1982 1985 1988 1991 1994 1997 2000 2003 2006 2009

출처: 캘리포니아 부동산업 협회; 전미 부동산업 협회

시 지역 전체에서 최고가를 기록했다. 이것은 전국 평균의 거의 네 배다. 하와이를 제외하면 다른 어떤 주에서도 주택 사정이 이렇게 무지막지한 경우는 없다. 2006년에는 주택이 평균 열 번 넘게 되팔렸고, 그에 따른 소득의 중앙값은 5만 7천 달러였다. 런던이나 도쿄의 사정과 비슷한 것이다. 서브프라임 모기지 도붓장수들은 이런 상황을 비옥한 토양으로 활용했다. 젊은이들은 번 돈을 비싼 주택을 사는 데 투자했다. 중장년층은 집을 담보 삼아 돈을 꿔, 자녀들의 투기 활동에 보탰다. 주택 가격 상승이 중단되지 않으리라는 게 모두의 전제였다.

돈 버는 게 식은 죽 먹기였다. 부동산 가격이 하늘 높은 줄 모르고 치솟았다. 주택 건설 붐이 일었다. 2006년 한 해 동안 신규 주택 판매가 20만 건을 넘어 최고치를 기록했다. 미국 인구의 12퍼센트가 사는 주에서 전체 거래의 약 16퍼센트가 이루어졌다. 그 10년 동안 캘리포니아에서 일자리가 가장 많이 생긴 분야는 건설과 부동산이었다. 주택과 부동산이 고가(高價)를 형성한 덕분에 건설업자들은 짭짤한 이윤을 기대할 수 있었다. KB, 샤펠(Shappell), 시어(Shea) 같은 캘리포니아 회사와 레너(Lennar), 센텍스(Centex), 호턴(Horton) 같은 전국적 기업은 말할 것도 없었다. 대도시들의 준교외가 새롭게 대규모로 개발되었다. 기존 주택 사이 빈 공간의 택지를 개발하는 사업도 많았고, 고층 건설도 이루어지기는 했지만 말이다. 이제 캘리포니아는 미국에서 도시인구 밀도가 가장 높다. 대(大)로스앤젤레스와 샌프란시스코만 지역이 대표적인 곳들이다.

주택 시장의 붕괴

주택 거품이 터졌고, 캘리포니아는 다른 어떤 곳보다 악성 대출과 압류 조치가 많았다. 캘리포니아 모기지 은행들의 몰락이 가장 두드러졌다. 2007년에 뉴 센트리가 파산을 선언했고, 기울어가던 아메리퀘스트가 시티코프(Citicorp)에 팔렸다. 2008년 초에는 인디맥 뱅크(IndyMac Bank)가 연방예금보험공사(Federal Deposit Insurance Corporation, FDIC)의 관리를 받게 됐고, 퍼스트 프랭클린은 메릴 린치(Merrill Lynch)가 문을 닫아버렸다(메릴 린치가 2년 전에 퍼스트 프랭클린을 샀다). 2008년 중반에는 워싱턴 뮤추얼(Washington Mutual)이 롱 비치 모기지를 폐업했고(소유권이 이미 10년 전에 넘어가 있었다), 망해가던 컨트리와이드는 뱅크 오브 아메리카(Bank of America)가 삼켜버렸다(뱅크 오브 아메리카는 나중에 이 합병을 몹시 후회한다). 그러나 더 심각한 사태가 일어나려면 좀 더 기다려야 했다. 시애틀에 본부를 둔 워싱턴 뮤추얼이 몸집을 키우더니 전국에서 여섯 번째로 큰 은행으로 부상했다. 워싱턴 뮤추얼은 남캘리포니아에서 여러 기업을 인수했고, 황금 주에서도 3대 은행의 자리를 차지했다. 2008년 후반에 그 워싱턴 뮤추얼이 무너졌다. 당시로는 미국 역사상 가장 커다란 은행 도산이었다. 그러나 한 달후 리먼 브러더스(Lehman Brothers)가 그 기록을 갈아치운다. 한편, 오클랜드에 본사가 있는 골든 웨스트 세이빙스(Golden West Savings)가 2006년 와코비아 뱅크(Wachovia Bank)에 인수되었다. 골든 웨스트 세이빙스는 미국에서 변동 금리 모기지를 최초로 고안한 회사로, 와코비아 뱅크는 이 합병으로 미국 4대 은행으로 올라섰다. 그러나 2008년 후반에 골든 웨스트 세이빙스가 남발한 부실 대출의 낙진이 와코비아를 삼켜버렸다. 결국 와코비아 뱅크는 샌프란시스코에 본사를 둔 웰스 파고(Wells Fargo)에 먹히고 만다.

금융 혼란에 뒤이어 대규모 압류가 단행되었다. 캘리포니아의 주택 시장은 붕괴했다. 수십만의 주택 소유자가 더 이상은 모기지 납입금을 낼 수 없게 됐다. 2009년 말쯤에는 캘리포니아에서만 거의 50만 건의 압류가 이루어졌다. 전국 총계가 250만 건이니 5분의 1인 셈이다. 2010년 중반경에도 약 36만 채의 집이 여전히 담보권 행사에 묶여 있었다. 리버사이드, 온타리오, 샌버나디노 같은 남캘리포니아의 내륙 도시들과 북캘리포니아의 센트럴 밸리(Central Valley)에 있는 스탁턴, 메르세드, 베이커스필드에서 이루어진 담보권 행사가 가장 극적이었다. 이곳의 월간 압류율은 통상 1,000채당 50채가 넘었다. 이 기록은 전국에서도 최악의 경우에 속했다(지도 1 참조).

이와 동시에 캘리포니아의 평균 주택가는 거품이 절정을 이루었던 시기와 비교해 35~40퍼센트 하락했다. 은행들이 회수한 주택을 허둥지둥 처분했기 때문이다. 그렇게 해서 '수면에 가라앉은' 모기지 대출(이 경우 주택 가격이 매출금 이하로 떨어진다)이 2010년 여름쯤에 230만 건이었다. 캘리포니아에서 모기지 대출을 받은 주민의 3분의 1이 그 영향을 받았다. 전국 평균은 23퍼센트였다. 자산 손실 총액이 6조 달러 가운데 최소 2조 달러였다. 중간계급의 재정과 소망이 심각한 타격을 받았다. 메르세드와 산호아킨 같은 내륙 카운티들에서는 평균 주택가가 2006년에서 2010년 사이에 무려 60퍼센트나 떨어졌다. 해안 지방의 주택 가격은 사정이 훨씬 나았다. 중부 도시들의 오래된 노동계급 및 소수민족 거주 지구도 중요한 예외였다.

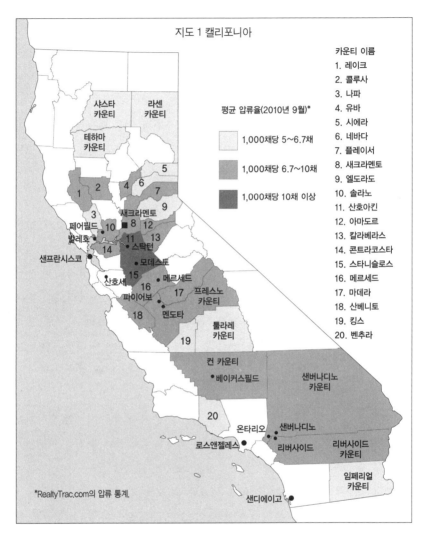

지도 1 캘리포니아

평균 압류율(2010년 9월)*

1,000채당 5~6.7채

1,000채당 6.7~10채

1,000채당 10채 이상

카운티 이름
1. 레이크
2. 콜루사
3. 나파
4. 유바
5. 시에라
6. 네바다
7. 플레이서
8. 새크라멘토
9. 엘도라도
10. 솔라노
11. 산호아킨
12. 아마도르
13. 칼라베라스
14. 콘트라코스타
15. 스타니슬로스
16. 메르세드
17. 마데라
18. 산베니토
19. 킹스
20. 벤추라

*RealtyTrac.com의 압류 통계.

출처: 캘리포니아 부동산업 협회; 전미 부동산업 협회

주택 시장 붕괴의 다른 가시적 결과도 살펴보자. 주택단지인데도 사람들이 살지 않는 집이 속출하게 됐다. 집을 잃은 사람들은 뿔뿔이 흩어졌다. 지역 사회운동가들은 주택 퇴거 실태에 이의를 제기했다. 교회 기반의 PICO 전국네트워크(PICO National Network)와 ACCE(Association of Californians for Community Empowerment, 캘리포니아 지역사회자율권협회, ACORN〔Association of Community Organizations for Reform Now, 즉각적 개혁을 도모하는 지역 사회단체 협회〕의 캘리포니아 지부)가 가장 중요한 두 단체다. PICO 전국네트워크는 캘리포니아에 스무 개 이상의 제휴 단체 및 지부가 있고, ACCE는 주 전역에 10여 곳의 사무소를 운영한다. 비영리 조직 및 공공단체 250개를 포괄하는 샌프란시스코 지역사회재투자연합(Community Reinvestment Coalition in San Francisco)은 은행들이 가난한 동네에서 자행하는 악덕을 30년째 감시하고 있다. 도심(사회적 문제가 많은)에서 세입자의 권리를 지키기 위해 활동하는 단체들, 예컨대 로스앤젤레스의 공정 경제를 실현하는 전략 행동(Strategic Action for a Just Economy, SAJE)과 샌프란시스코만 지역의 정의로운 대의(Just Cause/Causa Justa, 둘 다 도시에 대한 권리〔Right to the City〕라는 전국 연합 조직의 창립 회원 단체다)도 압류 퇴거 사태에 맞서 싸우고 있다.

분노의 주된 표적이 은행인 것은 전혀 놀랄 일이 아니다. 2008년 현재 캘리포니아 주 법률은 압류 부동산의 세입자들이 사전에 고지를 받아야 함을 명문화했다. 시 당국은 이 법률에 따라 건물을 빈 상태로 유지하지 않으면 은행에 벌금을 부과할 수도 있다. 그러나 활동가들은 도시환경 황폐화 처벌법을 집행하도록 공무원들에게 계속해서 압박을 가해야 한다. 대다수 지자체는 관할구역에서 주택이 몇 채나 압류되었는지, 그걸 누가 소유하는지 전혀 모르고 있다. ACCE가 호별 방문 조사를 실시한 이유다. 연방과 주의 입법 활동만으로는 은행들이 융자를 조정케 해 사람들이 퇴거당하지 않고 계속해서 살수 있도록 하는 것이 어렵다는 게 드러났다. 풀뿌리 조직가들은 다른 식으로 압박을 가했다. 2010년 4월 지역사회 조직, 종교 단체, 노동조합이 연대해 샌프란시스코에서 열린 웰스 파고 은행의 주주총회장에서 항의 시위를 벌였던 것이다. 지역 차원에서는 이런 행동이 벌어지기도 했지만 주 전체적으로 은

행과 압류에 맞서는 통일 행동은 전무한 상태다.[4]

황폐한 계곡

주택 시장의 호경기가 오랫동안 지속되면서 캘리포니아의 계급과 인종도 지리적으로 재편성되었다. 대다수가 백인인 상층계급은 해안으로 몰려갔다. 실리콘 밸리와 웨스트사이드 LA는 소득이 수십만 달러가 되지 않는 사람은 꿈도 꿀 수 없게 됐다. 산업 노동자 계급은 말할 것도 없고, 사무직, 서비스직, 소매업 종사자 거의 전부가 두 지역에 진입하는 건 사실상 불가능해졌다는 의미다. 샌프란시스코의 부자화, 고령화, 백인화는 특히나 극적이었다. 노동계급, 특히 젊은 유색인종 가구들은 일자리와 싼 집을 찾아 주요 광역도시권 변두리로 이동했다. 인구가 거의 2천만인 대(大)로스앤젤레스는 계속해서 내륙의 리버사이드 카운티와 샌버나디노 카운티로 시역을 넓혀가고 있다. 1990년에서 2010년 사이 20년 동안 인구가 무려 두 배로 늘었다. 샌프란시스코만 지역도 내륙의 센트럴 밸리에 있는 대(大)새크라멘토 및 스탁턴과 융합해, 인구 1천만이 넘는 북캘리포니아의 광역도시로 성장했다.

최근의 경제 침체기 이전에도 캘리포니아는 소득 불평등과 불평등 확대 측면에서 (사용하는 통계에 따라 다르지만) 전국 최상위 5~10개 주에서 빠지는 법이 없었다. 황금 주에서는 백만장자와 억만장자가 가장 빠른 속도로 늘어났다. 잡지 『포브스』(*Forbes*)의 미국 400대 부자 가운데 81명이 캘리포니아 출신이다. 뉴욕의 76명, 플로리다의 25명과 비교된다. 그러면서도 고용주

---

4) 지역 활동가들이 전반적으로 노동조합이나 민주당과 거리를 두고 있다. 주 차원에서 동력을 확보하려면 이들의 참여가 필수적이다. 국제서비스노동자연맹(Service Employees International Union, SEIU)이 ACCE와 협력해 은행 관련 캠페인을 한 차례 벌이기는 했다.

들은 평범한 노동자들의 임금을 계속해서 억제했다. 이를 위해 그들은 실업률, 유연 고용, 이민자들을 지렛대로 삼았다. 육체노동의 경우 지난 40년 동안 실질임금에 거의 아무런 변화가 없었다. 사회 밑바닥의 그들은 꾸준히 몰락했다. 캘리포니아의 노동계급은 인종적으로도 뚜렷하다. 이민자와 그 자녀들이 압도적 다수의 노동계급을 구성하는 것이다.[5]

경기후퇴가 시작되었고 가장 심각한 타격을 입은 것은 노동자들이었다. 2009년 말에는 230만 명, 그러니까 전체 노동력의 12.4퍼센트가 실업 상태였다. 이것은 전국 평균보다 3퍼센트 더 높은 수치였다. 그러나 시간제 고용과 취업 의욕을 상실한 노동자까지 포함하면 그 수치가 무려 24퍼센트까지 치솟는다. 이 불경기로 인한 실직 사태는 이전의 침체기보다 더 혹독했다. 2001년의 닷컴(dot.com) 버블 붕괴로 일자리가 2퍼센트 줄었고, 1990년대 초에도 경제가 추락하면서 0.25퍼센트 줄었음에 반해 현재의 경기 침체에서는 최대 9퍼센트까지 일자리가 사라졌다.[6] 이윤과 상업 활동이 조금 회복되기는 했지만 새로운 고용은 거의 발생하지 않고 있고, 가까운 미래의 노동시장 전망 역시 비관적이다.

내륙 지역 노동자들의 처지는 더 좋지 않다. 일자리가 해안 지역에 비해 두 배나 더 많이 사라졌다. 파이어보(Firebaugh)와 멘도타(Mendota) 같은 센트럴 밸리의 농업도시들은 실업률이 30퍼센트를 넘었다. 창고업, 운송, 농업 분야에서 대규모 정리 해고가 단행되었다. 그러나 가장 커다란 피해를 입힌 건 주택 시장 붕괴였다. 주택 건설이 75퍼센트 감소했고, 건설, 부동산, 모기지

---

5) Jared Bernstein, Elizabeth McNichol and Andrew Nicolas, *Pulling Apart: A State-by-State Analysis of Income Trends*, Washington, DC 2008; Ruth Milkman, *LA Story*, New York 2006; Public Policy Institute of California, www.ppic.org와 California Budget Project, www.cbp.org의 보고서들도 참조.

6) Sylvia Allegretto, "The Severe Crisis of Jobs in the United States and California", Center on Wage and Employment Dynamics, Berkeley, August 2010.

금융, 건축자재 공급 분야에서 50만 개의 일자리가 사라졌다.

그러나 전반적 불평등, 금융 광란, 비싼 집값은 번영하는 캘리포니아 경제의 정점에서 진행된 단순한 방종이 아니다. 어디를 봐도 도처에 쇠퇴의 징후들이 가득하다. 숙련노동은 오래전부터 황금 주의 산업 혁신에서 근간으로 작용했다. 로스앤젤레스에서는 제2차 세계대전 후로 항공우주산업과 영화제작이 활발했고, 실리콘 밸리는 전자 산업의 견인차였다. 캘리포니아는 첨단 기술과 창의성이 결합된 산업 부문 덕택에 1980년대의 제조업 쇠퇴 현상을 비껴갈 수 있었다. 미국 북동부의 사양화된 공업지대가 이 사태 속에서 주저앉았음을 상기하라. 캘리포니아는 수십 년 동안 미국에서 제조업 규모가 가장 큰 주였고, 아직도 고용돼 일하는 생산직 근로자가 100만이 넘는다. 하지만 생산량이 1990년 이후로 감소했고, 전체 제조업 일자리의 절반이 사라졌다. 이제 제조업이 전체 고용에서 차지하는 몫은 8퍼센트 미만이다. 남캘리포니아에서는 로스앤젤레스와 롱 비치의 항구들을 경유하는 국제무역이 성장의 엔진이었다. 두 항구는 북아메리카에서 가장 큰 해운 활동 중심지로, 내륙으로 이어지는 거대한 배후 회랑 지대(창고, 운송, 관리 지원)가 먹고살 수 있는 것도 두 항구 덕분이다. 이 지역이 미국의 제조업 기반을 훼손한 수입 활동을 바탕으로 번영했다는 게 어느 정도는 사실이다.

한편으로 미숙련 직업 — 대개 보수가 형편없고, 시간제이며, 불안정하다 — 이 급격하게 증가했다. 교육, 보건, 사회복지 서비스 분야와 호텔 및 식음료 접객 분야에서 발생한 고용 이득이 가장 컸다. 특히 남캘리포니아는 급증하는 이민자들의 저임금 노동을 바탕으로 번영을 구가했다. 오래전부터 캘리포니아 농업 기업의 중심지인 센트럴 밸리도 사정은 마찬가지였다(센트럴 밸리는 여전히 미국 최대의 식품 생산 지대다). 결국 블루칼라 노동자들의 소득이 격감했다. 1980년에서 2000년 사이에 캘리포니아의 평균 소득 증가는 전국 평균의 절반에 불과했다. 실리콘 밸리의 전자 산업은 앞장서서 일자리를 해외로 이전했다. 전자 산업에서 중위 수준쯤 되는 화이트칼라 및 블루칼

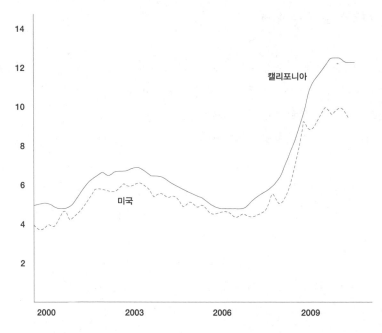

그림 2. 실업률(퍼센트)

캘리포니아

미국

출처: 노동통계국 인구조사.

라 일자리가 인도와 중국과 그 밖의 지역으로 빠져나갔다.

2000년대에 투자자들은 잉여 자본을 황금 주에 계속해서 쏟아부었다. 경기가 좋았던 그 전 20년 동안 해왔던 것처럼 말이다. 그러나 모기지 자금이 밀물처럼 유입됐어도 산업의 기본 토대가 활성화되지는 못했다. 거품 형성기에 주택 건설 시장만 고조됐을 뿐이다. 수십 년 동안 미국의 다른 지역을 웃돌던 일자리 창출이 2000년 이후로 무뎌졌고, 그 어떤 회복에도 이런 양상이 근본적으로 바뀔 것 같지는 않다. 이 지점에서 참으로 곤란한 질문이 떠오르지 않을 수 없다. 캘리포니아의 상황이 이렇게 심각하다면 미국 전체는 어쩌란 말인가?

어리석은 재정 운용

캘리포니아 주 정부가 보이는 혼란스러움은 깊고, 엄청나다. 근인(近因)을 보면, 미국 최악의 재정 위기가 도사리고 있다. 마치 1970년대의 뉴욕 재정 위기를 다시 보는 듯하다. 재정 운용이 엉망진창인 건 정치적 교착 상태 때문이다. 더 이상은 다수가 통치력을 행사하지 못한다. 입법부는 더 이상 법률을 제정하지 못한다. 공직이 팔리고 있다. 더 깊은 원인도 추적해보자. 부유한 엘리트와 늙은 소수 백인이 오랫동안 정계를 주무르면서 캘리포니아의 정치 제도가 와해되었다. 그들은 극적으로 재편성된 주민들의 필요와 요구에 부응할 생각이 전혀 없다.

황금 주는 이제 항구적인 재정 위기 상황에 봉착했다. 캘리포니아는 미국에서 연방 정부 다음으로 예산이 크다. 정점을 찍었던 2006년의 한 해 예산이 약 1천억 달러였다. 캘리포니아는 미국에서 재정 적자가 가장 큰 주이기도 하다. 2009~10년에 350억 달러, 2010~2011년에 200억 달러의 적자를 기록했다. 캘리포니아의 적자액은 전체 50개 주의 총 재정 적자 1천억 달러의 5분의 1이다.[7] 이 재정적 난관은 어제오늘의 일이 아니다. 한심할 정도로 무능하고 불공평한 조세제도가 이 사태의 주범이다. 재산세가 최저 수준이고 — 현금 가격의 1퍼센트 — 법인세 부담도 가볍다(많아봐야 10퍼센트다). 1970년대 후반까지만 해도 캘리포니아는 미국에서 세법(稅法)이 가장 진보적인 주였다. 그러나 이후로 과세 방식이 꾸준히 역행했다. 캘리포니아는 1970년대에 소득 대비 과세와 지출에서 최상위 4개 주 가운데 한 곳이었다. 하지만 지금은 중위 그룹에 속한다.

개혁적 세제를 좌절시키고 되돌린 공세의 핵심은 13번 개정안(Proposition

---

7) 2008~12 회계연도 평균, National Association of State Budget Officers report, June 2010.

13)이었다. 1978년 주민 투표로 통과된 13번 개정안은 재산세 부과의 최대 한도를 정해버렸고, 이후의 모든 세금 인상과 관련해 주 입법부 의원 3분의 2가 찬성해야 함을 명문화했다(조직적 반대 운동이 펼쳐질 경우 도저히 뚫을 수 없는 기막힌 장벽이었던 셈이다). 하워드 자비스(Howard Jarvis)가 13번 개정안을 고안해냈다. 그는 로스앤젤레스 아파트소유자협회(Los Angeles Apartment Owners' Association)가 고용한 로비스트였다. 13번 개정안이 통과된 건 유권자들이 큰 정부(Big Government)에 반대해서라기보다 치솟는 주거비와 재산세 사정액에 불만을 품었기 때문이다. 그러나 아이러니하게도 13번 개정안은 결국 미국에서 신자유주의가 도입되는 교두보가 되고 말았다. 신자유주의는 2년 후 레이건이 미국 대통령에 당선되면서 완벽한 승리를 구가하게 됐다.[8]

13번 개정안의 효과가 즉각 나타났다. 지방정부 세입의 절반이 날아가버렸다. 새크라멘토(Sacramento, 캘리포니아 주의 주도—옮긴이)가 그 짐을 고스란히 짊어졌고, 카운티와 시 당국들은 자율성을 크게 상실했다. 레이건 행정부가 연방 정부의 지원을 삭감하면서 사태가 더욱 악화되었다. 결국 13번 개정안의 대차대조표는 다음과 같았다. 감세 조치가 이루어졌다. 필요 및 요구와 비교해 세수 확대는 부진하기만 했다. 1980년대에 부자들의 재산이 급증한 것과 비교하면 더욱 그랬다. 그 10년 동안 경제는 상승 곡선을 그렸다. 번영의 시대가 돌아왔다. 그러나 당시에 주지사로 활약한 공화당의 조지 듀크메이전(George Deukmejian)은 유입된 자금으로 미국 역사상 최대 규모의 감옥 건설 계획을 추진했다. 현재 캘리포니아의 교정 시설 예산과 고등교육 예산은 같다. 1980년대에 남캘리포니아에서 진행되던 거대한 호황이 막을 내리자 1991~92년 주 정부 예산 500억 달러 가운데 140억 달러의 세수가 부족

8) Lenny Goldberg, "Proposition 13: Tarnish on the Golden Dream", in R. Jeffrey Lustig, ed., *Remaking California: Reclaiming the Public Good,* Berkeley 2010, pp. 42~59.

해지는 사태가 캘리포니아를 강타했다.[9]

1990년대 후반의 호경기에 지출이 다시 늘어났다. 민주당이 장악한 입법부에서 소득 및 자본 이익의 과세율을 높였고, 실리콘 밸리의 부(富)가 조금이나마 세입으로 확충되었던 것이다.[10] 민주당원인 주지사 그레이 데이비스(Gray Davis)는 판매세를 깎아줬고, 재임기에 총 51억 달러에 달하는 각종 세제 혜택을 제공했다. 세기의 전환기에 캘리포니아는 흑자를 기록 중이었다. 그러나 2000년에 신경제(New Economy)의 거품이 터지면서 캘리포니아의 2002~03 회계연도 예산 1,000억 달러 가운데 240억 달러가 비는 사태가 발생하고 말았다. 이때쯤에는 증세 반대가 이미 확고한 대세였다. 공화당원들이 뉴트 깅리치(Newt Gingrich)가 주도한 제2차 신보수주의 물결을 좇았던 사실이 특기할 만하다. 그러나 캘리포니아의 헌법도 다른 주들의 헌법처럼 주지사와 의원들에게 균형예산을 통과시켜 집행하도록 강제한다. 결국 데이비스의 해결책도 지출과 차입을 대폭 줄이는 것이었다. 2003년에 210억 달러의 예산 삭감과 주 공무원 2,000명 해고 계획이 발표되었다.

경제가 소용돌이치며 대혼란 양상을 보였던 2001~03년에 데이비스의 인기는 곤두박질쳤다. 2000~01년에 발생한 전기 위기 대책으로 그는 이미 심각한 내상을 입은 상태였다. 에너지 시장이 자유화되면서 주 전역에서 전기 공급에 차질이 빚어졌고, 이때 엔론(Enron)은 떼돈을 벌었다. 데이비스는 2002년 재선에 성공했지만 2003년 주민 투표에 회부돼, 주지사직에서 쫓겨난다. 할리우드 배우 출신 아놀드 슈워제네거(Arnold Schwarzenegger)가 후임 주지사가 됐다. 자유주의 성향의 공화당원인 슈워제네거는 확고하게 친기업적이었지만 우파 도덕에서 자유로웠고, 케네디가의 일원과 결혼한 남자이기

---

9) Mike Davis, "Who Killed Los Angeles?", NLRI/197, Jan~Feb 1993과 I/199, May~June 1993; Ruth Gilmore, *The Golden Gulag*, Berkeley 2007.

10) 부자들은 캘리포니아의 소득세율이 높다고 불평한다. 그러나 미미한 재산세와 높은 판매세를 고려할 때, 캘리포니아의 세제 전반은 전혀 진보적이지 않다. Goldberg, "Proposition 13".

도 했다. '주지사 종결자'(Governator, 슈워제네거가 주연한 영화 「터미네이터」Terminator와 주지사governor를 합성한 조어—옮긴이)께서 주사(州事)를 바로잡아줄 것만 같았다. 그러나 유명세와 허세만으로는 충분치 않았다. 슈워제네거는 6년 후, 기억하기로 아마 가장 낮은 지지율인 20퍼센트 미만의 성적으로 주지사직에서 퇴임한다. 그는 재임 중에 기업 보수주의를 확고히 대변했다. 의미 있는 재정 개혁이나 증세에 모두 반대했고, 입법부와 노조가 재정 적자의 주범이라고 비난을 퍼부었던 것이다.

엄청난 경기 침체로 재정 적자 규모가 더욱 커졌다. 이를 해소하기 위해 주정부가 지방정부의 세수 수십억 달러를 꿀꺽해버렸다. 부동산 가격이 폭락하면서 지방정부들의 재정은 한층 타격을 입었다. 발레호(Vallejo) 시는 파산을 선언했고, 메이우드(Maywood)는 모든 노동자를 해고해야 했으며, 다른 지자체들도 벼랑 끝에 서 있는 상태다. 주 정부도 긴축 계획을 시행했다. 그들은 2009년에 지출을 20퍼센트 줄였다. 학교 예산이 60억 달러, 대학 예산이 30억 달러, 의료 예산이 40억 달러 삭감됐다.[11]

재정 위기를 통해 캘리포니아의 정치와 통치가 철저하게 실패했음을 더욱 실감하게 된다. 입법부가 몰락하면서 교착 상태가 시작되었다. 입법부 지지율이 슈워제네거보다도 낮았던 것이다. 하원 의장 제스 언루(Jesse Unruh)가 이끌던 1960년대만 해도 캘리포니아 의회는 그 전문성과 탁월한 업적으로 전국에서 명성이 자자했다. 그러나 윌리 브라운(Willie Brown) 의장이 이끈 1980년대쯤에는 의회가 민주당을 지원하는 기구로 변질돼버렸다. 민주당은

---

11) 캘리포니아 노조연맹(California Labor Federation)은 슈워제네거의 삭감 조치에 대응하기 위해 하원 의장 존 페레스(John Perez)에게 '일자리 예산안'(Jobs Budget)을 만들어달라고 설득했다. 그들은 삭감 조치가 복지가 필요한 사람들에게도 악영향을 끼칠 뿐만 아니라 캘리포니아에 계속해서 일자리 부족 사태를 야기할 것이라고 주장했다. 사람들의 생각과 달리 캘리포니아 주의 공무원 수는 주민 1인당 기준으로 전국에서 가장 적은 축에 속하며, 지급되는 급여도 비슷한 민간 부문 노동자들보다 약간 더 적다. Larry Gerston, "Are State Workers Overpaid?", Prop Zero blog on NBC Los Angeles site, 17 November 2010 참조.

1959년 이래로 계속해서 주 의회를 장악했다. 공화당은 1990년에 선출직 관리의 임기를 제한하는 주민 투표 개정안을 제안해 브라운과 다수 민주당을 거꾸러뜨렸다(의회 의원들과 이익집단 간의 유착을 막는다는 게 명목으로 제시되었다–옮긴이). 임기 제한으로 입법부가 무력화됐다. 의회의 집단적 지식, 전문적인 경험, 가장 강력한 의견, 숙련된 입법 행위에 필수적인 다수의 사무직원들이 쫓겨나고 떠나버렸다. '이익집단'의 영향력을 차단하는 수단으로 제시된 임기 제한으로 산업계 로비스트들의 의원 장악력이 강화되고 말았다.[12]

예산안을 둘러싼 교착 상태가 매년 의례적으로 반복되면서 입법부는 한층더 망가졌다. 이는 (1934년 개정안으로 도입된) 3분의 2 다수결제 때문이었다. 민주당이 계속해서 의회 내 다수파를 유지했지만 소수의 공화당 의원들은 1990년대 이래 증세 사안에서 물러서지 않았고, 심지어 2009년에는 영업세를 25억 달러 깎아줘야 예산안 통과에 합의하겠다고 으름장을 놓았다. 그해 11월 — 캘리포니아 교원연맹(California Federation of Teachers, CFT), 캘리포니아 교원연합(California Teachers Association, CTA), 캘리포니아 간호사연합(California Nurses Association, CNA), 국제서비스노동자연맹(Service Employees International Union, SEIU)이 주도하고, 캘리포니아 노조연맹(California State Federation of Labor)이 후원하는 — 공공 부문 노동조합들이 25번 개정안(Proposition 25)을 제출했다. 25번 개정안은 단순 과반수만으로도 예산안을 통과시키도록 하고 있다. 25번 개정안은 55퍼센트 대 45퍼센트의 표 차로 통과되었는데, 이는 최근 선거에서 가장 의미 있는 결과 가운데 하나였다. 불행하게도 증세안에서는 3분의 2 다수결제가 여전히 유효하다. 올해 통과된 26번 개정안(Proposition 26)이 압도적 다수라는 규칙을 주와 지방

12) Christopher Witko, "The California Legislature and the Decline of Majority Rule", in Lustig, *Remaking California*, pp. 60~77.

이 거두는 각종 수수료(전문적인 서비스에 대한 수수료를 의미한다–옮긴이)
에 확대 적용함으로써 사태가 악화됐다는 것도 사실이다. 주 상공회의소와
셰브론(Chevron)에서 자금을 댄 26번 개정안은 그 개정안으로 인해 정부가
얼마나 해로울 수 있는지를 다시 한 번 보여줬다. 대기업이 주무르는 각종 조
치들이 매 선거에서 유권자들을 괴롭히는 것이다.[13]

　　13번 개정안을 폐기하려는 시도들, 가령 공공 부문 노조들의 2004년 활동
은 무산됐다. 민주당 지도부가 캘리포니아 정치의 뇌관을 건드리려 하지 않
았기 때문이다.[14] 대다수의 좌파 자유주의 성향 논평가들은 이런 교착 상태가
증세에 반대하는 유권자들과 우파의 조직적 저항 때문이라고 말한다. 하지만
이런 진단은 증거와 맞지 않는다. 민주당은 지난 40년 동안 선거로 캘리포니
아를 쉽사리 장악해왔다. 주 입법부 상·하원 모두, 연방 상원 의석 하나 내지
둘 다, 연방 하원 대다수, 로스앤젤레스·산호세·오클랜드·샌프란시스코의 시
장직들은 민주당 차지였다. 클린턴 시절부터는 민주당 대선 후보가 나오는
족족 최소 10퍼센트 이상 득표율 차이를 내면서 캘리포니아를 가져갔다.

　　선거에서 지기 때문이 아니다. 민주당은 실리콘 밸리, 할리우드, 자본가들
의 의제 및 안건에 기본적으로 공명한다. 민주당은 그들이 대주는 돈에 의존
한다. 민주당이 기존의 제도를 건드리려 하지 않는 것은 이 때문이다. 캘리포
니아 출신의 주요 민주당원을 보라. 전 연방 하원 의장 낸시 펠러시(Nancy

---

13) 주민 투표 개정안들 가운데 성공한 다른 것들로는 선거구 재편, 주 정부의 재원 약탈을 막기 위
　　해 지방정부들이 제출한 개정안이 있다. 대마초 합법화, 작년의 감세 조치를 뒤집으려던 개정안
　　들은 실패했다. 캘리포니아의 주민 투표 조치들을 자세히 알려면 www.ballotpedia.org 참조. 개
　　정안으로 정부가 망가진 사례는 Peter Schrag, *Paradise Lost: California's Experience, America's
　　Future*, New York 1998 참조.
14) 세제와 관련해 3분의 2 다수결제를 폐지하려던 2004년의 법안 발의는 66퍼센트 대 34퍼센트로
　　패배했다. 일부 노조가 2010년 25번 개정안을 지지했고, 국민교육이 조세정책의 우선 사항으로
　　자리를 잡았다. 그러나 제도를 바꾸려는—예컨대, 주요 조세 피난처인 상업 용지를 재평가함으로
　　써—조치와 활동은 아직 시작되지도 못했다.

Pelosi)는 워싱턴에서 캘리포니아 기업의 이익을 앞장서서 대변했다. 펠러시는 샌프란시스코의 고급 주택 지구 퍼시픽 하이츠(Pacific Heights)에 살며, 부동산과 첨단 기술 투자 포트폴리오가 엄청난 백만장자다. 상원 의원 다이앤 페인스틴(Dianne Feinstein)도 샌프란시스코만 지역 출신이다. 비공개 기업 투자 펀드(private equity fund) 매니저인 억만장자 리처드 블룸(Richard Blum)의 배우자인 다이앤은 한때 이런 별명으로도 불렸다. '돈으로 살 수 있는 최고의 상원 의원.' 의회에 제출된 그녀의 재정 상태 보고서는 '전화번호부만' 했다고 전해진다. 최근 의회에 진출한 백만장자 출신 민주당원이 두 사람만 있는 건 아니다. 톰 랜터스(Tom Lantos), 엘런 타우셔(Ellen Tauscher), 피트 스타크(Pete Stark)가 전부 금융, 부동산, 전자 분야에서 큰돈을 벌었다.[15]

2010년 상원 의원 선거에서는 또 다른 백만장자 바버라 박서(Barbara Boxer) 현역 의원이 휴렛패커드(Hewlett Packard) 최고 경영자 출신으로 엄청난 자산가인 칼리 피어리너(Carly Fiorina)와 맞붙었다. 다른 경선처럼 이 선거운동에서도 주된 쟁점은 경제문제였다. 피어리너는 감세와 긴축재정을 옹호했고, 박서는 오바마의 정책을 방어했다. 그녀는 캘리포니아의 '녹색 경제'를 지원하기 위해 자신이 워싱턴의 연방 기금을 끌어왔음도 선전했다. 대형 법무 법인들, 할리우드, 은퇴자들이 박서를 지원했다. 피어리너는 1,700만 달러, 박서는 2,200만 달러를 선거비용으로 썼다. 박서는 52퍼센트 대 43퍼센트의 지지율로 피어리너를 눌렀다. 출구 조사 결과를 보면 흑인 유권자의 80퍼센트, 라틴계의 65퍼센트, 대도시 거주자의 68퍼센트가 박서를 지지했다. 2010년의 다른 선거에서도 같은 양상이 반복되었다.

---

15) Larry Benske, "The Best Senator Money Can Buy", *East Bay Express*, 18 November 1994; Zachary Coile, "Bay Lawmakers among Wealthiest", *San Francisco Chronicle*, 26 June 2004.

새크라멘토로 가는 길

제리 브라운(Jerry Brown)도 54퍼센트 대 41퍼센트의 격차로 2010년 주지사 경선에서 압승을 거두었다. 민주당의 캘리포니아 장악력이 재천명된 사건이었다. 공화당 후보는 이베이(eBay) 최고 경영자 출신의 억만장자 멕 휘트먼(Meg Whitman)이었다. 그녀는 개인 재산 1억 6,000만 달러를 퍼부어 방송 채널을 도배하다시피 했다. 휘트먼이 지출한 선거비용은 지난번 경선에서 양당 후보가 쓴 금액의 세 배에 달했고, 주지사 경선으로는 미국 역사상 돈이 가장 많이 투입된 선거운동이다. 그녀의 공약은 통상의 신자유주의 처방들이었다. 세금을 감면해 기업을 유인하고, 정부의 효율성을 높이며, 규제를 완화하고, 공공 부문 노조를 공격하는 것 등 말이다.[16]

휘트먼은 정치적 배경이 일천했다. 그녀는 투표도 거의 하지 않았다고 실토했다. 휘트먼은 매케인의 2008년 대선 캠프에서 공동 의장을 맡기도 했지만 공화당과 공식적으로 연계되는 일도 별로 없었다. 공화당 우파는 휘트먼이 동성연애, 기후변화, 이민 문제에서 너무 자유주의적이라고 생각했다. 그녀가 11월에 패배하는 데서 이민 문제가 결정적인 이유로 작용했다. 휘트먼은 밀입국자 고용에 강경한 입장을 고수했다. 그런데 그녀가 9년 동안 고용한 멕시코인 가정부가 밀입국자로 밝혀졌던 것이다. 휘트먼이 문제가 된 여성을 추방해야 한다고 주장하면서 매정하게 절연한 사태는 또 다른 추문으로 비화했다. 다수의 라틴계가 이 사태에 치를 떨었다. 출구 조사를 보면 라틴계 유권자의 32퍼센트만이 그녀를 지지했음을 알 수 있다. 휘트먼은 2001~02년에 골드먼 삭스(Goldman Sachs) 이사로 있으면서 각종 투자 펀드에 수백만 달

---

16) Michael Reich, "Can Californians Trust What Meg Whitman is Selling?", Center for American Progress Action Fund, August 2010.

러를 넣어뒀다. 저소득층 유권자들이 이 사실을 접하면서 휘트먼을 싫어하게 됐을 가능성이 크다. 연소득 3만 달러 미만의 저소득층 가운데 34퍼센트만이 휘트먼을 지지했다.

70대의 민주당원 제리 브라운이 승리를 거두었다. 그는 1975~83년에 이미 주지사를 지낸 바 있었고, 1999~2007년에는 오클랜드 시장으로도 재직했다. 브라운은 가장 최근에 주 법무장관을 맡았다. 자유주의 좌파의 협객이었던 그가 흑자 예산을 어리석게 다루는 바람에 13번 개정안이 통과되고 말았다. 브라운은 '작은 정부의 시대'(era of limits)를 지겹도록 떠들어댔고, 이미 신자유주의의 선도자였다. 오클랜드에서 그의 주요 업적은 주택 경기가 한창일 때 대규모로 아파트 단지를 개발해 도심에 새로 활기를 불어넣은 것이었다. 브라운은 차터 스쿨(charter school, 공적 자금을 받아 교사, 부모, 지역단체 등이 설립하는 학교—옮긴이) 안(案)을 강행 통과시키는 데서도 중요한 역할을 했다. 브라운은 공약을 모호하게 제시하는 절제된 선거운동을 펼쳤지만 대략 신자유주의를 고수했다. 공공 지출을 줄이고, 공무원 연금을 삭감하며, 노동조합들에 '타협'을 강요하겠다고 약속했던 것이다. 브라운은 정치의 풍향을 감지하는 예리한 코를 지녔다. 하지만 강력한 대중적 지지 기반은 부족하다.

브라운은 큰 격차로 승리했다. 흑인, 라틴계, 대도시 거주자들 사이에서 특히 성적이 좋았다. 출구 조사 결과를 보면 이 범주의 유권자들이 77퍼센트, 63퍼센트, 66퍼센트씩 브라운을 지지했다. 그는 연소득 3만 달러 이하의 계층에서 58퍼센트, 3~5만 달러 소득 계층에서 63퍼센트의 지지를 얻었다. 브라운이 승리하는 데서 많은 공을 세운 세력은 공공 부문 노조다. 공공 부문 노조가 브라운 선거운동의 근간이었다. 가장 규율이 잘 잡혀 있고 의욕적이었던 간호사 노조는 휘트먼을 직접 공격했다. 그들은 휘트먼의 광고를 조롱했고, 이베이를 상대로 주주 소송을 제기했으며, 샌프란시스코 남부 애서턴(Atherton)의 백만장자들만 사는 주택 지구에 있는 그녀의 집 앞에서 피켓 시위를 벌였다. 캘리포니아 노조연맹 산하의 다른 노동조합들은 전화 작전과 가가호호 방문을 통해 협력했다. 그러나 예측 가능한 미래에 캘리포니아가 계속해서 푸른색(민주당의 상징색-옮긴이)을 유지할 수 있는 것은 조직 노동계급에 대한 민주당의 지속적 장악력 때문만은 아니다. 민주당이 선호되는 데는 인구 통계학적 상황도 가세하고 있다.

백인 공화국의 종말?

당대의 캘리포니아 정치를 바다에 비유하면 거칠기가 이를 데 없다. 그러나 그 아래 깊은 곳에서도 해류가 흐르고 있음에 주목해야 한다. 인구 동태가 바뀌고 있는 것이다. 캘리포니아의 정치와 통치가 교착 상태에 빠져버린 근본 원인은 장기간 지속돼온 '대표성의 위기'(crisis of representation) 때문이다.[17] 그람시의 말을 원용해보면, 낡은 백인 공화국이 사멸하고 있지만 새로운 라틴계 국가는 아직 태어나지 않은 것이다. 출신지가 유럽인 사람은 이제 캘리포니아에서 소수다(42퍼센트). 유색 인종이 다수인 것이다. 라틴계가 3분의 1, 아시아인이 8분의 1, 아프리카계 미국인이 12분의 1을 차지한다. 캘리포니아 주 전체 인구는 3,700만이다. 현재 해외 출신자 약 1,000만이 캘리포니아에 살고 있다. 전체 주민의 4분의 1이 넘는 수치다. 전체 미국 이민자의 4분의 1이 캘리포니아에 머물고 있다는 사실도 보태놓는다. 캘리포니아의 노동력 수요가 줄고, 게이트키퍼 작전(Operation Gatekeeper)으로 국경이 군사화하면서 이민도 그 속도가 느려졌고 미국의 다른 지역으로 옮아갔다. 그럼에도 불구하고 이민자들 사이에서 자녀가 태어나면서 비백인 주민, 노동

17) Lustig, "Voting, Elections and the Failure of Representation in California", in *Remaking California*, pp. 99~120.

자, 학생들의 수가 계속 늘어나고 있다.

상황이 이런데도 공식 선거 정치를 계속 장악하고 있는 건 백인들이다. 캘리포니아의 정규 유권자 3분의 2가 여전히 백인이다. 유색인종의 대다수는 대표자가 불충분하다. 아주 많은 사람이 시민이 아니고(60퍼센트), 미성년이며(45퍼센트), 선거인 명부에 등록돼 있지 않기 때문이다. 캘리포니아에서 투표권을 갖는 라틴계 가운데 실제 투표장을 찾는 사람의 비율은 30퍼센트에 불과하다. 시 의회, 주 의회, 연방 의회의 라틴계 대표자 수는 일반 국민 가운데서의 비례에 한참 미치지 못한다. 안토니오 비야라이고사(Antonio Villaraigosa)는 19세기 이래 로스앤젤레스가 배출한 최초의 라틴계 시장이다.[18] 백인이 다수의 지위를 잃고 있기 때문에 그들이 캘리포니아에 행사하는 영향력은 이제 비례적이지 않다. 백인 유권자는 현저하게 고령화했으며, 더 부유하고, 재산도 많다. 그들이 보수적 견해를 가지는 건 당연하다. 그들 다수에게 이민자들은 문젯거리이고, 에스파냐어는 위협이며, 법과 질서는 집회의 구호가 되었다. 중도 성향의 백인 유권자조차 세금을 부담으로, 학교를 이익이 나지 않는 기관으로, 공동의 미래를 누군가 다른 사람의 문제로 본다.

반면 라틴계와 아시아인들은 낙태와 동성 결혼 같은 쟁점에서 흔히 보수적이기도 하지만 더 나은 공립학교와 사회복지를 굳건하게 원한다. 캘리포니아에서 새로이 등록 중인 유권자들의 압도적 다수가 청년, 1세대 및 2세대 이민자 그리고 민주당원이다.[19] 최근 선거가 어떤 조짐이었다면 캘리포니아가 구조 변동을 경험한 것인지도 모른다. 공화당이 전국을 휩쓰는 가운데서도 민주당이 캘리포니아에서 계속 승리하는 주 요인이 유색인종의 지지인 것이다. 이들 유권자가 대마초 합법화를 지지하지 않은 것은 놀랍지 않다. 그러나 격론이 일어날 만한 쟁점인 동성 결혼과 관련해 그들의 태도가 바뀔 조짐들

18) 수치는 Public Policy Institute of California, www.ppic.org에서 가져왔다.

19) Jane Junn, "Why California Will Stay Blue", *San Francisco Chronicle*, 8 November 2010.

이 보인다. 2008년 8번 개정안(Proposition 8)으로 통과된 금지 조치를 뒤집으려는 전투가 지속되고 있는 것이다.

이민자의 권리는 무려 30년 동안 공방이 치열한 쟁점이다. 정치적 풍경의 중대한 변화가 이민자의 권리를 중심에 놓고 일어났다. 대개 이민 배척주의자들이 제출한 주민 투표 개정안들이 초점을 형성했고, 유색인종 공동체에서는 대응 행동에 나섰다. 1986년의 한 개정안으로 영어가 캘리포니아의 공식 언어가 됐는가 하면 1994년의 187번 개정안(Proposition 187)은 공화당 주지사 피트 윌슨(Pete Wilson)의 지원 아래 불법 이민자들의 교육 기회 및 사회복지 접근을 차단하려고 했다. 법원이 무효화하기는 했지만 주민 수백만이 이에 자극받아 유권자 등록과 투표에 나섰다. 그 대다수가 민주당을 지지했다. 1996년에는 209번 개정안(Proposition 209)으로 캘리포니아의 차별 철폐 조처들이 종말을 고했다. 더 최근에는 애리조나의 새로운 이민 규제법을 중심으로 초점이 형성되었다. 캘리포니아의 라틴계 사회 전역에서 항의 시위가 분출했다.[20]

인구 동태가 바뀌면서 정치 지형이 새로워졌다. 과거의 분열은 남북 문제였다. 한 세기 동안 샌프란시스코만 지역이 주를 통치했지만 1980년대에 신우파(New Right)의 반동이 인구가 불어난 남캘리포니아에서 터져나왔다. 작금의 지리적 분단선은 동서다. 해안 지방과 내륙의 계곡 지역이 불화하는 것이다. 대체로 얘기해 해안은 잘살고, 세련되었으며, 여러 언어를 사용하고, 자유주의적이다. 반면 내륙은 가난하고, 도무지 흥미로울 게 없으며, 기독교적이고, 농촌에(최근에야 교외로 편입되었다), 보수적이다. 내륙은 노동계급과 라틴계 인구가 점점 늘고 있지만 정치를 지배하는 건 여전히 백인 엘리트다.

---

20) 애리조나는 1990년대의 캘리포니아를 답습하고 있다. 주택 시장이 대규모로 붕괴하면서 비례적으로 봐 오늘날 최악의 재정 적자를 기록 중인 것이다. 캘리포니아의 국경에 담장이 둘러쳐지면서 대다수의 비밀 월경 행위도 애리조나를 무대로 펼쳐지고 있다.

현지의 백인 엘리트는 그 옛날의 농업 체제에서 출세했거나 새로 부동산을 취득한 집단 출신이다. 내륙 계곡 지방의 정치가 붉은 주(붉은색은 공화당의 상징색이다-옮긴이)만큼이나 반동적인 까닭은 이들 백인 유권자 때문이다.[21]

남캘리포니아에서는 노조들의 미흡한 활동 속에서나마 내륙에서 창고 운영 및 건축업이 조직되었다. 북부에서는 캘리포니아 교원연맹(CFT)이 더 나은 캘리포니아를 위한 연대(Alliance for a Better California)를 결성했다. 센트럴 밸리 지역 활동가들, 종교 단체, 아프리카계 미국인 및 라틴계 활동가들이 여기에 참여하고 있다. 캘리포니아 노조연맹은 센트럴 밸리 노동위원회를 강화해, 유권자 등록을 독려했다. PICO와 ACCE는 내륙의 소도시들에서 조직이 탄탄하다. 두 단체의 지역사회 활동가들은 재정 개혁, 학교, 보건, 이민 문제들에서 주민들의 결집을 시도하고 있다. 그럼에도 불구하고 내륙의 활동 수준은 해안의 그것에 한참 미치지 못한다.

어린이를 기만하다

현행의 경제 및 재정 위기는 서서히 몰락해온 전후 캘리포니아 사회의 가장 최근 증상일 뿐이다. 황금 주에서도 전국의 여느 곳처럼 미국 자본주의의 황금시대가 공적 투자와 유능한 행정이라는 굳건한 토대 위에 구축되었다. 황금 주에서는 신자유주의가 꾸준히 확대되었고, 공공 부문도 약화되었다. 기업자본주의의 활력에도 악영향이 있을 것이다. 초등교육에서 대학에 이르는 교육 분야에서 이 점은 특히 명백하다. 한때 위대했던 캘리포니아의 공교

21) Lisa McGirr, *Suburban Warriors: The Origins of the New American Right*, Princeton 2001; Frédérick Douzet et al., eds., *The New Political Geography of California*, Berkeley 2008 참조.

육 제도는 마비되고 말았다. 초중등교육(K-12, 유치원에서 12학년까지)은 시험 성적에서 중퇴율에 이르는 각종 기준을 적용할 때 전국 수위에서 바닥권으로 추락했다. 퇴학률이 현재 25퍼센트다. 추락 이유는 다양하다. 그러나 문제의 핵심은 궁핍이다. 학생과 학교가 모두 가난한 것이다. 경제 불평등과 예산 삭감이 캘리포니아 어린이들을 짓누르고 있다.

캘리포니아 어린이들의 빈곤은 전례 없는 수준이다. 20퍼센트가 넘는다. 미국의 전체 빈곤 아동 가운데 6분의 1이 캘리포니아에 산다. 30년 전에는 10분의 1이었다. 가난한 아이들은 부자 친구들보다 학업 성적이 나쁘다. 주 전체로 산정한 시험 성적이 동네의 계급(및 나아가 인종)과 밀접하게 결부된다는 사실은 전혀 놀랄 일이 아니다.[22] 1970년 이후로 학생 한 명당 투입되는 학교 예산도 급격하게 줄었다. 이 부문에서 캘리포니아는 최상위 5개 주에 속했다가 최하위 5개 주 무리로 추락했다. 캘리포니아는 미시시피만큼 가난해졌다. 13번 개정안이 통과되기 전에는 학군들이 수입의 4분의 3을 지역의 재산세에서 충당했다. 현재 그 비율은 3분의 1로 쪼그라들었고, 새크라멘토가 나머지를 낸다. 갖은 경기후퇴 속에서 삭감 조치가 거듭되었고, 학교 프로그램은 형해화됐다. 음악, 미술, 그 밖의 과목들이 맨 먼저 사라졌다. 교사 수천 명이 해고됐고, 한 학급당 학생 수가 다루기 힘든 규모로 커졌다.

1988년에 98번 개정안(Proposition 98)을 통해 교육재정 누수를 막으려던 시도가 있었다. 98번 개정안은 주 연간 예산의 40퍼센트를 K-12 교육에 투입하도록 했다. 그럼에도 불구하고 이 개정안은 교육예산의 절대액을 보장하지 못하고, 주에 지출할 돈이 없으면 무용지물이 된다. 경기가 침체할 때마다 새로운 파산 물결이 캘리포니아의 학군들을 뒤흔들었다. 항상 가장 가난한 곳들이 타격을 입었다. 예컨대, 샌프란시스코만 지역의 리치먼드(Richmond)나 로스앤젤레스 카운티의 린우드(Lynwood) 같은 곳들 말이다. 2003년의 오클

---

22) 자료는 National Center for Children in Poverty, www.nccp.org 참조.

랜드처럼 최악의 상황이 벌어지면 주 정부가 실사단을 파견해 예산을 삭감하고, 주민의 염원도 꺾어버린다. 현재 주 정부의 실태 조사에 따르면 전체 1,050개 학군 가운데 175개가 재정적으로 심각한 상황에 처한 것으로 나온다. 신자유주의가 선호하는 처방은 차터 스쿨이다. 차터 스쿨은 명목상으로는 학군의 통제를 받지만 외부 계약자들이 운영한다. 그 계약 운영자들이 수익을 노린다는 것은 불문가지다. 차터 스쿨이 공립학교보다 낫다는 증거는 어디에도 없다. 교사들이 제대로 된 보수를 받고 다른 보장도 기대할 수 있는 노조 협약 따위는 안중에도 없으리라는 사실만 선명하게 다가온다.

교육제도 때문에 주가 망가지고 있다는 생각이 사람들 사이에서 기세를 더해가는 믿음이라면 훨씬 치명적인 얘기도 회자되고 있다. 아이들 자체가 낙오자들이라는 것이다. 그들은 읽지 못하고, 일제 고사 성적이 형편없으며, 주의가 산만하고, 버릇이 없다. 학업을 마치고 졸업하는 게 불가능한 애들이다. 해결책은 이렇다. 말썽꾼 사고뭉치들은 쫓아내라, 그들의 학교 출입을 막아라, 경찰이 학내를 순찰하도록 하라, 따분한 숙제를 내줘 여러 시간 반복하며 과제를 붙들고 있게 하라, 그래야 불안한 부모들은 자녀들이 철저하게 교육받고 있다고 믿을 것이다, 무엇보다도 끊임없이 시험을 부과하라.

이민자 자녀 수백만이 캘리포니아의 학교에 입학하면서 학생 집단의 구성이 바뀌는 가운데 이 모든 일이 일어났다. 전체 학령 아동의 절반이 라틴계이고, 나머지 절반은 가지각색의 언어를 사용하는 가정 출신으로 100개 언어가 넘는다. 1998년에 통과된 227번 개정안(Proposition 227)으로 대부분의 두 언어 병용 교육이 일소되었다. 227번 개정안은 영어 사용을 강화했고, 다른 언어로 교육하는 것을 제한했다. 이민 배척주의자들은 대규모 이주로 교육제도가 망가졌다고 주장한다. 그러나 1975~2000년 사이의 이민자 수는 1950~1975년의 이민자 수보다 많지 않았다. 학교에 투자하지 않은 게 인종차별적 작태라는 게 명백해지는 지점이다. 전후의 이주 물결은 대부분이 미국에서 태어난 백인들이었음에 반해 두 번째 이민 물결은 비(非)백인에, 외국인 부모

사이에서 태어난 아이들이었다.

학교의 몰락은 "포용 정책이 40년간 줄곧 실패했음"을 시사한다.[23] 1964년 공민권법(Civil Rights Act)이 통과된 후 학교 통합 문제를 두고 미국 전역의 도시에서 격렬한 전투가 벌어졌다. 1970년대 초반에는 법원이 시 당국들에 버스를 대절해 학생들을 한 학군에서 다른 학군(도시와 교외를 가로지르지는 않았다)으로 실어 나르도록 강제 명령을 내렸다. 교육 분야의 인종차별을 더 효과적으로 철폐하기 위해서였다. 강제 버스 통학 문제를 놓고 투쟁이 계속되면서 로스앤젤레스와 다른 수많은 지역이 갈가리 찢겼다. 캘리포니아 주 대법원이 1971년에 내린 세라노 판결(Serrano decision)은 또 다른 이정표였다. 이 판결로 주 행정 당국은 세수를 재분배해, 재정과 자원에서 큰 차이가 나는 학군들의 격차를 해소해야 했다. 그러나 공평하게 재정을 지원하려던 노력에도 불구하고 학군들 간의 격차가 과거 그 어느 때보다 심각한 상황이다. 상층 중간계급은 자녀들을 공립학교에서 빼내 사립학교에 집어넣는 방식으로 대응했다. 이런 전학이 과거에는 드물었지만 이제는 아주 흔해졌다. 부자들에게는 대안이 또 있다. 조세 기반이 풍족한 백인 위주의 부유한 교외로 이사하는 방안이 그것이다. 공공 기금이 부족하면 부모들이 돈을 갹출해 학교에 기부한다. 2010년 7월에 시민사회 단체들이 연대해, 학교 재원의 불평등 문제를 시정해달라며 소송을 제기했다. 그들은 '세라노의 자식' 판결이 나오기를 바라고 있다.

현하의 교육 난맥상을 주로 반대하는 세력은 교원 노조다. 98번 개정안 쟁취 투쟁을 이끌었던 캘리포니아 교원연합은 새크라멘토가 결코 무시할 수 없는 막강한 세력이다. 캘리포니아 교원연합 지부들은 차터 스쿨과 해고 반대 입장을 분명히 했고, 부모, 목사, 지역사회 활동가들도 교사들을 줄곧 지지해

23) Ronald Schmidt, "Immigration, Diversity and the Challenge of Democratic Inclusion", in Lustig, *Remaking California*, pp. 121~39.

왔다. 캘리포니아 교원연맹의 활동도 주목할 만하다. 그들은 SEIU 및 전미주, 카운티, 시 공무원연맹(American Federation of State, County and Municipal Employees, AFSCME)과 함께 캘리포니아 학교연대(California Schools Coalition)를 만들었다. 캘리포니아 학교연대는 2010년 3~4월에 한달 예정으로 공교육과 공공 서비스를 지켜내자고 호소하며 로스앤젤레스에서 새크라멘토까지 이동하는 시위 행진에 참여했다. 그들은 교육 재원을 마련하고 세제를 개혁할 것을 요구했다. 지역사회 단체들도 연대에 동참했다. 좋은 학교를 원하는 학부모와 학생들(Parents and Students for Great Schools)이 재정 지원을 더 공평하게 개선하라고 요구했던 것이다. 그러나 엄청난 경기 침체의 소용돌이 속에서 교육 현실은 계속 추락하고 있다.[24]

고등교육

캘리포니아가 구축한 3단계 주립 대학 체계는 미국에서 규모가 가장 크고 과거에는 세계 최고의 제도였다. 버클리를 기함(旗艦)으로 하는 캘리포니아 대학(University of California, UC)의 아홉 곳 캠퍼스는 공립대학으로는 미국 최고라는 인정을 폭넓게 받고 있다. 2년제의 개방형인 캘리포니아 커뮤니티 칼리지(California Community Colleges, CCC)는 110곳 캠퍼스에서 매년 약 300만 명을 가르친다. 캘리포니아 주립 대학(California State University, CSU)의 스물세 곳 캠퍼스에는 약 50만 명이 재학 중이다. 캘리포니아의 유색인종 출신 노동계급 학생 다수가 커뮤니티 칼리지와 주립 대학에 다닌다. 적대적인 노동시장에 진입하는 길을 후자의 두 수단을 통해 강구하는 것이다.

지난 20년 동안 교육예산이 삭감되면서 고등교육 분야에도 찬바람이 몰아

24) David Bacon, "California's Perfect Storm", *Rethinking Schools*, Fall 2010.

쳤다. 주립 대학과 커뮤니티 칼리지의 사정은 최악이었다. 두 기관은 거듭되는 경기 침체 속에서 예산을 크게 삭감당했고, 다시 호경기가 찾아와도 회복되는 일은 거의 없었다. 주립 대학 교원의 최소 절반, 커뮤니티 칼리지 교원의 3분의 2는 이제 정규 교수가 아니라 겸임 교수다. 이는 전국적 추세이기도 하다.[25] 엄청난 경기 침체로 모든 대학 예산이 사정없이 잘려나갔다. 2009년 여름 캘리포니아 대학 행정처는 운영예산 20퍼센트 삭감, 임금 5~10퍼센트 삭감, 등록금 32퍼센트 인상을 발표했다. 교수진 신규 채용 계획이 돌연 중단됐고, 직원 수백 명이 해고됐다. 마찬가지로 예산을 삭감당한 주립 대학과 커뮤니티 칼리지도 과목 수백 개를 폐강했고, 교직원들을 감원 조치했으며, 건물 신축 계획을 중단했다. 수업료가 오르자 수십만 명의 학생이 발길을 돌렸다.

　대학 사회 내부도 보자. 계급 분열이 증대하고 있다. 대학 관리자들과 캘리포니아 대학 고위 정교수진은 엄청난 봉급으로 주머니가 두둑한 반면 강사들, 캘리포니아 대학 하위 교수진, 주립 대학과 커뮤니티 칼리지 교수들은 집세 내기가 힘들 정도다. 한 연구를 보면 지난 10년 동안 캘리포니아 대학에서 관리 행정 신입 사원은 두 배 늘었지만 다른 분야의 고용 증가는 3분의 1에 그쳤음을 알 수 있다. 한 컨설턴트의 버클리 캠퍼스 감사 보고서에 따르면 수천만 달러가 조달 부문과 쓸데없는 관리 경영진에 낭비되고 있다고 나온다. 그러나 자리에서 물러난 경영 관리자는 한 명도 없다. 오히려 구조 개편과 해고로 하위직에 짐이 떠넘겨지고 있다는 게 사태의 실상이다.[26] 과별로 예산이 삭감되면서 교원들은 연구하고 사유할 시간이 줄었고, 학생들 역시 대학 생활을 영위하는 데서 지원과 도움을 덜 받게 됐다. 등록금 인상도 매년 거듭되

25) 교육계의 더 광범위한 변화상은 Frank Donoghue, *The Last Professors*, New York 2008; Christopher Newfield, *Unmaking the Public University*, Cambridge MA, 2008 참조.

26) Charles Schwartz, "Who Pays the Hidden Cost of University Research?", Minding the Campus blog, 9 August 2010. 버클리의 구조 개편과 교수진의 비판에 관한 정보는 the UC Berkeley Faculty Association 웹사이트의 'Reforming the University' 섹션 ucbfa.org 참조.

는 정규 행사로 자리를 잡았다. 캘리포니아 대학이 가난한 학생들에게 장학금을 충분히 제공하기는 하지만 연간 수업료가 11,000달러를 넘어가면서 다른 많은 학생들, 특히 유색인종 출신이 대학을 떠나고 있다. 등록금은 앞으로도 가차 없이 인상될 것이다.

캘리포니아 대학 행정처는 대학을 재편해 수입을 극대화하는 데 열심이다. 그들이 원하는 안(案)들로 학부 3년 졸업제와 외국 학생 유치 증대가 있다. 학부 3년제가 시행되면 졸업생들은 더 일찍 간난의 신고를 겪어야 할 테고, 외국 학생들은 적어도 두 배 더 많은 돈을 낸다. 온라인 사이버 대학을 개설해 학위를 주는 계획이 또 다른 방안이다. 전 세계인을 상대로 캘리포니아 대학이라는 브랜드 장사를 하겠다는 것이다. 캘리포니아 대학이라는 기관 안에 있는 전문학교(professional school)들은 어떨까? 의학 전문 대학원, 법학 전문 대학원, 공중 보건 전문 대학원 등등은 배출하는 '상품'에 마음대로 가격을 붙이는 실정이다. 이런 온갖 조치들 속에서 공립대학의 이상이 무너지고 있다. 교육이 인간의 지식을 발달시키는 사회 투자라는 관념은 이제 돈을 버는 활동일 뿐이라는 생각에 그 자리를 내주고 있다. 그 속에서 학자들은 특허 발명이나 하고, 학생들은 자신의 '인적 자본'에 직접 투자한다. 엄청난 학자금 대출이 동원되는 것은 물론이다. 작금의 사태를 목도하노라면, 엘리트가 아닌 고등 보통교육(liberal education)이 종말을 향해 나아가고 있는 것인지도 모른다.[27]

작년에 캘리포니아 전역의 학생이 교육예산 삭감과 등록금 인상에 반대해 들고 일어났다(이런 구호도 볼 수 있었다. "항의한다. 등록금 인상 안 돼!") 대학생들은 산타크루스, 버클리, 로스앤젤레스 캠퍼스에서 공청회를 열었고,

---

27) 캘리포니아 공공정책연구소(Public Policy Institute of California)가 실시한 최근 조사에 따르면 대중은 학비 인상의 심각성을 인정하고, 세금을 인상하는 것에도 동의했다. Mark Baldassare et al., "Californians and Higher Education", November 2010 참조(www.ppic.org에서 읽을 수 있음).

항의 시위를 벌였으며, 건물을 점거했다. 이는 1960년대 이후로 사라졌던 실력 행사였다. 교직원과 학생들의 동맹 휴·파업이 2009년 9월 후반에 시작돼, 캘리포니아 대학 전체로 번졌다. 산타크루스 캠퍼스의 한 학생 단체가 점거를 시작하자 11월에는 로스앤젤레스 캠퍼스, 버클리 캠퍼스, 데이비스 캠퍼스로 농성이 확산되었다.[28] 캘리포니아 대학 행정처는 거듭해서 경찰을 불러들여 항의 시위를 깨고, 점거 농성을 해산했다. 여기에는 대학 경찰과 지역 경찰이 모두 동원되었다. 캘리포니아 대학의 귀공자들은 여느 때처럼 등록금 인상을 밀어붙였다.

2010년 1월 슈워제네거 주지사는 이런 소란에 반응해 주 예산에서 더 많은 몫을 고등교육에 지원하겠다고 약속했다. 3월 4일 초등학교에서 대학교를 아우르는 주 전역의 학생과 교원 수만 명이 공교육 수호를 천명하며 대규모 휴·파업과 시위를 벌였다. 이 행동은 다시 전국의 캠퍼스로 퍼져나갔다. 초가을에 통과된 최종 예산안을 보면 교육 분야 집행금이 조금 오르기는 했다. 그러나 대학의 귀공자들께서는 등록금을 다시 8퍼센트 인상했다. 10월 5일 새롭게 투쟁이 벌어졌다. 11월 17일 샌프란시스코에서 열린 집회에서는 시위대와 경찰이 격렬하게 충돌했다. 학생들은 막강한 정부와 학교 행정처를 한꺼번에 거꾸러뜨려야 하는 시시포스의 과업과 맞닥뜨렸다. 더구나 학생운동 진영은 분열해 있다. 그 단층선도 세 개나 된다. 첫째, 무기력한 대중과 활동적인 학생 조직. 둘째, 활동적인 학생 조직과 급진적인 '점거파.' 셋째, 백인 좌파 학생과 급진적인 유색인종 학생. 이런 구별이 엄밀하거나 절대로 바뀌지 않는 것은 아니지만 학생운동 진영은 오랫동안 허약한 상태였다.

마지막으로 교수들의 상황을 살펴보자. 주립 대학 소속의 캘리포니아 교수협회(California Faculty Association, CFA)와, CSU 및 CCC 교수진, 캘리포니

---

28) 캘리포니아 대학의 변화와 항의 행동을 더 자세히 파악하려면 Occupy California blog와 Remaking the University blog 참조.

아 대학 강사들, K-12 교사들을 포괄하는 캘리포니아 교원연맹이 교육예산 삭감에 가장 강력하게 반대하고 있다. 소수지만 캘리포니아 대학 교수들도 공립대학의 목적이 훼손되는 현실을 크게 우려하며 항의 대열에 동참했다. 버클리 캠퍼스에서 캘리포니아 대학을 구하라(SAVEUC), 산타크루스 캠퍼스에서 교수단 조직체(Faculty Organizing Group) 명의의 현수막이 나붙은 게 눈에 띈다.[29] 하지만 엘리트 교수들의 태도는 대개 소극적이거나 부정적이다. 그들은 연구실에 처박혀 있거나 관리 행정가들의 선의를 믿는가 하면, 기업의 연구 지원금을 따내는 데 환장하거나 컨설팅 업무를 해주면서 돈을 왕창 챙긴다.

황금 주는 어디로?

캘리포니아는 과거에 축적된 자본에 의지해 살고 있다. 뉴딜 정책과 전후 시대를 거치면서 황금 주에는 사회 기반 시설이 엄청나게 투자됐다. 학교와 대학, 세계에서 가장 선진적인 고속도로망, 저수 및 수자원 운반 체계, 공원과 보호 구역이 다 그런 기반 시설의 일부다. 지난 30년 동안 세수가 너무 적었고, 투자는 말할 것도 없었다. 새크라멘토는 현상 유지를 위해 점점 더 깊은 부채의 늪에 빠져들었다. 감옥과 공원과 상수도를 확충하려고 계속해서 채권을 대량 발행한 것이 그 예다. 캘리포니아인들은 이 교묘한 잔꾀에 속아, 세금을 적게 내면서도 양질의 사회 기반 시설을 누릴 수 있다는 어리석은 생각을 하게 됐다. 책략과 술수가 거듭되었다. 전국적으로 모기지 부채가 엄청나게 늘어나는 사태와 아주 유사했다. 이제 캘리포니아가 발행하는 채권은 전국적으로 최악의 평가를 받는다.

29) 새로운 소식과 진행 상황은 www.saveuc.org와 New UC 블로그 참조.

실패한 투자 사례들이 널리고 널렸다. 캘리포니아의 고속도로는 미국에서 꼴찌에서 두 번째다. 교도소에는 재소자가 어찌나 많은지, 연방 정부가 관리하고 있다. 공무원, 교사, 캘리포니아 대학 직원들의 주 연금 기금은 상황이 아주 불확실하고 위태롭다. 1990년대 초에 불황이 닥치자 주 정부가 기금 납입을 중단했고, 이미 불입된 금액을 주식시장에서 굴리는 쪽으로 방향을 선회한 탓이다. 여전히 법적으로 책임이 있는 미납입 부채 추정액이 무려 5,000억 달러다. 이제는 모두가 문제 해결에 부심하고 있다. 혜택 축소? 개인 부담금 확대? 퇴직 연령 늦추기? 민간 연금으로 갈아타기?[30] 샌프란시스코만 지역과 로스앤젤레스를 잇는 고속철도 사업은 30년이나 늦게 추진되지 않았다면 미래를 내다보는 혜안으로 칭송받았을 것이다. 한 세대 전에 로스앤젤레스와 샌프란시스코를 연결하는 항공로는 세계에서 가장 붐비는 노선이었고, 땅값은 감당할 수 있는 수준이었다. 그때 고속철도 사업을 발주했다면 캘리포니아는 운송 기술의 선두를 달리게 됐을 것이다. 현재 캘리포니아는 이 분야에서 유럽과 아시아에 크게 뒤진다. 연방 정부가 지원하기로 했고, 주민들도 대규모 채권 발행을 승인했지만 캘리포니아가 늘어난 재정 부담을 감당할 수 있을지는 미지수다. 고속철도 사업 계획은 지역의 반대도 심하다. 샌프란시스코 반도의 부자들이 특히 강하게 반발하고 있다.

장기 성안(成案)임이 분명한 분야 하나는 기후변화 대응이다. 캘리포니아 에너지 절약 정책의 역사는 1970년대로 거슬러 올라간다. 그 결과 캘리포니아는 현재 미국에서 1인당 에너지 소비량이 가장 적다. 주 의회는 2006년에 AB32를 통과시켰다. AB32 법안은 2020년까지 온실 기체 배출량을 25퍼센트 감축하도록 명령하고 있다. 슈워제네거 주지사는 환경을 보호하자는 악대 마차에 잽싸게 올라탔고, 실리콘 밸리의 자본가들도 거기에 필요한 신기술을 개발하면 이익을 낼 수 있을 것으로 보았다. 텍사스에 본부를 둔 두 석유 기업

---

30) "A Gold-Plated Burden", *Economist*, 14 October 2010.

이 경기 침체를 빌미로, 2010년 11월의 주민 투표 개정안을 통해 AB32 법안을 폐지하려 했을 때 그 시도를 단호하게 저지한 것은 유권자들이었다. 결과는 61퍼센트 대 39퍼센트였다. 환경운동가들뿐만 아니라 실리콘 밸리의 테크넷(TechNet)사(社) 로비 단체 ─ 구글(Google), 야후(Yahoo), 애플(Apple) 같은 부류다 ─ 와 모험 자본 투자자들도 이 시도에 반대했다. 실리콘 밸리의 자본가들은 투기보다 생산과 혁신에 더 열심인, 그나마 미국에 얼마 남지 않은 소수다. 그들은 정부 정책이 자신의 처지를 좌우함을 잘 알고 있다.[31] 오바마 행정부는 기후변화 관련 정책에서 아무런 돌파구도 만들어내지 못했다. 아직은 아니지만 캘리포니아가 녹색 경제로 이행하는 과정을 선도할지도 모를 일이다.

캘리포니아의 전후 번영은 대규모 정부 투자로 뒷받침됐고, 뉴딜형 개혁 행정으로 감독을 받았다. 캘리포니아가 번영한 것은 숙련노동자들 덕분이기도 했다. 그들은 노조의 뒷받침 속에 많은 임금을 받았고, 자녀들이 공교육을 통해 온전히 성장하는 모습을 기쁜 마음으로 지켜보았다. 진보적 과세, 부동산 가격 안정, 과열과는 거리가 멀었던 주식시장 덕택에 불평등이 완화되었다. 캘리포니아는 세계적 경쟁과 신자유주의의 시대가 도래했을 때조차 여러 해 동안 이런 유산 속에서 웬만큼 살 수 있었다. 캘리포니아의 지속적 성공은 신경제가 정당함을 입증해주는 듯했다. 바로 그때 미국의 다른 주들은 산업이 공동화하면서 마비되었다. 그러나 황금 주도 자본을 잠식하며 항해하고 있었다. 결국 캘리포니아는 불평등과 인종 분열, 열악한 교육, 정부의 무능이라는 암초에 걸려 난파했다. 호경기의 수혜자들은 새로운 이민자들과 행운을 함께하려 하지 않았다. 캘리포니아가 활력을 상실하면 미국은 중요한 성장 엔진을 잃게 된다. 미국은 계속해서 오랫동안 침체할 것이다. 캘리포니아의

31) Tom Abate, "Why Silicon Valley Faces Fresh Threats", *San Francisco Chronicle*, 11 February 2010.

노동계급은 인종과 이데올로기의 굴레에서 벗어나야 한다. 캘리포니아의 노동계급은 더 좋은 학교, 더 민주적인 책임 정부, 더 공평한 경제 제도를 요구해야 한다. 비관적인 미래를 막을 수 있다는 희망을 조금이라도 가지려면 말이다.

〔정병선 옮김〕

중국은 미국의 집사인가

지구적 위기 속에서의 중국의 딜레마

홍호펑(孔誥烽)

서브프라임 모기지 위기와 그에 뒤따른 세계적인 경제 침체로 인해 많은 사람들은 자본주의 세계경제에서 유력한 행위자로서 미국을 대체할 새로운 도전자가 등장할지에 대하여 숙고하게 되었다.[1] 미국과 북반구의 금융 위기는 높은 부채, 낮은 생산성, 과잉 소비에서 비롯되었기 때문에, 유력한 후보를 가려내는 데서 그와 정반대인 동아시아 수출국들의 엄청난 미국 국채 보유, 높은 생산능력, 높은 저축율을 주목하는 것은 자연스러운 일이다. 2008년 리먼 브러더스 파산 직후 세계적인 경제 불황의 막이 오르면서, 동아시아의 발

1) 이 글의 초고는 2009년 5월 25일부터 29일까지 마드리드에서 열린 노마다 대학(Universidad Nómada)과 레이나 소피아 국립미술센터(Museo Nacional Centro de Arte Reina Sofiia)가 주최한 조반니 아리기(Giovanni Arrighi)를 기념하는 학술 대회에서 발표되었다. 참석자들의 논평에 감사드린다.

전 모델, 무엇보다도 중국의 발전 모델이 최종적으로 승리했다는 선언들이 있었다. 미국의 기성 논평가들은 2008년의 대폭락이 지구적 자본주의의 중심이 미국에서 중국으로 이동하는 기폭제가 되리라고 결론 내렸다.[2]

그러나 2009년 봄 무렵에는 많은 사람들이 동아시아 경제가 겉보기만큼 대단하지 않다는 점을 깨달았다. 북반구의 급격한 수입 수요 위축이 아시아 수출국들의 경착륙으로 이어지는 동안, 미국 국채 시장이나 달러가 바닥을 치리라는 전망은 이 나라들에 미국 자산을 처분하자니 달러 붕괴를 격발할 것이고, 더 매입하자니 당면한 폭락은 막겠지만 미래의 폭락에 더 노출될 것이라는 어려운 딜레마를 안겨주었다. 엄청난 규모의 중국의 경기 부양책으로 2008년 말부터 이루어진 정부의 직접투자는 중국과 아시아의 무역 대상국들을 상당히 회복시켰지만, 이로 인한 성장이 독자적으로 지속되기는 불가능할 것이다. 중국의 경제학자들과 정책 자문가들은 미국 소비자들이 단기간에 소비 부진에서 회복할 가능성이 없기 때문에 일단 경기 부양 효과가 사라진다면 중국이 또다시 흔들릴 것이라고 우려해왔다. 중국이 달러의 준비 통화(reserve-currency) 지위를 무너뜨리고 새로운 국제금융 질서를 만들어낼 능력이 있다는 그 모든 논의에도 불구하고, 중국과 그 인접국들에는 더 많은 신용을 제공해 미국의 경제적 지배를 유지해주는 것 말고 단기적으로 별다른 선택의 여지가 없다.

뒤에서 나는 중국과 동아시아가 자신들의 성장의 원천으로 북반구의 소비 시장에, 그리고 저축에 대한 가치 저장 수단으로 미국의 금융 기구에 더 깊이 의존하게 된 역사적·사회적 기원을 밝혀낼 것이다. 그리고 나서 나는 장기적인 관점에서 이 의존을 끝낼 가능성을 가늠해보면서, 아시아에서 좀 더 자율적인 경제적 질서를 창출해내기 위해서는 중국이 주로 연해(沿海) 수출 지역

---

2) Roger Altman, "The Great Crash, 2008: A Geopolitical Setback for the West", *Foreign Affairs*, January–February 2009 참조.

의 기득권층에게 이득이 되고 그들에 의해 장기간 유지되어왔던 수출 지향적인 성장 모델을 농촌-농업 지역으로 광범위하게 소득을 재분배함으로써 국내 소비에 의해 주도되는 모델로 전환해야 한다고 주장할 것이다. 그러나 이는 연해 도시 지역 엘리트들의 권력 장악을 깨뜨리지 않고서는 불가능할 것이다.

호랑이들과 기러기들

제2차 세계대전 이후 일본과 동아시아 네 마리 호랑이들 — 한국, 타이완, 홍콩, 싱가포르 — 의 급속한 부상에 관한 이야기들은 너무나 잘 알려져 있어서 여기서 반복할 필요는 없을 것이다. 하지만 이 나라들의 역동적인 부상이 희소한 자원을 전략산업 부문으로 유도했던 중앙집권적인 정부의 역할 덕분이라고 하더라도, 동시에 이 지역에서 발전국가가 가능했던 이유가 무엇보다도 동아시아의 냉전의 지정학 덕택이었음을 인식하는 것도 중요하다. 냉전 기간에 동아시아에서는 실제로는 열전(hot war)이 벌어졌다. 공산주의 중국이 게릴라들을 지원하고 한국전쟁과 베트남전쟁에 개입함으로써 이 지역은 상시적인 비상 상태였으며, 워싱턴 당국은 공산주의 봉쇄 전략에서 동아시아를 가장 취약한 고리로 간주했다. 미국은 주요 아시아 동맹국들 — 일본과 네 마리 호랑이들 — 이 무너져서는 안 될 만큼 중요하다는 점을 고려하여 이 나라들에 산업 성장을 유도하고 활성화할 수 있도록 풍부한 금융과 군사원조를 제공하는 한편, 미국과 유럽 시장을 아시아 제품에 활짝 개방했다. 서구 시장에 대한 이러한 접근은 다른 발전도상국들이 누리지 못하는 이점이 되었으며, 이와 같은 이점이 없었다면 아시아 경제가 그렇게 성공을 거둘 수 있었으리라고는 생각하기 힘들다. 이러한 관점에서 보면, 동아시아의 급속한 경제성장은 '기적'과는 거리가 멀다. 미국은 아시아-태평양 지역에서 공산주의에 대항하는 종속적이면서도 풍요로운 보루를 창출하려는 노력의 일환으로 이를 고안해냈다. 이 경제체들은 미국의 지정학적·지경학적 이익에 도전할 의도가 전혀 없었으며, 그 대신 워싱턴 당국이 지역에서 자신의 의도를 실현하는 것을 거들어주는 굴종적인 피보호자가 되었다.

일본을 중심으로 한 다층적 하청 생산 네트워크가 만들어지면서 아시아의 수출국들은 가치 사슬에서 각기 다른 연결 고리를 차지했으며, 각각의 수익성과 기술 복잡도의 수준에 맞는 제품에 특화되었다. 일본은 가장 부가가치가 높은 품목에, 네 마리 호랑이들은 중간 수준의 제품에, 동남아시아의 새로운 호랑이들은 저비용의 노동 집약적 제품에 주력했다. 이 유명한 '나는 기러기 떼 대형'(flying-geese pattern)은 제1세계로 광범위한 소비재를 공급하는 확실한 네트워크를 형성했다.

1980년대에 냉전의 긴장이 완화되기 시작하면서, 미국에서는 신자유주의적 감세 조치와 냉전의 마지막 단계에서의 군사비 지출 증대의 결과로 경상수지 적자와 재정 적자가 커졌다. 그러나 아시아 경제체들은 미국 헤게모니의 범위에서 벗어나기는커녕 치솟는 쌍둥이 적자에 자금을 조달하여 미국과의 결속을 굳건히 했다. 동아시아의 수출 지향적 산업화는 저조한 국내 소비를 동반했다. 이후의 무역 흑자와 풍부한 저축 덕에 이 나라들은 대규모의 외환 보유고 형태로 상당한 금융력을 축적할 수 있었다. 대부분의 동아시아 수출국들은 미 재무부 채권을 국제금융에서 가장 안전한 투자로 간주하고 쌓아놓은 현금으로 저리의 미 재무부 채권을 매입하여 미국의 주요 채권자가 되었다. 미국 경상수지 적자에 대한 이 나라들의 자금 조달은 미국의 아시아 수입품에 대한 구매욕을 부채질했으며, 아시아의 무역 흑자가 늘어날수록 미 재무부 채권 구입도 늘어났다. 이러한 상호 보완 과정은 미국에 대한 동아시아의 시장과 금융 의존을 심화시켰으며, 미국 헤게모니가 쇠퇴하는 가운데 동아시아의 취약한 번영을 연장시켰다.

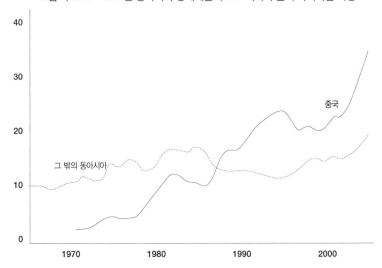

그림 1. 1965~2004년 동아시아 경제체들의 GDP에서 수출이 차지하는 비중

* 그 밖의 동아시아는 일본, 한국, 타이완의 평균치를 나타낸 것이며, 홍콩과 싱가포르는 중개무역의 비중이 커서 제외했다. 세계은행, 타이완 경제통계센터 AREMOS 데이터베이스.

표 1. 동아시아의 대미국 수출과 세계 수출 (단위 : 1조 달러)

	1985		1995		2005	
	미국	세계	미국	세계	미국	세계
중국	2.3	27.3	24.7	149	163.3	762.3
일본	66.7	177.3	122	443.3	136	594.9
한국	10.8	30.3	24.3	131.3	41.5	284.3
타이완	14.8	30.7	26.4	113	29.1	198
홍콩	9.3	30.2	37.9	173.6	46.5	289.5
싱가포르	4.8	23	21.6	118.2	23.9	207.3

* IMF 통계국, 타이완 경제통계센터 AREMOS 데이터베이스.

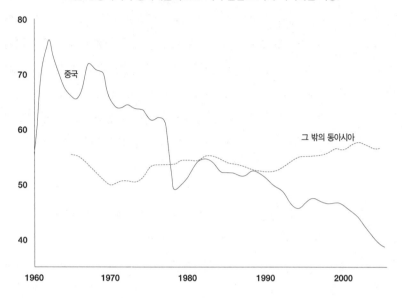

그림 2. 동아시아 경제체들의 GDP에서 민간 소비가 차지하는 비중

* 그 밖의 동아시아는 일본, 한국, 타이완, 홍콩, 싱가포르의 평균치를 나타낸다. 세계은행, 타이완 경제통계센터 AREMOS 데이터베이스.

　　1980년대에 시작되고 1990년대에 가속화된 시장 개혁으로 중국은 아시아의 후발 산업국이 되었다. 많은 사람들은 지정학적 자율성, 이례적인 인구와 경제 규모 덕분에 중국이 미국에 대한 아시아의 이중의 의존에서 벗어날 유일한 능력을 갖추고 있다고 예측했다. 그러나 지금까지 중국은 미국에 값싼 신용과 저가의 수입품을 제공하는 예속 상태에서 벗어나지 못했다. 설상가상으로 중국의 강도 높은 수출 주도형, 민간 소비 억제형 성장 모델 탓에 미국에 대한 중국의 시장과 금융 의존은 이전의 동아시아 국가들보다 더 심한 상태다. 중국 정치경제의 가장 중요한 측면들을 비슷한 발전 단계에 있었던 인접 국들의 상황과 비교해보면, 중국 모델이 대체로 기존 동아시아 성장 모델 가운데 극단적 형태의 판본임을 발견할 수 있다. 그림 1은 GDP에서 수출 총액이 차지하는 비중을 백분율로 나타낸 것으로, 이를 보면 중국 경제의 무역의 존도가 줄곧 상승하고 있으며, 다른 동아시아 국가들이 기존에 이르지 못했던 수준까지 다다랐음을 알 수 있다. 한편으로 중국의 GDP에서 민간 소비가 차지하는 비중은 계속 감소해서 다른 동아시아 국가들의 경제 도약기 수준보다 한참 밑돌고 있다(그림 2 참조). 표 1에서는 이전의 일본이나 동아시아 호랑이들과 마찬가지로 중국에 미국은 가장 중요하면서도 유일한 수출 시장임이 드러나며, 전체적으로 보면 최근에는 EU만이 중국의 수준을 넘어서고 있다. 중국은 이미 아시아에서 미국의 제일가는 공급국이 되었다.

중국의 급격한 수출산업 신장은 중국의 탁월한 경제성장뿐만 아니라 무역 흑자 확대를 통한 국제적 금융력 상승의 원인이 되었다. 그림 3에서 나타나듯이 중국의 외환 보유고는 현재 동아시아 인접국들의 수준을 훨씬 웃돈다. 다른 수출국들과 마찬가지로 중국은 지금까지 그 저축의 대부분을 미 재무부 채권에 투자해왔다. 서브프라임 모기지 위기 직전에 중국은 최대의 대미 수출국이자 채권국으로 떠올랐으며, 미국의 경상수지 적자에 자금을 조달하여 수입품을 흡수할 수 있는 구매력을 유지시켜주었다(그림 4 참조). 중국의 저가 수출품은 미국의 물가 하락을 조장했으며, 이와 동시에 중국의 재무부 채권 대량 매입은 채권 수익률을 낮춰 금리를 인하할 수 있게 해주었다. 그럼으로써 중국은 최근 몇 년간 미국 경제의 활력을 떠받쳐주었다.

농업의 위기

중국에서 지난 30년간 동아시아의 수출 주도형 경제성장 모델의 극단적인 형태가 가능했던 것은 국제 정세와 중국 내부의 정치경제적 상황 때문이었다. 우선 중국의 노동 집약적인 경제 도약은 1980년대 이후 전례 없는 국제 자유무역의 팽창과 동시에 일어났다. 북반구에서 산업이 외부화하고 저가 수

그림 3. 동아시아의 GDP에서 외환 보유고가 차지하는 비율

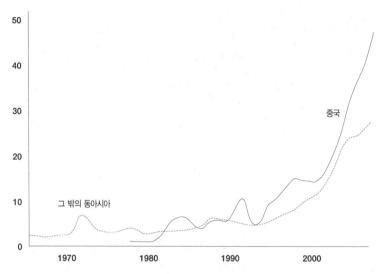

* 그 밖의 동아시아는 일본, 한국, 타이완, 홍콩, 싱가포르의 평균치를 나타낸다. 세계은행, 타이완 경제통계센터 AREMOS 데이터베이스.

입품에 대한 구매욕이 증가하지 않았다면, 중국이 수출로써 번영에 도달하기란 불가능했을 것이다. 다른 아시아 국가들의 해당 발전 단계와 비교했을 때 더 중요한 것은, 중국의 이례적인 경쟁력이 대체로 장기간의 제조업 임금 정체에서 찾을 수 있다는 점이다.

많은 사람들은 중국의 임금 경쟁력이 통화가치를 상당히 낮추는 고정환율 체제로 인해 생겨났다고 주장한다. 또 다른 사람들은 중국이 농촌의 거대한 잉여노동력으로 인해 다른 아시아 국가들보다 더 오랜 기간 '무제한'의 노동 공급 속에서 발전할 수 있었다고 주장한다. 그러나 좀 더 면밀히 살펴보면 이러한 설명은 둘 다 불충분하다. 첫 번째로 그림 5를 보면, 중국과 인접국들의 임금수준 차이는 통화가치의 저평가로 설명하기에 너무나 크다. 중국의 통화 조작에 대한 다수의 미국 비평가들의 주장에 따라 위안(元)화가 달러 대비 20

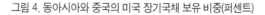

그림 4. 동아시아와 중국의 미국 장기국채 보유 비중(퍼센트)

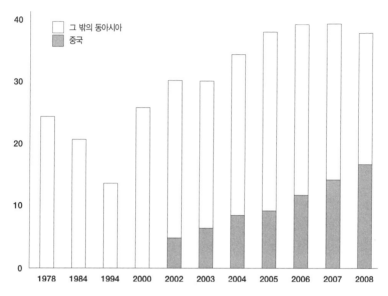

* 미국 재무부.

~30퍼센트 저평가되었다고 하더라도 중국의 임금은 상당히 낮은 수준이다. 둘째로 흔히 생각하는 것과는 달리 무제한의 노동 공급은 중국의 인구구조에 따른 자연적인 현상이 아니다. 이는 오히려 의도적이건 의도적이지 않건 간에 농촌을 파산시키고 지속적으로 농민의 이농을 발생시킨 정부의 농촌·농업 정책의 결과였다.

이러한 정책들과 낮은 임금수준 간의 관계는 중국과 마찬가지로 경제 도약 초기에 많은 농촌인구를 보유했으며 농업 부문의 비중이 컸던 일본, 한국, 타이완과 중국의 농촌 발전을 대조함으로써 설명할 수 있다. 전후 일본에서는 집권 자민당이 농촌 기반 시설 투자, 농업 발전 자금, 농업 보조금, 외국 농산물에 대한 관세 부과를 통해 적극적으로 농촌에 자원을 유도했다. 한국에서는 1970년대 초반 박정희 정권이 새마을운동에 착수해 상당한 재정 자원을

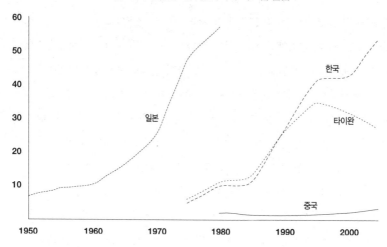

그림 5. 미국 임금 대비 동아시아 제조업 임금

* 미국 노동통계국, 미국 노동부 해외 노동통계(일본, 한국, 타이완), 중국통계연감.

농촌 기반 시설 개선, 농업 기계화 투자, 농촌 교육기관과 협동조합 설립에 투입했다. 이런 계획은 두드러진 성공을 거두었다. 이로 인해 농촌 가계소득은 1970년에 도시 소득의 67퍼센트에서 1974년에는 95퍼센트로 증가했으며, 도시-농촌 간의 소득 격차는 사실상 사라졌다.[3] 타이완에서는 1960년대와 1970년대에 국민당 정부가 농촌의 산업화를 진작하기 위해 의식적인 노력을 기울이며 이와 비슷한 정책을 실시했다. 그 결과 탈집중화된 타이완의 산업구조로 인해 농민들은 농업을 완전히 포기하거나 대도시로 이주하지 않고서도 농한기를 이용해 인근 공장에서 일할 수 있었다. 그 덕분에 상당수의 노동 자

3) John Lie, "The State, Industrialization and Agricultural Sufficiency: The Case of South Korea", *Development Policy Review*, vol. 9, no. 1, 1991, pp. 37~51.

원을 농촌에 유지시키면서 농촌-도시 간에 보다 균형 잡힌 성장을 촉진할 수 있었다. 1960년대와 1970년대 내내 농촌의 일인당 평균소득은 도시의 60퍼센트 수준을 항상 상회했다. 이 나라들에서 이런 정책 아래 농촌의 잉여노동력이 확연히 감소하고 제조업 임금이 급상승했던 것은 이상할 게 없다.

이 나라들이 이러한 다른 경로들을 채택한 이유는 다양하다. 일본에서는 자민당이 선거에서 승리하기 위해서는 농촌의 표가 중요했기 때문에 농촌 발전에 주의를 기울였다고 설명할 수 있다. 한국과 타이완의 우익 권위주의 정권에게는 농촌과 농업 발전을 장려하는 것이 일반적으로 산업화에 수반되는 사회적 혼란을 최소화하고 농촌 지역에서 좌파의 영향력이 커지는 것을 미연에 방지하는 길이었다. 냉전의 긴장이라는 상황 속에서 식량 안보를 확보하는 것도 중대한 사항이었다. 그에 반해서 1980년대 중반 이후 중국의 산업 발전은 일본, 한국, 타이완보다 훨씬 불균형적이었다. 지난 20년간 중국 정부는 농촌과 농업 부문에 대한 투자는 뒤로 돌리고 주로 도시·산업 부문, 특히 연해 지역에 투자를 집중했다. 국유 은행도 도시·산업 부문의 발전에 자금 지원을 집중했고, 농촌과 농업 부문에 대한 자금 지원에는 소홀했다. 지난 20년간 농촌의 일인당 평균소득은 도시의 40퍼센트 수준을 넘어선 적이 없었다.

이러한 도시 편중은 적어도 부분적으로는 남부 연해 지역의 강력한 도시·산업 엘리트들의 권력 장악으로 인해 발생했다. 이 분파는 중국이 세계경제에 통합되기 시작한 후부터 생겨나서 수출 붐과 더불어 금융자산과 정치적 영향력을 확장했으며, 점차 중앙정부의 정책을 자신들에게 유리한 방향으로 만들어나가는 데 능숙해졌다. 최근의 분석에 따르면, 연해 지역과 무역 및 금융 부문에서 경력을 쌓아온 고위 간부들로 이루어진 중국 공산당의 '엘리트주의 파벌'이 그들과 경쟁 관계에 있는, 내륙 지역과 더 긴밀한 관계를 맺고 있는 '인민주의 파벌'보다 중앙정치국에서 더 많은 의석을 차지하고 있다. 비록 현재 국가주석인 후진타오(胡錦濤)가 인민주의 파벌의 지도자이기는 하나, 연해 지역인 저장(浙江) 성과 푸젠(福建) 성 당 서기를 지냈으며 엘리트주의 파벌을 이끌고 있는 인물인 시진핑(習近平)이 후진타오의 마음에 드는 후보자를 누르고 당에 의해 2012년에 후진타오를 계승하도록 선출되었다.[4] 이들의 영향력이 확대되면서 중국이 농업 발전보다는 수출 경쟁력과 외국인 투자를 유치하기 위한 매력을 강화하는 데 전념할 것이 분명해졌다. 대도시 지역에서 초(超)인플레이션과 생활수준 악화 탓에 발생한 1989년의 항쟁들로 인해 결국 당–국가는 1990년대에 농촌을 희생시켜 대도시 지역의 경제적 번영을 확보하기로 결정했다.

이러한 도시 편중은 결과적으로 농촌 지역의 상대적인 경제 침체와 이에 따른 농촌 지방정부의 재정 압박으로 이어졌다. 1990년대 이후 농업 소득의 감소와 농촌 집체 산업(시장 개혁 초기 단계에 활발하게 고용을 창출했던 향진 기업)의 몰락은 농촌 지역의 젊은 노동자들을 대부분 도시로 떠나게 강제했으며, 농촌의 사회적 위기를 재촉하는 악순환을 야기했다. 그렇지만 중국의 농업 부문은 경시되었을 뿐만 아니라 도시 지역의 성장을 뒷받침하기 위하여 착취당했다. 최근의 연구에 따르면 1978년에서 2000년 사이에 재정 정책(조세와 정부 지출)과 금융 시스템(저축예금과 대출)을 통해 농촌·농업 부문에서 도시·산업 부문으로 금융 자원의 순이전이 지속해서 증가했다.[5] 이러한 경향의 예외는 1997~98년의 아시아 금융 위기 직후처럼 도시 경제가 일시적인 침체를 겪은 시기였다(그림 6 참조).

중국의 도시 편중 발전 모델은 장기간의 '무제한' 노동 공급의 원인이었으며, 중국 경제 기적의 특징인 임금 정체의 원인이기도 했다. 또한 이 패턴은 중국의 무역 흑자 증가와 국제적인 금융력 신장의 원인이기도 하다. 그러나 이러한 발전 전략으로 인한 저임금과 농촌의 낮은 생활수준은 중국 국내 소

---

4) Cheng Li, "One Party, Two Coalitions in China's Politics", Brookings Institute, 16 August 2009.
5) Huang Jikun, Scott Rozelle and Wang Honglin, "Fostering or Stripping Rural China: Modernizing Agriculture and Rural to Urban Capital Flows", *The Developing Economies*, vol. 44, no. 1, 2006, pp. 1~6.

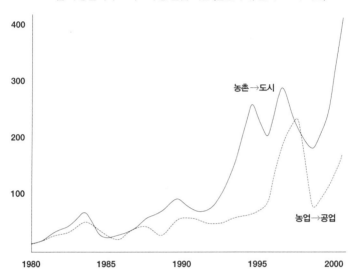

그림 6. 농촌에서 도시로의 총 현금 이전 (불변가격, 단위: 10억 위안)

* Huang, Rozelle and Wang, "Fostering or Stripping Rural China".

비 시장을 제약했으며, 점점 중국과 다른 아시아 수출국으로부터의 대량 차입에 의지하던 북반구의 소비 수요에 대한 의존을 심화시켰다. 아시아의 다른 수출국들이 산업 생산 네트워크를 지역화함으로써 중국의 수출 엔진에 통합됨에 따라, 중국 경제의 취약성은 동아시아 지역 전체의 취약성이 되었다.

중국 중심의 의존관계

1990년대에 중국은 점차 다양한 기술 수준의 제품에서 아시아의 가장 경쟁력 있는 수출국으로 자리 잡았다. 그 결과로 일본, 동아시아 네 마리 호랑이, 말레이시아와 태국 같은 동남아시아 신흥국 그룹 등 다른 나라들은 강력한 구조 조정 압력에 직면했다. 중국의 경쟁력으로 인해 많은 수출 제조 업체들은 아시아의 다른 지역에서 중국으로 이전하게 되었다. 2001년에 『이코노미스트』는 중국의 인접국들이 중국의 부상에 대하여 '경고와 절망'이 섞인 반응을 나타내고 있다고 언급했다.

일본, 한국, 타이완은 저비용의 중국으로 공장이 이전하기 때문에 자국 산업의 '공동화'를 두려워하고 있다. 동남아시아 국가들은 무역과 투자 흐름에서의 '이탈'을 우려하고 있다 ……. 중국은 (나는) 기러기가 아니다 ……. 왜냐하면 중국은 생리대처럼 단순한 상품을 만들어내는 동시에, 소형 전자 칩 같은 복잡한 상품도 만들어내기 때문이다 ……. 중국은 전 세계의 가격을 결정할 정도로 전체 가치 사슬에 걸쳐 상품을 생산한다. 이 때문에 동아시아의 우려가 발생한다. 만약 중국이 모든 면에서 더 효율적이 된다면 이웃 국가들에는 할 일이 남겠는가?[6]

중국의 인접국들이 중국과의 정면 경쟁을 최소화하고 중국의 부상으로부터 이익을 보기 위해서 구조 조정에 애쓰고 있다는 것은 확실하다. 기존 동아시아 산업 질서 속에서 각 경제체들은 특정 부문의 최종 소비재를 수출해왔다. 현재 이 나라들은 대(對)중국 수출에서 고부가가치 부품(한국, 타이완)과 자본재(일본)의 비율을 늘리기 시작했다.

표 2에 나와 있듯이, 지난 10년간 한국, 홍콩, 타이완의 대중국 수출은 대미 수출을 넘어섰으며, 일본과 싱가포르의 대중국 수출은 빠른 속도로 대미 수출 비중에 접근했다. 2005년에 일본을 중심으로 한 아시아 지역의 '나는 기러기 떼' 모델은 중국 중심의 생산 네트워크로 대체되었다. 중국은 아시아의 인접국들을 대신하여 북반구에 최종 소비재를 수출했으며, 이 나라들은 중국에

6) "A panda breaks the formation", *Economist*, 25 August 2001.

표 2. 총 수출에서 대중국 수출과 대미 수출이 차지하는 비중(퍼센트)

	1985		1995		2005	
	대중 수출	대미 수출	대중 수출	대미 수출	대중 수출	대미 수출
일본	7.1	37.6	5	27.5	13.5	22.9
한국	0	35.6	7	18.5	21.8	14.6
타이완	0	18.1	0.3	23.3	22	14.7
홍콩	26	30.8	33.3	21.8	45	16.1
싱가포르	1.5	21	2.3	18.3	9.5	11.5

* IMF 통계국, 타이완 경제통계센터 AREMOS 데이터베이스.

조립에 필요한 부품과 기계를 공급했다. 이 구조는 중국을 필두로 한 하인의 무리처럼 보이기도 한다. 중국은 다른 나라들을 이끌고 미국에 값싼 수출품을 공급하고, 힘들게 번 돈을 미국이 이 수출품들을 구매할 수 있도록 자금을 지원하는 데 사용한다.

동아시아의 지역 통합은 중국과 인접국의 수출 통계가 오르내리는 상관관계에 잘 나타나 있다. 예를 들어 아시아가 1997~98년의 금융 위기에서 회복하고 일본이 2000년 이후 성장을 재개할 수 있었던 것은 적어도 부분적으로 이 나라들의 제조업 부품과 자본재를 흡수한 중국의 경제 호황 덕분이다. 2008년 가을에 현재의 금융 위기가 전개되고 미국의 소비 수요가 급격하게 위축되기 시작하자 아시아의 수출은 곧바로 급락했지만, 중국의 수출은 3개월 정도 후에야 비슷한 정도로 추락했다. 이렇게 시차가 발생한 것은 아시아의 수출 하락이 수개월 내에 미국과 다른 지역에서 최종 생산물에 대한 주문이 급감하리라고 예측한 중국으로부터 부품과 자본재 주문이 감소한 것과 주로 상관이 있기 때문이다. 중국의 발전 모델의 한계, 즉 서구의 소비에 대한 과잉 의존과 활발치 못한 국내시장 성장은 불가피하게 아시아 무역 대상국들의 취약성으로 이어졌으며, 이 경제체들 전체를 북반구 소비 수요의 대폭 위축이라는 위험에 노출시켰다. 따라서 중국 발전의 불균형을 재조정하는 것은 중국의 경제성장의 지속 가능성에도 필요할 뿐만 아니라 통합된 경제 블록으로서의 동아시아 공동의 미래를 위해서도 필요하다.

재조정 정책에 대한 걸림돌

중국과 동아시아 각국 정부는 안정적이고 안전한 수익 추구뿐만 아니라 급증하는 미국의 경상수지 적자에 자금을 지원하려는 의도적인 노력의 일환으로 미국 국채를 매입하는 데 외환 보유고를 사용해왔으며, 이로 인해 자국 수출품에 대한 미국의 지속적인 수요 증가를 확보했다. 그러나 적자는 무한정 확대될 수 없으며, 결국에는 달러나 미국 국채 시장의 붕괴와 금리 급등으로 이어져 미국은 흥청망청 소비에 종지부를 찍게 될 것이다. 이는 중국의 수출 엔진에 치명타가 될 뿐만 아니라 기존 투자액의 가치가 급격히 하락하게 되어 중국의 국제 금융력이 격감할 것이다.

현재의 위기 이전에 중국 정부는 여러 방식으로 외환 보유고를 다양화하고 수익률을 높이기 위해 노력해왔다. 중국 정부는 외국 주식에 대한 투자와 국유 기업의 초국적 기업 인수에 대한 자금 지원을 시도해왔지만, 당혹스럽게도 이러한 시도는 거의 모두 실패로 귀결되었다. 이는 잘못된 투자 결정의 결과라기보다 중국의 이례적인 외환 보유 규모로 인한 제약의 결과였다. 이 제약으로 인해 베이징 당국은 국제시장을 교란하지 않으면서 자유로이 금융 자산을 운용하기가 어려웠다. 이와 동시에 중국이 거대 외국 기업을 매입하는 데는 여전히 보호주의적·민족주의적 반발을 불러일으킬 가능성이 있었다. 결과적으로 중국의 해외 인수 대상은 대부분 절박하게 인수자를 찾고 있는 사양 기업이었다. 중국이 외환 보유고를 다양화하려는 시도에서 부딪힌 난관들은 다음과 같은 사례에서 명백히 드러난다. 중국 정부가 최대 지분을 보유한 거대 컴퓨터 회사인 레노보(Lenovo)의 2005년 IBM PC 부문 인수는 수익

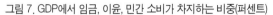
그림 7. GDP에서 임금, 이윤, 민간 소비가 차지하는 비중(퍼센트)

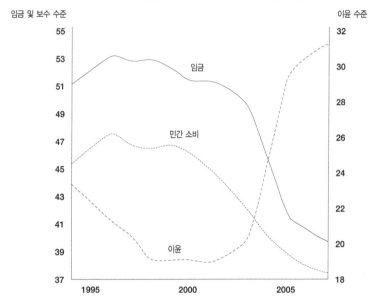

* 중국통계연감

을 내지 못했으며, 중국의 국부 펀드인 중국투자공사의 2007년 블랙스톤(Blackstone) 투자에서는 큰 손실이 발생했다. 그리고 2009년에 거대 국유 자원 회사인 중국알루미늄공사(Chinalco)가 호주의 가장 큰 광산 업체인 리오 틴토(Rio Tinto)의 지분을 대량 인수하려는 시도는 호주의 반중 감정을 고조시켰다. 또한 원자재 가격 상승에 대비해 석유와 그 밖에 원자재를 수입 비축한 탓에 세계적인 경제 침체 직후에 가격이 폭락하자 상당한 손실을 입어왔다.

중국의 수출 지향 모델은 중국을 변화무쌍한 세계시장의 변동에 노출시켰을 뿐만 아니라 소비를 크게 위축시켰다. 앞에서 언급했듯이 중국의 수출 경쟁력은 도시에 편중된 정책 체계 아래에서 농업 위기의 결과로 생겨난 장기간의 임금 정체를 기반으로 만들어져왔다. 승승장구하는 수출 부문은 노동자들에게 더 많은 이윤을 분배하고 생활수준을 높여주기보다 흑자의 대부분을

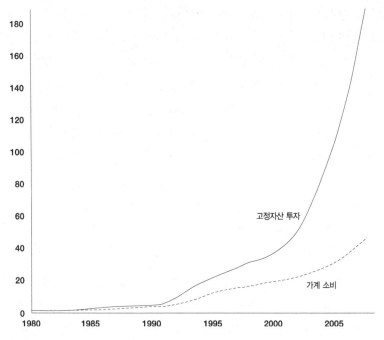

그림 8. 1980~2008년 투자 및 소비 성장 지표

180
160
140
120
100
80
60 ─ 고정자산 투자
40
20 ─ 가계 소비
0
1980 1985 1990 1995 2000 2005

* 중국 국가통계국.

기업 유보금으로 전환해왔다. 그림 7에서 볼 수 있듯이 1990년대 후반부터 총 임금이 GDP에서 차지하는 비중은 민간 소비가 차지하는 비중과 더불어 계속해서 감소해왔다. 이 두 가지 지표의 하락 경향은 기업 이윤의 상승 규모와 뚜렷이 대비된다. 비록 절대적인 측면에서는 소비가 늘어났지만, 투자보다는 훨씬 완만하게 증가해왔다(그림 8 참조).

이러한 민간 소비 위축으로 내수 지향적인 기업들이 재고를 소화하기 힘들었을 뿐만 아니라 거대한 중국 시장에 큰 기대를 걸었던 다수의 외국 기업도 좌절하게 되었다. 중국은 이미 일본, 동남아시아, 브라질 등지에서 자본재, 제조업 부품, 천연자원을 수입하는 주요 구매자의 지위를 확립했지만, 선진국과 발전 도상 지역의 소비재에 대한 주요 수입국으로서는 아직 자신의 잠재력을 실현하지 못하고 있다. 『이코노미스트』는 이렇게 낙심한 외국인 투자자들을 대변하여 다음과 같이 불평했다. "중국 시장은 기대했던 것보다 작은 것으로 드러났으며 발전하기에는 좀 더 시간이 걸릴 것이다. 그리고 너무나 많은 외국 기업들이 난립하고 있어서 경쟁이 치열해질 가능성이 있기 때문에 …… 무슨 수로 외국 회사들이 중국에서 만족할 만한 수익을 산출할 수 있겠는가?"[7] 비슷한 맥락에서 중국의 자동차 수요가 해당 부문의 생산능력에 비해 훨씬 느리게 성장해온 것으로 드러나자, 『포브스』는 "중국에서 늘어나는 경쟁이 자동차 제조 업체의 생산 설비 과잉과 급속한 수익률 하락으로 이어졌으며, 수익률은 대체로 세계의 나머지 지역과 비슷한 수준인 4~6퍼센트까지 떨어졌다"고 인식했다.[8]

2007년에 원자바오(溫家寶) 중국 총리는 중국 발전의 특징을 "불안정, 불균형, 부조화, 지속 불가능"으로 규정했으며, 후진타오와 '인민주의파' 동료들이 이끄는 중앙정부는 발전에 대한 재조정에 착수하려는 시도로 2005년부터 농민과 도시 노동자들의 가처분소득을 끌어올려 국내 소비에 활기를 불어넣으려고 했다. 이러한 시도의 첫 번째 흐름은 농업세 폐지와 정부의 농산물 수매가 인상 등이었다. 농촌의 생활수준을 높이려는 이러한 조치들은 올바른 방향으로 가는 작은 한걸음에 불과했지만, 효과는 즉각적으로 나타났다. 농촌·농업 부문에서 생활 조건이 약간 개선되자 도시로의 인구 유입 속도가 줄어들었으며, 이에 연해 수출 가공 지역에서 갑작스런 노동력 부족과 임금 인상이 뒤따르자 많은 경제학자들은 중국이 결국에는 농촌의 잉여노동력이 고갈되는 시점인 루이스 전환점(Lewisian Turning Point)에 도달했다고 선언하게 되었다.[9]

7) "A billion three, but not for me", *Economist*, 18 March 2004.
8) "Speed Bumps for Automakers in China, India", *Forbes*, 26 March 2007.

그림 9. 1986~2008년 소매 판매 연간 실질성장률(퍼센트)

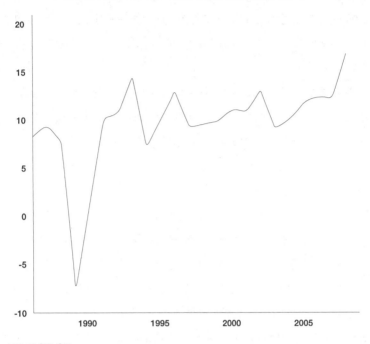

＊ 중국 국가통계국.

　중국의 '무제한'의 노동 공급이 발전의 자연적인 전제 조건이라기보다 정책의 결과였던 것과 마찬가지로, 루이스 전환점에 도달하게 된 것은 시장의 보이지 않는 손에 의해 추동된 과정의 결과라기보다 사실상 국가가 기존의 도시 편중을 역전하려는 시도의 결과였다. 이에 따른 농민 소득과 산업 임금 인상은 전례 없던 일이었으며, 소매 판매를 급등시키고 인플레이션도 억제했다(그림 9 참조). 그러나 정부가 내수 주도형 성장으로 첫걸음을 내딛자마자 연해 수출 부문의 기득권층은 악화되는 자신들의 전망에 대하여 큰 소리로

---

9) Cai Fang and Du Yang, eds., *The China Population and Labor Yearbook*, vol. 1, Leiden 2009.

불만을 표시했다. 기득권층은 자신들의 경쟁력을 지켜줄 보상책을 요구했으며, 노동자들의 보수를 늘리고 해고를 어렵게 만드는 신노동계약법과 위안화 평가절상 같은 노동계급의 생활수준을 개선하려는 추가 조치들에 대해 사보타주를 시도했다.

세계경제 위기가 터지고 중국의 수출 엔진이 멎자, 중국은 즉각 2008년 11월에 5700억 달러에 달하는 거대한 경기 부양 재정 정책을 내놓았다(이 경기 부양책에는 정부의 직접 지출과 국유 은행의 특정 사업을 대상으로 한 대출이 모두 포함되었다). 처음에는 많은 사람들이 이 대규모 개입을 내수 지향으로 중국 경제의 재조정을 가속화할 소중한 기회로 여겨 환영했으며, 이 경기 부양책이 주로 의료보험과 사회보장 기금에 대한 자금 지원 같은 사회 지출로 이루어져 가처분소득과 노동계급의 구매력을 상승시키기를 기대했다. 하지만 실제로 이 경기 부양책에서 사회 지출에 할당된 비율은 겨우 20퍼센트에 불과했으며, 대부분은 강철, 시멘트처럼 이미 과잉 생산 설비로 시달리는 부문이나 수익성과 효용성이 불명확한 세계 최대 규모의 고속철도 건설 같은 고정자산 투자에 할당되었다.[10] 사회복지 제도와 노동 집약적인 중소기업에 대한 지원이 별로 없었기 때문에 이 경기 부양책으로는 가처분소득 향상과 고용 개선 효과가 제한적일 것으로 전망되었다. 설상가상으로 중앙정부는 수출 부문의 급격한 붕괴를 두려워하여 재조정 노력에서 손을 떼고, 수출 부문의 부가가치세 환급과 위안화 평가절상 중단 같은 여러 수출 진작 조치를 재개했다. 심지어 수출 부문의 제조 업자들은 경제 위기를 틈타 자신들의 생존을 위해 2007년에 제정된 신노동계약법의 유예를 요구했다.[11]

중국의 경기 부양 재정 정책은 그 인상적인 규모에도 불구하고 국내 소비를 진작하기 힘들 것이며, 그로 인해 중국의 수출 의존을 줄이지도 못할 것이

10)「四萬億內外」,『財經』, 2009年 3月 16日.
11)「就業形勢嚴峻, 勞動合同法處境尷尬」,『財經』, 2009年 1月 4日 참조.

표 3. 경기 부양책 아래에서 계속되는 도시 편중과 떨어지는 수익성

	2005	2006	2007	2008	2009
도시-농촌 간 고정자산 투자 비율	5.6	5.7	5.9	6.1	5.9
도시-농촌 간 일인당 실질소득 성장률 격차(퍼센트)	3.4	3	2.7	0.4	3.1
산업체의 이익 성장률	17.4	31	36.7	4.9	-10.6

* 2009년의 자료 가운데 도시-농촌 간 자료는 2009년 상반기 6개월간의 수치이고, 산업체의 이익
  성장률은 전년 동기 대비 8개월까지의 성장률에 해당하는 수치다. 중국 국가통계국 자료.

다. 연해 지역과 내륙 지역의 발전 격차를 줄이기 위해서 많은 액수의 자금이 서부 지역의 성(省)들에 투입되었지만, 경기 부양책으로 촉진된 대부분의 자본 집약적, 도시 지향적 성장은 사실상 도농 간의 양극화를 악화시켰다(표 3 참조). 극심하게 도시에 편중된 고정자산 투자가 계속되면서, 2005년 이후로 줄어들던 도농 간의 소득 성장 격차는 경기 부양책 아래에서 다시 확대되었다. 이로 인해 2005년 이후로 국내 소비의 완만한 성장을 지탱하던 농촌의 상대적인 생활수준 향상에 제동이 걸렸다.

실제로 이 대규모 지출은 수출 시장이 호전되기를 기다리면서 단기적으로 국가 주도의 투자 급증으로 경제의 활기를 유지시켰다. 통계를 살펴보면 2009년 여름 무렵에 경기 부양책은 중국 경제의 자유낙하를 성공적으로 멈추었으며, 완만한 회복을 이끌었다. 그러나 동시에 2009년 첫 7개월 동안 GDP 성장의 거의 90퍼센트가 대출 급증과 정부 지출 증가에 의한 고정자산 투자로만 이루어졌다.[12] 이 투자는 대부분 비효율적이었으며 수익을 내지 못했다(표 3 참조). 만약 수출 시장이 제때 회복되지 못한다면, 중국 경제는 중기적

12) 「中國GDP增長90%由投資拉動」, 『財經』, 2009年 7月 16日.

으로 재정 적자, 부실채권, 과잉 생산 설비 문제의 악화로 인해 더 깊은 침체로 빠져들 가능성이 있다. 저명한 중국 경제학자의 말을 빌리면, 이 거대한 경기 부양책은 "갈증을 해소하기 위해 독약을 마시는" 격이다.[13]

전망

과거 20여 년 동안, 중국은 동아시아의 생산 네트워크 속에서 최종 조립국이자 수출국으로 떠올랐다. 또한 중국은 미국의 가장 큰 채권국이자 세계 최대의 외환 보유국 지위를 차지했으며, 세계의 공장뿐만 아니라 세계의 시장이 될 수 있는 잠재력을 보여주었다. 따라서 중국은 아시아와 남반구가 전반적으로 북반구, 특히 미국의 시장과 금융에 대한 의존에서 벗어나도록 도와줌으로써 새로운 지역적·지구적 경제 질서를 만들어나갈 만반의 태세를 갖추고 있다.

그러나 이를 주도할 수 있는 중국의 잠재력은 전혀 실현되지 않고 있다. 지금까지 자국의 수출품 구매를 촉진하기 위해 미국에 자금을 빌려주는 중국의 전략은 미국 소비자와 미국 채권시장에 대하여 중국 자신과 자신의 공급국들이 더욱 의존하도록 만들어서 이 나라들이 세계경제의 어떤 혼란에도 취약해져버렸다. 중국의 장기간의 수출 경쟁력은 농촌을 파산시키고 연해 수출산업으로 저비용의 이주 노동자들을 장기간 무제한 공급해온 발전 전략에 기인한다. 그 결과 계속 증가해온 무역 흑자는 미국 채권 보유량 확대라는 형태로 중국의 국제 금융력을 강화시켜왔을지도 모르지만, 장기간의 임금 억제는 중국

13) 상하이에 위치한 중국 유럽 국제 비즈니스 스쿨(中歐國際工商學院, China Europe International Business School) 교수인 쉬샤오녠(許小年)의 "China Stimulus Plan Comes Under Attack at 'Summer Davos'", *China Post*, 13 September 2009 에서 인용.

의 소비력 성장을 억누르고 있다. 북반구의 소비 수요를 격감시켰으며 미국 국채 시장과 달러의 붕괴 가능성을 높여온 현재의 금융 위기는 긴급한 노선 전환이 필요하다는 때늦은 경종을 울리고 있다.

베이징 당국은 외환 보유고를 더 늘리는 것이 중국이 이미 보유한 자산과 관련된 리스크를 확대하거나 이를 리스크가 더 큰 자산으로 전환시킬 수도 있기 때문에 비생산적이라는 사실을 잘 알고 있다. 정부 또한 국가의 수출 의존을 줄이고 노동계급의 가처분소득을 증대해 내수 성장을 활성화할 필요가 있음을 잘 인식하고 있다. 이러한 정책 우선순위의 방향 전환에는 반드시 연해 도시 지역에서 내륙 농촌 지역으로의 자원 이동과 정책 특혜가 수반되어야 한다. 내륙 농촌 지역은 장기간의 사회 주변화와 소비 부족 탓에 개선될 여지가 충분히 남아 있다. 그러나 이는 수십 년의 수출 주도 발전 기간에 뿌리내린 기득권층 때문에 결코 수월치 않은 과업이다. 이미 중앙정부의 정책 수립과 실행에 강력한 영향을 끼치는 집단이 되어버린 연해 지역 성(省)들의 관료와 기업가들은 여전히 이러한 정책 전환에 완강하게 저항하고 있다. 이러한 중국의 지배 엘리트 파벌은 세계경제의 수출자이자 채권자로서 세계의 소비자이자 채무자인 미국의 지배계급과 공생 관계를 확립해왔다. 미국의 지배계급은 자국민들의 생활수준을 보장해주어 국내의 헤게모니를 유지하기 위해 애쓰고 있다. 태평양 양쪽의 이 두 엘리트 집단은 이따금 사소한 언쟁을 벌이지만, 작금의 세계경제 불균형뿐만 아니라 각자의 현 체제를 영속화하는 데 이해를 같이하고 있다.

현재의 권력균형을 연해 도시 엘리트들로부터 농촌 대중의 이익을 대표하는 세력 쪽으로 변화시키는 근본적인 정치적 재편이 없다면, 중국은 계속해서 다른 아시아 수출국들을 데리고 미국의 인질이 되어 부지런히 시중을 들 가능성이 크다. 앵글로색슨 지배층들은 최근에 아시아 상대국들에 좀 더 정중한 태도를 보이고 있으며, 중국이 '차이아메리카'(ChiAmerican) 국제 질서나 'G2'의 '이익 상관자'(stakeholder)가 되기를 요청하고 있다. 그들이 의도

하는 바는 중국이 쓸데없이 현재의 안정적인 상황을 동요시켜서는 안 되며, 미국의 경제적 지배가 유지되는 것을 도와야 한다는 것이다(그들은 아마도 그 대가로 티베트와 타이완 문제에 관한 베이징 당국의 우려를 좀 더 고려해 줄 것이다). 이는 녹색 기술과 다른 기술 혁신에 대한 부채에 기반을 둔 정부 투자를 통해 워싱턴 당국이 세계경제의 새로운 영역에 대한 지배력을 확보하고 약화된 패권을 녹색 헤게모니로 재구축하는 데 있어서 귀중한 시간을 벌게 해줄 것이다. 이것이 바로 오바마 정부가 지구적 위기와 미국 패권의 쇠퇴에 대한 장기적인 대응으로 선택한 방책인 듯하다.

만약 중국이 발전 모델을 전환하고 내수와 수출 사이에서 더 적절히 균형을 잡으려고 한다면, 붕괴하고 있는 미국 소비 시장에 대한 의존과 리스크가 큰 미국 채권에 대한 탐닉에서 벗어나야 할 뿐만 아니라, 중국과 마찬가지로 이러한 위험에서 벗어나려고 애쓰고 있는 다른 아시아 경제체들의 제조 업체들에 도움을 줘야 한다. 더 중요한 것은 만약 신흥 경제체들이 비슷한 방향 전환을 목표로 하고 남-남 무역을 더 강화하려 한다면, 서로가 서로의 소비자가 되어 남반구의 자율적이고 공정한 성장이라는 새로운 시대를 앞당겨야 한다는 것이다. 그러나 이러한 일들이 이루어지기 전까지는 지구적 위기 이후에 서에서 동으로, 북에서 남으로 지구적 자본주의의 중심이 이동하는 것이 희망적 예단에 지나지 않을 것이다.

〔하남석 옮김〕

경제의 영구 비상사태

슬라보이 지젝(Slavoj Žižek)

올해 유로존의 긴축정책에 반대하는 시위가 그리스와 (그보다는 작은 규모로) 아일랜드, 이탈리아, 스페인 등지에서 벌어진 가운데 사태에 대한 두 가지 설명이 제기되었다.[1] 그 가운데 주류에 해당하는 것으로서 기득권층이 내놓은 설명은 위기를 탈정치화된 방식으로 자연화하기를 제의한다. 여기서 규제 조치들은 정치적 선택에 입각한 결정이 아니라 재정의 중립적 논리가 부과하는 절대적 명령으로서 제시되며, 경제가 안정을 되찾기를 바란다면 그 고통을 감수하는 수밖에 없다고 주장된다. 다른 쪽 설명, 즉 시위에 참여한 노동자, 학생, 연금 수령자들의 설명은 긴축정책을 복지국가의 마지막 잔여물까지 없애버리려는 국제 금융자본의 또 다른 시도로 간주하려 한다. 그리하

---

1) 이에 관해 알로니(Udi Aloni), 지리(Saroi Giri), 주판치치(Alenka Zupančič)에게 고마움을 표한다.

여 국제통화기금(IMF)은 한편의 시각에서는 규율과 질서의 중립적 주체로, 다른 편의 시각에서는 세계 자본의 억압적 주체로 나타난다.

양편의 시각 모두에는 진실의 계기가 있다. 국제통화기금이 자신의 의존국(client state)을 다루는 방식에 내포된 초자아의 차원은 분명하다. 국제통화기금은 미상환 부채를 두고 의존국을 나무라고 벌주지만 그러면서도 그 국가에 새로운 차관을 제공한다. 그러나 의존국이 그 차관을 상환하지 못하리라는 것은 누구나 알고 있는 사실이고, 따라서 새로운 차관 제공은 빚이 더 많은 빚을 낳는 악순환 속으로 국가를 더 깊숙이 끌어들이게 된다. 다른 한편 이러한 초자아 전략이 통하는 이유는 부채 총액을 실제로 되갚아야 할 상황은 결코 오지 않으리라는 점을 잘 아는 차입국이 부채를 통해 결과적으로 수익을 얻게 되기를 바라고 있다는 데 있다.

그러나 각각의 설명이 일말의 진실을 담고 있기는 해도 양자는 모두 근본적으로 그릇된 설명이다. 유럽 기득권층의 설명에서는 거대한 재정 적자가 경기후퇴기의 정부 세수 하락에 의해서뿐만 아니라 금융 부문에 대한 대대적 구제금융의 결과로 초래되었다는 사실이 슬쩍 은폐된다. 아테네에 대한 대규모 차관은 그리스가 프랑스와 독일의 거대 은행들에 진 부채를 되갚는 데 쓰일 것이다. 유럽연합에 의한 지급보증의 진정한 목적은 민간은행들을 돕는 것인데, 왜냐하면 만약 유로존 국가들 가운데 어느 하나라도 파산을 맞게 된다면 이 민간은행들은 엄청난 타격을 입을 것이기 때문이다. 다른 한편 시위에 참가한 이들의 설명은 오늘날 좌파가 처한 곤궁을 다시 한 번 증언한다. 거기에 제시된 요구에는 어떠한 적극적인 강령적 내용도 없고 다만 기존의 복지국가를 훼손하는 데 대한 일반화된 거부만 있을 뿐이다. 여기서 유토피아는 체계의 급진적 변화가 아니라, 체계 내부에 복지국가를 유지할 수 있다는 관념이다. 여기서도 우리는 상대방 논리에 담긴 일말의 진실을 놓쳐서는 안 된다—우리가 세계 자본주의 체계의 경계 내부에 머무른다면 노동자, 학생, 연금 수령자들로부터 더 많은 돈을 쥐어 짜내는 조치들이 사실상 불가피하다.

유로존의 위기에 실린 메시지는 유로화뿐만 아니라 연합 유럽이라는 기획 자체가 끝장났다는 것이라는 말이 종종 들린다. 그러나 이러한 일반적 명제를 승인하기 전에 우리는 그에 대해 레닌적 변주를 가해야 한다. 유럽은 끝장 났다—좋다, 그런데 어떤 유럽이? 답은 세계시장에 순응하는 포스트 정치적 유럽, 일반투표(referendums)에서 거듭 거부된 유럽, 브뤼셀의 기술관료·전문가의 유럽이다. 그것은 그리스의 정념과 부패에 맞서 냉철한 유럽적 이성을, 감상(pathetics)에 맞서 수학을 옹호하는 존재로 자신을 내세우는 유럽이다. 그러나 유토피아적으로 보일는지는 몰라도 또 다른 유럽이 들어설 여지가 아직 남아 있다—공유된 해방의 기획에 토대를 둔 재정치화된 유럽, 고대 그리스 민주주의를, 프랑스대혁명과 10월혁명을 탄생시켰던 유럽 말이다. 완전한 주권을 지닌 민족국가들—이는 자신의 이득을 위해 나라와 나라를 이간질할 수 있는, 이리저리 떠돌아다니는 국제 자본의 손쉬운 먹잇감인바—로 후퇴함으로써 현재의 재정 위기에 대응하고자 하는 유혹을 우리가 물리쳐야 하는 이유는 거기에 있다. 과거 그 어느 때보다 오늘날 매 위기에 대한 대응은 세계 자본의 보편성보다 더욱 국제주의적이고 보편주의적이어야 한다.

새로운 시대

한 가지는 분명하다—예산 삭감이 [있더라도] 비교적 제한적이었으며 그것도 상황이 곧 정상화되리라는 전망을 동반했던 수십 년간의 복지국가 경험을 뒤로한 채, 우리는 이제 일종의 경제적 비상사태가 영구적인 것, 하나의 상수, 하나의 생활양식이 되어가는 시대에 진입하고 있다. 이 시대는 훨씬 더 야만적인 긴축정책, 복지 혜택의 삭감, 의료 및 교육 서비스 축소 그리고 더 불안정한 고용 등의 위협을 동반한다. 좌파는 우리가 정치경제학을 다루고 있다는 점—그러한 위기에 '자연적인' 것은 아무것도 없다는 점, 현존하는 세계경제 체계는 일련의 정치적 결정들에 의존한다는 점—을 강조함과 동시에, 자본주의 체계가 그 자신의 유사(類似) 자연적 논리를 따르고 있으므로 우리가 체계 내부에 머물러 있는 한 그 규칙들의 위반은 사실상 경제적 붕괴를 유발한다는 점도 숙지해야 하는 어려운 과제에 직면한다. 그리하여 우리는 세계시장의 조건들(예컨대 아웃소싱)에 의해 고강도 착취가 더 수월해지는 착취의 새로운 국면에 진입하고 있음이 분명하지만, 이는 금융 붕괴의 위험에 항시 직면해 있는 자본주의 체계 자체의 작동에 의해 강요된 것임을 또한 명심해야 한다.

그러므로 현재의 위기가 제한적일 것이고 유럽 자본주의가 점점 더 많은 사람들에게 상대적으로 높은 수준의 삶을 계속해서 보장해주리라는 희망을 품어보아야 부질없는 짓일 것이다. 상황이 계속해서 자신을 작동하지 않는, 주변적인 것으로 만들었으면 하는 것이 급진 정치의 주된 희망 사항이라면 그것은 실로 희한한 급진 정치이리라. 알랭 바디우(Alain Badiou)의 모토 "비존재보다 재난이 낫다"(mieux vaut un désastre qu'un désêtre)는 바로 그러한 추론에 맞세워 읽어야 한다—설사 사건이 '모호한 재난'으로 종결된다 하더라도 우리는 사건에 대한 충실성의 모험을 감행해야 한다. 오늘날 좌파가 자신을 신뢰하지 못한다는 점을 가장 잘 보여주는 것은 위기에 대한 두려움이다. 진정한 좌파는 위기를 환상 없이, 진지하게 받아들인다. 좌파의 기본적 통찰은, 위기는 고통스럽고 위험하지만 피할 수는 없으며, 또한 그것은 싸움을 벌여 이겨야만 하는 터라는 것이다. 마오쩌둥(毛澤東)의 옛 모토가 과거 그어느 때보다 오늘날 적실성을 띠는 이유다—"천하 만사가 극도의 혼란 중에 있으니(天下大亂) 너무나도 좋은 상황이다."

오늘날 반자본주의자가 부족하지는 않다. 우리는 심지어 자본주의의 참상에 대한 넘쳐나는 비판을 목도하고 있다. 환경을 오염시키는 기업들, 회사가 공적 자금으로 구제되고 있는 와중에 여전히 고액 상여금을 챙기는 비도덕적 은행가들, 아동이 초과근무를 하는 열악한 작업장들 따위에 대한 신문의 탐사 보도, TV 리포트, 베스트셀러 저작 등은 얼마든지 있다. 그러나 그 대상들이 가차 없이 비판되는 것 같아도 그 모든 비판에는 한 가지 문제가 도사리고 있다. 보통 의문시되지 않는 것이 있는데 그것은 그 무도한 짓들에 맞선 싸움을 떠받치고 있는 자유민주주의적 틀이다. 명시적이든 암시적이든 목표는―언론의 압력, 의회 조사, 더 엄격한 법률, 공정한 경찰 수사 등을 통해―자본주의를 규제하는 것이지, 결코 부르주아 법치국가의 자유민주주의적인 제도적 메커니즘을 문제 삼는 것이 아니다. 이것은 신성불가침의 영역으로 남아 있어서, '윤리적 반자본주의'의 가장 급진적인 형태―포르투 알레그레의 세계사회포럼(World Social Forum), 시애틀 운동 등―라 할지라도 감히 그것을 건드리지는 못한다.

국가와 계급

마르크스의 핵심적 통찰이 여전히―어쩌면 과거 그 어느 때보다 오늘날 더욱―유효한 것은 바로 이 지점에서다. 마르크스는 자유의 문제가 본래 엄밀한 의미의 정치 영역에 속한다고 이해되어서는 안 된다고 본다. 세계적 금융기관들이 어떤 나라에 대해 판결을 내리고자 할 때 적용하는 범주들―이 나라에 자유선거가 존재하는가? 판사들은 독립적인가? 언론은 은밀한 압력들로부터 자유로운가? 인권은 존중되고 있는가?―에 예시된 것처럼 말이다. 현실적 자유의 핵심은 그보다 시장에서 가족에 이르는, 사회관계의 '무정치적'(apolitical) 네트워크에 있는바, 이 네트워크에서 실질적 개선에 요구되는 변화는 정치적 개혁이 아니라 사회적 생산관계의 변혁이다. 우리는 누가 무엇을 소유할지에 관해 혹은 한 공장의 노사 관계에 관해 투표하지 않는다. 이러한 모든 것은 정치적인 것의 영역 바깥에서 진행되는 과정에 맡겨진다. 이러한 영역으로 민주주의를 '확장'함으로써, 예컨대 인민의 통제 아래 '민주적' 은행을 설립함으로써 상황을 실질적으로 변화시킬 수 있으리라 기대하는 것은 환상이다. 이 영역에서의 근본적 변화는 법적 권리의 영역 바깥에 놓여 있다. 물론 그와 같은 민주주의적 절차가 행하는 적극적 역할이 있을지 모른다. 그러나 그 절차가 자본주의적 재생산이 차질 없이 이루어지도록 보장하는 것을 목적으로 하는, 부르주아계급의 국가 장치의 일부라는 점에는 변함이 없다. 바로 이런 의미에서, 오늘날 궁극적인 적의 이름은 자본주의라든가 제국 혹은 착취가 아니라 민주주의라고 하는 바디우의 주장은 올바르다. 자본주의적 관계의 근본적 변혁을 가로막는 것은 '민주주의적 메커니즘'을 궁극적 틀로 수용하는 태도다.

현재 요구되는 '민주주의적 제도'의 탈물신화와 밀접하게 연관된 것이 그 제도의 부정적 대응물인 폭력의 탈물신화다. 가령 최근에 바디우는 (예전에 폴란드에 있었던 솔리다르노시치[Solidarność, 자주 관리 노조]처럼) 국가권력에 거리를 둔, 그 권력의 지배에서 빼낸(subtracted) 자유 영역들을 건설하고 오직 이 '해방구들'을 분쇄하고 재전유하려는 국가의 시도에만 물리력을 동원해 저항함으로써 '방어적 폭력'을 행사하기를 제안한 바 있다. 이러한 공식의 문제점은 그것이 국가 장치의 '정상적' 작동과 국가 폭력의 '과잉' 행사 사이의 심히 문제적인 구별에 의존하고 있다는 데 있다. 계급투쟁에 관한 마르크스주의의 가장 기초적인 관념은 '평화로운' 사회적 삶은 그 자체가 하나의 계급, 즉 지배계급의 (일시적인) 승리의 표현이라는 명제다. 지배당하고 억압받는 자들의 관점에서는 계급 지배 장치로서의 국가의 존재 자체가 엄연한 폭력인 것이다. 이와 유사하게 로베스피에르는 국왕 살해가 왕이 어떤 특정한 범죄를 저질렀다는 것을 입증함으로써 정당화되는 것이 아니라고 주장했다. 왕의 존재 자체가 하나의 범죄, 곧 인민의 자유를 침해하는 위법인 것이다. 이런 엄밀한 의미에서 억압받는 자들에 의한, 지배계급과 그 국가에 대항한 폭력의 사용은 언제나 궁극적으로 '방어적'이다. 이 점에 동의하지 않는다면 우리는 좋든 싫든 국가를 '정상화'하게 되고 국가 폭력을 그저 우연한 과

잉의 문제로 받아들이게 된다. 표준적인 자유주의적 모토—폭력에 의존하는 것은 때로 필요하기는 하지만 결코 적법하지는 않다는 것—로는 충분하지 않다. 급진적·해방적 관점에서 우리는 그 모토를 다음과 같이 뒤집어야 한다. 억압받는 자들에게 폭력은 (그들의 지위 자체가 폭력의 결과이기에) 언제나 적법하지만 결코 필연적이지는 않다—적에 대항해 무력을 사용할 것인가 아닌가는 언제나 전략적 고려의 문제인 것이다.

요컨대 폭력이라는 논제는 탈신비화되어야 한다. 20세기 공산주의의 잘못된 점은 폭력에 대한 의존 자체—국가권력의 장악, 그 권력을 유지하기 위한 내전—가 아니라, 폭력에 대한 그런 식의 의존을 불가피하고 적법한 것으로 만들어준 더 광범위한 작동 방식, 가령 역사적 필연의 수단으로서의 당 따위에 있다. 헨리 키신저(Henry Kissinger)는 미 중앙정보국(CIA)에 보내는 문서에서 어떻게 아옌데 정부를 무너뜨릴지에 관해 조언하는데 그의 말은 간결했다. "경제가 비명을 지르게 하시오." 미국의 전직 관료들은 베네수엘라에서도 그와 동일한 전략이 쓰인다는 사실을 오늘날 공공연히 인정한다. 미국 국무장관을 지낸 로런스 이글버거(Lawrence Eagleburger)는 폭스 뉴스에 나와서 베네수엘라의 경제에 관해 이렇게 말한 바 있다. "우선 차베스에 대항해 우리가 쓸 수 있는, 그리고 써야 할 단 한 가지 무기가 바로 그것, 그러니까 경제적 수단인데, 그 나라 경제를 더 악화시켜서 차베스가 자기 나라와 주변 지역에서 매력을 잃게 만드는 거죠." 현재의 경제적 비상사태에서 역시 우리가 다루고 있는 것은 분명 맹목적인 시장 과정이 아니라 위기를 자기 나름의 방식으로 해결하고자 진력하고 있는 국가와 금융기관들의 고도로 조직화된, 전략적인 개입이다. 상황이 이렇다면 방어적 대응책을 세워야 마땅하지 않은가?

이 같은 고찰은 급진적 지식인들이 20세기 내내 그토록 즐겼던 정신 활동, 즉 정치적 상황을 '파국화'하려는 충동을 계속 추구해나가는 바로 그 시점에 그들의 안락한 주관적 입장을 산산조각 낼 수밖에 없다. 테오도르 아도르노

경제의 영구 비상사태 251

(Theodor W. Adorno)와 막스 호르크하이머(Max Horkheimer)는 '관리되는 세계'에 구현된, '계몽의 변증법'의 절정 속에서 파국을 보았다. 조르조 아감벤(Giorgio Agamben)은 20세기 집단 수용소를 서구의 정치적 기획 전체의 '진실'로 규정했다. 그러나 1950년대 서독의 호르크하이머의 모습을 상기해보자. 현대 서구 소비사회에서의 '이성의 퇴조'를 비판하면서도 그는 동시에 바로 그 사회를 전체주의와 부패한 독재 체제들의 바다에 홀로 떠 있는 자유의 섬으로 옹호했다. 실은 지식인들이 기본적으로 안전하고 안락한 생활을 영위하고 있으며, 자신의 삶을 정당화하기 위해 결정적 파국의 시나리오를 구축하는 것이라면? 분명 많은 이들은, 만일 혁명이 일어난다면 그것은 쿠바나 니카라과, 베네수엘라처럼 안전하게 떨어져 있는 곳에서 일어나야 한다고 여긴다―먼 곳의 사건을 생각하며 가슴이 달아오르는 와중에도 계속 성공 가도를 달릴 수 있게 말이다. 하지만 선진 산업 경제 내에서 복지국가가 제 기능을 발휘하지 못하고 붕괴되고 있는 현 상황에서 급진적 지식인들은 이제 다음을 분명히 해야 할 진실의 순간에 다가서고 있는지 모른다. 그들은 진정한 변화를 원했다―이제는 그 변화를 이룰 수 있다.

이데올로기로서의 경제

경제의 영구 비상사태는 좌파가 당장의 '실천적 유용성'이 결여된 차분한 지적 작업을 포기해야 함을 뜻하지 않는다. 실은 그와 정반대다―공산주의는 칸트가 자신의 에세이 「계몽이란 무엇인가?」의 그 유명한 구절에서 '이성의 공적 사용'이라 부른 것과 더불어, 즉 사유의 평등주의적 보편성과 더불어 시작된다는 점을 우리는 오늘날 그 어느 때보다 더욱 잘 기억해야 한다. 그리하여 우리의 투쟁은 현재 진행되는 '구조 조정' 가운데 초국적 개방 공간을 위협하는 측면들에 초점을 맞추어야 한다. 하나의 예가 유럽연합에서 진행 중인 '볼로냐 프로세스'일 텐데, 이는 '유럽 고등교육 체계의 골격을 통일시키려는' 목적을 지니지만 사실상 이성의 공적 사용에 대한 협공에 해당한다.

이러한 개혁의 밑바탕에는 전문적 견해를 생산함으로써 사회의 구체적 문제들을 해결해야 할 과제에 고등교육을 종속시키려는 충동이 깔려 있다. 여기서 사라져버리는 것은 사유의 진정한 과제다. '사회'—실제로는 국가와 자본—에 의해 제기되는 문제들에 해결책을 제시하는 것뿐만 아니라 그 문제들의 형식 자체에 대해 반성하는 것, 우리가 어떤 문제를 지각하는 방식 자체에서 문제를 분별해내는 것 말이다. 사회적으로 유용한 전문 지식을 생산해야 할 과제에 고등교육을 환원시키는 것은 칸트가 말한 바 우연하고 독단적인 전제들에 제약되는 '이성의 사적 사용'이 오늘날의 세계 자본주의 내부에서 취하고 있는 전형적 형식이다. 칸트의 어법으로 말하면 '이성의 사적 사용' 속에서 우리는 이성의 보편성의 차원에 거하는 자유로운 인간이 아니라 '미숙한' 개인으로서 행동한다.

고등교육의 능률화—이는 외관상 직접적 사유화(민영화)나 사업과의 연계를 가리키기도 하지만 더 일반적인 차원에서는 교육이 전문 지식의 생산을 지향하도록 그 방향을 조정함을 의미한다—를 향한 압력을 지적 생산물이라는 공통적인 것을 둘러막는(enclose) 과정, 일반 지성을 사유화하는 과정과 연관시키는 것이 긴요하다. 이 과정은 다시 이데올로기적 호명의 양식에 일어난 전 지구적 변화의 일부분을 이룬다. 여기서 알튀세르의 '이데올로기적 국가 장치'(ISA)라는 개념을 상기하는 것이 도움이 될 것이다. 중세의 핵심적 ISA가 제도로서의 종교라는 의미에서 교회였다면 자본주의적 근대가 열리면서는 학교 제도와 법적 이데올로기라는 양대 헤게모니 세력이 부상했다. 개개인이 의무 보편 교육을 통해 법적 주체로 형성되는 한편으로 주체는 법질서 아래에서 애국적 자유 시민으로 호명되었다. 그리하여 부르주아와 시민 사이, 자신의 사적 이익에 관심을 둔 이기적·공리주의적 개인과 국가라는 보편 영역에 헌신하는 시투아양(citoyen, 능동적 시민) 사이에 간극이 유지되었다. 그런데 자연 발생적인 이데올로기적 인식에서 이데올로기가 시민성의 보편 영역에 국한되며 이기적 이익의 사적 영역은 '전(前) 이데올로기적인' 것으로 간주되는 한, 이데올로기와 비(非)이데올로기 사이의 간극 자체가 이데올로기 안으로 전위(轉位)된다.

68혁명 이후의 자본주의의 가장 뒤늦은 단계에 발생한 일은 경제 자체─시장과 경쟁의 논리─가 점차 주도적 이데올로기로 자리 잡은 것이다. 교육에서 우리는 고전적이며 부르주아적인 학교 ISA의 점진적 해체를 목도하고 있다. 학교 체계가 계몽적 가치, 즉 자유, 평등, 우애의 담지자로서 시장보다 고상한 지위에 있고 국가에 의해 직접 조직되는 의무적 네트워크라는 점은 갈수록 의심스러워지고 있다. '저비용, 고효율'이라는 신성한 공식에 따라 학교 체계는 점차 각종 형태의 PPP, 즉 민관 협력(Public-Private Partnership)이 침투해 들어가는 장이 되고 있다. 권력의 조직과 합법화에서도 마찬가지인데, 선거제도는 갈수록 시장 경쟁의 모델에 따라 이해되고 있다─선거란 사회질서 유지, 범죄 기소 등등의 임무를 가장 효율적으로 수행해줄 옵션을 '사는' 상거래 같은 것이다.

'저비용, 고효율'이라는 동일한 공식에 따라, 교도소 운영처럼 한때 국가권력의 영역에 배타적으로 속해 있던 기능들의 민영화가 가능해진다. 군대는 더 이상 국민개병제를 기반으로 하지 않고 대신 용병들로 구성된다. 국가 관료 집단조차 더 이상 헤겔적 의미의 보편 계급으로 인식되지 않는데 이 점은 베를루스코니(Silvio Berlusconi)의 경우에 명확해지고 있다. 오늘날의 이탈리아에서는 자신의 개인적 이익을 보호하는 수단으로서 국가권력을 거침없이, 대놓고 이용하는 천박한 부르주아가 직접 국가권력을 행사하고 있다.

정서적 관계에 참여하는 과정조차 갈수록 시장 관계의 방식을 따라 조직된다. 그러한 절차는 자기 상품화에 의존한다. 데이트나 결혼을 알선하는 인터넷 업체를 위해 잠재적 연인들은 자신의 자질을 나열하고 사진을 올리면서 스스로를 상품으로 제시한다. 여기서 빠져 있는 것은 프로이트가 'der einzige

Zug'라고 부른 것, 즉 나로 하여금 타인을 즉시 좋아하거나 싫어하게 만드는 그 독특한 견인력(singular pull)이다. 사랑이란 필연으로 경험되는 선택이다. 어느 순간 우리는 자신이 이미 사랑에 빠져 있으며 달리 어쩔 도리가 없다는 느낌에 압도된다. 따라서 각 후보자의 자질을 비교하는 것, 누구와 사랑에 빠질지 결정하는 것은 정의상 사랑이 될 수 없다. 데이트 알선 업체가 사랑에 역행하는 장치의 탁월한 예가 되는 이유는 거기에 있다.

이것은 이데올로기의 작동에 대해 어떤 종류의 변화를 함축하는가? 알튀세르가 이데올로기는 개인을 주체로 호명한다고 주장할 때 '개인'은 이데올로기적 국가 장치가 작용을 가하는—미시적 실천의 네트워크를 부과하는—살아 있는 존재를 의미한다. 이와 대조적으로 '주체'는 살아 있는 존재의 범주, 실체의 범주가 아니라 그 살아 있는 존재가 ISA 장치(dispositif) 혹은 기제에, 즉 상징계에 사로잡힌 데 따른 결과물이다. 경제가 비이데올로기의 영역으로 간주되는 한, 전 지구적 상품화의 이 멋진 신세계가 자신을 포스트(post) 이데올로기적이라고 간주하는 것은 매우 당연한 이치다. ISA들은 물론 여전히 엄존하며 과거 그 어느 때보다 더욱 그러하다. 그러나 이데올로기의 자기 인식에서 이데올로기가 전(前) 이데올로기적 개인과 대비되는 주체 안에서 발견되는 한, 경제 영역의 이 헤게모니는 이데올로기의 부재로 나타날 수밖에 없다. 이것이 의미하는 바는 이데올로기가 토대에 대한 상부구조로서 단순히 경제를 '반영한다'는 것이 아니다. 오히려 경제는 여기서 이데올로기적 모델 자체로 기능한다—따라서 이상화된 자유주의적 시장 모델을 결코 따르지 않는 '실제의' 경제적 삶과 대조적으로 경제가 하나의 ISA로서 작동한다고 말하는 것은 전적으로 정당하다.

불가능한 것들

그러나 오늘날 우리는 이러한 이데올로기적 메커니즘의 작동에서의 근본
적 변화를 목도하고 있다. 아감벤은 우리 시대의 '포스트 정치적' 혹은 생명
정치적(biopolitical) 사회를 다수의 장치들(dispositifs)이 새로운 주체성을 생
산하지는 않으면서 개인을 탈주체화하는 사회로 규정한다.

> 따라서 실제의 주체들 혹은 정체성들—노동자 운동, 부르주아계급 등—
> 을 전제했던 정치는 퇴조하고 오로지 자기 자신의 재생산만을 추구하는 경
> 제—즉 순전한 통치 활동—가 권좌에 오른다. 그리하여 오늘날 권력을 운용
> 하는 데서 앞서거니 뒤서거니 하는 우파와 좌파는 그들을 지칭하는 용어들이
> 유래하는 정치적 맥락과 거의 아무런 연관을 지니지 않는다. 오늘날 그 용어들
> 은 동일한 통치 기구의 양극—전혀 주저함 없이 탈주체화를 목표로 삼는 축과
> 훌륭한 민주주의적 시민이라는 위선적 가면으로 탈주체화를 은폐하기를 원하
> 는 축—을 가리키는 이름일 뿐이다.[2]

'생명 정치'는 장치들이 더 이상 주체를 생성하지("개인을 주체로 호명하
지") 않고 그저 개인의 벌거벗은 생명을 관리하고 규제하는 형세를 지칭한다.
이러한 형세 안에서는 급진적 사회변혁이라는 관념 자체가 불가능한 꿈으
로 보일는지도 모른다. 하지만 '불가능한'이라는 용어에 대해 우리는 잠시 멈
춰 생각해보아야 한다. 오늘날 가능한 것과 불가능한 것은 이상한 방식으로
배분되며 양자가 동시에 폭발적으로 늘어나 과잉 상태에 이른다. 한편으로
개인의 자유와 과학 기술의 영역에서 우리는 "불가능한 것은 아무것도 없다"

---

2) Giorgio Agamben, *Qu'est-ce qu'un dispositif?*, Paris 2007, pp. 46~47.

는 말을 듣는다. 우리는 온갖 도착적 유형의 섹스를 즐길 수 있고, 데이터로 집적된 음악과 영화와 TV 시리즈물은 무엇이든 내려받을 수 있으며, 우주여행도 (돈만 내면) 누구든 누릴 수 있다. 우리의 신체적·심적 능력을 향상시킬 수 있으리라는 전망, 게놈에 개입하여 우리의 기본 속성을 조작할 수 있으리라는 전망이 있는가 하면, 우리의 정체성을 이런저런 하드웨어에 내려받을 수 있는 소프트웨어로 변형함으로써 우리가 영생에 이를 수 있다는 기술영지주의적(技術靈知主義的, tech-gnostic) 꿈까지 존재한다.

다른 한편 사회경제적 관계의 영역에서 우리 시대는 인류가 천년왕국의 그 오랜 유토피아적 꿈을 포기하고 현실—즉 자본주의의 사회경제적 현실—의 제약을 그 현실의 모든 불가능성과 더불어 받아들인 성숙의 시기로 자신을 인식한다. '~해서는 안 된다'(YOU CANNOT)는 계명은 우리 시대의 군호(mot d'ordre, 슬로건)다—대규모 집단행동에 참여해선 안 되는바 그것은 필연적으로 전체주의적 공포로 귀결된다, 해묵은 복지국가에 매달려선 안 되는바 그것은 너를 경쟁력 없는 인간으로 만들고 경제적 위기를 초래한다, 세계시장에서 자신을 고립시켜선 안 되는바 그렇게 하면 북한 주체사상의 망령에 사로잡힌다. 이데올로기로서의 생태학 또한 그 나름의 불가능성 목록을 추가하는데, '전문적 견해'에 기초한 이른바 한계치(threshold values)가 그에 해당한다(가령 지구온난화가 섭씨 2도를 넘어서는 안 된다).

여기서 두 가지 불가능성을 구별하는 것이 긴요하다—사회적 적대라는 '불가능한 것-실재'(the impossible-real) 그리고 지배적인 이데올로기 장(場)이 관심을 집중하는 '불가능성'(impossibility). 여기서 불가능성은 두 겹으로 싸인다—불가능성은 그 자신을 숨기는 가면 역할을 하는데, 두 번째 불가능성의 이데올로기적 기능은 첫 번째의 그 실재를 슬쩍 은폐하는 데 있는 것이다. 오늘날 지배 이데올로기는 우리로 하여금 급진적 변화의, 자본주의 철폐의, 타락한 의회 게임으로 전락하지 않은 민주주의의 '불가능성'을 받아들이게 하려고 애쓰는데 이는 자본주의 사회를 가로지르는 적대의 그 '불가능한 것–실재'를 보이지 않게 하기 위함이다. 이 실재가 '불가능한 것'이라는 말은 그것이 기존 사회질서의 불가능한 것, 그 사회질서의 구성적 적대라는 의미이며, 이는 그 '불가능한 것–실재'가 직접적으로 다루어질 수 없다거나 급진적으로 변혁될 수 없다는 것을 함축하지 않는다.

이데올로기적 불가능성을 극복하기 위한 라캉의 공식이 "모든 것은 가능하다"가 아니라 "불가능한 일이 일어난다"(the impossible happens)인 까닭은 거기에 있다. 라캉적인 '불가능한 것–실재'는 현실주의적으로 고려될 필요가 있는 선험적 한계가 아니라 행동의 영역이다. 행위는 가능한 것의 영역 속으로의 개입 그 이상이다—행위는 가능한 것의 좌표 자체를 변화시키며 그리하여 그 자신의 가능성의 조건을 소급적으로 창출한다. 공산주의 역시 실재에 관여하는 까닭은 거기에 있다—공산주의자로서 행동한다는 것은 오늘날의 세계 자본주의의 기저를 이루는 근본적 적대의 실재에 개입하는 것을 의미한다.

자유?

그러나 문제는 사라지지 않는다. 우리가 하나의 경험적 불가능성, 즉 대규모 군중을 동원할 수 있는 이념으로서의 공산주의의 참담한 실패와 대면할 때, 불가능한 것을 행하는 것에 관한 그러한 강령적 진술은 결국 어떤 의미를 지니게 되는가? 일국 내에 사회주의를 건설한다는 발상이 터무니없음을 잘 알던 레닌은 죽음을 맞기 두 해 전, 유럽 전역에 걸친 혁명은 일어나지 않으리라는 점이 분명해졌을 때 다음과 같이 썼다.

상황이 완전히 절망적이라는 사실이 노동자와 농민의 노력을 열 배나 자극하여, 서유럽 국가들과는 다른 방식으로 문명의 근본적 요건들을 창조할 기회를 우리에게 제공한다면?[3]

이는 볼리비아의 모랄레스 정권, 베네수엘라의 차베스 정권, 네팔의 마오주의 정권의 곤경이 아니었던가? 이들은 반란이 아니라 '공정한' 민주주의적 선거를 통해 권력을 잡았다. 그러나 일단 권력을 손에 쥐자 그들은 적어도 부분적으로는 '비국가적인' 방식으로 그 권력을 행사했다. 당-국가의 대의 네트워크는 무시하고 자신들의 지지자들을 직접 동원한 것이다. 그들의 상황은 '객관적으로' 절망적이다. 역사의 조류 전체가 기본적으로 그들에게 적대적이며, 그들은 자신들과 같은 방향으로 밀어젖히고 나아가는 그 어떤 '객관적 경향'에도 의존할 수 없고, 그들이 할 수 있는 일이란 기껏해야 즉흥적으로 대처하는 것, 절박한 상황에서 그나마 할 수 있는 일을 하는 것뿐이다. 허나 그럼에도 불구하고 이것은 그들에게 독특한 자유를 선사하지 않는가? 그리고 우리, 오늘날의 좌파 모두는 정확히 동일한 상황에 처해 있지 않은가?

그러므로 우리의 상황은 좌파가 무엇을 해야 할지(프롤레타리아독재를 확립하는 것)는 알고 있지만 이행의 적절한 순간을 참을성 있게 기다려야 했던 저 고전적인 20세기 초의 상황과는 정반대다. 오늘날 우리는 무엇을 해야 할지는 모르지만 지금 당장 행동을 해야만 하는데, 왜냐하면 비(非)행동의 결과는 참혹할 것이기 때문이다. 우리는 '마치 우리가 자유로운 듯이' 살도록 강요될 것이다. 우리는 전혀 부적절한 상황에서 끝 간 데 없는 구렁텅이를 향해 발걸음을 내딛는 위험을 감수해야 할 것이며, 그저 기계가 멈추지 않게 하고 옛 시절에 좋았던 것들—교육, 의료, 기본적 사회복지 사업—을 계속 유지하기 위해 새로운 것의 면모들을 재발명해야 할 것이다. 요컨대 우리의 상황은 스탈린이 원자폭탄을 두고 말했던 것과 비슷하다—신경이 약한 자들에겐 맞지 않는다. 혹은 안토니오 그람시(Antonio Gramsci)가 제1차 세계대전과

3) V. I. Lenin, "Our Revolution" (1923), in *Collected Works*, vol. 33, Moscow 1966, p. 479.

더불어 시작된 시대를 가리켜 표현한 것처럼, "구세계는 죽어가고 신세계는
태어나려 몸부림치고 있다—지금은 괴물들의 시대다."

〔김성호 옮김〕

제3부

이론과 사상

법 대(對) 정치

에마뉘엘 테레(Emmanuel Terray)

정치와 법은 오랫동안 긴밀한, 하지만 난처한(fraught) 관계를 맺어왔다. 나는 여기서 정치를, 사회가 자신이 직면하는 특수한 위기들이나 문제들에 대응하여 취하는 숙고 및 결정으로 이해한다. 각각의 특수한 상황을 다루기 위해서는 적절한 행동 경로가 정식화되어야 한다. 물론 이러한 행동 경로는 사회질서의 주요 목표, 곧 사회질서의 보존 및 그 가치와 이익의 증진이라는 목표와 부합해야 한다. 다른 한편으로 법─제재의 위협 아래 일정한 행위 양식을 지령하거나 금지하는 명령으로 정의된─은 가능한 한 불변적이고 일반적이기를 원하며, 사회의 모든 성원에게 평등하게 적용되고 지속되기를 원한다. 상황에 대응하기 위해 급히 제정되는 비상 입법은 항상 악명을 누려왔다. 법은 개별적 특수성들 및 주어진 상황의 유일성을 도외시한다. 법의 보호 아래 행위한다는 것은 규범을 적용하고 일반적인 규칙 아래 특수한 사례를 포섭한다는 것을 의미한다.

이처럼 정의된 정치와 법은 사회를 통치하는 두 가지 양식 — 이것들은 서로 적대적이면서도 상보적이다 — 을 표상한다. 적대적인 이유는, 정치가 특수하고 예견치 못한 사건에 대한 임기응변적인 대응인 데 반해, 행위의 균일적인 척도 및 사회적 안정성을 확립하는 것을 목표로 삼는 법은 이미 정해진 규칙들에 대해 활동을 종속시키기 때문이다. 따라서 정치와 법은 각각 독특한 것(singular) 대 일반적인 것, 쇄신 대 기성 규범들의 적용으로서 서로 대립한다. 그럼에도 양자는 상보적인데, 왜냐하면 양자의 관계는 상호 의존적인 관계이기 때문이다. 법은 정치를 가두고 제약한다. 적어도 법적 규약들(conventions)과 권리들에 대해 얼마간의 존중심을 갖고 있는 체제들의 경우에 그러하다. 하지만 법을 만드는 것은 정치이며, 필요한 경우에는 법을 개정하는 것 역시 정치다. 새로운 법의 채택은 정치가 사건에 대해 제기할 수 있는 대응 방법 가운데 하나다. 따라서 법과 정치 가운데 어느 것도 사회에 대한 독점을 주장할 수 없다. 오직 기존의 법에 따라 유지되는 사회질서는 모든 사건들이 예측되어 있고 통치가 행정으로 축소될 수 있는 사회질서이든가 아니면 일체의 외재적인 변동에 의해 좌우될 수밖에 없는 사회질서일 것이다. 역으로 아무런 법도 존재하지 않는 사회는 무정부적이거나 전제적인 사회일 것이다. 이러한 두 사회의 성원들 및 이웃들은 영속적인 불안정성과 완전한 예견 불가능성 속에서 살아가게 될 것이며, 이는 이들 모두에게 급속히 참을 수 없는 상태가 될 것이다. 그렇다면 문제는 법과 정치에 대하여 그것들 각자가 통치에서 차지하는 몫을 인정해주고, 어떤 상황에서 각각에게 속해야 할 몫을 구별할 수 있도록 양자 사이에 경계선을 긋는 일이다. 상황의 '객관적' 특징이 여기서 문제가 되는 유일한 쟁점이 아닌 만큼 이는 어려운 과제다. 변화를 선호하는지 보존을 선호하는지, 평등을 선호하는지 차이를 선호하는지에 따라 어떤 사회는 정치나 법에 대해 좀 더 특권을 부여하게 될 것이다.

이 논쟁이 오래되었다는 것은 잘 알려져 있다. 법의 한계와 불충분성에 관한 고전적인 토론에서는 각각의 특수한 문제에 대해 특수한 해답을 고안해낼 수 있는 주권자의 정교한 지적 능력이 극히 다양한 개인들 및 상황들에 대해 똑같은 처리 방법을 적용하는 거칠고 폭력적인 입법보다 훨씬 더 선호되었다. 내가 다른 곳에서 증명하려고 했듯이 이러한 법에 대한 비판은 『소피스트』에서 플라톤이 자신의 적수인 소피스트들과 일치를 보이는 아주 드문 경우들 가운데 하나다. 투키디데스는 특유의 에둘러 말하는 화법으로 이 문제에 대한 자신의 견해를 밝힌 바 있다. 곧 그에 따르면, 법 위에서 스스로 사고하는 '뛰어난 정신들' 앞에서 법에 대한 찬가를 할 책임은 데마고그인 클레온(Cleon)에게 맡겨졌다. 하지만 이 글의 의도는 논쟁 전체를 소개하거나 논쟁의 각 단계를 추적하는 것이 아니다. 오히려 이 글의 의도는 논쟁의 본질적인 특징들 가운데 몇 가지를 식별해보려는 바람으로, 역사적으로 규정된 근대 시기(곧 16세기에서 18세기까지)에 초점을 맞추고 네 명의 상이한 저자들의 작품을 통해 전개되는 토론의 네 개의 '스냅샷'을 찍어보는 일이다.

비합법적인 군주

첫 번째 스냅샷, 마키아벨리. 중세에 헤게모니적인 위치에 있던 사상은 정치로 하여금 신의 의지와 동시에 (천상적 권위에 의해 규정되는) 자연적·사회적 질서를 존중하도록 만듦으로써 정치를 아주 좁은 한계 내에 위치시키는 것이었다. 물론 마키아벨리의 위대한 혁신은 정치를 종교의 구속에서 해방시킨다. 법과 도덕의 존재는 국가의 존재와 보존을 전제한다는 명제가 그의 출발점이었는데, 법과 도덕은 국가의 보호 아래에서 작동할 수 있으며 인간의 활동을 규제하기 위한 공간을 발견할 수 있다. 국가 바깥에서는, 또는 국가가 탄생하기 이전에는 법도 도덕도 존재할 수 없다. 따라서 국가의 정초자들은 이 두 가지 요인들에 제약받지 않을 것이며, 법이 부재한 가운데 영토 전체를 지배하는 것은 정치다. 만약 국가를 창조하는 것이 군주의 특권적인 과제라면, 군주는 다른 무엇보다도 정치에 전념해야 한다는 결론이 따라나온다.

군주와 정치 사이에 존재하는 이 필수적인 연관성은 국가가 정초된 이후에도 사라지지 않는다. 군주는 내부의 위협(음모, 소요)이든 외부의 위협(침략과 전쟁)이든 간에, 여러 가지 위협에 직면하여 정치의 수호자로 남게 된다. 더욱이 국가는 타락과 쇠퇴에 빠져들 수밖에 없기 때문에 주기적인 재생 과정을 거쳐야 하는데(마키아벨리의 조언에 따르면 10년마다), 이는 결국 거의 국가를 재정초하는 데 이르게 된다. 이러한 재생의 시기에 갖가지 위험에 직면하여, 군주는 국가가 설립되기 이전과 동일한 상황에 처하게 된다. 비합법적인 수단을 포함한 가능한 모든 수단을 동원하여 국가를 수호해야 하는데, 왜냐하면 국가가 무너지면 법도 소멸할 것이기 때문이다. 바로 이로부터 마키아벨리주의에 악마적인 오명을 부여했던 준칙들의 정식화가 나오게 된다. 군주만이 모든 권력을 보유해야 하며, 자신의 권력 독점을 보호하기 위해서는 어떤 수단이든 사용할 수 있고 살인도 무방하다. 그는 야수이면서 사람이어야 하며, 사자와 함께 여우를 닮아야 한다. 그는 기만하는 법과 신의를 저버리는 법을 배워야 하며, 효과적인 잔혹성을 식별하고 조장하는 법을 배워야 한다. 법에 복종해야 하는 그의 유일한 의무는 정치적 의무다. 곧 만약 그가 너무 공공연하게 법을 업신여기게 되면 신민들의 증오를 낳을 것이기 때문에 그는 법을 경멸하되 얼마간 신중하게 해야 한다. 이런 측면에서 볼 때, 군주의 전면적인 자유는 국가의 가능성 및 따라서 법의 가능성 자체를 수호해야 할 필요성에 의해 정당화되기도 하지만, 또한 사람과 (사람이 적응할 수 있어야 하는) 운의 변덕에 의해서도 정당화된다. 여기에서 법의 불변적인 본성은 법을 정치의 필수적인 유연성에 대한 장애물로 만든다.

하지만 법을 위반하여 법을 재창조하거나 복권하는 군주만이 군주라는 이름에 값할 수 있다. 이것이 정치의 일차적인 목표이며, 다른 모든 목표는 여기에 종속된다. 이러한 목표와 분리될 경우 군주는 한낱 협잡꾼에 불과하다. 수단과 목적의 대조는 군주를, 『로마사 논고』에서 잘 묘사된 모순적인 상황에 위치시킨다. 곧 유일한 지배자가 되기 위해 폭력을 사용하는 것은 사악하고 야심적인 사람의 행동이지만, 국가를 정초하거나 개혁하려는 의도는 좋은 의도에서만 발원할 수 있다. 그렇다면 군주가 이처럼 어렵고 위험한 과업에 뛰어들도록 몰아갈 수 있는 것은 무엇인가? 마키아벨리에게 그 답변은 명료했다. 군주를 그처럼 몰아갈 만큼 충분히 강력한 동기는 명예욕, 사후에 불멸의 명성을 남기고자 하는 욕망이다. 종교를 창건하는 것을 제외한다면 국가를 창조하는 일이야말로 가장 명예로운 일이다. 왜냐하면 국가야말로, 사회적 삶을 가능하게 해주는 유일한 것인 법을 성립시키기 때문이다. 인간의 본래적인 사악함이라는 것은 마키아벨리에게 필수적인 가설임과 동시에 확립된 사실이다. 『군주론』에 따르면 "인간이란 유덕해지도록 강요받지 않는 한, 당신에게 악행을 저지르기 마련이다." 그리고 『로마사 논고』에서는 "사람들은 필연에 의해 강요당하지 않는 한 결코 좋은 일을 하려 하지 않으며 …… 법률이 사람들을 선량하게 만든다"고 주장한다.[1] 여기에서 법률은 본질적으로 구속으로 간주되며, 사악한 대중에게 법을 부과할 수 있는 사람은 칭찬받을 만한 공적을 세우는 셈이다. 하지만 만약 모든 사람이 똑같이 사악하다면 그들 가운데 누구도 법을 원하지 않을 것이며, 국가 창설자의 과제는 불가능해질 것이다. 만약 그가 성공한다면, 그것은 공동체가 분할되어 있기 때문이며, 그가 공동체의 중심에서 국가를 건립하고 법을 실행하는 데 필요한 동맹자들을 발견했기 때문이다. 문제의 사회적 균열은 권력자들과 인민 사이의 균열이며, 인민은 군주를 지지한다.

---

1) 『군주론』, 제23장, 강정인·문지영 옮김, 까치, 2003, 166쪽; 『로마사 논고』, 제1권 3장, 강정인·안선재 옮김, 한길사, 2003, 85쪽(번역은 약간 수정). 이하에서 해당 우리말 번역이 있는 경우에는 번역본 쪽수를 표시해두었지만 원문을 고려하여 번역을 약간 수정한 곳도 있는데, 일일이 밝히지는 않겠다.

법과 인민

인민의 주요한 욕망은 억압당하지 않으려는 욕망이다. 그들은 자유를 원하는데, 자유는 안전과 동의어이며, 안전은 개인들의 존재와 소유의 안전 양자를 뜻한다. 오직 법만이 그러한 안전을 가능하게 해줄 수 있다. 따라서 자유는 법의 권력과 결부되며, (넓은 의미의 대중populace과 구별되는) 인민은 "법에 의해 통치되기를 원한다." 게다가 인민은 법을 유지하고 적용하는 데 특별히 적합한 존재다. 여기서 법을 정초하는 시기는 법을 보존하는 시기와 구별될 필요가 있다. "만약 군주가 법률을 제정하거나, 법률에 따라 공동체를 형성하거나, 새로운 법 제도를 설립하는 데 우월하다면, 인민은 이미 조직된 사물을 보존하는 데 우월하여 의심할 여지 없이 공동체를 창업한 사람들만큼이나 영광스런 업적을 성취한다."[2] 하지만 인민은 세 가지 중요한 이유 때문에 정치에는 완전히 부적합한 존재다. 첫째, 그들은 통일되지 못하며, 그들 자신을 하나의 집단으로 동일시하고 그러한 집단으로 구성되기 위해서는 지도자가 필요하다. 둘째, 그들은 아무런 식별 능력이 없으며, 따라서 외양에 의해 기만당한다. 마지막으로 그들은 변화하는 상황에 적응할 수 있고 기회가 나타났을 때 포착할 수 있는 능동적이고 자유롭게 작용하는 정신을 갖지 못하고 있다. 따라서 최선의 정체(government)는 군주와 인민 사이에서 일종의 분업이 이루어질 수 있는 정체다. 말하자면 정치는 군주의 일이며, 법을 유지하는 것은 인민의 일인 셈이다. 또는 『로마사 논고』에 나오듯이 최선의 제도들은 인민의 평온과 군주의 권력을 조화시킬 수 있는 제도들이다.

우리는 여기에서 앞서 언급됐던 정치와 법 사이의 상호 의존관계를 약간 상이한 형태로 재발견하게 된다. 법은 자신의 존재를 정치에 의존하는데, 왜

2) 『로마사 논고』, 제1권 58장, 252쪽.

냐하면 오직 정치만이 법의 통치를 확립할 수 있기 때문이다. 하지만 정치는 자신이 지닌 가치와 의미를 전적으로 법에 의존하고 있는데, 왜냐하면 정치는 법의 통치를 목적으로 삼을 경우에만 정당화될—명예로울—수 있기 때문이다. 하지만 마키아벨리가 보기에 법은 세 가지 약점 때문에 시달리게 된다. 첫째, 법은 모든 세속적인 것에 영향을 끼치는 불가피한 타락의 제물이 되기 마련이다. 이 점은 다음과 같이 간단하면서도 치명적으로 입증된다. "만연된 부패에 능히 대처할 수 있는 법이나 헌정은 존재하지 않는데, 왜냐하면 좋은 도덕이 유지되기 위해서는 좋은 법이 필요한 것처럼, 법이 준수되기 위해서는 좋은 도덕이 필요하기 때문이다."[3] 도덕의 퇴락은 필연적으로 법을 오염시킨다. 더 나아가 건전한 국가에 적합한 법적 제도나 그 밖의 제도들이 반드시 타락한 국가에 알맞은 것도 아니다. 이 제도들은 관성적인 형태를 띠고 있어서 시간의 흐름에 따라 적절하게 변화하기 어렵기 때문이다. 물론 왕의 권위는 법에 대한 일시적인 대체물로 사용될 수 있지만, 이것에만 의존하는 국가는 아주 취약하다. 왜냐하면 법은 법에 복종하는 사람들의 지지 없이는 아무것도 아니기 때문이다.

법에는 충성이 필요하지만, 법은 충성을 얻기 위해 자기 자신의 장점 외에 달리 의지할 데가 없다. 마키아벨리가 보기에 법은 지지를 얻기 위해 더 이상 신의 힘에 호소할 수 없는데, 왜냐하면 신은—만약 신이 존재한다 해도—〔인간 세상에는〕 부재하며 인간의 일에 무관심하기 때문이다. 확실히 군주는 자신의 장래 신민들의 동의를 얻기 위해 종교의 미망(illusion)에 의지할 수 있다. 하지만 오늘날 그러한 미망에 의지하는 것은 쓸모없는 짓이 될 텐데, 왜냐하면 기독교는 세속적인 문제들을 경멸하므로 국가를 강화하기보다 오히려 약화시키기 때문이다. 또한 법은 자연적 본성에서 어떠한 보증도 발견할 수 없는데, 왜냐하면 우리가 본 것처럼 만약 인간이 본성적으로 사악하다면 법

---

3) 『로마사 논고』, 제1권 18장, 142쪽.

은 정의상 자연적 본성에 거스르는 것, 곧 구성물, 인공물일 수밖에 없기 때문이다. 알튀세르가 아주 잘 보여주었듯이 마키아벨리는 여기서 자연법에 관한 과거와 미래의 모든 교설에 맞선다. 이렇게 되면 군주는 국가를 창건하고 법을 제정하는 데서 자신을 도와줄 만한 어떤 것에도 의지할 수 없다.[4]

결국 법이 의지하고 보호를 청할 수 있는 유일한 것은 군주의 힘과 결단력 뿐인데, 아마도 이것이 법의 최대 약점일 것이다. 힘에 관한 한 군주는 혼자이며, 그는 힘이 있는 한에서 국가를 창건할 수 있다. 무엇이 그의 결단력을 측정할 수 있을까? 군주는 인민의 지지를 발견하고 보존할 수 있다면 장래를 기약할 수 있지만, 이것은 폭력과 욕망을 조절할 수 있는 그의 능력에 의존한다. 따라서 군주는 역설적인 위치에 놓이게 되는데, 이것이 바로 그가 지닌 유일한 약점의 원천이다. 곧 국가의 창건자로서 군주는 일체의 법적 구속에서 벗어나 있다. 하지만 무제한적인 또는 시간적 제약이 없는 권위란 항상 위험하다. "법적 구속에 의해 제한받지 않는 사람은 누구든 고삐 풀린 대중과 동일한 잘못을 범하게 될 것이다."[5] 제약되지 않은 군주는 구속되지 않은 대중보다 훨씬 더 광기에 빠지기 쉽고 훨씬 더 통제하기 어렵다. 위험한 것은 그가 자신들의 욕망에 사로잡힌 힘센 대중으로 전락하여 국가와 법에 대한 소망을 저버리고 자기 자신의 정념에 빠져드는 일이다. 그 결과 그는 인민의 지지를 상실하게 될 것이며, 자신의 국가를 몰락에 빠뜨릴 것이다.

물론 동시대의 어떤 이론가나 정치가들도 마키아벨리가 미망에 불과하다고 폄하했던 이중적 보증—신적 보증과 자연적인 보증—을 포기하려 하지 않았을 것이다. 알튀세르가 마키아벨리의 '고독'을 강조했던 것은 옳은 일이다. 가톨릭교도든 개신교도든 간에 그 시대의 사상가들은 『로마서』 제13장 1절에 나오는 바울의 유명한 구절, "하느님에게서 나오지 않는 권위란 있을 수

---

4) Louis Althusser, *Machiavelli and Us*, Verso, 1999, pp. 33~52.
5) 『로마사 논고』, 제1권 58장.

없고, 현재의 권위들도 하느님께서 세우신 것입니다"에서 계속 영감을 이끌어냈다. 이 텍스트는 종종 지적되었듯이 기독교도인 군주의 신앙심 정도와 독립하여 일종의 국가의 권리를 확립하기 위한 토대로 사용되었다. 심지어 이교도 국가 역시 신의 의지이며, 따라서 그에 합당한 복종을 요구할 수 있다. 물론 이러한 신적 보증은 상이한 경우들마다 상이한 방식으로 적용되었다. 보쉬에(Bossuet)* 같은 절대군주와 왕권신수설의 교조적인 옹호자들에게 신적 보증은 왕의 인격과 그의 의지에 직접 준거하는 것이었는데, 왕의 인격과 의지는 사실 법과 일치하는 것이었다. 비토리아(Vitoria)**에게 권력은 신이 국가에 부여한 것이며, 국가의 이 권력은 다시 국가의 선택에 의해 왕에게 전달된 것이다. 두 경우 모두에서 신은 법의 배후에서 법을 긍정하고 재가하는 존재다. 자연적인 보증의 경우 기원상으로는 신적 보증과 분리 불가능한데, 왜냐하면 자연은 신의 피조물에 불과하기 때문이다. 자연은 훨씬 나중에 가서야 자기 자신의 자율적인 정당성의 권력을 획득하게 된다. 자연은 우선, 스피노자의 사상에서 표현된 것처럼, 신과의 완전한 혼융 단계를 통과해야 한다.

타락한 자연의 무법성

우리의 두 번째 스냅샷은 방금 언급된 전개 과정보다 몇 십 년 전에 온다. 파스칼은 아주 상이한 고찰에서 출발하여 법의 자연적인 보증과 신적 보증에

---

* 자크-베니뉴 보쉬에(Jacques-Bénigne Bossuet, 1627~1704)는 프랑스의 신학자로, 정치적 절대주의와 왕권신수설(王權神授說)의 강력한 옹호자였다. 『보편사론』(*Discours sur l'histoire universelle*, 1679), 『성서에서 도출해낸 정치』(*Politique tirée de l'Écriture sainte*, 1709) 등의 저서를 남겼다.

** 프란치스코 데 비토리아(Francisco de Vitoria, 1483~1546)는 스페인의 철학자, 법학자로, 자연법에 근거를 둔 도덕적인 국제 질서를 제창하여 국제법의 아버지라 불린다.

맞서 또 다른 공격을 가한다. 여러 측면에서 볼 때 그는 마키아벨리의 적수다. 회의론자였지만 열렬한 기독교도였던 파스칼은 신의 권능과 은총을 보존하는 데 전념한 반면, 마키아벨리는 정치의 우월성을 주장하고자 했다. 하지만 그들이 각자 법에 대해 제기한 비판에는 주목할 만한 수렴이 존재한다.

파스칼은 원죄라는 논거에 기반을 두고 자신의 비판을 전개한다. 인간은 타락 이래 계속 부패해왔으며, 허영과 성욕이라는 두 가지 정념에 속박되어 있다. 신은 숨어 있으며, 무한에 대한 맹목적인 열망을 제외한다면 우리의 타락 이전의 상태에서 남은 것은 아무것도 없다. 이러한 갈망은 적절한 대상을 결여하고 있기 때문에 현재에는 자아에 초점을 맞추고 있다. 인간은 자기 자신에 대한 무제한적인 애정을 느끼며(오만傲慢), 우주 전체를 정복하여 그것을 자신에게 예속시키고 싶어한다(탐욕). 이 두 가지 정서의 지배는 인간들 사이에서 일반화된 적대 상태를 낳는다. 각각의 사람들은 서로 우월해지려고 하지만, 물질적인 견지에서 보든(탐욕) 명예의 견지에서 보든(오만) 모두가 그렇게 될 수 있는 것은 아니다. 결과적으로 "모든 사람은 본성상 서로를 증오한다." 마키아벨리의 경우에는 아무런 자연적 사회성도 존재하지 않는다. 도시국가는 자연 본성에 맞서 고안되고 건설된 인공물이다.

파스칼의 출발점은 법이 지리적 환경에 따라 다르다는 점이다. 『팡세』의 유명한 60번째 단편에서 말하듯 "강을 따라서 경계선이 만들어지는 우스꽝스러운 정의여! 피레네 산의 이쪽에서는 진리이고, 저쪽에서는 오류란 말인가!"* 인간의 손으로 이루어지지 않은 법은 자연 법칙들의 보편성을 열망해볼 수 있다. 마찬가지로 자연법은 실정법(juridical law)의 토대는 아닐지 몰라도 아마도 실정법을 평가하기 위한 규범으로서는 사용될 수 있을 것이다. 하지

---

* 『팡세』의 경우 영역자가 참고한 영역본과 우리말 번역본의 판본이 달라서 영역자가 제시하는 『팡세』의 단편 숫자에 해당하는 국역본의 단편 숫자를 확인하는 것이 불가능했다. 따라서 이 번역본에 제시된 『팡세』의 단편 숫자는 영역자가 제시하는 것을 그대로 따르겠다.

만—안타깝지만—심지어 이것마저도 금지돼 있다. 원죄에 의한 타락은 인간의 '탈본성화'라는 두 번째 귀결을 낳는다. 순결함과 부패, 위대함과 저주받음 사이의 모순을 창조하는 것은 인간이 저지른 죄악이며, 다시 이러한 모순은 인간을 일관되고 견고한 개념으로 정의하는 것을 불가능하게 만든다.

아무런 인간적 본성도 존재하지 않으며, 따라서 아무런 자연법도 존재하지 않는다. 이것의 첫 번째 귀결은, 인간들 사이에는 인간들 가운데 일부가 다른 인간들을 지배하는 것을 허락해줄 만한 아무런 자연적 위계질서도 존재하지 않는다는 점이다. 「위대함의 조건에 대한 논고」 제1절에 나오듯이 인간들 사이에 존재하는 모든 구별은 '설립의 위대함들', 곧 규약(convention)의 위대함들이다.[6] 이로부터 따라나오는 두 번째 귀결은, 아무런 자연적 위계도 존재하지 않기 때문에, 모든 권력은 궁극적으로는 상위의 힘에 의존한다는 점이다. 파스칼은 아무런 망설임도 없이 "힘이 모든 것을 다스린다"고 선언한다. 권력의 생성에서 힘이 수행하는 결정적 역할은 다른 무엇보다도 정의에 대해 힘이 우월하다는 것, 곧 힘이 정의의 내용을 규정한다는 것을 설명해준다. "사람들은 힘이 정의에 복종하도록 만들 수가 없었기 때문에, 정의가 힘에 복종하도록 만들었다." 이러한 사실은 또한 사상에 대한 힘의 지배를 설명해준다. "세상의 여왕은 힘이지 여론은 아니다. …… 여론을 만들어내는 것이 바로 힘이다."[7] 이것은 다수의 지배를 설명해준다. 가장 수가 많은 쪽이 전투에서 승리할 것이다. 마지막으로 이것은 왜 파스칼이 사회계약이 정치체를 창조할 수 있으리라는 생각을 기각했는지 이해할 수 있게 해준다. 홉스에게 만인에 대한 만인의 전쟁은 영속적인데, 왜냐하면 전쟁 당사자들의 힘은 대략 비슷하기 때문이다. 계약은 이러한 전쟁을 종식시킬 수 있는 유일한 수단이다. 반대로 파스칼에게는 힘이야말로 결정을 내리는 것이다.

6) 「위대함의 조건에 대한 논고」, 제1절 및 『팡세』 단편 301.
7) 『팡세』, 단편 767, 81, 554.

하지만 힘만으로는 지속할 수 있는 국가를 정초하는 데 충분치 않다. 〔힘에 의한 통치는〕 피통치자들의 자부심과 자기애에 상처를 입힐 것이며, 이는 피통치자들이 반역하도록 만들고 결국 국가를 요동치게 만들 것이다. 인민은 이성과 정의가 비인격적인 권위들인 한에서 이성과 정의에 완벽하게 복종할 준비가 되어 있다. 하지만 권력이 피통치자들을 개인의 변덕에 종속시키는 한, 피통치자들은 권력에 복종하는 것을 거부한다. 또한 통치하는 이들에게 도 무력만으로는 충분치 못하다. 통치자들의 자부심은 통치자들로 하여금 단지 신체만이 아니라 영혼까지도 통제하기를 원하게끔, 곧 피통치자들에게 두려움과 복종의 대상이 될 뿐만 아니라 사랑과 경탄의 대상이 되기를 원하게끔 충동질한다. 여기에서 힘의 영향력은 막을 내린다.

파스칼의 질서 이론을 상기해보자. 현실은 공약 불가능한 질서들로 나뉘어 있으며, 이 질서들은 극복할 수 없는 장애물에 의해 분리돼 있다. 한 질서 안에서 생겨나는 행위자는 그 질서 안에서만 작용할 수 있다. 질서들 사이에는 상호 연결이나 상호 간섭이 불가능하다. 이 이론의 모델은 수학적 모델이다. 만약 우리가 점, 선, 면과 부피를 고려해본다면, 우리는 이 이산적(離散的)인 요소들 각자가 다른 것들에 대해 아무런 의미도 지니지 못함을 깨닫게 된다. 이와 동일한 논리가 사회 세계에도 적용된다. 사회 세계에는 서로 구별되는 두 개의 질서가 존재한다. 하나는 힘에 의해 지배되는 육신의 질서, 왕들의 영역이며, 다른 하나는 진리와 정의가 다스리고 학자들이 지배하는 정신의 질서다. 양자 사이에는 아무런 공통의 척도, 아무런 이행, 아무런 인과성도 존재하지 않는다. 따라서 힘이 사랑받으려고 해봐야 아무 소용이 없다.

정의로서의 힘, 미망으로서의 법

우리는 여기서 다시 한 번 힘과 정의 사이의 관계라는 문제와 만나게 된다.

힘과 정의 각자만으로는 지속적인 권력을 위한 토대를 형성할 수 없다. "힘이 없는 정의는 무력하다. 정의가 없는 힘은 압제다. 힘 없는 정의는 무력한데, 왜 냐하면 항상 악인들이 존재하기 때문이다. 정의 없는 힘은 부패하게 된다."[8] 더욱이 힘과 정의가 분리된다면, 이 양자는 불가피하게 서로 전쟁을 벌일 것 이며 확고한 결과가 생겨날 수 없을 것이다. 따라서 양자는 서로 결합해야 한 다. 하지만 양자를 결합하는 두 가지 상이한 방식이 존재한다. 한편으로 '정 의로운 것을 강하게' 만들 수 있다. 곧 정의가 자신을 강제할 수 있도록 힘을 부여할 수 있다. 또는 역으로 '강한 것을 정의롭게 만들' 수도 있다. 곧 실존 하는 권력을 인정하고 그것을 있는 그대로 정당화할 수 있다. 첫 번째 해법은 처음 보기에는 최상의 해법인 것 같다. 하지만 유감스럽게도 그것은, 앞서 자 연법에 대한 거부를 요구했던 해법과 같은 이유로 불가능한 해법이다. 곧 아 무런 확정 가능한 인간 본성도 존재하지 않기 때문에, 정의라는 관념에 대해 논의의 여지가 없는 내용을 제공해줄 수 있도록——그렇지 않을 경우에는 정 의가 이성과 마찬가지로 모든 의미로 '해석될' 수 있기 때문에 끝없는 논쟁만 낳을 뿐이다——인간의 권리와 책임을 규정하는 것은 불가능하다. 바로 이 점 이야말로 정의를 힘(감지할 수 있게 주어져 있고 "명료하게 인지 가능하며 논 의의 여지가 없는" 것인)으로부터 구별해주는 것이다.[9]

정의를 강하게 만드는 것이 불가능하기 때문에 그 대신 힘이 정당화되어 왔다. 다시 한 번 이것은 인간의 사악한 본성 때문에 일어난 도착적인 결정의 결과가 아니다. 정의처럼 다면적이고 가변적이며 포착하기 힘든 것에 힘을 복속시키는 것은 사실상 불가능하다. 그리하여 힘의 효과들은 승인되었으며 정의로운 것으로 선언되었다. 다시 말해 각 나라에서 관습과 전통에 의해 형 성되어온 법들은 정의의 인장을 부여받은 것이다. 힘에 의해 도입되고 관성

---

8) 『팡세』, 단편 192.
9) 『팡세』, 단편 156.

에 의해 유지되는 법들은, 자신들이 정당하다고 믿는 것에만 복종하는 인민에게 존중받기 위해서는 이제부터 정의로운 것이라고 불려야 한다. 물론 법들은 나라마다 변화한다. 따라서 각자가 살아가는 곳의 법을 정의로운 것으로 간주하는 것이 바로 지혜로운 일이다.

힘을 정당화하는 작용은 이중적 성격을 지닌다. 곧 그것은 힘을 정의로 전환하는 것—따라서 사실을 가치로 변화시키는 것—을 함축할 뿐만 아니라 육신의 질서와 정신의 질서 사이의 월경을 함축한다. 힘은 육신에서 나오며 공포를 불러일으킬 뿐이다. 하지만 여기서 우리는 힘이 정의로 불리기를, 곧 존경심을 불러일으키는 정신의 성질을 지니기를 요구하고 있다. 오직 하나의 인간적 능력만이 이러한 변동과 월경을 수행할 수 있다. 상상력이 바로 그것으로, 상상력은 현실을 변형하고 존재하지 않는 것을 존재하게 만들 수 있는 힘을 지니고 있다. 힘이 국가권력을 정초하자마자 상상력이 도래하여 힘에 정당성과 지속성을 제공해준다. 상상력은 무엇보다도 권력의 기원(곧 힘)을 억압하고 감춘다. 하지만 만약 이러한 기원이 알려진다면 권력은 결코 존중받거나 복종을 얻지 못할 것이다. 따라서 그 기원은 반드시 망각되어야 한다. 둘째, 상상력은 현실의 전도—마르크스에게는 이데올로기가 그렇게 하듯이—를 산출한다. 법은 그것이 존재하기 때문에 정의로움에도 불구하고 인민은 법이 정의롭기 때문에 존재한다고 생각한다. 그들은 결과를 원인으로 간주하고 원인을 결과로 간주한다. 물론 상상력은 결코 힘의 대체물이 아니다. 그것은 다만 힘을 가리고 은폐할 뿐이다. 이 때문에 가장 난공불락인 권력은 힘과 상상력을 결합할 수 있는 왕과 장군의 권력이다. 오직 (법관들이나 의사들의) 상상력에만 의지하는 권력은 좀 더 취약한 권력이다. 하지만 두 경우 모두에서 "인민, 책, 법, 권력자에게 존경과 숭배를 부여하는 것"은 "상상적 능력"이다.[10]

10) 『팡세』, 단편 81.

이러한 토대와 함께 법의 권력은 미망이면서 전제적인 것이 된다. 법이 생존하는 이유는 오직, 인민이 법을 정당하다고 믿고 권력자들은 본성상 우월한 사람들이라고 믿기 때문다. 만약 인민이 진실을 깨닫는다면 반항할 것이다. 그리고 파스칼에게 법의 통치가 함축하는 질서들 사이의 경계의 침해는, "자신의 질서를 벗어나 모든 것을 지배하려는 욕망으로 이루어진"[11] 전제(專制)에 상응하는 것이다. 우리는 파스칼의 정치철학에 대한 전복적이고 아나키즘적인 독해를 제안해볼 수 있다. 곧 모든 권력은 미망에 의해 가려진 힘에, 또는 피에르 부르디외(Pierre Bourdieu)가 말하는 '상징 폭력'에 기초를 두고 있는 것이다.

사실 파스칼의 권력 이론은 세 가지의 가능한 정치적 태도를 구별한다. 또한 그가 무지의 등급에 따라 표시된 세 개의 지식 범주 또는 조건을 구별한 것은 유명하다. 인간은 태어날 때 본성적 무지의 상태에 있다. 다른 극단에서 진정한 학자들은 자신들의 학문이 아무것도 아니라는 점을 깨닫고 계몽된 무지 상태에 도달한다. 양자 사이에는, 첫 번째 무지의 단계는 벗어났지만 아직 두 번째 단계에는 도달하지 못한 채, 자신들이 무언가를 안다고 믿고 전문가로 자처하는 사람들이 존재한다. 첫 번째 조건은 인민의 조건이고 두 번째는 진정한 지식인들의 조건이며, 세 번째는 얼치기 지식인들의 조건이다. 이들은 법과 관련하여 어떤 태도를 취하는가?

인민은 태생적으로 앞에서 언급된 미망들에 고착돼 있다. 그들은 법이 정의롭다고 믿기 때문에 법에 복종하며, 힘센 이들이 우월하다고 믿기 때문에 그들을 존경한다. 얼치기 지식인은 파스칼이 제시하는 견지에서 이러한 미망들에 대한 비판을 산출하는데, 그것은 법과 통치자의 권력은 폭력과 기만에 불과하다는 것이다. 하지만 그들은 단지 얼치기 지식인일 뿐이기 때문에, 이로부터 다음과 같은 결론을 이끌어낸다. 곧 현재의 법은 복종도 존경도 받을

11) 『팡세』, 단편 58.

자격이 없으며 좀 더 정의롭고 이성적인 법으로 대체되어야 한다는 것이다. 그들은 사회적 상류층에 대해 아무런 존경심도 갖고 있지 않으며 실력에 기초를 둔 위계질서를 꿈꾼다. 하지만 우리가 본 것처럼 정의와 실력주의(merit)는 획득 불가능한 것이다. 얼치기 지식인들의 비판은 해결 불가능한 갈등으로 인도한다. 그러한 비판은 인민이 반역하도록 조장하여 결국 내전으로 이끄는데, 이는 일어날 수 있는 결과 가운데 최악의 것이다. 마지막으로 참된 지식인들 역시 법과 통치자들의 권력 배후에 있는 비밀을 알고 있지만, 그들은 이로부터 상이한 교훈을 이끌어낸다. 곧 평화를 유지하기 위해서는 기성 권력에 복종하고 법에 순응하는 게 이성적이다. 비록 법과 권력 자신이 원용하는 이유들 때문에 이렇게 복종하고 순응하는 것이 아니긴 하지만 말이다.

그렇다면 인민은 그릇된 진단을 내리지만 올바른 결론을 택한 셈이 되며, 얼치기 지식인은 정확한 진단을 내리지만 그릇된 결론을 택한 셈이 된다. 오직 참된 지식인만이 진단과 결론에서 올바른 쪽을 택한다. 파스칼의 정치철학은 합리적이면서도 동시에 애매하게 보인다. 합리적인 이유는 그것이 우리의 타락한 인간 조건을 고려하고 상이한 질서들을 존중하면서 각각에게 그것에 걸맞은 몫을 부여하며, 기성 법률과 권력에 복종하기 때문이다. 애매한 이유는, 이러한 복종이 기성 법률과 권력에 대해 일체의 정당성이나 내적 충성을 부인하는 가운데 순전히 형식적이고 외재적으로 이루어지기 때문이다. 통치자들에게 이러한 태도는 절망적인 좌절감을 안겨줄 뿐이다.

일반 정신 속에서 법의 몫

거의 한 세기 뒤에 나오는 세 번째 스냅샷과 더불어 우리는 아주 상이한 세계에 놓이게 된다. 몽테스키외에게 신법(神法)과 인간의 법 사이의 간극은 당연한 것이다. 몽테스키외에게 신법은 과시적인 만큼 형식적인 충성의 표시들

278

만 보여줄 뿐이다. 그의 관심은 전적으로 현세에 집중되어 있었다. 모든 주석가들이 주목한 것처럼 몽테스키외는 그의 유명한 정식에서 볼 수 있듯이 법을 더 이상 명령이 아니라 관계로서 재규정한다. "법은 사물의 근본적인 본성에서 파생되는 …… 필연적 관계다." [12] 하지만 몽테스키외는 또한 물리적 본성의 법-관계와 사회적 본성의 법-관계를 구별한다. 전자와 대조적으로 후자는 항상 아주 엄밀하게 따라나오지 않는데, 왜냐하면 후자의 법-관계는 무지하고 맹목적이며 정념들에 종속돼 있는, 그리고 궁극적으로는 자기 자신의 결정을 내릴 수 있을 정도로 자유로운 사람들에게 적용되기 때문이다. 결과적으로 그들의 현행의 법은 각각의 환경에 따라 사회적 본성의 법-관계로부터 다소 멀어진다. 몽테스키외가 때때로 준거하는 자연법의 경우 인간의 본성으로부터 파생되기에 그것 역시 위반될 수 있으며, 이는 동일한 이유 때문이다. 우리는 이미 몽테스키외가 일체의 결정론으로부터 얼마나 멀리 떨어져 있는지 볼 수 있다.

처음 보기에 몽테스키외는 법에 대한 열광적인 옹호자 같은데, 그에게 법은 자유를 정의하는 것이면서 동시에 그것을 가능하게 하는 것이다. 마키아벨리가 이미 강조했듯이 자유는 무엇보다도 안전이고 자기 결정이며, 자의성내지 폭력에 맞선 보호다. 몽테스키외는 『법의 정신』에서 자유란 "법이 허용하는 모든 일을 할 수 있는 권리" [13]라고 했다. 그는 계속 말하기를 "우리는 시민법 아래에서 생활하기 때문에 자유로운 것이다." [14] 이러한 법과 자유의 결합은 우리가 두 가지 주요한 정부 유형을 구별할 수 있게 해준다. 하나는 온건한 정부—공화정이든 군주정이든 간에—이고 다른 하나는 전제적 정부다. 첫 번째 정부 형태에서는 법이 지배하고 시민은 자유롭다. 두 번째 형태에서

---

12) 『법의 정신』, 제1부 1편 1장, 하재홍 옮김, 동서문화사, 2007, 25쪽.
13) 『법의 정신』, 제2부 11편 3장, 178쪽.
14) 『법의 정신』, 제5부 26편 20장, 520쪽.

는 아무런 법도 존재하지 않으며, 신민들은 참주나 폭중(暴衆)의 자의로부터 전혀 보호를 받지 못한다. 물론 몽테스키외는 전제정치를 경멸하며 그것에 반감을 갖고 있다. 이 점은 그 자체로 그가 법에 부여하는 중요성을 증명해줄 수 있다. 사실 그는 전제정치가 존속하는 것은 직접적으로 정치적이지 않은 요인들—종교, 습속—이 전제정치에 대해 최소의 안정성 내지 '예견 가능성'을 보장해주기 때문이라고 주장한다. 좀 더 근본적으로 본다면 전제정치는 결코 절대적이지 않다. 그것은 "모든 국민(nation)에게는 권력이 토대를 두는 일반 정신이 존재하기 때문이다. 권력이 이러한 정신과 충돌할 때 권력은 자기 자신과 충돌하게 되고 불가피하게 종말을 맞게 된다." [15]

이러한 일반 정신의 구성 요소는 어떤 것들인가? 매우 광범위한 요인들—물리적(기후, 토양)이거나 도덕적인—이 어떤 지역이나 민족(people)의 발전에 영향을 끼칠 것이다. 여기에서 다섯 가지 요인이 특히 중요하다. 종교, 통치 원리, 법, 관습, 의례. 하지만 일반 정신의 총체는 단순한 총계가 아니다. 그것의 구성소들은 서로에 대해 작용하고 반작용하며 상호 의존한다. 만약 요소들 가운데 하나가 변화하면, 나머지도 각각의 고유한 리듬에 따라 변화한다. 결과적으로 정신은 국민의 동일성과 고유성을 표현한다. 하지만 일단 구성되고 나면 전체는 자신을 구성하는 부분들에게 작용을 하며, 그 부분들의 전개 방향을 지정하고 굴절시킨다. 일반 정신은 단지 결과물이 아니라 행위자다.

일반 정신 내에서 법은 어떤 위치를 차지하고 있는가? 첫째 부분은 전체와 모순될 수 없다. 따라서 법은 국민(nation)의 전반적인 정신과 일치해야 한다. 이것이 입법자가 따라야 하는 첫 번째 규칙이다. 고대부터 관심이 집중되어 온 최선의 정체라는 문제는 단숨에 신선한 변형을 겪게 된다. 곧 어떤 민족에

---

15) *Considérations sur les causes de la grandeur des Romains et de leur décadence*, chapter XXII, Paris, 1968, p. 178.

대한 최선의 정체는 그의 고유성에 가장 잘 부합하는 정체인 것이다. 둘째, 법과, 일반 정신을 규정하는 구조 안에서 공존하는 다른 요소들 사이의 관계는 어떤 것인가? 몽테스키외가 물리적 요인들에 대해 길게 논의하는 것은 이따금 거듭 제기되는 통념을 반박하기 위해서다. 일종의 지리적 결정론을 설파하기는커녕 몽테스키외는 명시적으로 제도, 법, 도덕은 토양이나 대지의 영향을 능히 물리칠 수 있다고 주장한다. 이 맥락에서 법은 실질적인 작용력을 지니고 있다. 우리가 도덕적 원인들의 영역에 들어서게 되면 사정은 달라진다.

관습의 힘

법과 종교는 공통의 특징을 공유하고 있으며, 공동의 작용 영역을 지니고 있다. 곧 양자는 사람을 좋은 시민으로 만드는 것을 목표로 삼는다. 만약 한 요인이 약해진다면, 다른 요인이 강화되어야 한다. 이 때문에 종교는 전제정치의 수명을 연장함으로써 법을 대체할 수 있다. 종교는 또한 법에게 도움을 줄 수 있다. 하지만 다른 측면에서 본다면 양자 사이에는 균열—심지어 적대—도 존재한다. 인간의 법은 변화하는 반면 신법은 불변적이다. 시민법의 입법은 좋은 사회를 창출하려고 하고, 종교적 가르침은 좋은 개인을 창출하려고 노력한다. 종교는 믿음을 불어넣고 법은 공포를 불어넣는다. 신앙은 내면세계를 통치하는 반면, 법은 외적인 행동에 제한된다. 따라서 양자는 갈등에 빠져들 수 있다. 몇몇 신조들은 세속적 생활과 그 제도들을 거부한다. 어떤 신조들은 유혈 분쟁과 국가 몰락의 원천이 되어왔다. 결과적으로, 종교가 정치나 법의 영역으로 침입하는 것을 막고 반대로 법이 종교의 영역에 침범하는 것을 방지하기 위해서는, 양자 사이의 경계선과 양자의 자율성이 존중되어야 한다.

종교와 구별되는 습속——『법의 정신』에서 "법에 의해 설립되지 않은 관습"으로 정의된——은 여기 지상에서 인간의 행동을 통치한다. 따라서 습속은 법과 동일한 영토를 공유한다.[16] 하지만 습속은 인간의 행위를 규정하는 반면 법은 시민의 행위를 규정한다. 그에 따르면 습속은 심어지는 반면, 법은 설립된다. 습속은 국민의 일반 정신에 좀 더 가까운 반면, 법은 이런저런 특수한 제도에 더 가깝다. 질서들 간의 분리 원칙이 여기에 다시 적용된다. 법은 법에 의해 바뀌어야 하며, 관습은 관습에 의해 바뀌어야 한다. 몽테스키외가 역점을 두는 것은 법은 국가의 관습을 바꿀 수 없으며, 이것은 오직 민족들 사이의 교류 및 소통, 모범의 영향을 통해서만 진화한다는 점을 증명하는 것이다. 더욱이 관습과 법 사이에는 아무런 등가성도 존재하지 않는다. 국가와 국민 양자의 생활에서 관습은 법보다 더 중요하다. 적극적인 측면에서 보면 한 민족은 법보다는 생활 방식에 더 결부돼 있다. 이것은 마땅히 그러한데, 왜냐하면 관습은 입법보다 국민의 행복과 더 나은 시민들의 창출에 더 많이 기여하기 때문이다. 부정적인 측면에서 보면 법을 위반하는 것보다 관습을 침해하는 것이 국가에 훨씬 더 위험하며, 관습의 영역에서의 나쁜 예들이 범죄들보다 더 위험하다. 관습의 힘은 고려 중인 통치 형태에 따라 변화한다. 관습은 공화정에서 가장 중시된다. 하지만 『법의 정신』에서는 아마도, 일반적으로 관습이 법보다 더 효과적이라고 제안하는 것으로 보인다. 왜냐하면 관습은 본성에 기원을 두는 반면 입법은 무지하고 정념적이고 오류를 범하기 쉬운 인간의 작업이기 때문이다.

하지만 가장 결정적인 역할을 수행하는 것은 국가의 작용을 이끌고 국가에 에너지와 생명을 부여하는 '동력'인 통치 원칙이다. 몽테스키외에게 이 원칙은 '정념'이며, 그는 특수한 통치 형태에 상응하는 세 가지 기본적인 정념의 유형을 제시한다. 덕(공화정), 명예(군주정), 공포(전제정)가 그것이다. 법

---

16) 『법의 정신』, 제3부 19편, 330쪽.

의 가치와 효력을 가장 직접적으로 규정하는 것은 통치 원칙이다. 만약 이러한 원칙이 타락하면, 모든 법, 심지어 가장 훌륭한 법도 부패하게 된다. 만약 이 원칙이 건전하면, "악법도 좋은 법의 효력을 지닌다. 원칙의 힘이 모든 것을 규정하게 된다."[17]

이로부터 일차적인 결론들이 도출될 수 있다. '질서들의 분리' 규칙은 상대적으로 좁은 영역을 법에 한정해두는데, 법은 종교에 간섭해서도 안 되고 관습에 영향을 끼칠 수도 없기 때문이다. 일반 정신의 다양한 요소들에 대한 검토는 법이 중요하지만 종속적인 역할, 통치 원칙에 완전히 종속되어 있고 습속보다 훨씬 덜 중요한 역할을 수행한다는 것을 보여준다. 또 다른 점을 고려하면 법의 역할은 더 줄어든다. 법의 목표는 사회와 시민의 복리이지 개인의 복리가 아니다. 따라서 법은 개인과 갈등을 빚을 수 있다. 법은 자신이 제공하는 일반적인 선 때문에 개인에게 닥칠 수 있는 특수한 피해를 정당화해야 한다. 법은 어떤 의미에서는 자신이 통치하는 이들에게 무언가 이득이 되어야 한다. 그러지 않을 경우, 노예제의 경우처럼 법은 쓸모없는 것이다. 이러한 관점에서 볼 때 사회는 상호 이익에 기초를 두어야 하며, 법은 '순수한 권력 행위'다. 어떤 측면에서 볼 때 법은 장애물이다. 몽테스키외는 『단상들』 (Pensées)에서 "법은 …… 항상 시민들에게 거슬리는 것이다"라고 했다. 설득은 항상 힘보다 바람직하며 인센티브는 의무보다 바람직한데, "왜냐하면 우리에게 자유롭게 행하는 것보다 더 좋은 것은 없기 때문이다."[18] 최상의 기술은 억제하는 것보다 권하는 것이며, 명령하는 것보다 설득하는 것이다. 따라서 명예는 법보다 강하며, 정념은 의무보다 더 감화력이 있다. 요컨대 법은 항상 두 번째로 좋은 것으로, 달리 어떻게 할 도리가 없을 때에만 의지해야 하는

17) 『법의 정신』, 제8편 11장, 141쪽.
18) 『법의 정신』, 제19편 14장, 329~30쪽; Pensées, no. 1810 in Oeuvres complètes, vol. 1, Paris, 1951, p. 1434; 『법의 정신』, 제19편 5장, 325쪽.

것이 법이다.

새로운 입법은 신중하게 이루어져야 하며 법의 영역에 속하는 문제들에 한정되어야 한다. "몇 가지 좋은 것과 몇 가지 나쁜 것, 그리고 무한하게 많은 무관심한 것들이 존재한다." 마지막 것은 법의 권한 내에 속하지 않는다. 이 것들을 위해 법을 제정하는 것은 무익한 법을 만들어내는 데 불과하며, 이러 한 법은 전제적인 법이라고 원성을 살 것이고 다른 법들에 필요한 존중심마 저 약화시킬 것이다. 이러한 함정을 피할 수 있는 정부는 거의 없기 때문에, 너무 많은 법이 난립한다. 몽테스키외는 『단상들』에서 다음과 같이 논평한 다. "입법자가 허가하거나 금지하는 무한하게 많은 것들은 인민을 합리적으 로 만들지 않고 불만스럽게 할 뿐이다." 사정이 이런데도 국가가 계속 새로운 법을 만들어내려 한다면, 이 법은 강제될 수 있어야 하며 또 실제로 강제되어 야 한다. 법의 위반은 해당 법령의 권위만이 아니라 법 전체의 권위를 약화시 킨다. 이 원칙의 효과는 절제하게 하는 효과이며, 특히 형벌 문제에 관해서 그 렇다. 권력은 자신의 한계를 알아야 하며, 극단적 조치를 피하고 관용적이면 서 자비로워야 한다. 같은 지침들은 법의 남용에도 적용되는데, 『단상들』에 서 주목하듯이 (한정되고 관용적인) 이러한 지침들은 매우 유용하며 "가장 합 리적인 법들보다 훨씬 더 그렇다"는 점이 드러난다. 왜냐하면 일반적으로 "가장 덜 나쁜 법이 더 낫고", "최상의 법이 선의 적"이 되는 수없이 많은 사 례들이 존재하기 때문이다.[19]

몽테스키외에게 이러한 공리는 변화에 대한 강력한 불신을 내포한다. 법 을 변경하는 것은 몇 가지 이유에서 위험한 일이다. 첫째, 이것은 현상 유지를 위해 필요한 적절한 존중심을 감소시킨다. 둘째, 이것은 국민의 일반 정신과 그 행정 기제 사이에 불일치의 요소를 도입한다. 입법은 일거에 변화될 수 있 지만, 관습과 사고 양식은 훨씬 더 커다란 관성을 지니며 상이한 리듬에 따라

19) *Pensées*, no. 1909, 1921, 630, 632.

진화한다. 마지막으로 모든 커다란 변화의 결과들은 예측 불가능하다. 따라서 가장 현명한 방식은 기존 질서를 고수하는 것이며, 가장 뛰어난 정체는 "일반적으로 우리가 살아가는 정체다." 몽테스키외가 인정하듯이 절제와 신중은 입법자의 자연적 성향, 곧 현 상황을 뒤집어엎음으로써 자신의 힘을 입증할 수 있다는 그의 믿음과 체계의 관점에서 사고하는 그의 경향에 거스르는 것이기 때문에 실천하기 어려운 덕목이다. 하지만 입법자의 의무는 대부분 자제하는 데 있다. 이 경우에 선은 침묵하고 보이지 않는 것이며, 그것은 "닳아빠져서 느리게 목적한 일을 끝낼 수 있는 날이 무뎌진 줄"처럼 작동한다.[20] 왜냐하면 다시 한 번 말하거니와 법은 정념에 빠지기 쉽고 오류를 범하기 쉬운 인간의 창조물이기 때문이다. 법은 딜레마에 직면해 있다. 곧 한편으로 법은 관습과 일반 정신에 따르는 것을 택할 수 있는데, 이 경우 법은 가장 효력이 덜하다. 또는 다른 한편으로 관습과 일반 정신에 거역할 수 있는데, 이 경우 법은 무력하거나 위험하다.

정념의 윤리

몽테스키외는 사회의 관점에서 법을 비판하면서 그것이 통치의 보잘것없는 도구라는 점을 증명한다. 우리의 네 번째 스냅샷—마르키 드 사드(Marquis de Sade)—에서 법은 개인의 관점에서 도전받는다. 우리는 여기서 철학적 영웅주의와 자유사상적 개혁론이라는 사드의 두 얼굴 또는 두 측면을 구별할 필요가 있다. 왜냐하면 사드는 단일한 전제—인간의 완전한 고독—로부터 두 가지 구별되는 기획을 추구하기 때문이다. 첫 번째 기획은, 개인의 절대적 주권성이라는 이름 아래 본성에 거역하기 위해, 본성이라는 이름으로

---

20) 『법의 정신』, 제14편 13장, 261쪽.

신과 사회를 거부하는 것이다. 두 번째 기획은, 우리가 정념에 이끌리는 존재라는 점을 고려했을 때, 사회적 질서를 살 만한 곳으로 만들기 위해서는 어떤 전환이 이루어져야 하는지 탐구하는 것이다. 두 가지 목표는 서로 모순되지 않고 때로는 유사한 논거를 전개하지만, 동일한 독자들에게 전달되지 않으며 동일한 목표를 제안하지도 않는다. 법에 대한 비판은 두 번째 노력의 일부를 이룬다.

사드의 출발점은 급진적인 유아론(唯我論, solipsism)이다. 개인은 절대적으로 혼자이며, 개인의 고립성은, 개인에게는 자신의 감각 경험 외에는 아무것도 현실적이지 않다는 사실에 입각해 있다. 결과적으로 내가 직접 알고 있는 나의 감각과, 내가 상상 속에서 짐작해볼 수 있을 뿐인 다른 사람의 감각 사이에는 아무런 공통의 척도도 존재하지 않는다. 다른 모든 이는 나에게 낯선 존재들이며, 어떤 형태의 사회적 유대도 미망에 불과하다. 사회는 관례적인 비유일 뿐이다. 특수한 이해관계와 일반적 이해관계—개인의 이해관계와 사회의 이해관계—는 필연적으로 양립 불가능하며 모순적이다. 양자가 조화를 이루기 위해서는 첫 번째 이해관계가—자신의 손해를 감수하고서—두 번째 이해관계에 종속되어야 한다.

개인은 본성에 속하고 본성의 법칙에 복종한다. 본성의 법칙은 두 가지 범주로 분할될 수 있다. 하나는 자연 그 자체를 지배하는 법칙이고, 다른 하나는 자연 안에 있는 인간 주체에게 적용되는 법칙이다. 자연은 첫째, 선과 악, 악덕과 미덕 사이의 균형의 법칙에 의해 통치된다. 이것이 유지된다면, 자연 그 자체는 남성이나 여성의 개별적인 행동에 대해서는 무관심하다. 둘째, 보존 법칙에 따르면 자연 안에서는 아무것도 소멸되지 않고 아무런 실질적인 파괴도 존재하지 않는다. 죽음은 단지 요소들의 분해에 불과한 것으로, 이러한 요소들은 나중에 다른 형태들로 재구성된다. 따라서 단순한 형태들의 변화인 셈이다. 하지만 처음 보기에는 자연이 선과 악 사이에서 동등한 균형을 유지하는 것 같지만, 사실 자연은—그 자체가 에너지와 운동으로 이루어져 있기 때문에―악을 선호한다. 모든 창조가 선행하는 파괴를 전제하듯이, 창조하는 데 몰두하는 자연은 또한 열렬히 파괴를 원하며 정념과 살해를 의지한다. 따라서 미덕―무디고 관성적인―은 자연에 거스르는 것이다.

그렇다면 자연은 개인들의 행위와 운명에 무관심하다. 죽음은 단지 외양일 뿐이다. 자연은 새로운 형태를 생산하기 위해 기존의 형태를 파괴하는 것을 우선시한다. 이 세 가지 사실 모두로부터 동일한 결론이 도출될 수 있다. 자연이 보기에는 아무런 범죄도 존재하지 않는다. 진정한 공격은 자연의 작업 방식을 변형하는 것일 텐데, 그것은 인간의 능력 범위 밖의 일이다. 유일한 죄악은 자연이 우리에게 부여한 충동에 저항하는 것이다. 평등은 자연의 세 번째 법칙인가? 물론 사드의 인물들은 자신의 사회적 지위에 따라 이 점을 긍정하거나 부인한다. 도둑 떼는 이 점을 찬양하고 귀족들은 거부한다. 사드에게는 양자 모두 자유와 권력에의 의지를 행사한다는 점에서는 옳다. 권력의 불평등은 하나의 사실이며, 최강자의 법칙은 우회할 수 없는 현실이다. 하지만 각자는 상황을 자신에게 유리하게 돌리려고 시도할 좋은 이유를 갖고 있다. 행위가 강함을 증명하는 유일한 방법이다.

개인들을 지배하는 법칙은 자연이 우리에게 부여한 정념들과 연결돼 있다. 자연적 에너지의 도덕적 등가물인 정념들이야말로 "위대한 행위의 유일한 동인이다."[21] 야생 상태에서 인간은 먹는 것과 성교하는 것이라는 두 가지 기본 충동에 사로잡혀 있다. 이러한 욕구를 충족시키기 위해 인간은 우주를 정복하고 그것을 저지하는 사람은 누구든 제거할 준비가 돼 있다. 사드가 강조하듯이 그는 '전제정치'에 대한 성향을 지니고 있다. 쾌락 자체는 전제적인 정념인데, 왜냐하면 그것은 노예화를 통해서만 충족될 수 있기 때문이다. 요컨대 사드는, 인간이 본성적으로 악하다고 보는 점에서는 마키아벨리나 파스칼에 찬동한다. 하지만 사드는 그들과 대조적으로 자연이 인간에게 부과하는

---

21) *Juliette*, Book IV, London, 1991, p. 734. 번역은 영역자가 수정.

유일한 자연법칙은 이 정념들을 만족시키는 것이라고 주장한다. 그는 모든 것을 자기 자신과 연결시키고 자기 자신의 이해관계를 유일한 지침으로 삼아 무제한적인 이기주의를 실천해야 한다. 다시 한 번 말하거니와 자연에게는 범죄란 존재하지 않는다. 자연은 우리에게 우리의 정념들을 각인해놓았으며, 우리는 이 정념들의 지배자가 아니다. 따라서 자연은 정당화 원리로 작용한다. 곧 존재하는 모든 것은 정당하다. (헤겔이 얼마 후에 말할 것처럼) 현실적인 모든 것은 이성적이다. 인간의 자유는 어느 경우이든 간에 미망이기 때문에, 우리는 우리가 행하는 일에 대해 책임을 질 필요가 없다. 만약 어떤 행동이 정념의 힘 아래 수행되었다면, 그 행동이 비난받아서는 안 된다.

범죄로서의 법

만약 사회가 추상적인 창조물이라면, 다수의 개인들은 사실이다. 자연 상태에서 이기주의 원리는 인간의 조건을 만인에 대한 만인의 전쟁으로 변모시킨다. 홉스와 달리 사드는 이런 상황을 너끈히 수용 가능한 것으로 생각했으며, 어쨌든 그 후 뒤따라나온 사태(국가의 성립—옮긴이)보다는 더 바람직하다고 생각했다. 따라서 자연 상태는 문명의 탄생을 설명하고 정당화하기 위해 사용될 수는 없다. 그럼에도 자연에 아무것도 빚진 바 없는(오히려 법은 자연/본성을 제거하려고 시도한다) 법의 호위대와 함께 문명은 성립했다. 따라서 법은 순전히 인공물이며, 개인의 이익보다 사회적 이익을 추구한다. 법의 탄생을 어떻게 이해해야 하는가? 그리고 법의 자기 정당화는 어떻게 생각해야 하는가? 우리가 본 것처럼 법은 자연에 기초를 둘 수 없으며, 신에게 호소하는 것은 더욱 불가능하다. 사드에게 법은 그저 허구나 환영, 위조에 불과하다. 법은 인간의 의지에서 나오는 것인가? 여기서 우리는 사회계약의 문제와 만나게 된다. 사드는 사회계약의 존재 자체를 문제 삼지 않지만, 진정한 계약은 동등한 이들 사이에서만 체결될 수 있다고 주장한다. 가장 강한 이들은 어떤 것도 양보하지 않으려 할 것이고, 아무것도 잃을 것이 없는 가장 약한 이들은 계약을 준수하려고 하지 않을 것이다. 계약이 자신의 보편성을 주장할 때 그 계약은 덫이다. 약한 이들이 강한 이들을 길들이기 위해 놓은 것이든 강한 이들이 약한 이들의 반란을 방지하기 위해 설치한 것이든 간에 그렇다. 사회의 분할을 극복하기는 고사하고 계약은 한 당파가 다른 당파를 속이기 위해 꾸며놓은 간계에 불과하다.

만약 법의 기원이 법에 아무런 정당성도 부여해주지 않는다면, 법은 그 기능에 의해 정당화될 수 있을까? 사드는 전혀 그렇지 않다고 본다. 그의 기소의 주요 항목들을 요약해보자. 법은 사회의 이익, 일반 이익을 목표로 삼지만, 우리가 본 것처럼 이것은 항상 개인의 이익과 모순된다. 법이 기초를 두고 있는 사회계약과 마찬가지로 법은 개인이 몇몇 정념들의 충족과 자신의 자유 일부를 포기하는 대신 평화와 안전을 얻는 것을 공정한 교환이라고 본다. 하지만 이러한 거래는 불평등 거래다. 법은 "그것이 주는 것보다 무한하게 많은 것을 앗아가기"[22] 때문이다. 사회라는 환영을 위해 진정한 만족을 스스로 포기하는 것이 인간이다. 법은 본래적으로 제한하는 것이다. 법은 우리가 자연이 부여해준 충동과 욕망을 충족시키는 것을 금지하며, 우리가 이러한 명령을 존중하지 않을 경우 처벌한다. 이렇게 함으로써 법은 자신이 무기력하고—본성이 솟아오르는 것을 억제하지 못하기 때문에—불공정하다는 것(우리가 자유롭지 않기 때문에 우리에게 책임이 없는 행위들을 범죄화하므로)을 입증한다. 법의 역할은 모든 사람을 가능한 한 만족시키는 것이지만, 범죄라고 추정된 것을 처벌함으로써 법은 가해자가 아니라 오직 희생자를 기쁘게 만들 뿐이다. 이런 의미에서 법은 실제로는 무관심한 것인데, 왜냐하면 법이 하는 일이라고는 악의 위치를 바꿔놓는 일일뿐이기 때문이다.

---

22) *Juliette*, Book I, p. 175.

법은 자신이 보편적이고 무조건적이라고 주장한다. 어디에서든 누구에 대해서든 어느 때든 타당하다는 것이다. 사드는 이러한 주장에 맞서 협공을 전개한다. 첫째, 법의 극단적인 다양성은 오히려 법의 인위성과 우연성을 입증한다. 사드는 법적 상대성에 대한 파스칼의 논평을 길게 되풀이한다. 만약 법이 무조건적이고 보편적이라면, 법은 어느 경우든 불공정할 텐데, 왜냐하면 상이한 민족에게 동일한 규칙을 적용하는 셈이기 때문이다. 이런 이유로 한 나라 안에서 획일적으로 적용되는 법은 인간들 사이의 차이를 부정하기 때문에 이미 사악한 것이다. 법은 비일관적이다. 그것은 별로 중요하지 않은 행위를 가차 없이 처벌하면서도 훨씬 더 심각한 결과를 낳는 행위들은 눈감아준다. 법은 사회의 이익에 봉사한다고 가정되어 있으며, 따라서 국가에 해를 끼치지 않는 의견이나 악덕에 대해서는 모른 체해야 한다. 하지만 법은 정반대로 한다. 가령 살인에 대해서는 유죄 선고를 내리면서 동시에 전쟁은 찬양하는 것이다.

법은 자신이 범죄화하는 행위의 진정한 본성에 대해 냉목적인데, 이 행위의 궁극적인 결과들은 오직 장래에만 밝혀질 것이다. 볼테르의 『자디그』 (*Zadig*)에서 영감을 얻은 '세이드'(Seide)라는 이야기에서 사드는 범죄라고 추정되었던 것이 결국은 이로운 행위, 심지어 섭리적인 행위였음이 밝혀지는 일련의 삽화들을 제시한다. 하지만 진보의 정도가 얼마이든 간에 그것이 미래의 불투명성을 경감하지는 못할 것이다. 여기서 우리는 몽테스키외가 이미 주목한 바 있는, 법의 시간성과 사회생활의 시간성 사이의 또 다른 불일치 형태를 보게 된다. 마지막으로 법은 해로운 결과를 낳으며, 특히 그것이 부과하는 형벌에서 그렇다. 여기에서는 치료가 질병보다 더 나쁘다. 처벌은 죄인들을 개선하기는커녕 그들에게 모욕을 주고 난폭하게 만들고 원한을 품게 해서 반역을 꾀하게 만든다. 오직 여론만이 벌을 줄 권리를 갖고 있다.

법의 비인격적 성격—이것은 자의적이고 변덕스러운 군주나 참주의 감독으로부터 해방되기 위한 수단으로서 종종 호의적으로 언급되곤 한다—은 또 다른 협공의 대상이 된다. 사드는 주장하기를, 만약 법이 진정으로 편파적이지 않다면, "나는 내가 아무런 힘도 갖지 못하는 법에 의해 억압당하느니, 그도 나를 억압할 수 있고 나도 그를 억압할 수 있는 이웃에게 억압당하는 편을 택하겠다."[23] 사실 어떤 법체계이든 간에 외관상으로만 객관적이다. 그것은 구상 자체에서부터 입법자의 개인적 관심과 편견을 반영하고 있다. 법의 적용은 재판관의 해석을 요구하지만, 재판관은 자신의 정념을 충족시키기 위해 이를 활용할 수 있다. 법의 인격적 본성이야말로 궁극적으로 참주로서의 법을 드러내주는 것인데, 법이 가면을 쓰고 있는 만큼 이것은 훨씬 더 가공할 만한 참주다. 몽테스키외가 믿었던 것처럼 전제정치에 대한 방어책이기는커녕 법은 종종 전제정치의 최선의 공범자다. "잔혹한 정치를 펼치면서 법의 도움을 받지 않는 참주는 존재하지 않는다. …… 참주들은 결코 무정부 상태에서 탄생하지 않는다. 그들은 법으로부터 권위를 이끌어내면서 법의 그림자 속에서만 등장한다."[24] 전제정치의 정점은 사형으로, 법의 모든 악덕이 여기로 수렴된다. 사형은 부당한 것이다. 그것은 자신들의 행위에 책임이 없는 이들을 처벌한다. 사형은 효과가 없다. 그것은 결코 범죄를 막지 못했다. 사형은 부조리하다. 한 가지 잘못이 다른 잘못을 바로잡는 것은 아니다. 마지막으로 정상참작이란 존재하지 않는다. 살인을 저지르는 남성이나 여성은 이기주의나 정념이라는 명목 아래 용서받을 수도 있다. 하지만 법적 살인(사형—옮긴이)은 사회라는 유령의 이해관계에 따라 냉혹하게 집행된다. 따라서 사형이야말로 유일한 현실적 범죄다.

요컨대 사드는, 범죄를 저지르는 것은 바로 법이라고, 또는 좀 더 정확히 말하면, 그 자체로는 완벽하게 결백한 행위들이 범죄행위라고 선고됨에 따라, "법의 배가야말로 범죄의 배가를 낳는 것"이라고 주장한다. 그리고 법은

---

23) *Juliette*, Book IV, p. 732.
24) *Juliette*, Book IV, p. 733.

그처럼 많은 [행위에 대한—옮긴이] 장애물과 제약들을 던져놓음으로써 이러한 장애물과 제약을 깨뜨려야 한다는 욕구를 자극한다.[25] 따라서 범죄를 줄이는 가장 좋은 방법은 법의 숫자, 범위, 가혹성을 감소시키는 것이다. 『알린과 발쿠르』(Aline et Valcour)에서 자메(Zamé)가 말하듯이 우리는 "모든 사람이, 각자의 성향이 어떻든 간에 쉽게 법에 복종할 수 있을 만큼 아주 부드럽고 숫자도 적은 법"을 필요로 한다. 법이 없는 정체는 전제정이든가 군주정이다. 사드의 위대한 자유사상가적인 인물들 가운데 다수——베르메이유(Vermeuil), 생퐁(Saint Fond)——는 감동적인 참주 찬가들을 작곡한다. 하지만 『알린과 발쿠르』 및 「프랑스인들이여, 공화주의자가 되고 싶다면 좀 더 힘을 냅시다!」*의 개혁적인 사드는 무정부주의에 좀 더 의지하고 있다. 그는 생명과 에너지를 강조하는 반면, 법의 통치는 단지 권태를 의미할 뿐이다. 이는 국가가 자신을 재생하기 위해 법을 중지시킬 때마다 엿볼 수 있는 점이다. 무정부 상태의 미덕은 영속적인 봉기 상태에서 살아가야 하는 공화정부에서 가장 명백하게 볼 수 있다. 하지만 무엇보다 오직 무정부 상태만이 다음과 같은 사드의 위대한 윤리적 교의를 실행할 수 있게 해준다. 개인의 무조건적 주권성, 자기 자신을 위한 절대적 자유, 타인들에 대한 무한한 관용, 갈등이 있을 경우 타인의 정의에 방해되지 않고 자기 자신의 정의를 실행할 권리와 의무.

마키아벨리와 파스칼은 법의 신성한 또는 자연적인 토대에 반대했다. 몽테스키외와 사드는 법이 인간의 통치에 대한 적절한 도구라고 보지 않았다. 결과적으로 이들 모두는 정치에 할당된 공간을 확장했다. 두 가지 점은 지적해둘 만할 것 같다. 한편으로 각자 매우 상이한 관심사와 원리에서 출발하는 이 네 저자는 법에 대한 비판에서 매우 수렴적인 입장에 도달한다. 회의적인 마키아벨리와 독실한 파스칼, 계몽된 법관 몽테스키외와 수감된 자유사상가

25) *Juliette*, Book IV, p. 734.
* 이것은 사드의 『규방철학』의 제5장(또는 다섯 번째 대화)의 제목이다.

사드의 발자취를 따르면서 우리는 일련의 마주침들을 추적해보았다. 다른 한편으로 이러한 양립 가능한 비판들은 가장 다채로운—실로 대립적인—정치적 관점으로 인도할 수 있다. 마키아벨리에게 가장 고상한 정치형태는 국가를 정초하는 명예로우면서도 위험스러운 모험이었다. 파스칼은 일종의 정치적 정적주의(靜寂主義)*를 설파하는 그의 '지지자들'과 같은 입장을 택했다. 몽테스키외의 주제들은 훗날 에드먼드 버크(Edmund Burke)가 이어받게 되며, 사드는 여러 측면에서 볼 때 막스 슈티르너(Max Stirner)의 선구자로 볼 수 있다. 따라서 법에 대한 비판은 정치적으로 특정한 입장을 낳지 않는 기획으로, 잠시 동안 가장 다양한, 심지어 상반된 사상가들이 조우할 수 있는 기묘한 교차로다. 법의 통치가 보편적으로 찬양되고 있는 우리 시대를 위해 이로부터 어떤 교훈을 이끌어낼 수 있을지 좀 더 토론해볼 만하다.

〔진태원 옮김〕

* 정적주의(quietism)는 인간의 노력을 억제하여 신의 활동이 온전하게 펼쳐지는 가운데 인간의 완전성이 실현될 수 있다고 보는 기독교 사상을 의미한다.

서양 민족주의와 동양 민족주의

중요한 차이가 있을까

베네딕트 앤더슨(Benedict Anderson)

고맙게도 이제 '아시아적 가치' 이야기는 별로 많이 들려오지 않는다. 이 '가치'란 심하게 뻔뻔한 레토릭으로서 몇몇 국가 지도자들이 권위주의 통치와 족벌주의, 부패를 완곡하게 표현하는 방식에 불과했다. 어쨌든 1997년의 경제 위기는 영속적인 경제성장과 풍요로 가는 지름길을 찾았다는 이들의 주장에 심각한 타격을 입혔다. 그런데 독특한 아시아적 형태의 민족주의가 있다는 생각은 아직 우리 주변에 상당히 많이 남아 있을뿐더러, 그 뿌리는 한 세기도 더 되는 세월을 거슬러 올라간다.[1] 그 궁극적인 기원이 "동양은 동양, 서양은 서양이니, 둘은 결코 함께할 수 없을지어다"(러디어드 키플링의 시 「동서의 발라드」의 첫 구절—옮긴이)라는, 인종주의적인 유럽 제국주의의 악명

---

1) 2000년 4월 타이페이 강연록.

높은 고집에 있다는 것은 꽤 분명하다. 그러나 20세기 초반, 이 구제 불능의 인종적 이분법에 대한 고집은 아시아 곳곳의 민족주의자들 여럿에 의해, 이제는 완전히 이방에 의한 것으로 여겨지는 지배에 대한 대중적 저항을 동원하는 데 이용되기 시작했다. 이러한 과격한 이분법을 이론적으로나 경험적으로나 과연 정당화할 수 있는 것일까?

나 자신은 과거에든 오늘날에든 아니면 가까운 미래에든, 민족주의들을 가르는 가장 중요한 차이의 기준이 동양인지 서양인지의 여부에 있다고 믿지 않는다. 아시아에서 가장 오래된 민족주의들, 그러니까 여기에서 말하자면 인도, 필리핀, 일본의 민족주의는 유럽 민족주의나 재외 유럽 민족주의의 여러 경우, 즉 코르시카, 스코틀랜드, 뉴질랜드, 에스토니아, 오스트레일리아, 에우스카디(바스크인들이 스스로를 부르는 이름―옮긴이) 등등의 민족주의보다 오래되었다. 필리핀 민족주의는 분명한 이유들 때문에 그 기원이나 전망에서 쿠바나 라틴아메리카 대륙의 민족주의와 굉장히 비슷하다. 메이지 민족주의는 오스만 터키나 차르 러시아, 제국주의 대영제국에서 찾아볼 수 있는 19세기 말의 관제 민족주의(official nationalism)들과 명백한 유사성이 있고, 인도 민족주의는 형태학적으로 아일랜드나 이집트에서 나타난 민족주의와 겹쳐볼 수 있다. 또한 동양과 서양이 무엇인지에 대한 사람들의 생각은 시간이 지남에 따라 큰 변화를 거쳤다는 점도 덧붙여야 할 것이다. 구성원들의 종교적 지향이 이슬람이었는데도 불구하고, 한 세기가 훨씬 넘도록 오스만 터키는 영어로 흔히 '유럽의 환자'(Sick Man of Europe)라고 지칭되었으며, 오늘날 터키는 유럽 공동체에 가입하려고 여전히 애를 쓰고 있다. 무슬림 알바니아에 대해서는 망각한 채 유럽 전체를 기독교 권역이라고 간주해온 유럽에서는 무슬림의 숫자가 날마다 빠르게 늘어나고 있다. 러시아는 오랫동안 대개 아시아 세력으로 여겨져왔으며, 유럽에는 아직도 이런 식으로 생각하는 사람들이 많다. 일본 내에도 자신들이 백인의 일종이라고 여기는 사람들이 더러 있다고 덧붙일 수 있겠다. 그리고 동양은 어디서 시작되고 어디서 끝나는가? 이집트는 아프리카에 있지만 전에는 근동의 일부였고, 이제 근동이라는 것이 없어지면서 중동의 일부가 되었다. 파푸아뉴기니는 유럽을 기준으로 딱 일본만큼 극동 방향에 있지만, 자신들에 대해 이런 식으로 사고하지 않는다. 용감한 신생 소국 동티모르는 동남아시아의 일부가 될지 아니면 오세아니아의 일부가 될지 결정하려는 중인데, 어떤 시점, 이를테면 리마나 로스앤젤레스에서 보면 오세아니아는 극서 지역으로 간주될 수 있다.

이 문제들이 빚어내는 혼란은 추정상으로는 고정된 유럽과 아시아의 경계를 넘어 이주하는 막대한 수의 인구 때문에 더욱 가중되고 있다. 1842년 중국이 조약에 따라 개항하면서, 수백만의 사람들이 천자(天子)의 나라로부터 해외로, 즉 동남아시아, 오스트레일리아, 캘리포니아로, 나중에는 세계 전역으로 이주하기 시작했다. 제국주의는 인도인들을 아프리카와 동남아시아, 오세아니아, 카리브 지역으로, 자바인들을 라틴아메리카와 남아프리카, 오세아니아로, 아일랜드인들을 오세아니아로 데려갔다. 일본인들은 브라질로, 필리핀인들은 스페인으로, 이렇게 이주는 계속되었다. 냉전과 그 여파는 이 흐름을 가속화했고, 이제는 한국인, 베트남인, 라오스인, 태국인, 말레이시아인, 타밀인 등등도 대열에 동참했다. 그리하여 한국과 중국, 일본에 기독교 교회가, 맨체스터와 마르세유, 워싱턴 DC에 모스크가, 로스앤젤레스, 토론토, 런던, 다카르에 불교, 힌두교, 시크교 사원들이 들어서게 되었다. 모두 현대 커뮤니케이션들에서 이 흐름이 계속될 것이며 가속화될 수도 있다는 점을 시사한다. 한때 폐쇄적이었던 일본에조차 역사상 그 어떤 시대보다 많은 수의 외국인 거주자가 있으며, 그 인구통계적 속성으로 인해 일본의 지속적 발전과 번영에는 더 많은 이주자들이 꼭 필요해질 것이다.

이러한 이주로부터 무엇이 나오는가, 어떠한 정체성들이 만들어지고 있으며 만들어질 것인가 하는 것은 엄청나게 복잡하며 아직은 대체로 대답하기가 불가능한 질문들이다. 내가 이 주제에 대한 짧은 개인적 일화를 덧붙이면 독자인 당신은 재미있어할지도 모르겠다. 4년쯤 전에 나는 예일 대학에서 민족주의에 대한 대학원 세미나반을 가르쳤는데, 수업을 시작하면서 모든 학생에게 잠정적일 뿐이라고 해도 자신의 민족 정체성을 정해서 이야기해달라고 부탁했다. 수업에는 내 눈에 얼굴의 특징과 피부색 등으로 보아 '중국인'인 것 같은 학생이 세 명 있었다. 그들의 대답은 나와 교실에 있던 다른 모든 학생들을 놀라게 했다. 첫 번째 학생은 완벽한 미국 서부 연안 억양으로 단호히 자신이 '중국 사람'이라고 말했는데, 알고 보니 그는 미국에서 태어났고 중국에는 한 번도 가본 적이 없었다. 두 번째 학생은 조용히 '타이완 사람이 되려고 노력하는 중'이라고 말했다. 그는 1949년 장제스와 더불어 타이완으로 옮겨 온 국민당 가문 출신이었지만, 타이완에서 태어났고 그곳에 자신의 정체성을 두었다. 그러니까 '중국 사람'은 아닌 것이다. 세 번째 학생은 화를 내며 말했다. "빌어먹을, 난 싱가포르 사람이라고요. 미국 사람들이 나를 중국 사람으로 생각해서 지겨워죽겠는데, 아니라고요!" 그리하여 유일한 중국인은 미국인인 것으로 드러났다.

크리올 민족주의들

만일 내가 논했듯이 동양과 서양, 유럽과 아시아 간의 차이라는 축을 따라 민족주의에 대한 생각을 전개하는 것이 가장 현실적이지도 재미있지도 않다면, 더 생산적인 대안에는 어떤 것들이 있을 수 있을까? 나의 책 『상상된 공동체』(*Imagined Communities*)의 주요 논지 가운데 하나는 모든 종류의 민족주의를 그것이 출현한 바탕이 된 더 오래된 정치적 형태, 즉 왕국들, 특히 전근대와 근대 초기 부류의 제국들에 대한 고찰 없이는 이해할 수 없다는 것이다. 내가 '크리올 민족주의'라고 부르는 민족주의 최초의 형태는 이러한 제국들 몇몇이, 늘 그랬던 것은 아니지만 종종은 아주 멀리까지, 해외로 광대한 팽창을 이룬 데서 출현했다. 이는 본국에서 온 식민지 정착민들이 주창한 것으로, 이들은 식민 본국과 종교·언어·관습을 공유했지만 점점 억압받고 소외당한다고 느꼈다. 이 형태의 민족주의로 유명한 사례는 1776년에서 1830년 사이에 독립한 미합중국과 라틴아메리카의 다양한 국가들이다. 언제가 됐든 곧 이 크리올 민족주의들이 정당화의 근거로 내세우게 될 것들에는 또한 그들 특유의 역사, 특히 정착민과 토착민이 인구학적으로 섞이게 된 것이 있었고, 덧붙여 지역의 전통이나 지리, 기후 등등도 물론 포함되었다.

이러한 크리올 민족주의들은 아직도 굉장히 생생하게 살아 있으며, 퍼지고 있다고까지 말할 수 있을 것이다. 퀘벡의 프랑스 정착민 민족주의는 1950년 대 후반부터 상승세를 타고 있으며, 여전히 캐나다로부터 분리 독립을 할까 말까 한 불안한 상태에 있다. 나의 조국 아일랜드에서는 북부의 '정착민'이 아직 뜨거운 문제로서 현재까지 나라의 완전한 통합을 방해해왔다. 남부 최초의 민족주의자들, 즉 1798년 항쟁에서 청년 아일랜드인들 가운데 일부는 정착민 가문이나 아니면 항쟁에 참가했던 나의 선조들처럼 정착민과 켈트– 가톨릭 태생의 토착민이 섞인 가문 출신이었다. 오스트레일리아인들과 뉴질랜드인들은 현재 크리올화된 민족주의 때문에 분주한 상태로, 어보리진과 마오리인의 전통·상징의 요소들을 편입해 연합왕국(영국)과 차별화하려 하고 있다. 지금까지는 서양 얘기로만 보일지도 모르겠다. 그러나 실례를 무릅쓰고 나는 타이완 민족주의의 몇몇 특징들이 명백히 크리올적이며, 약간 다른 차원에서 싱가포르 민족주의도 마찬가지라는 의견을 내놓고 싶다.

이 민족주의들의 주요 지지층은 천자의 왕국 동남쪽 연안 지방에서 온 '재외' 정착민으로, 몇몇은 제국주의 국가에서 도망쳐 왔고, 몇몇은 그 국가가 보내서 왔다. 이 정착민들은 때로는 평화적·통합적으로, 때로는 폭력을 써서 기존 주민들에게 자신들의 존재를 받아들이게끔 했고, 이 방식은 우리로 하여금 뉴질랜드, 브라질, 베네수엘라 그리고 보어인들의 남아프리카를 떠올리게 한다. 본국과 종교·문화·언어를 공유했던 이 크리올 나라들은 그럼에도 불구하고 시간이 흐르면서 별개의 전통, 상징, 역사적 경험을 다양한 수준으로 발전시켰고, 이윽고 제국주의 중심부가 너무 억압적이거나 너무 멀리 떨어져 있다고 느끼게 되면서 정치적 독립을 향해 움직였다. 타이완이 일본의 제국주의 지배 아래에 있던 50년의 세월이 갖는 독특한 중요성을 너무 과대평가해서는 안 될 것이다. 뭐니 뭐니 해도 퀘벡의 프랑스 정착민들은 영국 제국주의의 지배 아래에서 거의 이백 년을 시달렸고, 남아프리카의 네덜란드인들도 반세기 동안 마찬가지 상황이었다. 재외 '프랑스인', '네덜란드인'들이나 영국 제국주의에 비교했을 때, 일본 제국주의 문화와 재외 '중국인' 문화의 이질성이 훨씬 더 심하다고 이야기하는 것도 쉽지 않다.

인종주의적인 유럽이나 서양 크리올과 그 나머지를 쉽게 구분할 수 있다는 주장도 하기 힘들다. 미국과 남아프리카, 아르헨티나는 극단적으로 인종주의적이다. 그렇지만 프랑스계 퀘벡인들이 타이완으로 간 동남부 중국인 이민자들이나 브라질로 간 일본인 이민자들보다 조금이라도 더 인종주의적이었다고 말하기는 힘들 것이다. 이 논의가 옳다면, 우리에게는 18세기, 19세기, 20세기 그리고 틀림없이 21세기에도, 아메리카(들), 유럽, 아프리카, 오스트레일리아와 뉴질랜드 그리고 아시아에서 나타나는 크리올 형태의 민족주의가 있는 것이다. 이는 지구적 현상이다. 예상치 못했던 부작용 한 가지는, 오늘날 스페인어, 프랑스어, 영어, 포르투갈어를 (각각 변이로 만들어) 공유하면서도, 그 가운데 어느 하나도 자신들이 이 언어를 '소유'한다고 상상하지 않는 여러 민족들이 있다는 것이다. '중국어'도 곧 같은 전철을 밟으리라는 것은 유쾌한 생각이다.

두 번째 형태의 민족주의도 『상상된 공동체』에서 광범위하게 논의된 바 있으며 지금의 논의에 적실성이 있을 것 같은데, 나는 휴 시턴-왓슨(Hugh Seton-Watson)을 따라 이것을 관제 민족주의(official nationalism)라고 부른다. 이 형태의 민족주의는 역사적으로 지배자, 귀족, 제국주의 중심부를 겨누었던 아래로부터의 인민 민족주의(popular nationalism)들에 대한 반동적 대응으로서 나타났다. 가장 유명한 사례는 제국 러시아로서, 차르 왕조는 수백

개의 종족 집단과 여러 종교 공동체들을 통치하면서 자신들끼리는 프랑스어를 썼는데, 이는 그들이 신민들과는 달리 문명화되었다는 표지였다. 마치 러시아어를 쓰는 것은 농민들뿐이라는 식이었다. 그러나 19세기 제국 도처에 인민 민족주의들이 퍼져나가자(우크라이나, 핀란드, 그루지야 등등) 차르 왕조는 결국 자신들이 어쨌거나 민족적으로 러시아인이라고 결정하게 되고, 1880년대(겨우 120년 전이다)에 신민들을 러시아화한다는 치명적 정책에 착수한다. 말하자면 차르 왕조와 그 신민들을 똑같은 인민으로 만든다는 것인데, 이것이야말로 그 전에는 회피되던 일이었다. 마찬가지로 런던은 아일랜드를 잉글랜드화하려 했으며(꽤 큰 성공을 거두었다), 제국 독일은 폴란드의 점령 지역을 독일화하려 했고(거의 성공하지 못했다), 제국 프랑스는 이탈리아어를 사용하는 코르시카에 프랑스어를(부분적으로 성공했다), 오스만 제국은 아랍 세계에 터키어 사용을 강요했다(전혀 성공하지 못했다). 나 자신의 표현을 인용하자면, 어느 경우에든 오래된 제국의 광대한 몸통 위에 민족의 짧고 꽉 끼는 피부를 당겨 늘이려는 주요한 노력이 있었다.

이러한 형태의 민족주의가 서양이나 유럽만의 독특한 것이라고 말할 수 있겠는가? 나는 불가능하다고 생각한다. 이를테면 테사 모리스–스즈키(Tessa Morris-Suzuki)의 주목할 만한 책에서 최근에 논의된 일본의 기묘한 사례를 고찰해보자.[2] 그는 메이지 유신과 함께 나타난, 아이누인과 류큐 섬 사람들을 바라보고 다루는 방식에서의 급격한 전환을 굉장히 상세하게 설명한다. 도쿠가와(에도) 막부의 오랜 정책은 아이누인이 도쿠가와 일본인과 같은 의복을 착용하거나 도쿠가와 일본인의 관습 및 전통을 받아들이는 것을 금지하는 것이었다. 마찬가지로 에도에 조공을 바치러 온 류큐 사신들은 가능한 한 이국적인 중국식 복장을 하라고 지시받았다. 두 가지 경우 모두 기본적인 생각은 주변부의(야만적인) 민족들을 제국의 중심부로부터 가능한 한

---

2) *Re-Inventing Japan: Time, Space, Nation*, Armonk, NY 1998.

멀리 떨어뜨려놓자는 것이었다. 그러나 메이지 정부의 관제 민족주의가 떠오르면서, 정책은 완전히 전도되었다. 즉 아이누인과 류큐인은 이제 메이지 과두 지배층 자신과 똑같은 일본 인종의 원시적 부류, 고대 부류라고 여겨지게 되었다. 그들을 일본화하기 위해, 설득 그리고 더 빈번히는 강압을 동원한 모든 노력이 경주되었다(성공의 정도는 다양했다). 한국과 타이완에서의 후기 제국주의 정책도 마찬가지 논리를 따랐다고 할 수 있겠다. 한국인들은 일본식 이름을 쓰고 일본어로 말해야 했으며, 동생인 타이완인들도 아마 그 뒤를 따를 것이었으리라. 그들은, 2등 국민일지라도, 언젠가는 일본인이 되리라고 생각되었던 것이다. 딱 1923년까지 영국의 아일랜드인 그리고 1920년까지 독일의 폴란드인처럼.

그러나 단연 가장 장관이면서도 아이러니한 사례는 만주어를 사용하기도 했던 만주인 왕조가 1644년부터 몰락 시점까지 다스린 천자의 나라로, 그 몰락은 채 90년도 되지 않은 일이다. (물론 여기에 이상할 것이라고는 하나도 없다. 11세기부터 대영제국에는 잉글랜드인 왕조가 단 한 번도 있어본 적이 없다. 현재 왕가의 제1대와 제2대 왕인 독일인 조지 1세와 2세는 영어를 거의 못했는데, 아무도 신경 쓰지 않았다.) 이 흥미로운 상황이 약 110년 전까지 사람들의 심기를 거스른 적이 별로 없다는 것은 중국 민족주의가 근래의 현상임을 나타내는 중요한 징표다. 그 주민을, 심지어 관료층조차 만주화하려는 시도는 전혀 없었고, 이는 다른 곳에서와 마찬가지로 지배자들의 위신이 유사성이 아니라 차이에 기대고 있었기 때문이다. 서태후는 마지막 순간에 중국 전통의 이름으로 서양 제국주의자들에 대한 대중적 반감을 이용해보려 했지만 너무 늦은 일이었다. 왕조는 1911년에 사라졌고, 만주인의 운명도 어느 정도 마찬가지였다. 오늘날 중국의 최고 인기 작가인 왕슈오(王朔)는 만주인이지만 이 사실을 광고하고 다니지 않는다.

중국 민족주의가 마침내 일어났을 때는 세계사적 시기로 보아 꽤 늦은 편이었다. 훌륭한 리다자오(李大釗)가 완전히 젊고 새로운, 봄날을 맞은 중국에 대한 유명한 논설을 쓸 수 있었던 것(1916년 『신청년』에 발표된 「청춘」을 가리키는 듯하다─옮긴이)은 이 때문이었다. 그러나 매우 특이한 상황에서 일어나는 바람에, 그에 대한 세계적 비교 사례는 거의 없다. 일본을 포함한 당대의 다양한 제국주의 세력이 중국에 깊이 침투했으나, 중국이 실제로 식민화된 것은 아니었다. 그즈음이 되자 경쟁하는 제국주의 세력의 수가 너무 많아졌고, 광대한 인도를 힘들게 삼킨 대영제국조차 더 광대한 중국 제국을 삼킨다는 생각에는 얼굴이 창백해졌다. (가장 가까운 비교 사례는 아마도 에티오피아 제국이 아닐까 싶다.) 게다가 중국 제국에 진짜 국경이 있었다고 한다면, 그 국경 바로 너머에는 쇠약한 상태로 러시아화를 시도하고 있던, 다 죽어가는 차르 지배가 있었다. 차르 함대에 대한 일본 해군의 승리는 만주 왕조가 무너지기 불과 6년 전에 그리고 차르 지배가 유혈 종식을 맞기 12년 전에 일어났다. 이 모든 것은 중국의 1세대 민족주의자들 대부분이 제국이 큰 문제 없이 민족으로 변모할 수 있다고 상상하게끔 부추겼다. 같은 시대에 이스탄불에서는 엔베르 파샤가 그런 꿈을 꾸고 있었고, 이는 세대가 세 번 지나간 후에 아디스아바바에서 멩기스투 마리암 대령이 품었던, 그리고 오늘날 모스크바에서 푸틴 대령이 품은 꿈이기도 하다. 이들은 이리하여, 별 생각 없이, 범세계적인 반제국주의 운동의 인민 민족주의를 19세기 후반의 관제 민족주의와 결합했다. 그리고 우리는 관제 민족주의가 인민에게서가 아니라 국가에서 나왔으며, 인민의 해방이 아니라 영토의 통제에 골몰해 있는 민족주의임을 안다. 진정한 인민 민족주의자인 쑨원 같은 양반이 대개는 중국 사람도 아니었던 왕조의 지배자들, 즉 그의 인민 민족주의가 맞서 싸워야 할 대상들이 진짜로든 상상 속에서든 어떤 영토를 정복한 적이 있었다는 점을 근거로 동남아시아와 중앙아시아의 여러 지방에 대한 터무니없는 영토권을 주장하는 기이한 광경은 이리하여 빚어진 것이다. 국민당과 중국 공산당 둘 다 이후 이 유산을 다양한 시기에 다양한 몫으로 물려받았다.

동시에 전에 천자의 제국이던 그곳은 내가 방금 이야기한 것처럼 그렇게 독특하지는 않았다. 서로 다른 시기에 다양한 정도로 그 후계자들이 나타나 제국주의와 반식민지 민족주의가 빚어내던 경계선의 종류들과 새로운 국가들을 수긍하게 되었는데, 적어도 주변부의 몽골, 한국, 베트남, 버마, 인도, 파키스탄은 그러한 경우다. 이러한 수긍은 중국인들이 민족을 이루며, 그러니 기본적 측면에서는 국제연합(United Nations)과 그 전신인 국제연맹에 대표되어 있던 수십 개의 다른 민족들(nations)이나 마찬가지라는 새로운 관념에서 온 것이기도 했다. 타이완 역사학자들은 또한 1895년에서 1945년 사이의 다양한 시기에 본토의 지배 집단들이 타이완의 일본 식민지 지위를 사실상 수긍했으며, 가끔 한국 인민의 투쟁을 지지한 것과 마찬가지로 일본에서 독립하려는 타이완 인민의 투쟁을 지지했다는 것을 밝혔다. 오늘날 중국 본토에서 두드러지게 분명한 인민 민족주의와 관제 민족주의 사이의 모순들은, 내가 앞서 말했듯이, 독특한 것이 아니다. 그러한 모순들은 세계 다른 지역에서도 찾을 수 있다. 그러나 오늘날 이것이 특히 중요한 이유는 중국의 순전한 크기와 엄청난 인구 그리고 한때 독재를 정당화했던 사회주의를 사실상 내버렸으며 그 지배의 정당성을 갱신하기 위해 관제 민족주의로 돌아서려는 조짐을 모든 방면에서 드러내 보이고 있는 정부 때문이다.

과거와 미래의 광경들

우리 별 전역에서 다른 형태의 민족주의와는 구별되는 경향이 있는 관제 민족주의의 특징이 하나 더 있다. 이전 시대에 존재했던 모든 조직된 사회는 그 응집력을 만들어내기 위해 서로 심하게 적대적이지는 않은 과거에 대한 비전에 (부분적으로) 의존했다고 말해도 무방할 것이다. 이러한 비전들은 구비 전승, 민요시, 종교적 가르침, 왕조의 연대기 등등을 통해 전해져 내려왔다. 그러한 비전들에서 극히 찾아보기 힘든 것은 대문자가 붙은 미래에 대한 강렬한 관심이다. 그러나 18세기에 민족주의가 세계에 입장하면서 이 모든 것은 근본적으로 바뀌었다. 산업혁명과 근대 커뮤니케이션 체계를 원동력으로 하여 점점 가속 도상에 들어선 사회적·문화적·경제적·정치적 변화는 민족을 진보라는 관념에 굳게 입각한 최초의 정치적·도덕적 형태로 만들었다. 이는 여러 시대에 걸쳐 눈치채거나 신경 쓰는 이도 거의 없이 조용히 사라진 수천 가지 집단의 이름을 담은 옛 기록들이 존재하는데도 불구하고 제노사이드(집단 학살을 의미하며 단순히 많은 수의 사람을 죽이는 것과는 구별되는 개념으로 민족, 종족, 인종, 종교 집단을 없애려는 의도가 핵심적이다—옮긴이)라는 개념이 최근에야 고안된 이유이기도 하다. 변화의 속도, 그리고 대문자가 붙은 미래의 힘은 과거에 대한 사람들의 관념을 근본적으로 바꾸는 효과를 낳기도 했다.

『상상된 공동체』에서, 나는 아기였을 때 찍힌 우리의 사진을 누가 보여주었을 때 우리가 겪는 곤란함에 비교함으로써 이 변화의 본질을 해명하려 했다. 이는 오로지 사진이라는 형상을 한 산업적 기억이 초래하는 곤란함일 뿐이다. 우리 부모님들은 이 아기가 우리라고 우리를 납득시키지만, 우리로서는 사진이 찍힌 기억도 전혀 없거니와, 태어난 지 1년이 되었을 때 우리가 어떠했는지를 상상할 수도 없고, 부모님이 도와주지 않는다면 본인인지 알아볼 수도 없을 것이다. 그러니까 우리 주변에는 수없이 많은 과거의 흔적—기념비, 사원, 문서화된 기록, 무덤, 공예품 등등—이 있지만, 이 과거는 점점 접근할 수 없는 것, 우리 외부에 있는 것이 되어간다는 것이다. 동시에 각종 이유들로 인해, 우리는 우리에게 그것이, 단지 닻 같은 것으로 쓰일 뿐이라고 해도, 필요하다고 느낀다. 그러나 이는 과거에 대한 우리의 관계가 지나간 나날들에 비해 오늘날 훨씬 더 정치적·이데올로기적·논쟁적·파편적이며 심지어 기회주의적이기조차 하다는 의미다.

이는 전 세계적인 현상이고 민족주의의 기본이다. 그러나 중국 본토는 다시금 우리에게 가장 재미있는 사례들을 제공하며, 앞으로도 계속 그럴 것이다. 1년에 한 번 정부는 엄청난 볼거리를 텔레비전 무대에 올리는데, 여러 시간 이어지며 굉장히 인기 있는 이 프로그램은 중화인민공화국의 인구를 구성하는 다양한 민족들을 보여준다. 이 긴 전시에서 몹시 눈에 띄는 점은 위대한 한족과 다양한 소수민족 사이의 날카로운 구별이다. 소수민족들은 자신들의 전통 의상 가운데 가장 색채가 도드라지는 옷을 입고 나오도록 되어 있으며, 이는 실로 화려한 광경을 이룬다. 그러나 한족 자신들은, 우리가 회화나 다른 역사적 기록을 통해 그들의 전통 의상이 실제로 얼마나 색색가지로 아름다운지 알고 있는데도 불구하고, 그런 의상을 입고 나올 수 없다. 그래서 남자들은 이를테면 이탈리아나 프랑스 모델들에게서 유래한 양복 정장 차림으로 나오는데, 여기에는 한족다운 것이라고는 아무것도 없다. 그리하여 이 완전히 의식적으로 그렇게 된 것은 아닐지라도 순전히 정치적인 장면에서, 한족은 대문자가 붙은 미래로서 스스로를 드러내며, 소수민족들은 대문자가 붙은 과거로서 현현한다. 소수민족을 가시적인 기호로 하고 있는 이 고유명사화된 과거는 중국 국가의 영토 범위가 정당화되는 통로인 하나의 커다란 과거의 일부분이기도 하다. 물론 그러므로 이것은 중국의 과거다.

당연히 이러한 관제 담론을 따르자면, 고유명사로서의 과거는 더 오래될수록 더 좋다. 국가가 후원하는 고고학의 양상들을 고찰한다면 이 현상에 대한 흥미로운 곁눈질을 할 수 있으리라. 특별히 묘한 양상 한 가지는 다른 종과는 구별되는 인류라고 할 만한 종이 오늘날의 동아프리카에서 출현했을 가능성이 매우 높다는, 널리 받아들여지는 이론에 대한 반응에서 나타난다. 명백하게도, 위대한 한족의 궁극적 조상이 다른 모든 민족들의 조상으로서 중국이 아니라 아프리카에 살았으며 중국인이라고 묘사하기는 힘들다는 것은 관변에서 보기에 유쾌한 생각은 아니다. 그래서 아프리카에 있는 어떤 것보다 오래되었으며 그것과는 전혀 다르다는 두 가지 조건을 충족하는 인체의 흔적 같은 것을 오늘날의 중국 국경 내에서 찾는 데 상당한 자금이 투입되었다. 여기에서 나의 의도는 베이징 당국을 조롱하려는 것이 아니라, 뭐 그러기는 쉽겠지만, 그 비교 가능성을 강조하려는 것이다. 이를 밝히는 가장 쉬운 방법은 여러분께 이 이야기를 해드리는 것이리라. 아일랜드에서 성장하던 내 아주 어린 시절의 어느 날, 어머니는 나를 위해 헌책방에서 『영국 문학의 역사』라는 제목의 두꺼운 어린이용 책을 찾아내셨다. 원래 19세기 말, 아일랜드가 아직 그레이트 브리튼 아일랜드 연합왕국의 일부이던 시절에 나온 책이었다. 그 긴 첫 번째 장을 보면 런던이 베이징과 완전히 똑같은 방식으로 대문자의 아주 오래된 과거를 찾고 있다는 것을 알 수 있다. 이 장은 기원후 11세기, 즉 우리가 알고 있는 영어가 아직 존재하지 않았을 시절에 쓰인 「던 카우의 서(書)」(Book of the Dun Cow, 갈색 소의 책)라는 게일어 구전 서사시를 논한다. 어른이 된 후, 나는 우연히 1930년대에 출판된 같은 책의 나중 판본을 찾아냈다. 그 시점에는 아일랜드 대부분이 독립을 이루었으므로, 갈색 소에 대한 장이 마치 전혀 존재한 적이 없었던 것처럼 사라졌다는 것은 놀랄 일이 아닐 터이다.

혀끝의 전투

마지막으로 나는 다른 형태의 민족주의, 내가 말할 수 있는 한 그 기원을 명백히 유럽에 둔 민족주의를 논할 것이며, 또한 이것을 어떤 유용한 의미에서든 아직도 서양의 것이라고 말할 수 있을지 묻고 싶다. 이 형태를 나는 언어 민족주의(linguistic nationalism)라고 부르는데, 이것은 19세기가 시작될 무렵 유럽의 왕조 제국들에서 나타나기 시작했으며, 그 철학적인 기원을 헤르더와 루소의 이론에 두었다. 그 기저에 깔린 믿음은 모든 진정한 민족에는 그들을 다른 이들로부터 구별할 수 있게끔 하는 고유의 독자적인 언어와 문예 문화가 있으며, 이 언어와 문학은 더불어 민족의 역사적 천재성을 표현한다는 것이다. 그리하여 막대한 에너지가 그 시점까지 사전이 없었던 여러 언어들, 즉 체코어, 헝가리어, 우크라이나어, 세르비아어, 폴란드어, 노르웨이어 등등의 사전을 구성하는 데 투입되었다. 구비문학의 전승은 기록되었으며, 대중의 문해력이 서서히 확대됨에 따라 인쇄물을 통해 전파되었다. 이러한 생산물들은 왕조 제국의 거대 언어들, 즉 오스만 터키어, 고지 독일어, 파리 프랑스어, 킹스 잉글리시, 그리고 이윽고는 모스크바 러시아어 같은 언어의 지배에 맞서 싸우는 데 이용되었다. 캠페인은 성공적일 때도 있었고 그러지 못할 때도 있었는데, 각각의 경우에 그 결과는 정치적으로 결정되었다. 성공 사례들은 아주 잘 알려져 있으며 거기에 우리는 지체할 필요가 없다. 실패 사례들은 덜 알려져 있으며 매우 흥미롭다. 예를 들면 19세기에 파리는 학교 체계와 대부분의 출판을 통제함으로써 프랑스에서 실제로 구어로 쓰이던 여러 언어들을 사투리, 방언의 지위로 격하하는 데 성공했다. 마드리드는 스페인에서 구어로 쓰이는 여러 언어들(카탈루냐어나 갈리시아어 등)을 그저 카스티야어의 사투리일 뿐인 언어로 바꾸는 데 그리 성공을 거두지 못했다. 런던은 살아 있는 언어로서의 게일어를 완전히 제거하는 데 거의 성공했으나, 오늘날 게일어는 유력하게 귀환하고 있다.

아시아로 눈길을 돌려보면, 비교 연구에 무척 귀중한 언어 민족주의의 굉장히 다양한 노력들을 발견할 수 있다. 다양성 그 자체는 단일한 아시아적 형태의 민족주의가 존재한다는 주장의 난점을 두드러지게 한다. 메이지 통치자들은 파리의 예를 따라 도쿄의 구어를 나라 전체에 강요하면서 다른 모든 형태의 언어를 사투리라는 변두리 지위로 강등시켰는데, 당시에는 규슈의 구어가 혼슈에서 잘 이해되지 않았고, 류큐 제도의 언어는 더 말할 것도 없었다. 우리는 분명히 그 자체로 언어의 지위를 가지며, 루마니아어와 이탈리아어, 스페인어처럼 느슨히 연결된 광둥(廣東)어, 푸첸(福建)어, 하카(客家)어 등등이 관화(官話)라는 새로운 민족어 아래에서 사투리로 강등당한 과정을 잘 알고 있다. 태국에서는 방콕 태국어가 방콕 입장에서 나라의 북부, 동북부, 남부 사투리라고 불리는, 방콕 사람들은 보통 이해하지 못하는 언어들에 대해 지배적 위치에 서게 되었다.

두 가지 주목할 만한 혼성 사례는 베트남과 인도네시아다. 베트남에서 프랑스 식민주의자들은 관료층의 중국풍 문화를 깨부수려는 결연한 자세로 정부가 후원하는 학교와 출판사에서의 베트남어 로마자 표기를 강제했다. 1920년대와 1930년대의 베트남 민족주의자들은 점점 이 혁명을 받아들이게 되었고 이를 더 확산시켰는데, 이는 베트남어 대중 문해력의 기반을 창조했지만 동시에 한자를 차용한 문자에 기반한 이전 세기들의 문학 전통과의 직접적인 접촉을 상당 부분 끊는 결과를 낳기도 했다. 네덜란드령 동인도의 식민 정부는 네덜란드어의 세계적 가치에 지나치게 확신이 없었던 데다, 방대한 군도에 네덜란드어를 퍼뜨리는 데 필요한 돈을 지출하기에는 지나치게 구두쇠였던 까닭에, 이 섬들의 오랜 링구아프랑카(모어를 공유하지 않는 이들끼리 소통에 사용하는 언어―옮긴이)였던 말레이어의 표준화된 형태를 통해 일을 처리했다. 1920년대 후반이 되자 인도네시아 민족주의자들은 이제 인도네시아어라고 불리게 된 이 언어가 참된 민족어라고 결정하게 되었다. 그 후 자바어, 순다어, 마두라어, 부기어 등의 거대 언어들 여럿이, 이 언어들이 대부분 말레이어보다 오래되었고 몇몇은 말레이어 문학 전통보다 훨씬 인상적인 전통을 보유하고 있는데도, 단순한 지역 언어로 바뀌었다.

인도와 필리핀은 둘 다 일반적으로 받아들여지는 민족어를 창조해내는 데 실패―이것이 맞는 단어라면―했다. 식민 언어인 영어와 미국어가 국가와 민족 엘리트가 실질적으로 사용하는 언어로 남아 있다. 이들 나라에는 활기찬 영어 문예 문화가 존재하며, 민족주의적이기도 한 이 문화는 그에 못지않게 활기찬 힌디어, 벵골어, 타밀어, 타갈로그어, 세부아노어 문화에 잘 편입되었다. 옛 파키스탄이 분리된 두 국민으로 갈라진 이유에는 카라치가 벵골어를 억압했다는 이유도 작용했으며, 그리하여 벵골어가 방글라데시 언어 민족주의의 원동력이 된 모습은 그리스와 노르웨이, 옛 체코슬로바키아의 더 이른 언어 민족주의들과 아주 비슷해 보인다. 아시아에서 가장 최근에 태어난

308

신생 민족국가이자 크기는 작지만 스무 개 이상의 종족 언어(ethnolinguistic) 집단을 품고 있는 동티모르는 포르투갈어를 국가 언어로 그리고 단순한 링구아프랑카(테툼어)를 민족 통합의 언어로 택했다.

오늘날 인도 민족주의가 중국 민족주의보다 아니면 동티모르 민족주의가 태국 민족주의보다, 인도네시아 민족주의가 일본 민족주의보다, 타이완 민족주의가 한국 민족주의보다 덜 진지하다고 말하기는 굉장히 어렵다. 왜 이렇게 되었는지를 묻는다면, 특히 오늘날의 상황에서는, 지금 대부분의 사람들이 사용하고 있으며 원래 민족주의의 어머니였던 인쇄물보다 훨씬 강력한 영향력을 행사하는 전자 매체의 역할을 고려하지 않고 설명하기란 불가능하다. 텔레비전으로 인해 똑같은 이미지와 상징을 여러 가지 언어를 통해, 글을 거의 읽지 못하는 사람들이나 아주 어린 아이들에게조차 동시에 전달하는 것이 가능해졌다. 더구나 점점 많은 사람들이 기술의 수준은 서로 상이하지만 서로 다른 맥락에서 서로 다른 언어를 사용하는 데 익숙해지고 있는데, 이것이 그들의 민족 정체성을 심각하게 변화시키지는 않는다.

내가 다른 맥락에서 논했던 것처럼, 전자 커뮤니케이션은 현재의 세계경제 체계가 창조한 이주의 막대한 물결과 맞물려 새로운 형태의 맹독성 민족주의를 창조하고 있다고까지 논할 수 있겠다. 내가 원거리 민족주의(long-distance nationalism)라고 칭하는 이 민족주의는 더 이상 예전에 그랬던 것처럼 본국의 영토라는 장소에 기대고 있지 않다. 가장 격렬한 시크 민족주의자들 가운데 일부는 오스트레일리아인이며, 캐나다인인 크로아티아 민족주의자, 프랑스인인 알제리 민족주의자, 미국인인 중국 민족주의자 등에 대해서도 마찬가지로 말할 수 있을 것이다. 인터넷과 전자금융, 저렴한 국제 여행은 이러한 사람들이 출신국의 정치에, 앞으로 그곳에 거주하려는 의사는 전혀 없다고 하더라도, 강력한 영향력을 행사할 수 있게끔 하고 있다. 이것은 대중적으로 세계화라고 불리는 과정들의 결과로 등장한 주요한 아이러니 가운데 하나이며, 아시아와 유럽 민족주의 사이에 날카롭고 명쾌한 구분선을 그으려는 어떤 시도도 타당성을 완벽하게 결여하고 있다고 믿을 또 다른 이유이기도 하다.

〔서지원 옮김〕

서구 신좌파의 역사

스튜어트 홀(Stuart Hall)

'최초의' 신좌파는 1956년에 탄생했다(물론 딱 그해 한 해에 그런 것은 아니지만). 그해에 한편으로는 소련군 탱크가 헝가리혁명을 분쇄했고, 다른 한편으로는 영국과 프랑스가 수에즈 운하 지대를 침공했다.[1] 이 두 사건은 며칠

---

1) 이 에세이는 앨런 홀(Alan Hall)을 기리기 위해 썼다. 나는 그와 당대의 많은 경험을 공유했다. 앨런을 처음 만난 건 1952년이었다. 그가 애버딘을 떠나 옥스퍼드 대학 베일리얼 칼리지(Balliol College)에 입학했던 것이다. 앨런은 후에 킬 대학(Keele University)에서 고전을 강의했고, 아나톨리아 고원에 흩어진 그리스-로마 유적을 더듬는 열정적인 고고학자로 활약했다. 그는 초창기 신좌파(1세대에서 2세대로 이어지는 변천을 포함해)에서 핵심적인 역할을 수행했다. 그러나 앨런은 50대에 죽고 만다. 그가 신좌파 얘기를 직접 기록할 기회를 갖지 못한 것은 비극이다. 「서구 신좌파의 역사」(The First New Left: Life and Times)는 1988년 신좌파를 주제로 옥스퍼드에서 열린 '무관심을 넘어'(Out of Apathy)라는 제목의 학회에서 처음 발표되었다. 로빈 아처(Robin Archer) 등이 편집한 대회 발표 논문 모음집 『무관심을 넘어: 30년간 계속 울려 퍼진 신좌파의 목

간격으로 발생했고, 그 영향은 대단했다. 대중의 정치적 삶을 지배하던 당대의 두 체제, 곧 서방 제국주의와 스탈린주의에 잠복해 있던 근원적 공격성과 폭력이 백일하에 드러났고, 정계 전체가 충격을 받았다. 더 깊은 의미에서 내가 속한 세대의 사람들은 이 두 사건을 통해 정치에서 참고 견딜 만한 것들의 경계와 한계를 분명하게 깨달았다. 우리가 볼 때, 사회주의자들은 '헝가리' 이후로 러시아혁명이 스탈린주의로 퇴보하면서 20세기 좌파가 겪어야만 했던 비애를 떠올리지 않을 수 없었다. '헝가리'는 사회주의자들이 견지해오던 어떤 순진성에 종말을 가져왔다. 다른 한편 '수에즈' 사태에서는 식민지였던 몇몇 지역에서 유니언 잭(Union Jack, 영국의 국기—옮긴이)이 내려갔으므로 '제국주의는 끝났다'고 믿는 게 엄청난 실수였음이 밝히 드러났다. 복지국가라는 실질적 소득과 물질적 풍요의 확대로 불평등과 착취가 종말을 고했다고 믿은 것 역시 대단한 착각이었음이 명백해졌다. '헝가리'와 '수에즈'는 태도를 수정하지 않을 수 없는 의식의 역치(閾値)와 같은 경험이었던 셈이다. 두 사건을 계기로 정치적 빙하기가 끝났다.

신좌파는 이 두 사건을 계기로 태어났다. 신좌파는 이 두 가지 은유적 사태 사이 어느 지점에서 제3의 정치 공간을 획정해내려고 했다. 내 세대의 좌파 진영 사람들은 신좌파의 부상으로 냉전이 강요한 침묵과 정치적 교착 상태를 끝내고, 새로운 사회주의 기획을 시도해볼 수 있겠다고 판단했다. 계보로 시작하는 게 도움이 될지도 모르겠다. '신좌파'(New Left)라는 용어는 통상 '1968년'과 결부된다. 그러나 '1956년'의 신좌파 세대에게 '1968년'은 두 번째, 아니 어쩌면 세 번째 변천이었다. 우리는 이 술어를 1950년대에 누벨 고시(nouvelle gauche, new left, 곧 '새로운 좌파'라는 뜻의 프랑스어—옮긴이)라고 알려진 운동에서 빌려왔다. '누벨 고시'는 프랑스 정계에서 주간지 『프랑

─────

소리』(*Out of Apathy: Voices of the New Left Thirty Years On*, London 1989)에는 더 긴 형태로 실려 있다.

스 옵세르바퇴르』(*France Observateur*)를 내던 편집자 클로드 부르데(Claude Bourdet)가 이끌던 독자적 경향이었다. 프랑스 항독 레지스탕스의 주요 인물이었던 부르데는 전후 유럽 정계에서 '제3의 길'을 열어젖히려고 시도했다. 그가 주창한 제3의 길은 스탈린주의와 사회민주주의라는 두 지배적 좌파 입장과 독립할 것, 나토와 바르샤바 조약기구라는 양대 군사 블록을 뛰어넘을 것, 유럽에 미국과 소련이 주둔하는 것 모두에 반대할 것을 천명했다.

이 '제3의 입장'은 영국에서 신좌파로 초창기에 결집했던 사람들 다수의 정치적 포부와 상당히 유사했다. 우리 가운데 일부는 파리로 건너가 부르데를 만나기도 했다. 동유럽과 서유럽의 경계를 뛰어넘어 국제 사회주의자 협회(International Socialist Society)를 세우자는 안을 협의하는 회의였다. 영국에서 이 구상을 주도적으로 옹호한 사람은 콜(G. D. H. Cole)이었다. 콜은 근엄하고 용기 있는 관록의 독립적 좌파로, 당시에도 옥스퍼드 대학에서 여전히 정치학을 가르치고 있었다. 그는 유럽 사회주의의 계보를 두루 꾀고 있는 저명한 역사학자이자 마르크스주의 연구자였다. 그러나 콜의 사회주의는 '노동자들이 통제하는' 협동조합적 전통의 길드 사회주의(Guild Socialism)였다. 콜은 윌리엄 모리스(Wiliam Morris)가 주창한 관료적 국유화를 비판했고, 내가 속한 세대의 사회주의자 다수는 국가주의적 형태의 사회주의를 평가하고 입장을 정하는 데서 그에게 엄청난 영향을 받았다.

신좌파는 관련되어 있지만 서로 다른 두 가지 전통이 결합해 탄생했다. 물론, 두 가지 정치적 경험과 두 세대가 만난 결과이기도 했다. 하나는, 더 나은 용어를 찾지 못해 내가 사회주의적 휴머니즘(communist humanism)이라고 부르는 전통이다. 『뉴 리즈너』(*New Reasoner*, '새롭게 사유하는 사람'이라는 뜻−옮긴이)와 이 간행물을 창간한 존 새빌(John Saville)과 에드워드 톰슨 및 도로시 톰슨(Edward and Dorothy Thompson)이 사회주의적 휴머니즘을 대표했다. 두 번째는 독자적 사회주의 전통이라고 호명해야 가장 적절한 기술이 될 것이다. 1950년대의 좌파 학생 세대가 중핵을 형성했던 독자적 사회주의 전통은 당파 관계와 일정한 거리를 유지했다. 1956년 '수에즈'와 '헝가리' 사태로 정통 교설이 무너졌고, 그들은 드디어 『유니버시티스 앤드 레프트 리뷰』(*Universities and Left Review*, 이하 ULR)를 발행했다. 나는 이 두 번째 전통에 속해 있다.

도래

사적인 얘기를 소개하면 당시를 더 잘 이해할 수도 있을 것 같다. 나는 1951년에 로즈(Rhodes) 장학금을 받고 옥스퍼드에 입학했다. 자메이카의 학교에서 바로 날아왔던 것이다. 나의 정치적 입장이 기본적으로 '반제국주의'였다는 걸 밝혀야겠다. 나는 좌파에 공감했고, 마르크스를 읽었으며, 고등학교 때 이미 그의 영향을 받았다. 그러나 당시까지만 해도 나 자신을 유럽적 의미에 비추어 마르크스주의자라고 칭할 수는 없었을 것이다. 아무튼 나는 정통 마르크스주의의 무능과 실패에 괴로워하고 있었다. '제3세계'의 쟁점들인 인종과 민족, 인종차별 문제는 말할 것도 없고 학부생 시절에 나의 지적 관심을 끌었던 문학과 문화도 제대로 다루거나 해명하지 못했기 때문이다. 돌이켜보면 나는 나 자신을, 레이먼드 윌리엄스(Raymond Williams)가 『문화와 사회』(*Culture and Society*)에서 묘사한 사람들의 일원으로 규정했다. 그들은 문학도로서 리비스주의자들(리비스F. R. Leavis는 케임브리지 학파의 중심인물로 활약한 영국의 문예평론가로, 1932~53년의 20년 동안 문예 평론지 『스크루티니』를 편집했다–옮긴이)과 마르크스주의 비평가들의 논전을 지켜보았으나 '『스크루티니』(*Scrutiny*)가 이겼음'을 인정하지 않을 수 없었다. 리비스주의자들이 옳았기 때문이 아니었다. 대안적인 마르크스주의 모형들이 너무나 기계적이고 환원주의적이었기 때문이다. 우리는 『스크루티니』의 문화 기획이 보이는 보수적 엘리트주의에 매우 비판적이었다. (우리는 그때까지 루카치와 벤야민과 그람시와 아도르노를 알지 못했다.) 정치 영역을 더 넓게 포괄해보면 나는 스탈린주의의 모든 것에 대단히 비판적이었다. 나는 스탈린주의에 반대했고, 민주적 사회주의를 지지했다. 내가 만난 몇 되지 않는 공산주의자들이 소련 사회와 동유럽의 처참한 실상에 관한 상식에 기초한 판단을 수용하지 못하는 현실은 이해하기 힘들었다.

옥스퍼드에는 '제3세계' 출신의 유학생이 많지 않았다. 아무튼 몇 되지 않는 그들처럼 나의 주된 정치적 관심사도 식민지 문제였다. 나는 서인도 제도의 학생 정치에 깊이 관여했다. 우리는 토론을 벌였고, 치열하게 논쟁했다. 머지않아 우리 모두가 다시 그곳으로 돌아가리라 생각하며 '고향 서인도 제도'의 사태를 주로 논의했다. 서인도 제도 연맹(West Indian Federation, 1958년 1월 3일부터 1962년 5월 31일까지 존속한 카리브해의 연방 국가로, 해당 지역의 몇몇 영국 식민지가 결성에 참여했다. 연맹은 단일한 국가로서 영국으로부터 독립하는 정치 단위를 구성하겠다고 천명했다. 그러나 실행에 옮기기도 전에 내부의 정치 갈등으로 붕괴하고 만다—옮긴이)과 새로운 카리브해 경제 공동체의 전망, 냉전의 압력 속에서 맨리(Manley)가 이끄는 자메이카 인민민족당(PNP)이 좌파를 축출한 사건, 영국령 기아나에서 자간(Jagan) 정부가 전복되고 헌법의 효력이 정지되면서 영국군이 진주한 사태가 우리의 토론 주제였다. 영국에는 '흑인 정치'가 전무했다. 전후 이주가 막 시작되었을 뿐이었던 것이다.

나는 이후로 영국 정치에도 관심을 기울이면서 옥스퍼드에 다른 좌파들이 있다는 것을 알게 됐다. 당시 영국에는 좌파의 '대중적' 정치 운동이나 중요한 정치 쟁점이 없었다. 범대서양주의(Atlanticism, 영국과 미국의 긴밀한 관계를 강조하는 입장—옮긴이) 세계관에 집중하던 노동당과 더 외곽의 비밀스러운 극좌파 가운데서 하나를 고르는 것 말고는 다른 선택의 여지가 없는 것 같았다. 나는 처음으로 어떤 공산주의 그룹의 회합에 갔고, 마르크스의 계급 개념을 현대 자본주의사회에 적용하는 문제를 공산당원들과 토론했다. 당시에는 이런 행동에 꽤 커다란 용기가 필요했다. 두려움과 의혹 또는 불신의 분위기가 팽배해 있었다. 1954년 이후로 이런 분위기가 바뀌기 시작했다. 이런 토론회들을 중심으로 좌파와 조직에 관한 논쟁이 우물쭈물하는 듯하면서도 서서히 부활했던 것이다. 우리들 가운데 많은 이가 '콜 그룹'(Cole Group, 그의 정치학 세미나는 유명했다)에 속해 있었다. '콜 그룹'은 공식적으로는 대학원생들을 대상으로 했지만 사실상 광범위한 좌파가 결집하는 포괄적인 토론 집단이었다. 나중에 신좌파가 형성되면서 더욱 공고해지는 일단의 교제와 우정이 콜 그룹에서 벼려졌다.

지금 시점에서 1950년대 옥스퍼드 대학의 정치 분위기를 떠올린다는 게 쉬운 일은 아니다. 냉전이 정계를 지배하고 있었다. 모두가 냉전을 지평선에 깔고 자신의 입장을 정해야 했고, 냉전의 무자비한 이진법 논리(binary logic)에 따라 모든 주제가 양극화되었다. ULR 첫 호의 사설에는 이렇게 나와 있다. "중국의 유엔 가입을 지지하면 공산당 동조자들의 비난이 빗발쳤고, 현대자본주의의 성격이 바뀌었다고 하면 '케인스주의 자유주의자'라는 딱지가 붙었다."[2] 당대의 다양한 쟁점이 토론되면서 '얼음이 깨지기' 시작했다. 보수당이 부활했고, 노동당과 좌파의 미래가 논의되었다. 복지국가와 전후 자본주의의 본질도 토론되었다. '풍요로운' 10년의 세월 동안 영국 사회가 겪은 문화 변동도 논쟁거리였다. 흐루쇼프가 소련 공산당 제20차 당대회에서 스탈린의 범죄행위를 비판하면서 이런 논쟁은 더욱 가속화했다. 이런 사전 '준비'기가 없었다면 '1956년' 사태들에 대한 반응도, 신좌파의 형성도 기대할 수 없었을 것이다. 그 준비기에 많은 사람이 느리게나마 자신감을 회복하며 대화와 토론에 참여했다. 그들은 정통파의 정치 교설에 이의를 제기했고, 기성의 조직적 경계를 뛰어넘었다.

이런 흐름들이 '1956년' 사태들 속에서 극적으로 응축되었다. 소련군 탱크가 부다페스트에 진주하면서 동유럽에서는 장기간의 충격적인 경험이나 사회 격변이 없어도 더 인간적이고 민주적인 공산주의가 진전되리라는 희망이

---

2) Editorial, *Universities and Left Review* 1, Spring 1957, p. i.

완전히 종말을 고했다. 수에즈 사태로 안이한 환상에 종지부가 찍혔다. 리처드 헨리 토니(Richard Henry Tawney, 1880~1962, 영국의 경제사학자이자 사회 비평가이며 기독교 사회주의자-옮긴이)의 말마따나 "자본주의적 제국주의라는 호랑이의 가죽이 한 꺼풀 한 꺼풀 벗겨졌다." 트라팔가 광장에서 열린 수에즈 사태 시위는 그런 종류로는 1950년대에 열린 최초의 대중적 정치 집회였다. 나 역시 처음으로 기마경찰대와 조우했다. 휴 게이츠컬(Hugh Gaitskell, 1906~63, 노동당 정치인-옮긴이)과 나이 비번(Nye Bevan, 1897~1960, 노동당 정치인-옮긴이)이 대중 연설을 했다. 비번이 앤서니 이든(Anthony Eden, 보수당 정치인으로 수에즈 운하 지대를 침공했다-옮긴이)을 맹렬히 비난하자 비둘기들이 깜짝 놀라서 날아올랐던 게 생각난다. '1956년' 사태로 영국 사회는 동요했고, 그 한 가지 중대한 결과로 저널 둘이 간행되기에 이르렀다. 『유니버시티스 앤드 레프트 리뷰』와 『뉴 리즈너』는 이후 1960년에 통합되었고, '최초의' 신좌파 평론(New Left Review)이 탄생한다.

새로운 학생 좌파

이런 일이 어떻게 그리고 왜 일어났던 것일까? 하고 많은 곳 가운데서 또, 왜 하필 옥스퍼드였을까? 1950년대의 대학은 나중에 그랬던 것과 달리 혁명적 활동의 거점이 아니었다. 돌이켜 생각해보면 극소수 특권적 좌익 학생들은 상당히 주변적인 정치 현상으로 비칠 것 같기도 하다. 그들은 '꿈꾸는 첨탑'(dreaming spires, 시인 매튜 아놀드Matthew Arnold가 옥스퍼드의 대학 건물들이 보여주는 조화로운 건축양식을 지칭하기 위해 쓴 용어-옮긴이) 안에서 소비 자본주의와 노동계급 문화의 부르주아화를 토론했다. 그럼에도 불구하고 이 토론은 상당히 치열했고, 옥스퍼드를 지배하는 분위기였던 무심한 듯하지만 불안정한 자신감에 자기의식적으로 맞섰다. 당대의 '후레이 헨리'(Hooray Henry, 떠들썩하게 놀고먹는 상류층 젊은이-옮긴이)들이 『브라이스헤드 재방문』(*Brideshead Revisited*, 이블린 워Evelyn Waugh가 1945년에 발표한 소설로, 1920~40년대를 배경으로 영국 상류사회를 그린다-옮긴이)을 재현하려고 시도했던 것이다. 옥스퍼드에는 항쟁의 거점들이 또 있었다. 젊은 제대 군인들과 현역 군인들, 러스킨 칼리지(Ruskin College)의 노동조합원들, 국내외에서 온 남녀 유학생들이 그런 집단을 구성했다. 이 국외자들은 옥스퍼드를 지배하던 문화를 재정립할 수는 없었지만 대안적인 지적 소수파의 문화를 구성했다(그들이 사면초가의 포위 상태에 놓였다고는 할 수 없다). 'ULR을 지지하는 사람들'이 바로 이들이었다.

옥스퍼드의 좌파는 아주 다양했다. 공산당원이 소수 존재했는데—라파엘 새뮤얼(Raphael Samuel), 피터 세지윅(Peter Sedgwick), 가브리엘 피어슨(Gabriel Pearson)—그들은 주로 베일리얼 칼리지에 포진했다. 베일리얼 칼리지에서는 크리스토퍼 힐(Christopher Hill)이 현대사 강사로 있었다. 노동당 클럽(Oxford University Labour Club, 옥스퍼드 대학에서 노동당의 가치와 사회주의 및 사회민주주의를 옹호하기 위해 1919년에 설립되었다-옮긴이) 지지자들도 많았다. 그들 대다수는 페이비언주의, 소박한 노동자주의, 개혁주의를 확고하게 지향했고, 소수는 일찌감치 장차 의회 진출을 염두에 두고 있기도 했다. 노동당 지지자들 가운데 일부 진지한 젊은이들을 포함한 '독자파'를 여기 보태야 할 것이다. 독자파는 이 두 진영 어느 쪽과도 지적으로 제휴하지 못한 채 다소 거북하게 양쪽을 오락가락했다. 독자파에는 망명자와 이주자가 상당히 많았는데, 그 때문에 세계시민적 경향이 특히 강했다. 찰스 척 테일러(Charles Chuck Taylor)는 프랑스계 캐나다인 로즈 장학생이었다. 훨씬 더 당황스러웠던 건 그가 일종의 가톨릭 마르크스주의자였다는 사실이다. 도드 알린(Dodd Alleyne)은 트리니다드 토바고 출신이었고, 나는 자메이카 태생이었다. 사디크 알-마디(Sadiq al-Mahdi)는 나중에 수단에서 중요한 역할을 한다. 클로비스 마크수드(Clovis Maksoud)는 시리아 바트당 창립 당원이었다. 웨일스의 평화주의자 앨런 로벌(Alan Lovell), 스코틀랜드 출신 그리스-로마 연구자 앨런 홀(Alan Hall) 같은 사람들과 유대인인 라파엘 새뮤얼, 가브리엘 피어슨, 스탠리 미첼(Stanley Mitchell), 로버트 카선(Robert Cassen)은 모두 국내 망명자라고 할 수도 있었다.

우리는 사회주의자 클럽에서 토론을 했다. 인민전선이 횡행했던 1930년대 이래 방치된 것이나 다름없던 빈사 상태의 조직 좌파를 우리가 소생시켰다. 다른 대학들에서도 비슷한 토론이 이루어졌고, 이렇게 부상하는 학생 좌파에게 어떤 공통된 정견 발표의 장이 필요하다는 게 명백해졌다. 우리가 간행하게 된 저널의 제호에 '유니버시티스'라는 말이 들어가게 된 이유다. 길고 복잡한 데다 극도로 비영리적인 제호의 나머지 절반인 '레프트 리뷰'는 『좌파 평론』(Left Review)과의 상징적 연계를 통해 문화의 쟁점들을 궁구하겠다는 우리의 의지를 드러냈다. 『좌파 평론』은 1930년대와 1940년대에 발행된 포괄적이고 비정통적인 문예지로, 당대의 그 어떤 정당 간행물보다 새로운 문화 운동을 더 선뜻 받아들였다(예컨대 모더니즘에 대한 개방성). 『좌파 평론』의 지면을 통해 브레히트가 영국에 처음 소개되었다. 그러나 1956년이 도래하면서 학생들만 참여하던 이 논쟁의 한계가 명확해졌고, 우리는 전국적·국제적 좌파 정치의 소용돌이 속에 던져졌다. 『유니버시티스 앤드 레프트 리뷰』 첫 호가 1957년 봄에 세상에 나왔고, 편집자가 네 명이었다. 라파엘 새뮤얼과 가브리엘 피어슨은 헝가리 사태 이후 공산당을 떠났고, 찰스 테일러와 나는 '독자파'였다. 첫 호의 내용과 기고자들을 보면 이런 확대 변화를 분명하게 알 수 있다. 기고자들의 면면을 보자. 아이작 도이처(Isaac Deutscher), 부르데, 린제이 앤더슨(Lindsay Anderson), 톰슨, 콜, 에릭 홉스봄(Eric Hobsbawm), 도시계획을 논한 그레이엄 섕클런드(Graeme Shankland), 『행운아 짐』(Lucky Jim, 1954년에 처음 출간된 킹슬리 에이미스Kingsley Amis의 학계 풍자소설—옮긴이)을 평한 데이비드 마퀀드(David Marquand), 조운 로빈슨(Joan Robinson), 바질 데이비슨(Basil Davidson).

영국의 마르크스주의 전통

신좌파는 아주 달랐지만 또 다른 전통에도 중요한 연원을 두었다. 『뉴 리즈너』가 그 전통을 대변했다. 이 경향은 영국의 공산당과 인민전선 정책에서 형성되었다. '리즈너'들 가운데 일부, 곧 에드워드 톰슨, 존 새빌, 로드니 힐턴(Rodney Hilton), 크리스토퍼 힐, 빅터 키어넌(Victor Kiernan), 에릭 홉스봄은 영국 공산당 역사학자 모임(Communist Party Historians Group)이라는 아주 독특한 집단에 소속되어 있었다. 영국 공산당 역사학자 모임은, 사람들은 잘 모르지만 도나 토르(Dona Torr, 1883~1957, 영국의 마르크스주의 역사학자로 다수의 마르크스주의 고전을 영어로 옮겼다-옮긴이)의 영향 속에서 영국사를 매우 독창적으로 해석해나갔다. 그들은 영국의 급진적 대중과 훨씬 더 긴밀히 접촉하는 마르크스주의 정치 조류에도 속해 있었다. 요컨대 팜 더트(Palme Dutt)처럼 유력하지만 매우 종파적인 인물들이 이끄는 공산당 지도부와는 방식과 생각이 아주 달랐던 셈이다.

흐루쇼프가 소련 공산당 제20차 당대회에서 스탈린의 범죄행위를 비판하면서 영국 공산당에서도 스탈린주의의 전체 역사를 재평가하는 고통스런 작업이 뒤따랐다. 이런 맥락에서 『리즈너』(*Reasoner*)가 처음 나왔다. 『리즈너』는 공개적이고 대중적인 방식으로 '해명할' 것을 촉구하는 당내의 야당 회보였다. '리즈너'파는 공식적으로 '분파적' 견해라고 규정된 내용을 표출할 권리를 쟁취하려는 투쟁에서 패배하고 민주집중제라는 원리까지 동원돼 박해를 받은 후 그 대다수가 탈당하거나 제명당했다. 그렇게 해서 탄생한 『뉴 리즈너』의 위상은 독립적인 좌파 저널이었다. 『리즈너』의 마지막 호는 수에즈와 헝가리 사태 이전에 기획돼 나왔고, 바로 그 때문에 이들 사건은 더욱 '획기적'이었다.

이집트 위기의 절박함도 부다페스트 사태가 우리 당의 결정적 전기라는 사실을 가리지는 못한다. 영국 제국주의의 공격성은 과거의 제국주의적 공격 행위들보다 더 추악하고, 더 부정적이다. 그러나 지금 벌어지고 있는 세계 공산주의의 위기는 차원이 다르다.[3]

그렇게 해서 두 상이한 정치 전통이 만났고, 신좌파가 탄생했다. 어떻게 이런 일이 일어났고, 또 얼마나 성공적이었을까? 두 저널의 조직이 융합해가는 세부 과정을 간략하게 요약해보자. 『유니버시티스 앤드 레프트 리뷰』와 『뉴 리즈너』는 한동안 나란히 발행되었다. 두 저널은 서로를 광고해주고 고취했다. 얼마 후 두 저널의 편집진은 더 광범위한 정치 의제에 맞춰 정기적으로 모임을 갖기 시작했다. 우리는 공동으로 편집진을 임명했고, 새로 충원하기도 했다. 두 저널 모두 재정적·상업적으로 살아남기 위해 분투하지 않을 수 없는 상황이었다. 인적 자본의 희생은 훨씬 더 막급했다. 우리들 다수는 1956년에 정상적인 삶을 거의 유예당했다. 일부는 계속해서 별 소득도 없이 부산을 떨었고, 그때쯤에는 정치적으로 완전히 탈진한 상태였다. 긍정적인 면도 있었다. 우리의 입장을 더 널리 알릴 수 있는 통합된 정견 발표의 장을 만들 기회가 찾아왔던 것이다. 우리는 서로가 다르다는 걸 알고 있었지만 여러 달 동안 협력하면서 더욱더 밀접한 전망을 공유했다. 이런 다양한 요소를 바탕으로 통합 결정이 내려졌다. 톰슨이나 다른 더 적합한 후보자들이 하지 않겠다고 하는 바람에 무모하게도 내가 신좌파 평론의 첫 번째 편집인이 되었다. 존 새빌이 편집위원장을 맡아주었다.

최초의 『뉴레프트리뷰』

신좌파 평론은 이런 형태로 2년을 끌었다. 선구적 두 저널 어느 것과 비교해보더라도 결코 성공적이거나 차별적이지 못했다는 게 나의 판단이다. 격월간으로 발행 일정이 조정되었고, 당면한 정치 쟁점들과 연계해야 한다는 압

3) E. P. Thompson, "Through the Smoke of Budapest", *Reasoner*, November 1956.

력 때문에 신좌파 평론은 '저널'(journal, 학술지)이기보다 좌파 '잡지' (magazine)에 더 가까워지고 말았다. 아무튼 그러려면 애초의 정치적 의도와 맞지 않는 저널리즘적 편집 방식으로 전환해야 했지만 편집진은 전혀 준비되어 있지 않았다. 이 운동의 정치적 영향력과 권위를 주로 담보했던 편집진들은 주안점과 작업 방식이 달랐고, 결국 실무를 담당하는 소규모 편집진이 소호의 칼라일가(街) 7번지에서 모이기 시작했다.

'뉴 리즈너들'—에드워드 톰슨과 도로시 톰슨, 존 새빌과 로널드 믹 (Ronald Meek), 켄 알렉산더(Ken Alexander), 도리스 레싱(Doris Lessing) 등 『리즈너』 편집진의 다른 인물들—은 여러 가지를 경험한 정치 세대였다. 1930년대의 인민전선과 반파시즘 운동, 제2차 세계대전 기간에 유럽에서 전개된 레지스탕스 운동, '소련과의 친선'을 도모하는 '제2전선' 운동, 1945년 노동당이 승리하면서 확인된 민중의 좌선회 등을 경험했다. ULR 경향의 청년 공산주의자 일부도 이런 전통에 속하기는 했지만 그들이 맺은 관계는 '뉴 리즈너들'의 그것과 달랐다. ULR 세대의 압도적인 다수는 그 중심이 두말할 나위 없이 '전후'(戰後)에 놓여 있었다. 이것은 나이에 따른 차이가 아니라 형성 과정의 차이였다. '정치적' 세대의 문제라는 말인데, 그 속에서 제2차 세계대전이 상징적인 경계선 역할을 했던 것이다. 이런 차이들 때문에 새로운 저널에서 미묘한 긴장이 부상했다.

두 경향은 사회·문화적 형성 환경이 뚜렷하게 달랐고, 그로 인해 진용(陣容)과 정치적 작업 방식 역시 크게 달랐다. 『뉴 리즈너』의 거점은 요크셔와 북부 산업 지대였다. 그 밖의 다른 곳에서도 많은 사람이 『뉴 리즈너』를 읽었지만 이 저널은 지방적 정치 문화—노동운동뿐만 아니라 요크셔 평화위원회 (Yorkshire Peace Committee) 같은 조직들도—에 유기적으로 뿌리내리고 있었고, '런던'을 대단히 못 미더워했다. ULR도 잉글랜드의 많은 지역에서 지지를 받았다. 그러나 ULR은 '리즈너들'이 ULR에 대해 생각하던 모습, 즉 '세계 시민적'이며 '옥스퍼드–런던'이 주축이라는 데 상당히 가까웠다. 당시에는

이 사실을 의식적으로 깨닫지 못했지만 ULR 운영자들은 '부박한 세계시민'
은 아니었을지 몰라도 모더니스트였다. 식민지 출신이던 내가 사회적으로 익
명성이 더 보장되는 도시 문화 속에서 본능적으로 더 편안함을 느꼈다는 것
은 분명하다. 물론 나는 ULR이 비도시적 노동계급의 삶과 유기적으로 연계하
지 못하는 것이 안타까웠다.

이제는 애초 저널들의 편집진에서조차 신좌파가 단일한 조직과는 거리가
멀었고 문화적·정치적으로 결코 동질적이지 않았음이 분명해졌으리라. 이런
긴장은 대개의 경우 인간적이고 관대하게 다루어졌다. 그러나 주의 깊은 독
자라면 실제로 어떤 차이가 있었는지 이내 알 수 있을 것이다. 가끔씩 격렬한
논쟁이 벌어졌음도 지면에서 확인할 수 있다. 따라서 추억에 잠겨 어떤 본질
적인 '신좌파'를 재구성하겠다는 시도는 옳지 않다. 그래본 적 없는 통일된
정치를 투사하는 것은 잘못이라는 얘기다. 그럼에도 불구하고 정치 세력으로
서 신좌파가 독특해지는 일련의 연계 주제들이 있었다는 데는 많은 사람이
동의할 것이다. 두 진영의 구성원 가운데 같은 목록을 제출하는 사람은 아무
도 없겠지만.

내가 보기에, 좌파가 부활하려면 사회주의를 새롭게 정의하고 사회관계 및
전후 자본주의의 역학과 문화를 철저하게 분석해야만 한다는 주장이 핵심이
었다. 이것은 얌전하고 수수한 갱신 정도가 아니라 지대한 영향을 끼칠, 야심
차고 다각적인 지적 프로젝트였다. 사회주의에 관해 말하자면, '실재하는 기
존의 사회주의'와 '실재하는 기존의 사회민주주의' 둘 다의 우울한 역사를 솔
직하게 인정하고 그 경험들에 비추어 '정치적' 구상을 일신하는 걸 의미했다.
전후 자본주의의 역학과 문화도 살펴보자. 우리가 새롭게 칭한 현대의 '협동
조합형 자본주의'(corporate capitalism)는 경제적·조직적·사회적·문화적 양
상이 완전히 달랐다. '협동조합형 자본주의'는 마르크스의 전형적인 논지에
서 묘사되거나 좌파의 언어와 이론 내지 의제, 단체, 혁명 시나리오 따위에 박
혀 있는 '기업 자본주의'(entrepreneurial capitalism)의 논리와는 다른 '논리'

에 따라 작동했다. (전부가 그런 건 아니었지만) 우리들 다수에게는 '당대'를 새롭게 분석해 사회주의의 기초를 확립하는 이 투쟁이 기본적이면서도 독창적이었다. 신좌파의 전체 프로젝트는 여기에서 출발했다.

우리가 '후기 자본주의'(post-capitalist) 사회에 진입하고 있다는 설명이 지배적이었다. 사회적 분배라는 중요한 문제가 전후의 호황으로 해결되었다는 것이었다. 복지국가가 확대되었고, 케인스주의 거시 경제 조절이 이루어졌으며, '인간의 얼굴'을 한 관리 경영 혁명이 일어났다. 이 모든 것이 나중에 '코포라티즘'(corporatism, 협동조합주의)—큰 자본, 큰 국가—또는 다른 시각에서 '전후 합의'로 알려진 것의 요소들이었다. 전통적인 계급 문화가 와해되었고, 노동계급은 '부르주아화'했다. '구좌파'(Old Left)는 체제가 여전히 자본주의라는 게 명백하고 따라서 의미 있는 변화는 아무것도 없다고 주장하면서 이런 시나리오에 반대했다. 그들에게 계급과 계급투쟁은 절대 진리였고, 여기에 의문을 던지는 것은 혁명이라는 대의를 배반하는 것이었다.

그러나 대다수의 신좌파는 이런 이진법 논리를 거부했다. 새로운 자산 형태, 협동조합식 조직화, 현대적 축적과 소비의 양상은 새로운 분석을 요구했다. 이런 과정들이 사회구조와 정치의식에 영향을 끼쳤다. 더 광범하게는 소비가 확산되면서 다수의 문화 전통과 사회 위계가 탈구되었다. 정계가 영향을 받았다. 변화를 바라는 지지층이 생겼다. 좌파 단체와 의제는 사회주의와 대면해야만 했다. 우리는 전거로 삼을 만한 고유한 자료가 별로 없었고, 이런 변화의 최첨단을 달리던 미국 학자들—데이비드 리스먼(David Riesman), 갤브레이스(Galbraith), 라이트 밀스(Wright Mills)—의 견해를 참조했다. 그들의 견해를 가져와 다음과 같은 주장을 펼쳤던 것이다.

문화와 정치

사회와 문화의 변화가 모순적이고 정치적으로 쉽게 규정할 수 없는 '추이'라는 주장은 다음의 생각과 밀접하게 결부되어 있었다. 이런 변화(change)들이 사회의 완전한 변화(transformation)에는 미치지 못했지만 명백하면서 동시에 모호한 형태로 다수의 낡은 관계와 형성물들을 해체했다는 생각 말이다. 문제는 좌파의 전체 체계와 사회주의 프로젝트가 역사적으로 이 낡은 관계와 형성물을 바탕으로 구축되었다는 데 있었다. 이와 관련해 적어도 두 가지 해석이 경합했다. 영국 사회의 근본적인 계급 구조는 여전히 온존했고, 따라서 이 '변화'도 가장 피상적인 수준에서 분석할 수 있는 '사회학적' 현상일 뿐이라는 게 그 하나였다. 주변적이고 미미한 영역에서 중요하지도 않고 양식적일(stylistic) 뿐인 차이가 발생한다고 해서—젊은이들의 새로운 태도와 생활양식, 새로운 양상의 도시 생활, 도심 지역의 공동화, 일상생활에서 소비가 차지하는 중요성의 증가, 구식의 사회적 정체성이 '약화된 것' 등등— '근본적인 것들'이 영향을 받지는 않는다는 것이었다. 다른 한편, 변화 그 자체를 무지막지하게 찬양하는 해석이 이런 근본주의적 설명과 맞섰다. 새로운 매스미디어에 엄청난 투자가 이루어졌다. '새로운 저널리즘'이 확대되었고, 상업 텔레비전 방송이 발흥했다. 사회는 자신의 영상 이미지에 홀린 것 같았다. 빛나는 소비자의 모습에 사회가 투영되어 있었다.

신좌파는 이런 단순한 해석 모두를 거부했고, 더 복잡한 '제3의' 설명을 채택했다. 우리가 이런 변화를 이해하는 방식에서 단일했던 것은 아니다(ULR의 지면에 실린 나의 이론적인 글 「무계급 의식」 A Sense of Classlessness을 두고 에드워드 톰슨 및 라파엘 새뮤얼과 내가 나눈 대화는 이런 불일치의 예다). 하지만 우리는 그 변화가 가지는 의미와 중요성에 동의했다. 내가 볼 때 신좌파의 글쓰기로 그려진 '세계상'은 혼란스럽고 인상주의적이기도 했지만 창조적인 것도 많았다. 신좌파의 '세계상'이 (유토피아적일 뿐만 아니라) 생기 넘치고 극히 중대했던 이유는 우리가 이런 신속한 변화의 의미를 포착하려고 노력했기 때문이다. 이렇듯 신좌파는 맨 처음에 문화를 집중 토론했다. 그 이유를 세 가지 정도로 제시해볼 수 있을 것 같다. 첫째, 사회 변화가 문화와 이데올로기 영역에서 가장 극적으로 드러나고 있는 것 같았다. 둘째, 우리에게는 문화적 차원이 사회의 부차적 요소가 아니라 필수 구성 요소로 다가왔다. (신좌파가 토대와 상부구조의 은유라 할 수 있는 환원주의 및 경제주의와 오랫동안 반목하고 불화했던 것도 얼마간은 이런 연유에서다.) 셋째, 우리는 사회주의를 다시 기술하려면 문화 담론이 필수 불가결하다고 판단했다. 신좌파는 문화 분석과 문화정치의 문제를 정치학의 핵심으로 삼으면서 암중모색의 첫걸음을 내디뎠다.

신좌파는 이렇게 다른 방식으로 좁은 의미의 '정치'를 공박했고, 그 자리에 '확장된 의미의 정치'를 대입하려고 했다. 신좌파가 '개인적인 것은 정치적인 것'이라는 페미니즘의 주장만큼 멀리 나아가지는 않았다 해도 '사적인 문제'와 '공적인 쟁점'의 비판적 대화를 환영하며 받아들였다는 것은 분명하다. 이 속에서 종래의 정치 개념은 산산조각 났다. 우리의 입장에서 도출되는 논리는 다음과 같았다. 이렇게 '은폐된 차원들'이 정치 담론으로 제시되어야 한다. 평범한 사람들이 가깝고 직접적인 경험을 쟁점으로 자기들이 발 딛고 선 곳에서 조직할 수 있고, 조직해야 한다. 그들이 경험에 근거한 언어로 자신들이 느끼는 불만을 분명하게 표현할 수 있고, 표현해야 한다. 그들이 이런 관점에서 선동할 수 있고, 선동해야 한다. (이것이 우리가 그토록 많이 토론한 '사회주의적 휴머니즘'의 근간이었다.) 정치를 확장해서 규정하자 사회 갈등의 잠재적 무대와 변화를 바라는 지지자들이 무궁무진하다는 것도 알 수 있었다. 우리는 강력한 노동조합 운동을 지지했지만 '생산 거점'의 노동자들만 혁명을 할 수 있다는 생각에 이의를 제기했다.

이렇게 확장된 정치 담론 속에서 개혁주의와, 몹시도 영국적인 그 대표체 노동당에 대한 비판이 수행되었다. 우리는 사회가 더 급진적이고 구조적으로 변화하기를 바랐다. 이유들을 대보자. 우리는 고전적인 사회주의 강령이 제시하는 근본적인 전망 다수에 충성하고 있었다. 우리는 현대자본주의에서 사회적 권력이 분산되기는커녕 더욱 집중되었음을 보았고, 임노동 착취의 현장에서 멀리 떨어진 생활 세계의 영역에서까지 '상품화'가 위세를 떨치고 있음을 알았다. 무엇보다도 우리는 '자본주의의 문명과 문화'를 훨씬 더 광범위하게 비판했다. 신좌파 내부에서, 신좌파를 위해 레이먼드 윌리엄스보다 이런 주장을 근본적인 차원에서 구조적으로 더 심원하게 개진한 사람은 없었다. 그런 의미에서 우리는 여전히 '혁명가들'이었다. 전위로 나서 국가권력을 장악해야 한다는 신념을 가진 사람은 거의 없었지만 말이다. 우리들 다수는 '개혁'과 '혁명'이 대립한다는 생각을 구식으로 여겼다. 실질적인 분석을 통해 그 자체로 역사적 가치를 지니기보다 다른 사람들을 욕하고 파문하는 식이었으니 말이다. 우리는 다른 방식으로 그 대립을 우회하려고 했다.

신좌파의 지배적인 경향은 노동당 개혁주의와 마르크스주의 모두에 대하여 이런저런 중요한 측면에서 '수정주의'(revisionism)였다. 우리는 이미 '복수의 마르크스주의'가 존재하는 시대에 살고 있었다. 우리 가운데서 1956년 이후로도 '정통'으로 묘사될 수 있는 사람은 거의 없었다. 우리는 20세기의 후반 세기를 맞이해 마르크스주의의 얼마나 많은 내용이 '수정' 없이 계속 적용될 수 있을지와 관련해 입장이 달랐지만, 아무튼 마르크스주의가 변치 않는 완성된 교리나 성스러운 말씀이라고 여기지는 않았다. 예컨대, 우리들 일부에게는 척 테일러를 통해 마르크스의 초기 저작인 『경제학-철학 수고』(*Economic and Philosophical Manuscripts*)를 재발견한 일이 상당히 중요했다. 테일러가 1958년에 파리에서 프랑스어본을 들고 왔는데, 우리는 얼마 되지 않아 영어 번역본을 읽을 수 있었다. 『경제학-철학 수고』는 소외, 종으로서의 존재, '새로운 필요' 등의 주제를 다룬다.

신좌파 클럽들

종합적인 설명 체계가 되려면 당연히 논의해야 할 다른 주제들이 많았다. '사회주의적 휴머니즘'에 관한 논쟁, 제3세계 분석, 핵무장 해제 운동(Campaign for Nuclear Disarmament, CND)과 관련된 '중립주의'와 나토와 군축, 대중문화와 미디어 등등. 하지만 신좌파 하면 흔히 지적 진영이라는 꼬

리표가 붙기 때문에, '최초의' 신좌파는 사람들이 잘못 알고 있는 것과 달리 스스로를 단순한 저널이 아니라 운동 세력으로 여겼다는 점을 독자들에게 상기해주는 게 필요할 것 같다. ULR은 첫 호 발행 직후 상서롭지 못한 어느 일요일 오후에 첫 번째 '독자 모임'을 가졌다. 곧이어 런던에 ULR 클럽이 생겼다. 클럽(나중에 런던 신좌파 클럽London New Left Club이 된다)은 처음 몇 년 동안 매주 개최한 집회에 300~400명의 청중을 끌어모았다. 온갖 스펙트럼의 좌파가 다 모였다. 한동안 클럽은 다른 공식적인 정치 활동은 전혀 없는 사람들에게 매우 중요하고 활기차며 자주 논쟁적인 공간이 되어주었다. 클럽은 전형적인 좌파 조직이나 종파와 달랐다. 조직원을 새로 충원하는 게 목표가 아니라 주장, 논쟁, 토론, 교육을 통해 매우 광범위한 영역에서 좌파의 정치 문화를 다루고자 했던 것이다.

런던에서 좌파 정치가 독자적 거점을 형성하는 데서 클럽이 중요한 기여를 했다. 칼라일가에 파르티잔 카페(Partisan Cafe)라는 상시 집회소가 마련된 후부터는 더욱 그랬다. 라파엘 새뮤얼은 사람들이 안절부절못할 만큼 위험하지만 동시에 매우 획기적인 일들을 많이 했는데, 이 클럽도 그의 그런 재능이 발휘된 결과였다. 파르티잔 카페는 런던에 세워진 최초의 좌파 '커피 집'이었다. 2층과 3층에는 클럽 회관과 도서실이 구비되었고, 4층에는 ULR 사무실이 입주했다. 나중에는 『뉴레프트리뷰』가 사무실을 이어받아 썼다. 통합 이후에는 수많은 신좌파 클럽이 전국에 생겨났다. 내가 편집한 마지막 『뉴레프트리뷰』인 제12호에는 다양한 수준의 정치적 건강성을 보여주는 클럽 서른아홉 개가 소개되었다. 클럽의 정관과 구성을 보면 해당 지역의 문화와 정치적 특징을 알 수 있었다. 맨체스터와 헐의 좌파 클럽들은 지역 노동운동과 밀접했다. 파이프 사회주의자 동맹(Fife Socialist League)은 로런스 달리(Lawrence Daly)를 가교로 해 스코틀랜드 광부들의 독립적 사회주의 운동과 연결되었다. 크로이던과 허멜 헴스테드의 클럽들은 '계급에 아랑곳하지 않는다'거나 심지어 '몰락한 신도시'라는 느낌이 들었다.

런던 신좌파 클럽은 아주 일찍부터 CND를 옹호하는 선전과 전단 배포를 앞장서서 조직했다. 클럽 참가자들 대다수가 CND의 첫 번째 올더메이스턴 행진을 지지했다. 이를 계기로 신좌파, 영국의 새로운 평화운동 세력, 대중적 정치조직으로 탄생한 CND의 긴밀한 유대가 시작되었다. 다른 활동도 보자. 런던의 신좌파 클럽은 1958년 노팅힐에서 일어난 인종 폭동과 켄싱턴 북부 일대에서 그 시기에 벌어진 반인종주의 투쟁에 깊숙이 관여했다. 우리는 그 지역에서 세입자 협회를 조직했고, 흑인들을 보호하는 노력에 참여했으며— '말썽'이 최고조에 이르렀을 때는 노팅힐 역과 주변 가구들로 이어지는 길목 에서 백인 군중이 험악한 분위기를 연출하며 흑인들을 괴롭히고 폭행했다— 오스월드 모슬리(Oswald Mosley, 영국의 파시스트−옮긴이)와 그 밖의 극우 세력들의 집회에 피켓을 들고 항의했다. 우리는 이 과정에서 노동당의 지역 조직 내부에조차 인종차별주의가 강력하게 똬리를 틀고 있음을 알게 됐다. 클럽의 주도적 활동가 레이철 포월(Rachel Powell)이 '래크먼주의' (Rachmanism), 곧 백인 건물주의 임대료 착취 행위가 노팅힐에서 광범위하 게 벌어지고 있음을 밝혀냈던 것이다.

피터 세지윅은 신좌파가 운동 세력이기보다 '환경이자 풍토'여야 한다고 강력하게 주장하기도 했었다. 그런 그가 이제는 신좌파에 강고한 조직 구조 가 없다고 지적했다. 지도부 개념이 느슨하고, 위계가 수평적이며, 조직원의 자격이나 규율·강령, '노선' 따위가 없다는 것이었다. 신좌파의 이런 특징은 극좌파의 다른 정치 경향이나 분파와 뚜렷하게 대비되었다. 우리가 레닌주의 와 민주집중제를 지향하는 조직들을 비판하고 자기 조직화와 참여 정치를 강 조하는 과정에서 이런 특징들이 나왔다. 돌이켜보면 이런 비판과 강조가 이 후에 등장할 아주 많은 사태를 '예시해줬다'는 걸 알 수 있다. 세지윅이 신좌 파에 노동계급의 참여가 적다는 걸 에둘러 얘기하고 있었던 것인지도 모르겠 다. 좀 더 정확히 말해보자. 전부는 아니었지만 다수의 신좌파 클럽이 보인 '계급에 아랑곳하지 않는 태도'를 그가 지적했을 수도 있다. 이것은 심각한 약점이라고 할 수 있었고, 사실이 그랬다. 그러나 아주 묘하게도 그런 양상 때문에 신좌파는 어떤 이득을 보기도 했다. 전후 영국은 사회계급이 개조와 해체를 거듭하며 급격하게 변모하는 중이었다. 이런 계급적 경관에서 새로운 사회계층이 출현했고, 그들을 배경으로 한 신좌파 클럽들이 아주 강력했던 것이다. 그로 인해 우리는 평범한 노동자 대중과 분리된 게 아니라―그들 다수가 우리를 적극적으로 지지했다― 전통적 노동운동 세력 및 혁명 분파들의 정치 풍토와 멀어졌다. 그럼에도 불구하고 신좌파는 이런 현실 속에서 삐걱거리면서도 끝없이 계속되는 모순적 사회 변화의 과정을 포착할 수 있는 귀중한 혜택을 누렸다.

예지적 실천

클럽들은 갖은 약점이 있었지만 신좌파의 프로젝트가 새로운 형태의 사회주의임을 선언하는 의미가 있었다. 새로운 사회주의는 당이 아니라 '사상운동'(movement of ideas)이었다. 우리와 좌파는 클럽들로 인해 '주체의 문제'가 매우 골치 아파졌다는 걸 깨달았다. 아무튼 우리가 이런 태도를 갖게 된 이유를 대보겠다. 첫째, 우리는 보통 사람들이 정치에 인입(引入)되는 것―구체적 쟁점과 관련해 자신들의 삶에 깊이 뿌리박은 관습적인 견해의 틀과 정통적인 신념에 대한 지지를 접고, '스스로 행동에 나서는 것'―이 가장 '정확한 노선'보다 정치적으로 더 의미가 있고 중요하다고 생각했다. 이것은 확신에 가까웠다. 둘째, 우리는 초기의 CND에서 새로운 종류의 정치를 보았다. 정당이라는 대(大)부대를 뛰어넘는 정치적 동원을 통해 새롭게 부상하는 사회 세력과 당대의 고유한 열망을 확인할 수 있었던 것이다. 좌파는 새로운 정치 활동을 개발해야만 했다.

CND는 이런 유형으로는 전후의 정계에 등장한 최초의 '사회운동'이었다. 구체적 쟁점을 둘러싸고 시민사회의 자발적 활동을 통해 형성된 이 대중운동은 급진적 취지가 분명했고, '반자본주의적' 내용을 포함하고 있었지만 계급

구성이 명확하지 않았고, 전통적 계급 정체성이나 조직적 충성과 무관한 사람들에게 호소력을 발휘했다. 이런 새로운 운동들을 통해 현대사회의 특징과 다양한 사회적 적대감을 진작부터 파악할 수 있었다. 예컨대, 당대의 시민권 운동, 1970년대와 1980년대의 페미니즘과 성 관련 문제들, 생태 및 환경 쟁점, 지역사회 정치, 복지에 대한 권리, 인종차별 반대 투쟁을 보라. 전통적 좌파의 조직적 의제 안에서 이런 새로운 운동을 건설하기는 어려웠다. 그러나 이런 사회운동들이 없었다면 급진적 변화를 도모하는 정치적 대중 동원이나 운동을 오늘날 전혀 상상할 수 없을 것이다.

새로운 사회운동들이 항상 그렇듯이 결국 CND가 신좌파에 제기한 것은 이런 새로운 열망과 사회 세력들을 좌파의 보다 전통적인 계급정치학으로 어떻게 구체화하느냐의 문제였다. 나아가 이런 구체적 인식을 바탕으로 좌파의 프로젝트를 어떻게 바꾸느냐의 문제였다. 다양한 사회적 이해관계와 정치 운동, 의제들을 바탕으로 '역사적 블록'을 구성하고, 이런 차이들 속에서도 주도적 정치 활동을 건설하는 데서 우리가 좌파보다 더 크게 성공한 것은 아니다. 그러나 그렇다고 해서 이 과제의 중대함이 무효화되는 것은 아니다. 우리가 '최초의' 신좌파에게서 배워야 할 것은 어떤 대답들이 효과적이냐가 아니라 어떤 질문을 할 것이냐다.

노동당에 관해 말하자면 신좌파 내·외부의 많은 사람이 당원이었다. 물론 노동당원이 아닌 사람도 많았다. 운동 세력으로서 우리는 노동당에 아주 분명한 태도를 갖고 있었다. 우리는 조직적 연계, 통제, 일상적 당 활동, 규율에서 벗어나 있었다. 이런 독자성이 우리의 정치 프로젝트에 필수적이었다. 우리들 가운데 다수는 그해 열린 노동당 연례 전당대회에서 일방적 군축(unilateralism, 1960년 전당대회에서 근소한 표차로 가결된 핵무기의 일방적 폐기 정책을 가리킨다. 1961년 "공산주의 측이 보유하는 한 영국도 포기할 수 없다"는 당 지도부의 안이 재확인되면서 뒤집어진다—옮긴이)을 쟁취하기 위해 싸웠고, 과반수를 얻는 기염을 토했다. 하지만 문제가 있었다. 그 승리를 광범위한 인민 대중 속에서 새로이 정치적 지위를 확보할 수 있게 된 도약대라고 오판하고 말았던 것이다. 우리에게는 일방적 군축 에피소드가 '승리했지만 패배한' 명백한 실례였다. CND는 노동당 안에서 부적(符籍)으로 쪼그라들었다. 전당대회 결의안들의 주물(呪物)이자 블록 투표(block vote, 대의원에게 그가 대표하는 인원수만큼의 표 수를 인정하는 투표 방식–옮긴이)라는 묘책의 노리개에 불과했던 셈이다. 실재하는 다수 대중의 정치의식과 활동은 전혀 바뀌지 않았다.

우리는 영국 사회주의의 운명이 노동당의 운명 및 성쇠와 긴밀히 결부되어 있다는 것도 깨달았다. 좋든 나쁘든 노동당이 개혁주의 정치를 바탕으로 조직된 노동계급의 압도적 다수에게 헤게모니를 행사하고 있었다. 우리는 노동조합 운동과 연대해온 노동당의 역사를 존중했다. 우리는 노동당이 1945년에 불붙은 '복지국가' 혁명의 엔진이었음을 인정했다. 체제 전복을 외면한 개혁주의 정당이라고 해서 우리가 노동당을 과소평가하지는 않았다. 하지만 우리는 노동당의 페이비언주의와 노동자주의에 대단히 비판적이었다. '국가 통제주의'(statism)는 말할 것도 없었고 말이다. 노동당은 보통 사람들의 정치적 생활과 문화적 삶에 폭넓게 뿌리박지 못하고 있었다. 노동당의 관료들은 자신들의 통제를 벗어나는 독자적인 행동이나 '운동 세력'을 못 미더워했다. 노동당의 반(反)지성주의는 악명이 높았다. 우리는 블록 투표라는 대단히 비민주적인 절차와 당의 공허한 '제도주의'(constitutionalism)에 반대했다. 그러나 노동당은 영국의 정계에서 아무도 무시할 수 없는 커다란 지분을 갖고 있었다. 우리 마음에 들고 말고와는 무관하게 말이다.

우리는 한편으로 게이츠컬 지도부와 관련해, 다른 한편으로 "변한 것은 아무것도 없다"고 주장하며 '당헌 제4조(생산과 분배 및 교환 수단의 국유화—더 정확히는 공동 소유로 되어 있다—및 민주적 통제에 관한 내용이 담겨 있다–옮긴이)를 재확인하는' 전통적 좌파의 입장에 대해 개방적이면서도 격렬한 논쟁을 마다하지 않는 정치 활동을 전개했다. 우리는 그 밖의 다른 곳에서처럼 여기서도 제3의 입장을 취했고, '제3의 전선'을 열었다. 1950년대와 1960년대에 벌어진 수정주의 논쟁에서 우리는 크로슬런드(Crosland)가 어마어마하게 지적인 적수임을 인정했지만 그가 제안한 테제들에 반대했다. 크로슬런드는 『미래의 사회주의』(The Future of Socialism)에서 후기 자본주의적인, '인간의 얼굴을 한 협동조합형 자본주의'를 주창한다. 우리는 노동당과 노동조합 좌파 상당수의 현상 유지 정책에 반대했고, 전후 자본주의의 새로운 조건들과 사회 변화를 분석해 좌파의 전망을 확고히 할 필요성을 역설했다. 노동당 안에서 이런 과업을 수행하려는 사람들이 일부 있었다. 물론 밖에서 그러는 사람들도 있었고. 우리는 정치적으로 원하지만 그걸 이룰 수 있는 수단이 빈약할 때 어떤 식으로 '올바른' 노선을 가질 수 있을지 알지 못했다. 우리의 전략, 그러니까 방침과 목표가 이를 우회해, 당파 관계가 어떻든 독자적 정치 활동과 토론에 많은 사람을 끌어들이는 것이었던 이유다.

이런 '병행' 전략을 추진하려면 저널과 클럽의 관계망을 유지해야 했다. '제3의 입장'을 명확하게 천명할 수 있는 각종 시위, 논쟁, 선전도 필수였다. 트랜스포트 하우스(Transport House)에 있는 노동당 본부가 펼치는 일상적 당 활동에 매몰되지 않으면서도 노동당과 노동운동 진영의 정치에 영향을 끼치는 것, 우리는 이것을 '불가근불가원'(one foot in, one foot out) 전략이라고 불렀다.

민중 속으로

이런 방침들을 구현하려면 조직적으로 어떤 종류의 리더십이 필요했을까? 우리는 거듭해서 '사회주의 선전'이라는 은유에 기댔다. 에드워드 톰슨이 『뉴 리즈너』에서 한 말을 들어보자.

신좌파는 자신이 기성 조직들의 대안이라고 주장하지 않는다. 그보다는 기성 조직들의 내·외부에서 그들에게 두 가지를 제공하고자 한다. 사상을 구체적으로 선전하는 것이 그 하나요, (저널, 클럽, 학교 등등)의 실용적 서비스를 제공하는 게 나머지 하나다.[4]

물론 '사회주의 선전'이라는 개념은 윌리엄 모리스(William Morris)에게서 가져온 것이다. 그람시가 '유기적 존재'라고 부른 대상이 되기 위해 분투 중이던 지식인들과 노동계급이 사회주의 동맹(Socialist League)에서 이런 관계를 맺었다. 우리 모두는 톰슨의 책 『윌리엄 모리스: 낭만주의자에서 혁명가로』(William Morris: Romantic to Revolutionary)에 들어 있는 '사회주의자 되기'라는 장을 읽고 감동했다. 『뉴레프트리뷰』첫 호의 사설에는 사회주의 동맹의 기관지 『커먼윌』(Commonweal)에 모리스가 1885년 7월 기고한 논설에서 발췌한 인용문이 들어갔다. "노동운동은 지금 반란기가 아니다." 나름의 기조 하나를 천명한 것이다. 나는 이렇게 말을 보탰다. "우리는 전도주의적 열정을 분출해야 하는 단계를 통과하고 있다."[5]

이런 리더십 개념이 이론으로 충분히 제시되지는 않았지만 그 가정들은 나름대로 명확했다. 영국 노동운동 진영이 견지해온 종래의 반지성주의에 도전해, 지식인과 노동계급이 전통적으로 데면데면 따로 놀아온 상황을 극복해야만 한다는 게 첫 번째 전제였다. 다음 세 가지 모형, 즉 1) 혁명적 '전위' 정당의 '민주집중제' 개념, 2) 중간계급 '전문가들'이 국가기구에 들어가 노동계급에 사회주의를 선물할 수 있다는 페이비언주의, 3) 노동당 내 전통적 좌파의 신념, 곧 제도, 당대회 결의안, 블록 투표, "선거에서 약간 더 '좌파적인' 후보를 내는 것"에 대한 믿음을 거부하자는 게 두 번째 전제였다.[6] 셋째, 우리는 전후에 영국 사회가 변화했고, 다수의 새로운 사회계층에 사회주의를 교

---

4) Thompson, "The New Left", *New Reasoner* 9, Summer 1959, p. 16.
5) Hall, "Introducing NLR", NLR I/I, Jan~Feb 1960, p. 2.
6) Thompson, "The New Left", p. 16.

육하고 선전할 수 있게 됐다고 보았다. 넷째, 우리는 사회주의가 의식적인 민주주의 운동이라고 확신했다. 스탈린주의자, 트로츠키주의자, 노동당 좌파가 공히 견지하고 있던 경제주의에 우리는 반대했다. 우리는 생산양식이라는 객관적 과정이나 역사의 필연에 의해서만 사회주의자들이 탄생하는 게 아니라 사회주의자는 만들어지는 것이라고 믿었다.

사회가 풍요로워지면 사회주의 선전의 호소력이 감소하리라는 견해가 우세했다. 사회주의는 궁핍과 악화 속에서만 관심을 끈다는 생각이 쌍으로 존재했다. 우리는 이런 지배적인 관념에도 도전했다. 민중이 직접행동에 나서, '지금 바로 여기에서' '아래로부터 사회주의를 건설할 수 있음'을 우리는 강조했다. 어떤 추상적 혁명이 순식간에 모든 것을 바꿔주기를 기다릴 필요가 없었다. 1968년 이후 이런 테마들이 다시 주목을 받았고, 우리의 노력과 활동이 매우 예지적이었음이 밝히 드러났다. 『뉴레프트리뷰』 첫 호에서 우리는 이렇게 얘기했다.

우리는 소읍과 도시, 대학과 전문대, 청년 클럽과 노동조합 지부에 들어가, 모리스가 말한 대로 거기서 사회주의자들을 만들어내야 한다. 자본주의의 역사는 2백 년이고, 제국주의의 역사는 1백 년이다. 왜 사람들이 사회주의로 기울까? 그것도 자연스럽게. 노동운동이 무지막지한 엔진처럼 사회주의로 나아갈 것이라는 진단은 역사의 필연이 아니다. 사람들을 맹목적 짐승처럼 사회주의로 이끄는 빈곤과 착취에 우리는 더 이상 의존할 필요가 없다. 사회주의는 새로운 사회에 대한 적극적인 신념이고, 앞으로도 그럴 것이다. 스스로 사고하는 의식적 인간 존재로서 우리는 새로운 사회에 끌린다. 사람들은 '평등한 사회'를 경험해보아야 한다. 사람들이 '평등한 사회'를 경험해본 적이 없기 때문이 아니라 '평등한 사회'가 최선의 소비 자본주의 사회보다 더 낫기 때문이다. 삶은 살아나가는 것이다. 마치 차가 찻잎 여과기를 거치는 것처럼 삶도 통과해야만 하는 어떤 것이 아니란 말이다.[7]

이런 태도는 순진해 보일지도 모른다. 틀림없이 '공상적'이고 '포퓰리즘적'이라는 딱지도 붙었을 것이다. 그러나 우리의 입장은 '민중 속으로'를 주창한 나로드니키적 의미에서 포퓰리즘적이었다. 그들과 우리가 되고자 했던 것의 견지에서 민중적이었던 것이다. 우리의 '포퓰리즘'은 위에 있는 사람들에 의해 민중이 원한다고 이야기되는 것에 부정적으로 호소해 대중의 동의를 조작하는 게 아니었다. 사회주의 프로젝트는 바로 지금 여기에서 기원해야 하고 삶의 경험과 결부되어야 한다는 우리의 생각은, 비록 잘 정립된 것은 아니었을지라도 본능적인 것이었다. 우리는 이런 삶의 경험을 이후로 '국민적'(the national-popular)이라고 부른다. 물론 '국민'(the people)은 두서없고 산만한 개념이다. 초기의 신좌파가 포퓰리즘이라는 용어로 사회적 관계 항을 정확하게 지시하지 않았다는 것은 분명하다. 요컨대 한 종류 이상의 포퓰리즘이 존재한다. 포퓰리즘은 우익적으로 설명될 수도 있고, 좌익적으로 표명될 수도 있다. 초기 신좌파의 '포퓰리즘'이 후자였다는 것은 확실하다. 이를 주로 설계한 에드워드 톰슨은 『뉴 리즈너』에 다음과 같이 쓰고 있다.

> 신좌파는 당내에서 파벌 싸움을 벌이는 전통과 단절할 것이다. 신좌파는 공개적 연대, 사회주의 교육, 민중 전반을 겨냥한 활동을 재개할 것이다. …… 신좌파는 노동운동이 남녀의 연대임을 주장한다. 노동자 대중은 경제적 조건과 문화를 수동적으로 받아들이는 사람들이 아니라 지적이면서 동시에 도덕적 판단을 할 줄 아는 윤리적인 존재다. …… 신좌파는 합리적 논증과 윤리적 이의 제기를 통해 민중에게 호소할 것이다. 신좌파는 구좌파의 속류 유물론과 반지성주의에 도전할 것이다. 우리는 사람들의 관심사와 잠재력 전반에 호소하고, 산업 노동자와 학예(學藝)의 전문가가 새롭게 소통할 수 있는 수단을 개발할 것이다. 신좌파는 사회주의로 얻을 수 있는 혜택을 '혁명 이후'의 가설적 시기로

7) Hall, "Introducing NLR", p. 3.

미루지 않을 것이다. 우리는 더 풍요로운 공동체의 의미를 지금 당장 노동계급의 위대한 삶의 현장에서 추구할 것이다.[8]

이 '포퓰리즘'에는 모순과 긴장이 내재했고, 결코 완벽하게 해결되지 않았다. 사회구조가 전후에 빠르게 바뀌었고, 우리는 계속해서 그 변동 양상을 설명하려고 시도했지만 정확하게 파악하지 못했다. 이 급격한 변화가 신좌파에 불균등하게 침투했다. 우리는 새롭게 천명한 구좌파와의 차별성을 바탕으로 새로운 '역사적 진영'이 되지도 못했다. 그게 우리의 내밀한 목표였음에도 불구하고 말이다. 잘 보면 지방적인 북부와 코스모폴리탄적인 런던이 이미 긴장 관계에 놓여 있었다. 물론 이후로도 남부와 북부는 여러 차례 분열했지만 이 갈등 양상은 단순한 대립 이상으로 훨씬 복잡했다. 전후의 영국은 계급이 재구성되며 사회가 해체되는 속도와 양상이 지역과 부문에 따라 달랐다. 하지만 남북 분열 속에서 이런 중요한 차이가 묻혀버렸다. 결국 정치적 입장이 서로 달랐던 것이다. 우리는 명확한 원칙을 제시하지 못했다. 지식인과 활동가들의 갈등도 계속해서 문젯거리였다. 이 문제는 내놓고 언급되지 않았지만 영국인의 문화적 삶 일반에서 지식인들이 차지하는 불안정한 지위라는 훨씬 광범위한 논점 및 좌파의 대책 없는 속물적 무교양과 연결되어 있었다. 거의 완전히 은폐되어 있던 젠더 문제가 또 다른 방향에서 이런 온갖 긴장 상태에 관입했다. 편집진의 절대 다수가 남성이었는데, 과업 전반을 추진 운영하는 실무자의 상당수가 여성이었다. 성별에 따른 차별적 노동 분업이 일상적이었고, 좌파도 예외가 아니었다. 다른 좌파처럼 신좌파도 이 문제에서 아무 생각이 없었다.

우리는 클럽들이 독자적으로 조직하고, 리더십을 발휘하고, 소통의 경로를 개발했으면 하고 바랐다. 그들이 따로 작은 신문이나 회보 같은 것을 내면

---

8) Thompson, "The New Left", pp. 16~17.

『뉴레프트리뷰』도 자유롭게 독자적 프로젝트를 개발할 수 있으리라 생각했다. 그러나 우리는 그렇게 할 기략과 자원이 부족했다. 클럽들은 자신들이 저널을 전혀 통제할 수 없다고 느꼈고, 편집진은 위원회들이 사상 문예지(誌) 하나 운영할 능력이 안 된다는 게 두려웠다. 실제로 이 마지막 사안 및 그와 결부된 압력들이 복합적으로 작용해, 결국 1961년에 내가 편집인 자리에서 물러났던 것이다.

이 글은 신좌파 '첫 세대'의 나날을 종합적으로 평가하는 내용이 아니다. 나는 '최초의' 신좌파가 새로운 종류의 좌파 정치를 구성하려는 제1단계 시도였을 뿐이라고 본다. 과거의 활동을 시시콜콜 변호하고, 있지도 않았던 일관성을 회고적으로 강변하는 것은 터무니없는 짓이다. 최초의 신좌파는 강점이 있었는가 하면 약점도 있었다. 최초의 신좌파는 실수와 과오를 저질렀다. 이것은 토를 달 수 없는 사실이다. 우리는 그 사실을 부인할 것이 아니라 거기서 배워야 한다. 그럼에도 불구하고 나는 우리가 무엇을 했고, 어떻게 했으며, 더 포괄적인 프로젝트는 무엇이었는지를 명확하게 구분하고 싶었다. 그때도 그랬지만 나는 여전히 후자에 매진하고 있다. '최초의' 신좌파가 규정하고 열어 젖히려고 했던 '제3의 공간'이 나는 아직도 유일한 희망 같다. 우리가 통과하고 있는 새 시대는 갈피를 잡을 수 없을 정도로 복잡하다. 이 속에서 민주적 사회주의 프로젝트를 갱신할 수 있는 유일한 희망이 그 '제3의 공간'이라고 보는 것이다.

〔정병선 옮김〕

제4부
대담

혼란스러운 세계

에릭 홉스봄(Eric Hobsbawm)과의 대담

『극단의 시대』(*Age of Extremes*)*는 지구적인 산사태라는 파노라마가 펼쳐진 1991년에서 끝납니다. 즉 세계의 사회적 개선이라는 황금시대의 희망이 붕괴한 것이죠. 그 후 세계사의 가장 주요한 발전은 무엇이라고 생각하십니까?

다섯 가지 주요한 변화가 있다고 봅니다. 첫째, 세계경제의 중심이 북대서양에서 남아시아와 동아시아로 바뀌었습니다. 이것은 1970년대와 1980년대에 일본에서 시작되었습니다만, 1990년대부터 중국이 부상하면서 실질적인 차이가 생겨났습니다. 둘째, 전 세계적인 수준의 자본주의 위기가 있습니다.

*에릭 홉스봄 지음, 이용우 옮김, 『극단의 시대』, 까치, 1997.

이에 대해 우리는 이미 예견하기는 했지만 위기가 일어나기까지 꽤 시간이 걸렸습니다. 셋째, 2001년 이후 세계 헤게모니를 단독으로 행사하려는 미국의 시도가 요란하게 실패했습니다. 넷째, 발전도상국들의 새로운 블록이 하나의 정치체—브릭스—로서 등장했는데, 『극단의 시대』를 쓸 때는 일어나지 않았던 일입니다. 다섯째, 국가들의 권위가 침식당하고 체계적으로 약화되었습니다. 즉 국민국가들이 자신의 영토 내에서 그리고 세계의 여러 부분에서 약화되었으며, 실질적인 국가 권위가 약화되었습니다. 이에 대해서는 예견할 수도 있었겠지만, 내가 예상하지 못할 정도로 가속화되었습니다.

그 후 벌어진 일 가운데 놀랄 만한 일이 또 있습니까?

광기 어린 네오콘의 기획을 보고 놀라지 않을 수 없었습니다. 그 기획은 미국을 미래라고 우길 뿐만 아니라 이러한 목표를 달성할 전략과 전술을 자신들이 고안했다고 생각하기에 이르렀습니다. 합리적인 관점에서 내가 아는 한 그들에게는 일관된 전략이 없었습니다. 두 번째로, 우리가 거의 잊었던 해적의 부활—더 작아졌지만 중요한—이 있습니다. 세 번째로, 좀 더 지역적인 것인데, 서벵골의 인도 공산당의 붕괴입니다. 이를 전혀 예상하지 못했습니다. 인도 공산당 총서기인 프라카슈 카라트는 최근 나에게 서벵골에서 자신들이 포위당해 있다고 느꼈다는 말을 했습니다. 그들은 지방선거에서 이 새로운 의회와 관련해서 제대로 일하지 못할 것이라고 생각하고 있습니다. 전국 정당으로서 30년 동안 통치하고 난 다음에 이러한 일이 생긴 것이지요. 농민에게서 토지를 빼앗아가는 산업화 정책은 아주 나쁜 결과를 낳았으며, 분명히 잘못이었습니다. 살아남은 모든 좌파 정부들과 마찬가지로 이들도 민간 부문의 발전을 포함해서 경제 발전에 순응했어야 한다고 생각합니다. 그랬다면 이들이 강력한 산업 기반을 발전시키는 것은 자연스러웠을 것입니다. 그러나 그렇게 극적인 반전으로 이어졌다는 것이 약간 놀랍기는 합니다.

노동자계급이 정치적으로 재구성될 가능성에 대해서는 어떻게 생각하십니까?

전통적인 형태로는 아닐 것입니다. 산업화의 특정 단계에서 주요한 계급 정당들이 형성되리라고 예상했다는 점에서 마르크스는 의심할 바 없이 옳았습니다. 그러나 이 정당들은, 성공했다 할지라도 순수하게 노동자계급의 정당으로 활동하지 않았습니다. 협소한 계급의 범위를 넘어서기를 원했다 할지라도 그들은 노동자계급에 의해, 그 목적을 위해 고안된 조직으로 구조화된 인민의 당으로서 그렇게 했습니다. 그렇다 할지라도 계급의식에 한계가 있었습니다. 영국의 노동당은 득표율 50퍼센트를 넘어서지 못했습니다. 이탈리아 공산당이 훨씬 인민의 당의 모습을 지닌 이탈리아에서도 마찬가지입니다. 프랑스의 좌파는 상대적으로 약하지만, 위대한 혁명 전통에 의해 정치적으로 강화되어 있고 스스로를 혁명의 본질적인 계승자로 만들어온 노동자계급에 근거했습니다. 그 혁명의 전통으로 노동자계급과 좌파는 더 큰 힘을 가질 수 있었습니다.

산업 육체노동자 계급의 쇠퇴는 끝나가는 것 같습니다. 많은 사람들이 여전히 육체노동을 하고 있습니다. 그리고 할 것입니다. 이들의 처지를 방어하는 것이 여전히 모든 좌파 정부의 주요한 과제입니다. 그러나 그것이 더 이상 좌파 정부들의 희망의 근본적인 기초일 수는 없습니다. 이론적으로조차 그들은 정치적 잠재력을 가지고 있지 않습니다. 왜냐하면 그들은 과거 노동자계급의 조직이 지녔던 잠재력을 가지고 있지 않기 때문입니다. 또 다른 세 가지 주요한 부정적인 발전이 있습니다. 물론 하나는 외국인 혐오증(xenophobia)입니다. 베벨이 한때 말한 것처럼 그것은 대부분의 노동자계급에게 '바보들의 사회주의'입니다. 경쟁하는 사람들에 맞서 내 일자리를 지키자는 것이지요. 노동자 운동이 약하면 약할수록 외국인 혐오증의 호소력은 더 커집니다. 두 번째로, 영국 공무원들이 '소수의, 조작 가능한 층'이라고 부르는 수많은 육체노동은 정규직이 아니라 임시직입니다. 예를 들자면 식당에서 일하는 학생들이나 이민자들이 그러합니다. 따라서 육체노동자들을 조직할 수 있다고 보는 것은 쉽지 않습니다. 이러한 노동자들 가운데 유일하게 쉽게 조직할 수 있는 것이 공공 기관에 고용된 사람들입니다. 이것은 그러한 공공 기관이 정치적으로 취약하기 때문입니다.

내 생각에 세 번째로 가장 중요한 발전은 새로운 계급 기준에 의해 산출된 분할이며, 이는 점점 커지고 있습니다. 즉 학교와 대학에서 시험을 통과하는 것이 일자리를 얻는 입장권으로 기능하고 있습니다. 이것은 능력주의라고 할 수 있을 것입니다. 그러나 교육체계에 의해 측정되고, 제도화되고, 중개되고 있습니다. 이렇게 해서 계급의식은 사용자에 대한 반대에서 이런저런 상류층 — 지식인, 자유주의적 엘리트, 우리를 속이고 있는 사람들 — 에 대한 반대로 전환되었습니다. 미국은 이것의 표준적인 예이지만, 영국에서도 없는 것은 아닙니다. 점차 박사 학위를 따거나 최소한 대학원에 가야 연봉 1백만 달러를 벌 수 있는 기회를 얻을 수 있다는 사실 때문에 상황은 약간 더 복잡합니다.

새로운 행위자들이 있을 수 있을까요? 단일한 계급이라는 관점에서는 더 이상 그럴 수 없을 것이며, 내 생각에는 그러지도 않았습니다. 진보적인 동맹의 정치가 있을 수 있는데, 교육받았고 『가디언』을 읽는 중간계급 및 지식인들 — 고등교육을 받았고, 전반적으로 보아 좌파에 더 속하는 — 과 빈민 및 교육을 덜 받은 대중 사이의 상대적으로 지속적인 동맹 같은 것 말입니다. 두 집단이 그러한 운동에 핵심적이기는 하지만, 이전보다 단합하기가 훨씬 어려울 것입니다. 어떤 의미에서는 미국에서처럼 빈민이 다음과 같이 말함으로써 억만장자와 자신을 동일시하는 게 가능합니다. "운이 좋다면 나는 인기 스타가 될 수 있을 거야." 그렇지만 이렇게 말할 수는 없을 것입니다. "운이 좋다면, 노벨상 수상자가 될 수 있을 텐데." 이것이 객관적으로 볼 때 같은 측에 있는 사람들의 정치를 조정하는 데서 부딪히는 실제적인 문제입니다.

현재의 경제 위기를 대공황과 어떻게 비교할 수 있겠습니까?

1929년은 은행에서 시작하지 않았습니다. 은행들은 2년 후까지 붕괴하지 않았습니다. 도리어 증권거래소가 생산 감소를 유발했으며, 그 후에 있었던 것보다 훨씬 실업률이 높아졌고 생산이 실질적으로 더 많이 감소했습니다. 갑자기 찾아온 1929년의 불황에 비해 현재의 불황에 대해서는 좀 더 대비책을 가지고 있습니다. 신자유주의적 근본주의가 자본주의의 작동에 커다란 불안정성을 일으킨 초기부터 분명한 일이었을 것입니다. 2008년까지는 주변 지역 — 1990년대와 2000년대 초의 라틴아메리카, 동남아시아, 러시아 — 에만 영향을 끼친 것으로 보입니다. 주요한 나라들에서 그것은 가끔 주식시장의 붕괴로 나타났지만, 금세 회복되곤 했습니다. 어떤 나쁜 일이 일어났다는 것의 실질적인 징후는 1998년에 있었던 롱텀 캐피털 매니지먼트의 붕괴로 보입니다. 그것은 전체적인 성장 모델이 얼마나 잘못되었는지를 입증했습니다. 그러나 사람들은 그런 일로 보지 않았습니다. 역설적으로 그 일로 인해 수많은 사업가들과 언론인들이 카를 마르크스를 재발견했습니다. 현대의 지구화된 경제에 관해 흥미 있는 글을 쓴 사람으로서 말이지요. 예전 좌파에게는 전혀 없던 일이었습니다.

1929년의 세계경제는 지금보다 덜 지구화되어 있었습니다. 물론 어느 정도의 효과가 있기는 했죠. 예를 들어 오늘날보다 일자리를 잃은 사람들이 고향으로 돌아가는 게 더 쉬웠을 것입니다. 1929년에 유럽과 북아메리카 외부의 세계 가운데 대부분에서 지구화된 경제 부분은 실제로 흩어진 조각들에 불과해, 그 주변을 변화시키지 못했습니다. 소련의 존재는 대공황에 실제적인 영향을 끼치지 못했지만, 어마어마한 이데올로기적 효과를 지녔습니다. 대안이었지요. 1990년대 이래 중국과 신흥 경제권이 부상했는데, 실제로 이것이 현재의 불황에서 실제적인 효과를 보였습니다. 왜냐하면 그렇지 않았다 해도 세계경제는 안정화될 것이었지만, 그들은 세계경제를 안정화하는 데 크게 도움이 되었기 때문입니다. 실제로 세계경제가 번성하고 있다고 신자유주의에서 주장될 때조차 실제 성장은 주로 새로이 발전하고 있던 경제권, 특히 중국에서 이루어졌습니다. 만약 중국이 없었다면 2008년의 불황은 훨씬 심각했으리라고 생각합니다. 그러한 것들 덕분에 불황에서 좀 더 빨리 벗어날 수 있었다고 생각합니다. 그럼에도 몇몇 나라들 — 특히 영국 — 은 상당 기간 불황을 겪을 것입니다.

정치적 결과는 어떨 것 같습니까?

멕시코를 포함한 북아메리카와 스칸디나비아를 주된 예외로 하지만, 1929년 대공황으로 대체로 우파로의 전환이 일어났습니다. 1936년에 프랑스의 인민전선은 1932년에 비해 겨우 0.5퍼센트를 더 득표했을 뿐입니다. 그렇기 때문에 인민전선의 승리는 심원한 변화가 아니라 정치적 동맹의 구성에서 어떤 변화가 있었다는 점을 보여줄 뿐입니다. 에스파냐에서는 유사 혁명적 상황 혹은 잠재적으로 혁명적인 상황에도 불구하고, 직접적인 결과는 우파로 옮겨가는 것이었고, 장기적인 효과 또한 그러했습니다. 다른 대부분의 국가들에서, 특히 중·동부 유럽에서 정치는 매우 빨리 우파로 옮겨갔습니다. 현재의 위기가 낳은 효과는 그렇게 분명하지 않습니다. 미국이나 서방에서 커다란 정치적 변화나 정책 변화가 일어나리라고 보기는 어렵지만, 중국에서는 확실히 변화가 있을 것 같습니다. 그러나 어떤 변화가 일어날지는 추측만 할 수 있을 따름입니다.

중국이 계속해서 경기 침체를 막아낼 수 있으리라고 보십니까?

중국이 갑자기 성장을 멈추리라고 생각할 특별한 이유는 없습니다. 불황으로 산업의 상당 부분이 일시적으로 멈추었기 때문에 중국 정부는 부정적인 충격을 받았습니다. 그러나 이 나라는 여전히 경제 발전의 초기 단계이며, 팽창할 여지는 여전히 어마어마합니다. 미래에 대해 추측하고 싶지 않지만, 20년이나 30년 내에 중국이 세계적 차원에서 지금보다 상대적으로 더 중요해지리라고 상상할 수 있습니다. 군사적인 측면에서 반드시 그럴지는 알 수 없지만, 최소한 경제적·정치적으로는 그럴 것입니다. 물론 중국에는 커다란 문제들이 있습니다. 이 나라가 하나로 유지될 수 있을지를 의문시하는 사람들이 있습니다. 그러나 내 생각에는 중국이 하나로 유지되기를 바라는 사람들이 지닌 실질적인 이유와 이데올로기적인 이유가 둘 다 매우 강력합니다.

지난 1년간의 오바마 행정부에 대해서는 어떻게 평가하십니까?

사람들은 그런 사람이 선출된 데 아주 기뻐했으며, 위기 상황에서 루스벨트가 했던 일을 하는, 위대한 개혁가가 되리라고 생각했습니다. 그러나 그는 그러지 않았습니다. 그의 출발은 서툴렀습니다. 루스벨트의 취임 100일과 오바마의 취임 100일을 비교해보면, 눈에 띄는 것은 오바마가 중도 우파로 남아 있는 데 반해 루스벨트는 기꺼이 비공식적인 보좌관들의 의견을 받아들이고 뭔가 새로운 일을 하려고 했다는 것입니다. 내 생각에 오바마는 기회를 날려버렸습니다. 그에게 실질적인 기회는 첫 석 달이었습니다. 그때 상대편은 사기가 완전히 꺾여 있었고, 아직 의회에서 세를 모으지 못했습니다. 하지만 그는 그러지 못했습니다. 사람들은 그가 잘하기를 바랍니다. 그러나 내 생각에 전망은 그리 좋지 않습니다.

현재 세계에서 가장 격렬한 국제적 갈등의 장인 팔레스타인에서 두 개의 국가라는 해결책이 사람들이 지금 생각하는 것처럼 가능한 전망이라고 보십니까?

개인적으로 볼 때 지금 그것이 실행 가능하다고 생각하지 않습니다. 해결책이 어떤 것이든, 미국인들이 생각을 바꾸기로 결심하고 이스라엘에 압력을 넣기 전까지는 어떤 일도 일어나지 않을 것입니다. 그런데 그런 일이 일어날 것 같지는 않습니다.

지금 세계에서 당신이 생각하기에 긍정적이고 진보적인 기획이 여전히 살아 있거나 부활할 가능성이 있는 곳이 어디입니까?

확실히 라틴아메리카에서는 정치나 전반적인 공적 담론이 여전히 과거 계몽사상—자유주의, 사회주의, 공산주의—의 관점에서 진행되고 있습니다. 사회주의자처럼 이야기하는 군사주의자들을 찾아볼 수 있는 곳도 있습니다. 이들은 지금 사회주의자입니다. 노동자 계급운동에 기반한 룰라와 모랄레스 같은 현상도 있습니다. 그것이 어디로 갈지는 또 다른 문제이지만, 과거의 언어로 여전히 이야기할 수 있으며, 과거의 정치 양식이 여전히 사용되고 있습니다. 멕시코에서 혁명 전통이 약간 부활하는 낌새가 있기는 하지만 중앙아메리카에 대해서는 분명하지 않습니다. 이것이 그렇게 진전하지는 않을 것입니다. 왜냐하면 멕시코는 실질적으로 미국 경제에 통합되어 있기 때문입니다. 내 생각에 라틴아메리카는 에스닉적·언어적 민족주의가 부재하고 종교적으로 분할되어 있지 않기 때문에 이점을 지니고 있습니다. 이 때문에 과거의 담론을 유지하는 게 좀 더 쉽습니다. 아주 최근까지 나는 그곳에 에스닉 정치의 징후가 없다는 데 놀랐습니다. 멕시코와 페루의 원주민 운동 내에서 에스닉 정치가 출현하기는 했지만 유럽, 아시아, 아프리카 등지와 같은 규모는 아니었습니다.

네루의 세속적 전통이 지닌 제도적 힘 덕분에 인도에서 진보적인 기획이 부활할 가능성이 있습니다. 그러나 벵골이나 케라라처럼 공산주의자들이 대중의 지지를 얻고 있거나 얻었던 몇몇 지역 그리고 낙살라이트 같은 곳의 몇몇 그룹과 네팔의 마오주의자들을 제외하고는 이러한 기획이 대중에게까지 파고들 것 같지는 않습니다. 그 밖에도 유럽에는 과거의 노동자 운동, 사회주의 운동, 공산주의 운동의 유산이 꽤 강력하게 남아 있습니다. 엥겔스의 지도 아래 창립된 정당들은 유럽 거의 대부분의 지역에서 여전히 잠재적인 여당이거나 주요 야당입니다. 예를 들어 어떤 시기가 오면 발칸 반도나 러시아의 어떤 지역에서 공산주의의 유산이 우리가 예상치 못하게 나타날지 모릅니다. 중국에서 어떤 일이 일어날지는 모르겠습니다. 그러나 그들이 다른 관점에서 생각하고 있다는 것은 분명합니다. 그것은 수정된 마오주의적 관점도, 마르크스주의적 관점도 아닙니다.

당신은 언제나 정치적 힘으로서의 민족주의를 비판해왔습니다. 좌파에 관해서는 민족주의를 붉은색으로 칠하는 것에 대해 경고했죠. 그러나 당신은 또한 인도주의적 개입이라는 이름으로 국가주권을 침해하는 것에 강하게 반대해왔습니다. 노동운동으로 탄생한 국제주의가 사망해버린 오늘날 어떤 종류의 국제주의가 바람직하고 그럴듯하다고 보십니까?

우선 인도주의, 인권의 제국주의는 국제주의와 어떤 관계도 없습니다. 그것은 국가주권의 침해에 대한 적당한 핑곗거리를 찾는, 다시 살아난 제국주의의 징후이거나 —그것은 아마 가장 진지한 핑곗거리일 것입니다— 좀 더 위험하게는 16세기부터 20세기 말까지 지구를 지배한 지역들이 계속해서 우월하다는 믿음을 다시금 확인하려는 것입니다. 어쨌거나 서방이 강요하고자 하는 가치는 특유한 지역적인 가치이지 필연적으로 보편적인 가치는 아닙니다. 그것들이 보편적인 가치라 할지라도 다른 용어로 재정식화해야 할 것입니다. 우리가 다루고 있는 것이 그 자체로 민족적이거나 국제적인 어떤 것은 아니라고 생각합니다. 하지만 민족주의는 거기에 들어오고 있습니다. 왜냐하면 민족국가에 기초한 국제 질서 —베스트팔렌 체계— 가 과거에는 좋건 나쁘건 각국에 들어오는 외부인에 대한 가장 훌륭한 안전장치였기 때문입니다.

그 국제 질서가 폐지되자 공격적이고 팽창적인 전쟁의 길이 열린 것은 의심할 바 없습니다. 미국이 베스트팔렌 질서를 비난하는 것은 그 때문입니다.

민족주의에 대한 대안인 국제주의는 어려운 일입니다. 그것은 국제 노동자 운동에서 과거에 그랬듯이 실천적 목적을 위한 정치적으로 공허한 구호이거나—그것이 특별한 의미는 없었습니다—로마 가톨릭교회나 코민테른처럼 강력하고 중앙집권적인 조직의 통일성을 보장하기 위한 수단입니다. 가톨릭 신자에게 국제주의는 그가 누구든 어디에 있든 같은 교의를 믿고 같은 미사에 참여한다는 것입니다. 이론적으로는 공산당들에도 같은 셈입니다. 이것이 실제로 어느 정도인지, 어떤 단계에서 일어나지 않는지는—가톨릭교회에서조차—또 다른 문제입니다. 이것이 우리가 '국제주의'를 가지고 말하고자 하는 것의 실제는 아닙니다.

민족국가는 모든 국내외적인 정치적 결정의 틀이었고, 지금도 그러합니다. 아주 최근까지 노동운동의 활동은—실제로 모든 정치 활동이—거의 전적으로 국가의 틀 내에서 이루어졌습니다. 유럽연합 내에서조차 정치는 여전히 민족적 관점의 틀을 가지고 있습니다. 다른 말로 하자면 초민족적 권력이 작동하지 않고 있습니다. 분리된 국가들이 동맹을 맺고 있을 뿐이지요. 국가의 경계를 넘어 확산된 광신적인 근본주의 이슬람이 예외일 수는 있지만, 이것이 그런지는 아직 실제로 입증되지 않았습니다. 예전에 이집트와 시리아 사이에 있었던 것처럼 범아랍 초국가의 시도는 현존 국가—예전의 식민지—의 경계가 지속되었던 까닭에 좌초했습니다.

그렇다면 민족국가의 경계를 넘어서려는 어떤 시도에도 고유한 장애물이 있다는 것입니까?

경제적으로 볼 때 그리고 다른 대부분의 측면에서—어느 정도까지는 문화적으로도—커뮤니케이션 혁명은 진정한 국제 세계를 창출했으며, 여기에는 초국적인 결정권, 초민족적인 활동 그리고 물론 이전보다 훨씬 쉬워진 초민족적일 수 있는 사상, 커뮤니케이션, 사람들의 이동이 있습니다. 언어문화조차 이제는 국제 커뮤니케이션 언어에 의해 보충되고 있습니다. 그러나 정치에서는 이러한 일이 일어나고 있다는 징후가 전혀 없습니다. 그 이유 가운데 하나는 20세기에 정치가 상당한 정도로 민주화되었기 때문입니다. 보통 사람으로 이루어진 대중이 정치에 참여하고 있는 것입니다. 그들에게 국가는 통상적인 일상의 활동과 자신들의 삶의 가능성에 핵심적입니다. 주로 지난 30~40년 동안 탈중앙집권화를 통해 국가를 내적으로 깨려는 시도가 있었고, 몇몇 시도는 어느 정도 성공을 거두었습니다. 확실히 독일에서는 몇몇 측면에서 탈중앙집권화가 성공적이었으며, 이탈리아에서는 지방주의가 실제로 이점을 가졌습니다. 그러나 초민족적 국가를 건립하려는 시도는 이루어지지 않았습니다. 유럽연합은 명백한 예입니다. 어느 정도까지 유럽연합은 그것을 창립한 사상가들이 민족국가와 비교해서 오직 더 크기만 한 초국가라는 관점을 가졌기 때문에 불리한 조건 아래에서 세워졌습니다. 반면에 제 생각에는 그럴 가능성이 없었고 지금은 확실히 가능성이 없습니다. 유럽연합은 유럽 내의 특유한 반응입니다. 중동과 그 밖의 지역에서 초민족 국가의 징후가 몇 차례 있었지만, 유럽연합은 어쨌거나 성공한 유일한 것입니다. 예를 들어 남아메리카에서 일어나고 있는 더 커다란 연합이 성공할 가능성은 없다고 봅니다. 나는 성공하지 못한다는 데 걸겠습니다.

그렇다면 이 모순에 풀리지 않은 문제가 남아 있습니다. 한편으로 초민족적 실체와 실천이 있습니다. 이는 국가를 공허화하는 과정 속에 있는데, 아마도 국가가 붕괴하는 지점에까지 이를 것입니다. 그러나 이러한 일이 일어난다면—당장 벌어질 일은 아니며, 선진국에서도 마찬가지입니다—과연 누가 국가만이 수행해온 재분배와 그 밖의 기능을 담당하겠습니까? 지금 보이는 것은 일종의 공생과 갈등입니다. 이것이 오늘날 어떤 종류의 대중 정치든 지니고 있는 기본적인 문제 가운데 하나입니다.

민족주의는 분명히 19세기와 20세기 대부분의 기간에 커다란 정치적 추동력이었습니다. 오늘날의 상황은 어떻게 보십니까?

역사적으로 볼 때 민족주의가 전통적인 신정국가나 왕조 국가와는 다른 형태의 정당성을 필요로 하는 근대국가 형성 과정에서 상당한 부분을 차지한 것은 의심할 바 없습니다. 민족주의의 원초적 관념은 더 큰 국가의 창출이었으며, 저는 이 통일과 확장의 기능이 매우 중요하다고 봅니다. 프랑스대혁명이 전형적인데, 1790년에는 이렇게 말하는 사람들이 등장했습니다. "우리는 더 이상 도피네 사람도 남부 사람도 아니다. 우리는 모두 프랑스 사람이다." 더 나중 단계인 1870년대 이후 이 국가들 내에서 독립국가를 요구하는 집단의 운동을 볼 수 있습니다. 물론 이것이 자결이라는 윌슨적인 계기를 낳았습니다. 다행히도 1918~19년에는, 그 후에는 완전히 사라져버린 어떤 것, 즉 소수민족 보호에 의해 어느 정도 교정되었지만 말입니다. 이 새로운 민족국가들 가운데 어느 것도 실제로는 에스닉적으로나 언어적으로 동질적이지 않다는 것이 받아들여졌습니다. 비록 민족주의자들에 의해 받아들여진 것은 아니지만 말입니다. 그러나 제2차 세계대전 이후 의도적이면서도 강제적인 에스닉 동질성 창출과 함께 공산주의자뿐 아니라 모두가 기존 배치가 지닌 약점에 대해 이야기했습니다. 이것은 엄청난 고통과 잔학 행위를 불러왔으며, 장기적으로 볼 때 현실성이 없었습니다. 그럼에도 그 시기까지 분리주의 유형의 민족주의는 어느 정도 잘 작동했습니다. 그것은 제2차 세계대전 이후의 탈식민화에 의해 강화되었는데, 탈식민화는 그 본질상 그렇듯이 많은 국가를 창출했습니다. 그리고 그것은 20세기 말에 소비에트 제국의 붕괴로 더욱 강화되었습니다. 이것은 또한 식민지에서와 마찬가지로 새로운 독립 소국(mini-separate state)들을 창출했는데, 실제로 이 가운데 다수는 분리하기를 원하지 않았습니다. 그 나라들은 역사의 힘에 의해 그들에게 강제된 독립을 맞은 것입니다.

1945년 이래 크게 증가한 독립 소국의 기능이 바뀌었다고 생각합니다. 첫째로, 이 국가들은 현존하는 것으로 인정받고 있습니다. 제2차 세계대전 이전에 안도라와 룩셈부르크 그리고 그 밖의 소국들은 우표 수집가를 제외하면 국제 체제의 일부로 인정받지조차 못했습니다. 바티칸시국만큼 작은 모든 곳이 새로운 국가이며 잠재적으로 유엔 회원국이 될 수 있다는 생각은 새로웠습니다. 힘이라는 관점에서 이 나라들이 전통적인 국가의 역할을 할 수 없다는 것 또한 분명합니다. 이들은 다른 국가들과 전쟁을 수행할 능력이 없습니다. 이들은 잘해봐야 금융 낙원이거나 초국가적 의사 결정자들에게 유용한 기반일 뿐입니다. 아이슬란드는 좋은 예입니다. 스코틀랜드도 별반 다르지 않습니다.

민족을 민족국가로서 창출한 역사적 기능은 더 이상 민족주의의 기초가 아닙니다. 말하자면 그것은 더 이상 확고한 구호가 아닙니다. 그것은 한때 다른 정치적 단위나 경제적 단위에 맞서 공동체를 창출하거나 조직하는 수단으로서 효과적이었을 것입니다. 그러나 오늘날 민족주의 내에 있는 외국인 혐오증이라는 요소는 점차 중요해졌습니다. 정치가 더 민주화될수록 외국인 혐오증의 잠재력은 더 커집니다. 지금 외국인 혐오증의 원인은 그 전보다 훨씬 커졌습니다. 이것은 정치적인 게 아니라 문화적인 것이지만 ─ 최근에 잉글랜드 민족주의나 스코틀랜드 민족주의가 발흥하는 것을 보십시오 ─ 덜 위험한 것은 아닙니다.

파시즘도 그런 외국인 혐오증을 포함하지 않았습니까?

파시즘은 여전히 어느 정도까지는 큰 민족을 창출하려는 추동력의 일부였습니다. 이탈리아 파시즘이 칼라브리아 사람과 움브리아 사람을 이탈리아 사람으로 바꾸는 데 커다란 족적을 남겼다는 것은 분명합니다. 독일에서조차 1934년이 돼서야 독일 사람들이 독일 사람으로 규정되었습니다. 이들은 슈바

벤 사람, 프랑크 사람, 작센 사람이었기 때문에 독일 사람이 아니었습니다. 분명히 독일 파시즘과 중·동부 유럽의 파시즘은 외부인에 대해 격렬하게 반대했습니다. 유대인만은 아니지만 주로 유대인에 대해 격렬하게 반대했습니다. 물론 파시즘은 외국인 혐오 본능에 대한 보증을 별로 제공하지 않았습니다. 과거의 노동자 운동이 지닌 커다란 이점 가운데 하나는 그런 보증을 제공했다는 것입니다. 이런 점은 남아프리카공화국에서 아주 분명했습니다. 평등과 차별 없는 세상에 대한 전통적 좌익 조직들의 헌신이 없었다면 아프리카너들(남아프리카공화국 내의 백인들)에게 복수하려는 유혹을 거부하기가 어려웠을 것입니다.

선생께서는 민족주의가 지닌 분리주의적이고 외국인 혐오적인 동학을 강조해왔습니다. 이것을 주요한 사태가 아니라 세계 정치의 주변부에서 작동하고 있는 것으로 보십니까?

그렇습니다. 비록 남동부 유럽처럼 이것이 커다란 해악을 끼치는 지역들이 있기는 하지만, 그렇다고 생각합니다. 물론 여전히 민족주의 — 혹은 애국주의나 반드시 에스닉으로 규정되지 않는 특정 사람들과의 동일시 — 가 정부에 정당성을 부여하는 거대한 자산이기는 합니다. 중국의 경우 이 점이 분명합니다. 인도가 지닌 문제 가운데 하나는 이런 것이 없다는 점입니다. 미국은 분명히 에스닉 단일성을 지니고 있지 않지만, 강한 민족주의 감정을 지닌 것은 분명합니다. 잘 작동하는 많은 국가들에는 그러한 감정이 남아 있습니다. 대규모 이민이 과거보다 오늘날 더 많은 문제를 일으키는 것은 바로 이 때문입니다.

수많은 새로운 이주자들이 유럽연합과 미국으로 오고 있는 오늘날, 이민 노동으로부터 나오는 사회적 동학이 앞으로 어떠할 것이라고 보십니까? 아메리카의 경우와 유사하

게 유럽에서 또 다른 도가니(melting pot)가 점진적으로 출현하리라고 보십니까?

그러나 미국에서는 도가니가 1960년대에 기능을 멈추었습니다. 게다가 20세기 말의 이민은 이전 시기의 이민과 실제로 아주 다릅니다. 왜냐하면 이민을 하더라도 예전만큼 과거와 더 이상 단절하지 않기 때문입니다. 사람들은 동시에 두 개, 심지어 세 개의 세계에서 삶을 지속할 수 있으며, 두 개 혹은 세 개의 서로 다른 장소와 동일시할 수 있습니다. 미국에 살면서도 계속해서 과테말라 사람일 수 있습니다. 또한 실제로 이민이 동화 가능성을 유발하지 못하는 유럽연합과 같은 상황도 있습니다. 영국으로 온 폴란드 사람은 일하러 온 폴란드 사람이라는 것 말고는 달리 생각되지 않습니다.

이것은 제 세대 사람들이 경험한 것 — 저는 아니었지만 정치적 망명자의 경험 — 과 다른, 아주 새로운 것입니다. 이 속에서 어떤 가족이 영국인이기는 하지만 문화적으로는 계속해서 오스트리아 사람이거나 독일 사람이었습니다. 그럼에도 진짜로 영국 사람이 되어야 한다고 믿었습니다. 후일 이들이 자기 나라로 돌아갔을 때조차 과거와 같지 않았습니다. 무게중심이 바뀐 것입니다. 언제나 예외가 있기는 합니다. 〔런던 북서부의〕 월스든 지역에서 50년 동안 살았던 시인 에리히 프리트는 실제로는 독일에서 살고 있었습니다. 나는 동화의 기본적인 규칙을 유지하는 게 핵심이라고 믿습니다. 특정 나라의 시민은 특정 방식으로 행동해야 하며 특정한 권리를 지닌다는 것 그리고 이것들이 그 사람들을 규정해야 한다는 것, 이것은 다문화의 증식에 의해 약화되어서는 안 된다는 것 등입니다. 상대적으로 말하자면, 프랑스는 미국만큼이나 해외 이민자를 통합했으며, 이곳에서 지역 주민과 예전 이민자 사이의 관계는 확실히 더 좋습니다. 이것은 프랑스공화국의 가치가 본질적으로 평등이라는 것, 공적으로 예외가 없다는 것 때문입니다. 사적으로 무엇을 하든 — 19세기 아메리카에서도 그러했습니다 — 공적으로 이 나라는 프랑스어를 사용하는 나라입니다. 진정한 어려움은 이민자에게 있는 것이 아니라 지역 주민에게 있습니다. 이 새로운 이민이 심각한 문제를 일으키는 곳은 예전에 외국인 혐오 전통이 없던 이탈리아와 스칸디나비아 같은 곳입니다.

오늘날 종교 ─복음주의이건 가톨릭이건 수니파이건 시아파이건 네오힌두이건 불교이건 간에 ─가 여러 대륙에서 아주 강력한 힘을 가진 채 복귀했다는 견해가 확산되어 있습니다. 이것을 근본적인 현상이라고 보십니까? 아니면 표면적인 일시적인 현상이라고 보십니까?

종교 ─ 생활의 의례화로서, 정신이나 생활에 영향을 끼치는 비물질적 실체에 대한 믿음으로서 그리고 최소한 공동체의 공통의 유대로서 ─가 전 역사에 걸쳐 광범위하게 퍼져 있었기 때문에 종교를 표면적인 현상이나 사라질 운명을 지닌 현상으로 간주하는 건 잘못일 것입니다. 최소한 가난하고 취약한 사람들, 즉 종교의 위안을 좀 더 필요로 하고 세상이 왜 이렇게 돌아가는지에 대한 잠재적인 설명을 필요로 하는 사람들 사이에서는 그러할 것입니다. 실제적인 목적을 가지고는 있지만 우리가 종교로 간주하는 것에 걸맞은 어떤 것을 결여하고 있는, 중국과 같은 지배 체계가 있습니다. 그런 걸 보면 (종교가 표면적이고 사라질 운명을 지녔다고 보는 게) 가능합니다. 그러나 제 생각에 전통적인 사회주의, 공산주의 운동의 실수 가운데 하나는 종교를 폭력적인 방식으로 절멸시키지 않는 게 더 나았다고 생각되었을 때 그렇게 한 것입니다. 이탈리아에서 무솔리니가 몰락하고 난 다음에 있었던 가장 흥미 있는 변화 가운데 하나는 톨리아티가 가톨릭을 더 이상 적대시하지 않았다는 것입니다. 아주 올바른 일이었습니다. 그러지 않았다면 1940년대의 공산당은 14퍼센트의 가정주부 표를 얻지 못했을 것입니다. 이로 인해 이탈리아 공산당은 레닌주의 전위 정당에서 대중 계급정당 혹은 인민의 당으로 성격이 바뀌었습니다.

다른 한편으로 종교가 더 이상 공적 담론의 보편적인 언어가 아니라는 것은 사실입니다. 이럴 정도로 세속화는 전 지구적 현상입니다. 비록 세속화가 세계의 일부 지역에서만 조직화된 종교의 뿌리를 잘라냈을 뿐이지만 말입니다. 유럽에서 이 일은 여전히 진행 중입니다. 왜 이런 일이 미국에서는 일어나지 않는지는 분명하지 않지만, 세속화가 지식인과 종교를 필요로 하지 않는 사람들 사이에서 상당한 정도로 확고하다는 것은 분명합니다. 계속해서 종교적이고자 하는 사람들은 이제 두 가지 담론의 언어가 있다는 사실에 정신분열증을 앓고 있습니다. 이런 것을 요르단 강 서안에 사는 근본주의 유대인에게서 볼 수 있습니다. 이들은 분명히 말도 안 되는 것을 믿고 있으면서, IT 전문가로 일하고 있습니다. 현재의 이슬람 운동은 주로 이와 비슷한 젊은 과학·기술자와 전문가로 이루어져 있습니다. 종교적 실천은 분명히 극심하게 변화할 것입니다. 하지만 그런 변화가 실제로 세속화를 가속화할지는 분명하지 않습니다. 예를 들어 서방의 가톨릭에서 일어난 주요한 변화—즉 여성이 성적 규칙을 지키기를 거부하는 것—가 실제로 가톨릭 여성 신자 수를 얼마나 줄일지 나로서는 알 수 없습니다.

물론 계몽사상 이데올로기의 쇠퇴로 인해 종교적 정치와 종교적 판본의 민족주의가 지닐 수 있는 정치적 범위가 훨씬 커졌습니다. 그러나 모든 종교가 크게 발흥했다고 생각하지 않습니다. 많은 경우 분명히 쇠퇴하고 있습니다. 로마 가톨릭은, 라틴아메리카에서조차 복음주의 프로테스탄트파의 발흥에 맞서 힘들게 싸우고 있습니다. 로마 가톨릭은 아프리카에서만 지역의 관습과 전통—나는 이 관습과 전통이 19세기에 만들어진 것이라고 생각합니다—에 양보하는 방식으로 유지되고 있다고 봅니다. 복음주의 프로테스탄트파가 발흥하고 있지만, 이들이 어느 정도 상승 이동을 하는 소규모 분파—잉글랜드의 비국교도들이 그러했던 것처럼—이상이 될지는 분명하지 않습니다. 또한 이스라엘에 해가 되고 있는 유대 근본주의가 대중적 현상인지도 명확하지 않습니다. 이러한 흐름의 한 가지 예외는 이슬람입니다. 이슬람은 지난 몇 세기 동안 실제적인 전도 활동 없이도 꾸준히 확대되어왔습니다. 이슬람 내에서 칼리프 체제를 복원하자는 현재의 군사주의 운동과 같은 흐름이 행동주의 소수파 이상을 대표하는지는 분명하지 않습니다. 하지만 이슬람은 더 팽창할 수 있는 커다란 자산을 지니고 있는 것으로 보입니다. 그것은 주로 가난한 사람들에게 그들이 다른 이들과 마찬가지로 훌륭하다는 감정과 모든 이슬람 신자는 동등하다는 감정을 심어주기 때문입니다.

기독교에 대해서도 마찬가지로 말할 수 있겠습니까?

그러나 기독교인은 자신이 다른 기독교인들과 다르지 않다고 믿지 않습니다. 기독교도 흑인들이 기독교도 식민주의자들과 다르지 않다고 생각하지 않을 것이라고 봅니다. 반면에 이슬람 교도 흑인들은 그렇게 생각합니다. 이슬람의 구조는 좀 더 평등하며, 군사적 요소도 더 강합니다. 이슬람 교도 노예들이 계속해서 반란을 일으키자 브라질의 노예무역 업자들이 이들을 더 이상 수입하지 않았다는 내용을 읽은 것이 기억납니다. 우리가 서 있는 지점에서 볼 때 이러한 매력은 상당한 위험을 지니고 있습니다. 어느 정도는 이슬람교가 가난한 사람들이 평등에 대한 다른 종류의 호소에 덜 반응하게 만듭니다. 이슬람 세계의 진보주의자들은 처음부터 대중을 이슬람교에서 떼어낼 방법이 없다는 것을 알았습니다. 터키에서조차 이들은 일종의 타협을 해야 했습니다. 아마 그곳이 이러한 방식이 성공한 유일한 장소일 것입니다. 다른 곳에서는 민족주의 정치에서 종교가 정치의 한 요소로 부상한 것이 아주 위험한 일입니다. 인도 같은 곳에서 이것은 매우 강력한 중간계급적 현상이며, 놀라운 일입니다. 왜냐하면 민족지원병군단(RSS) 같은 전투적이고 유사 파시스트적인 엘리트 및 조직과 연결되어 있고, 따라서 반무슬림 운동으로 쉽게 동원될 수 있기 때문입니다. 다행히도 인도 정치에서 보이는 상층의 세속화는 그 운동의 진전을 막고 있습니다. 인도의 엘리트가 반종교적인 게 아니라, 네루의 기본 사상이 세속 국가였습니다. 이 세속 국가에서 종교는 분명히 곳곳에

스며들어 있기는 하지만 — 인도의 그 누구도 다르게 생각할 수 없었으며, 달라지기를 바랄 수 없었습니다 — 세속적인 시민사회의 가치가 우월하기 때문에 제한당하는 것입니다.

제2차 세계대전 이전에는 과학이 좌파 문화의 중심적인 일부였지만, 이후 두 세대 동안 마르크스주의적 사고와 사회주의 사고에서 그것은 실질적으로 주도적인 요소가 아니었습니다. 환경 쟁점이 두드러지게 성장함으로써 과학과 급진 정치가 다시 만나게 되리라고 보십니까?

급진적 운동이 과학에 관심을 가질 것이라고 확신하고 있습니다. 환경이나 다른 관심에 의해 과학이나 문제에 대한 합리적인 접근법에서 도피하는 것을 막아내는 합당한 이유들이 생산되고 있습니다. 그러한 도피는 1970년대와 1980년대에 아주 널리 퍼지기 시작했습니다. 그러나 과학자들과 관련해서 보자면, 그러한 일이 일어나리라고 보지 않습니다. 사회과학자들과 달리 자연과학자들을 정치로 지향시키는 것이 없습니다. 역사적으로 말하자면, 이들은 대부분의 경우에 비정치적이거나 자기 계급의 표준적인 정치적 견해를 가지고 있었습니다. 예외가 있습니다. 요컨대 19세기 초 프랑스의 청년들 사이에서 그런 일이 있었고, 1930년대와 1940년대에 아주 두드러졌습니다. 그러나 과학자들이 자신들의 작업이 사회에 점차 핵심적인 것이 되고 있음을 인식한 데 근거했기 때문에 이것들은 특별한 경우입니다. 사회에서는 그것을 인식하지 못했습니다. 이것을 다룬 중요한 작업이 버널(J. D. Bernal)의 『과학의 사회적 기능』(*The Social Function of Science*)입니다. 이 책은 다른 과학자들에게 큰 영향을 끼쳤습니다. 물론 히틀러가 과학자들이 대변한 모든 일들을 계획적으로 공격한 것이 도움이 되었습니다.

20세기에는 자연과학이 발전의 중심이었지만, 21세기에는 생명과학이 중심을 차지하고 있습니다. 생명과학은 다른 과학에 비해 인간 생명에 더 밀접하기 때문에 정치화할 요소가 더 많습니다. 그러나 확실히 반대 요인도 있습니다. 점차 과학자들은 개인으로서나 과학 조직 내에서나 자본주의 체계에 통합되어왔습니다. 40년 전에는 유전자에 관한 특허에 대해 이야기하는 게 상상할 수 없는 일이었습니다. 오늘날 누군가는 백만장자가 되는 꿈을 지니고 유전자에 대한 특허를 내고 있으며, 이로 인해 다수의 과학자들은 좌파 정치에서 떨어져나갔습니다. 여전히 과학자들을 정치화하는 한 가지는 과학자들의 작업에 개입하는 독재 정부나 권위주의 정부에 맞서는 투쟁입니다. 소련에서 있었던 가장 흥미로운 현상 가운데 하나는 소련 과학자들이 어느 정도의 시민권과 자유라는 특권을 누렸기 때문에 이들이 정치화될 수 있었다는 것입니다. 그렇지 않았더라면 수소폭탄을 만드는 충성스러운 제작자들이었을 사람이 반체제 지도자들이 되었던 것입니다. 이런 일이 다른 나라에서도 일어날 수 있습니다. 지금 많은 나라에서 그러지는 않을 것이지만 말입니다. 물론 환경은 많은 과학자들을 동원할 수 있는 쟁점입니다. 기후변화를 둘러싼 대중적인 운동의 발전이 있다면, 분명히 전문가들은 주로 아무것도 모르는 사람과 반동들에 맞서 개입하게 될 것입니다. 따라서 모든 것을 잃어버리지는 않았습니다.

역사학의 문제로 돌아가죠. 애초에 어떤 생각으로 『원초적 반란』(Primitive Rebels)에서 초기적 형태의 사회운동이라는 주제를 다루셨습니까? 얼마나 일찍 그에 대한 계획을 가지고 있었나요?

그것은 두 가지에서 발전한 것입니다. 나는 1950년대에 이탈리아를 여행하면서 상궤를 벗어난 현상들을 발견했습니다. 남부의 당 지부들이 여호와의 증인 신자를 당 서기로 선출한 것 같은 일들이죠. 사람들이 근대적인 문제에 대해 사고하기는 했지만, 우리가 사고하던 관점에서 그러지는 않았던 것입니다. 두 번째로, 특히 1956년 이후 그것은 우리가 발전시켜온 노동자계급 대중

운동에 관한 단순화된 생각에 대해 전반적인 불만을 표현했습니다. 『원초적 반란』에서 나는 표준적인 독해에 대해 전혀 비판적이지 않았습니다. 그와는 반대로 이런 다른 운동들이 조만간 근대적인 어휘와 제도를 수용하지 않는다면 실패하리라는 점을 지적했습니다. 그럼에도 이런 다른 현상들을 무시할 수 없다는 것이 점차 분명해졌습니다. 즉 이러한 일들이 어떻게 돌아가는지를 알아야 한다는 것이지요. 나는 이런 종류에 대한 일련의 묘사, 사례 연구 등을 했으며, "이런 일들은 적합하지 않다"고 말했습니다. 이로 인해 나는 근대적인 정치 어휘, 방법, 제도 등의 발명 이전에도 사람들이 사회관계—특히 힘 있는 사람과 힘 없는 사람 사이의 관계, 지배자와 피지배자의 관계—에 대한 기본적인 생각을 포괄하는 정치를 실천하는 방식이 있었으며, 그것은 어떤 논리와 적합한 방식을 가지고 있었다고 생각하게 되었습니다. 그러나 나는 이것을 더 추적할 기회를 가지지 못했습니다. 후일 배링턴 무어 (Barrington Moore)의 『불의』(*Injustice*)를 읽고 나서 그것을 다룰 실마리를 찾았음에도 그러지 못했습니다. 그것은 이전까지 진짜로 해본 적이 없는 어떤 것의 시작이었습니다. 나는 그러지 못한 것이 안타깝습니다. 나는 여전히 뭔가를 해보려는 바람을 지니고 있습니다.

『미완의 시대』(*Interesting Times*)*에서 역사학의 최근 유행에 대해 상당히 유보적인 태도를 취했습니다. 역사학의 풍경이 상대적으로 바뀌지 않았다고 생각하십니까?

나는 1970년대 이래 진행된 역사학과 사회과학의 지적 변화의 규모에 점차 큰 인상을 받고 있습니다. 제 세대의 역사가들, 즉 전반적으로 보아 역사 교육이나 그 밖의 여러 가지를 변화시킨 사람들은 본질적으로 역사학과 사회과학의 영구적인 연관을 수립해서 상호 생산성을 높이는 것을 추구해왔습니

* 에릭 홉스봄 지음, 이희재 옮김, 『미완의 시대』, 민음사, 2007.

다. 이러한 노력은 1890년대까지 거슬러 올라갑니다. 경제학은 다른 길을 걸었습니다. 우리는 실제적인 어떤 것, 즉 객관적인 현실에 대해 이야기하는 것을 당연하게 생각했습니다. 물론 마르크스와 지식사회학 이래 진실 그 자체를 기록하지 못한다는 것을 알고 있기는 했지만 말입니다. 그러나 실제로 흥미 있던 것은 사회 변화입니다. 여기에는 대공황이 도움이 되었습니다. 왜냐하면 역사적 변화에서 커다란 위기 — 14세기의 위기, 자본주의로의 이행 — 가 했던 역할에 대한 관심을 다시 불러일으켰기 때문입니다. 이런 관심을 다시 도입한 것은 실제로 마르크스주의자들이 아니었습니다. 그것은 독일의 빌헬름 아벨(Wilhelm Abel)인데, 그는 최초로 1930년대의 대공황의 관점에서 중세의 발전을 재독해했습니다. 우리는 큰 문제들에 관심을 가진 문제 해결 집단이었습니다. 우리가 강등시킨 다른 것들도 있습니다. 우리는 전통주의자들의 상층의 역사 혹은 그런 이유로 사상의 역사에 반대했기 때문에 모든 것을 거부했습니다. 그것이 마르크스주의적 입장만은 아니었습니다. 이것은 독일의 베버주의자들, 마르크스주의적 배경을 가지고 있지 않은 『아날』 학과 출신의 프랑스 학자들이 채택한 일반적인 접근법이었습니다. 또한 미국의 사회과학자들도 독자적인 방식으로 그랬습니다.

1970년대의 어느 단계에서 급격한 변화가 있었습니다. 『과거와 현재』 (Past & Present)에는 1979~80년에 '이야기의 부활'에 관한 나와 로런스 스톤(Lawrence Stone) 사이의 논쟁이 게재되었습니다. '커다란 원인이라는 문제에 어떤 일이 생겼는지'에 관한 것이었습니다. 그 후로 역사가들은 대개 커다란 변화라는 질문은 잊었습니다. 동시에 역사학의 범위가 크게 팽창했습니다. 이제 사람들은 자신이 원하는 어떤 것, 즉 대상, 감정, 실천 등에 대해서 쓸 수 있습니다. 이 가운데 일부는 흥미로운 것이었지만, 사람들이 팬진 (fanzine, 팬클럽 잡지) 역사학이라고 부르는 것이 어마어마하게 증가하기도 했습니다. 이 집단들은 자신들의 집단을 더 나은 존재로 느끼려는 목적을 가지고 씁니다. 그 의도는 사소합니다. 하지만 그 결과가 언제나 사소한 것은 아닙니다. 다른 자리에서 나는 18세기 웨일스의 흑인들에 관한 논문을 게재한 새로운 노동사 잡지를 언급한 적이 있습니다. 이 글이 웨일스의 흑인들에게 어떤 중요성을 지니는가와 상관없이, 그 자체로 특별하게 중요한 주제는 아닙니다. 물론 이것이 지니는 가장 위험한 경우는 민족주의 신화의 발흥입니다. 이 신화는 고유한 민족의 역사를 창조해내야 하는 새로운 국가들이 크게 늘어나면서 생긴 부산물입니다. 이 모든 것에서 가장 커다란 요소는 사람들이 이렇게 말한다는 것입니다. 우리는 실제로 일어난 일에 관심이 없다. 그보다는 우리가 보기에 좋은 것에 관심이 있다. 이것의 고전적인 예는 아메리카 원주민입니다. 이들은 자신들의 조상이 아시아에서 이주해왔다고 믿지 않고 "우리는 계속해서 이곳에 있었다"고 말합니다.

이러한 변화의 상당 부분은 몇 가지 의미에서 정치적입니다. 68혁명이라는 배경을 지닌 역사가들은 더 이상 커다란 문제에 관심이 없습니다. 그들은 거기에 대해서는 이미 대답이 되었다고 생각했습니다. 그들은 자발적이거나 개인적인 측면에 더 많은 관심을 가졌습니다. 『역사 작업장』(*History Workshop*)은 이런 식의 발전이 이룩한 가장 최근의 모습입니다. 나는 새로운 유형의 역사학이 어떤 극적인 변화를 낳았다고 생각하지 않습니다. 예를 들어 프랑스에서 브로델 이후의 역사학은 1950년대와 1960년대 세대에게 빈 곳을 메워주는 게 아닙니다. 경우에 따라 훌륭한 작업이기는 하지만 같은 것은 아닙니다. 나는 영국도 마찬가지라는 생각이 듭니다. 이러한 1970년대의 반동에는 반합리주의와 상대주의라는 요소가 있습니다. 전체적으로 보아 이것은 역사학에 적대적입니다.

다른 한편으로 몇 가지 긍정적인 발전이 있었습니다. 가장 긍정적인 것은 문화사입니다. 우리는 이를 분명히 무시했었습니다. 우리는 역사가 행위자들에게 실제로 어떻게 제시되었는지에 대해 충분히 주의를 기울이지 않았습니다. 우리는 행위자들에 관해 일반화할 수 있다고 가정했습니다. 그러나 인간이 역사를 만든다고 한다면 도대체 인간이 그 실천과 삶 속에서 역사를 어떤 방식으로 만든다는 것입니까? 에릭 울프(Eric Wolf)의 책 『유럽과 역사 없는 사람들』(*Europe and the People without History*)은 이와 관련해서 훌륭한 변화의 예입니다. 지구사에서도 커다란 진전이 있었습니다. 역사가가 아닌 사람들 가운데에서 일반사, 즉 인류가 어떻게 시작되었는가에 대해 커다란 관심이 일었습니다. DNA 연구 덕분에 이제 우리는 지구 곳곳에 인류가 어떻게 정착했는지에 대해 많은 것을 알고 있습니다. 다른 말로 하자면 우리는 세계사에 대한 진정한 기초를 마련한 것입니다. 역사가들 사이에서 유럽 중심적 전통이나 서구 중심적 전통과의 단절이 있었습니다. 또 다른 긍정적인 발전은 주로 미국 역사가들에게서 그리고 부분적으로 포스트 식민지 역사가들에게서 나왔는데, 유럽 혹은 대서양 문명의 특유성과 자본주의의 발흥에 대해 다시 질문하는 것이었습니다. 포머런츠(K. Pomeranz)의 『거대한 분기』(*The Great Divergence*) 등이 그런 예입니다. 근대 자본주의가 인도나 중국이 아니라 유럽의 일부 지역에서 등장했다는 것을 부정할 수는 없지만, 그런 주장은 내게 아주 긍정적인 것으로 보입니다.

아직 탐구되지 않은 토픽이나 영역에서 장래 역사가들에게 주요한 도전을 제기하는 것을 고르라면 어떤 것이 있을까요?

커다란 문제는 매우 일반적인 것입니다. 옛 인류의 기준으로 보자면 인류는 놀라운 속도로 자신의 존재를 변화시켜왔지만 변화의 정도는 아주 다양했습니다. 어떤 때는 천천히 매우 느리게 움직였고, 어떤 때는 매우 빠르게, 어떤 때는 통제되었으며, 어떤 때는 그러지 않았습니다. 분명하게도 이것이 함축하는 것은 자연에 대한 통제이지만, 이것이 우리를 어디로 이끌지를 안다고 말해서는 안 됩니다. 마르크스주의자들은 올바르게도 역사 변화의 원동력으로서 생산양식과 그 사회적 관계의 변화에 초점을 맞추었습니다. 하지만 어떻게 '인간이 자신의 역사를 만드는가'라는 관점에서 생각한다면, 커다란 질문은 다음과 같습니다. 역사적으로 볼 때 공동체와 사회 체계는 미지의 세계로 불안정하게 뛰어드는 것을 방지하는 메커니즘을 만들어내면서, 안정과 재생산을 목표로 했습니다. 외부로부터의 변화의 강제에 저항하는 것은 오늘날 여전히 세계 정치의 주요한 요인입니다. 그렇다면 동적인 발전에 저항하도록 구조화된 인류와 사회가 지속적이고 예측할 수 없는 동적 발전을 본질로 하는 생산양식과 어떻게 양립하는 것일까요? 마르크스주의 역사가들은 유익하게도 변화를 낳는 메커니즘과 거기에 저항하도록 만들어진 메커니즘 사이의 기본적인 모순의 작동을 탐구하려고 했던 것입니다.

〔안효상 옮김〕

제5부
서평

세계경제는 어디로 가는가

미셸 아글리에타, 로랑 베레비의 『세계 자본주의의 무질서』

존 그랄(John Grahl)

2007년 서브프라임 위기가 발생한 후, 특히 위기가 더욱 악화된 2008년 이후 위기에 관한 수많은 분석들이 제시되어왔다. 지난 수십 년간 금융 규제 완화를 찬양하던 사람들까지 위기가 터진 후에는 현명해진 듯한 모습을 보이고 있다. 그러나 위기가 터진 후와는 다르게 위기 전에 이를 예측한 분석은 많지 않았다. 『세계 자본주의의 무질서』(Désordres dans le capitalisme mondial, 2007, 우리말 번역은 도서출판 길, 2009)는 후자의 부류에 속하는 것으로서 위기 발생 전에 세계경제에 대한 종합적인 분석을 통해 지난 몇 년간 세계경제에 긴장을 야기해왔던 문제가 무엇인지 제시했다. 이들에 따르면 그 문제는 미국, 일본, 유로존, 중국 등 세계 4대 주요 세력들이 서로 양립하기 어려운 정책들을 제각기 추진해온 결과다. 따라서 그 문제는 주요 세력들이 협력함으로써만 해결될 수 있다. 여기에 더해 이들은 21세기 세계경제가 오늘날의 신흥국들에 의해 더욱 큰 영향을 받게 될 것이며 그로 인해 다자적 국제 질서가 현재의 불균형 체계를 대체할 가능성이 있다고 주장했다.

현재 파리 제10대학에 적을 두고 있는 미셸 아글리에타(Michel Aglietta)는 『자본주의 조절 이론』(*Theory of Capitalist Regulation*)이라는 책으로 영어권에 잘 알려져 있다. 이 책은 1976년에 처음으로 발표된 것으로(최신판은 2001년에 발간), 프랑스 조절 이론 학파를 태동시킨 중요한 저작이다. 당시 주류 경제 담론은 극단적으로 추상적인 일반균형이론에 의해 지배되고 있었고, 이 이론이 매우 교조적인 방식으로 정책 결정의 지침서 역할을 하고 있었다. 주류 이론과는 대조적으로 아글리에타는 시장 교환을 가능하게 하지만 특정한 역사적 맥락에서는 시장 교환에 한계를 짓기도 하는 정치적 구조와 사회적 제도를 강조했으며, 이후에도 그러한 방향으로 연구를 지속해왔다. 『자본주의 조절 이론』에서 아글리에타는 제2차 세계대전 이후에 들어선 주요 경제 제도와 통제 메커니즘— '축적 체계'와 '조절 양식' 개념—을 분석하고 그것들의 누적되는 효율성 상실 및 그로 인한 위기 경향을 설명했다. 그의 책은 일반적으로 미국인들보다 유럽인들에게 더 잘 수용되었다. 그것은 아글리에타가 미국 경제를 단순화하고 추상화한 것을 유럽인들이 더욱 잘 이해했기 때문이다. 많은 비주류 경제학자들도 이 책을 현대 자본주의 시스템의 동학에 관한 체계적 분석이라며 환영했다. 이전에 알튀세르의 구조주의에 영향받았던 네오-마르크스주의 경제학자들은 조절 이론을 자신들의 분석적 전통이 부활한 것으로 인식했다. 그러나 경제가 결정적인 역할을 한다고 보기보다 "제도가 경제적 변화를 이끈다"고 강조했다는 점에서 아글리에타와 고전적인 구조주의 입장 간에 간극이 존재함을 알 수 있다.

이후 수십 년 동안 그는 통화와 금융 문제에 주로 초점을 맞추면서도 사회인류학, 경제사회학, 경제사도 아우르는 다양한 경제적·사회경제적 분석을 생산해왔다. 그러나 이들 가운데 영어로 번역된 것은 거의 없는 편이다. 영어 사용자들의 편협함으로 인해 그의 작업이 영어권에 잘 알려지지 않은 것은 아쉬운 일이 아닐 수 없다. 왜냐하면 오늘날의 경제학자들 가운데서 그만큼 풍부하고 다양한 분석물을 생산해내는 이가 없기 때문이다. 2000년 이후 발표된 저작 가운데서 셋만 꼽아보자. 우선 『금융자본주의의 표류』(*Dérives du capitalisme financier*, 2004)에서 그는 주주 가치 원칙을 비판하고 IT 버블, 그와 관련된 기업회계 부정 사건 등을 분석했다. 『중국의 강대국화』(*La Chine vers la superpuissance*, 2007)는 이브 랑드리(Yves Landry)와 공저한 책인데, 이 책에서 아글리에타는 중국의 고도 경제성장 현상을 다루면서 중국의 정치적·사회적 특수성을 강조하고 중국이 서구 가치로 쉽게 수렴하지는 않을 것이라고 주장했다. 한편 『폭력과 신뢰 사이의 화폐』(*La Monnaie entre violence et confiance*, 2002)는 아글리에타와 앙드레 오를레앙(André Orléan)이 1982년에 분석했던 화폐의 기원과 성격, 그로부터 이끌어낸 화폐 위기 이론을 수정하여 다시 발표한 것이다.

　1982년에 발표했던 『화폐의 폭력』(*La Violence de la monnaie*)에서 그는 르네 지라르(René Girard)의 기독교적 인류학을 응용하여 분석했으며 이를 통해 자신과 다른 조절 이론 학자들 간에 일정한 차이가 발생했음을 드러낸 바 있다. 한편 시간이 흐름에 따라 조절 이론 학자들의 관심이 다양해지면서 통일적 방법론이 해체되었고, 그러한 의미에서 조절 이론의 정의가 점차 불명확해지게 되었다. 아글리에타가 자본주의 발전의 전체적 동학에 초점을 맞추었다면(자본주의의 동학이 금융 분야에 집중적으로 나타났다는 점에서), 조절 이론의 다른 대표자인 로베르 브와예(Robert Boyer)는 국제 비교 연구에 주력했다. 세 번째로 영향력 있는 조절 이론가인 알랭 리피에츠(Alain Lipietz)는 조절 학파의 주요 관심사에서 멀어져 1999년에는 녹색당의 유럽의회 의원이 되었고, 최근에는 유럽 헌법에 대한 지지를 선언한 바 있다. 그 밖의 다른 주요 연구자들—벵자맹 코리아(Benjamin Coriat)는 노동과정에 관한 조절 이론적 분석을 수행했으며, 파스칼 프티(Pascal Petit)는 '3차 산업화'와 서비스 부문에 대해 연구했고 크리스틴 앙드레(Christine André)와 로베르 들로

름(Robert Delorme)은 국가 개입의 유형에 관해 연구했다──도 핵심적 이론의 정교화보다는 자신들이 주로 관심을 가지는 분야를 연구함으로써 연구 분야를 다양화했다. 제2세대 조절 학파도 다양한 모습을 보이고 있다. 프레데릭 로르동(Frédéric Lordon)은 경제학과 주관성(subjectivity)에 대해, 또한 연기금에 대해 분석했고 브뤼노 아마블(Bruno Amable)은 현대자본주의의 다양성에 대해 분석했다. 실제로 조절 학파는 다양한 연구들을 아우르는 느슨한 연구 집단을 형성하고 있다. 그 이유는 부분적으로 프랑스 경제의 국면 변화와 관련된다. 1970년대에 조절 이론가들은 사회과학의 주류 패러다임을 전복하고 프랑스 공산당의 교조적 마르크스주의에 대안을 제시하는 것을 추구했다. 그런데 1990년대 들어서는 많은 조절 이론가들이 중도 좌파 정치집단에 정책을 제시하는 방향으로 이동했다. 아글리에타, 브와예, 리피에츠 모두 사회당이 집권한 1997년부터 우파 정당인 대중운동연합(Union pour un Mouvement Popluaire, UMP)이 정권을 잡은 2002년 전까지 조스팽 정부 산하 경제분석위원회(Conseil d'analyse économique)에서 활동했다.

『세계 자본주의의 무질서』는 아글리에타가 그루파마 자산운용(Groupama Asset Management)의 감사 시절에 집필한 책이다. 이 회사는 2008년 말 기준 820억 유로 규모의 자산 운용사로서 프랑스의 주요 상호보험 회사인 그루파마의 자회사다. 아글리에타는 이 책을 그루파마 자산운용의 수석 경제학자인 베레비와 함께 저술했는데, 조절 이론의 용어를 사용하지 않았지만 4대 주요 경제 축들의 서로 다른 제도적·사회적·정치적 구조를 분석했다는 점에서 이 책이 그가 과거에 발전시켰던 이론적 틀과 연속성을 가짐을 알 수 있다.

그러나 이 책은 2007년 3월에 출간되었기 때문에 그해에 발생하고 이듬해인 2008년에 매우 악화되었던 서브프라임 위기를 다루지 못했다. 그 대신 서브프라임 위기를 야기한 주요 원인 가운데 하나인 미국의 대규모 경상 적자 문제가 주로 다루어졌다. 이 책은 크게 세 부분으로 나누어진다. 첫 부분은 세계경제가 '새로운 성장 체제'로 진입하게 된 핵심적인 전환점으로 저자들이 판단한 동아시아 위기 이후에 전체 시스템이 어떻게 변했는지 다루었다. 1998년 이후 금융 위기의 충격을 가장 크게 받았던 국가들은 자신들을 외환 위기로 몰아넣고 위기 이후에는 무능력하고 교조적인 IMF의 정책을 수용하게 강요했던 서구 자본에 더 이상 의존하지 않기로 했다. 따라서 이 국가들은 수출 주도 성장 전략을 강력하게 밀어붙여 지속적으로 경상수지 흑자를 내고 그렇게 해서 벌어들인 달러를 선진국으로 순환시키고 있다. 이 순환 구조의 중요한 고리가 중국과 일본을 포함하여 동아시아로부터 유럽연합(EU)과 미국으로 흘러가는 저렴한 수출인데, 바로 이것이 전 세계를 디플레이션 상태로 전환시키는 하나의 요인이 되었다. 디플레이션 상태를 야기한 또 다른 요인은 미국에서, 그리고 미국보다는 덜했지만 EU에서 나타났던 주주 가치 운동의 승리였다. 선진국들에서 주주 가치 원칙이 확립되자 기업들은 고이윤이 기대될 때만 신규 투자에 나서게 되었고, 이로 인해 노동 수요는 위축되었다. 제2차 세계대전 후 수십 년 동안 소비재 생산 기업들은 강력하고 안정적인 시장 지배력을 바탕으로 독점 이윤을 획득했고, 당시의 노동자들은 이들 독점 기업에 압력을 행사해 독점 이윤 가운데 일부를 임금 상승으로 얻어낼 수 있었다. 그러나 현재의 노동자들은 고용 위협에 처해 있기에 그러한 압력을 행사할 수 없다. 이제 노동자들은 생산물 시장에서의 경쟁으로 인해 가격이 하락할 때만 구매력 상승의 혜택을 누릴 수 있게 되었다.

아글리에타와 베레비는 전체적으로 인플레이션 조건에서 디플레이션 조건으로의 전환을 구조적인 변화로 간주한다. 그들은 석유 가격의 상승, 곡물과 다른 1차 산품의 가격 상승이 선진국들에서 인플레적 악순환을 낳지 못했다고 정확하게 주장했다. 그 이유는 힘을 잃은 노동자들이 그러한 가격 상승을 상쇄할 정도의 임금 상승을 얻어내지 못한 채 구매력 상실을 감내했기 때문이다. 그러나 인플레이션 압력의 감소가 결코 경제 안정을 의미한 것은 아니었다. 그와는 반대로 경기변동 방식이 변화했을 뿐이다. 즉 이자율 같은 금융적 요인이 투자 결정에 끼치는 영향력이 줄어들었고, 정확히 그 이유 때문에 금융 불안의 가능성이 높아졌다. 과잉 유동성이 더 이상 인플레이션 압력으로 작용하지 않았지만 자산 가격 상승을 낳게 되었다. 신흥 산업국에서 선진국으로 흘러들어간 자본이 2000년대 초반에 발생한 역사상 가장 심각한 자산 버블 가운데 하나인 IT 버블을 키우는 데 일조했다. 실제로 『세계 자본주의의 무질서』의 첫 부분에서는 1998년 이후 세계경제가 이전과는 구별되는 새로운 시대에 진입했다고 진단했다. 그러한 시대구분의 이유는 우선 많은 국가들이 미국이 자신들에 제시한 정책과 결별함으로써 경제성장 전략이 명백히 미국 지배 아래에 있던 시대가 끝났기 때문이다. 둘째로는 이러한 변화가 거시 경제적 조건에 급진적인 변화를 가져왔기 때문이다.

이 책의 핵심 부분은 세계경제의 4대 주요 경제 시스템인 미국, 일본, 중국, 유로존에 대한 분석으로 이루어져 있다. 이들 간의 상호작용이 세계경제 전체의 움직임을 대부분 결정한다고 볼 수 있다. 이 장들은 독립적으로 각국의 정치경제적 쟁점들을 다루고 있지만 각 시스템들이 채택하고 있는 화폐·금융 정책들이 양립 가능하지 않으며 그로 인해 지속 불가능하다는 것을 종합적으로 보여주고 있다. 미국의 경우 거시 경제 문제는 점증하는 사회·경제적 양극화와 밀접하게 관련된다. 1979~2002년에 납세자 가운데 가장 빈곤한 20퍼센트 계층의 순소득은 전체적으로 4.5퍼센트 정도 증가하는 등 실질적으로 크게 변하지 않았다. 동일한 기간에 가장 부유한 20퍼센트 계층의 순소득은 48.2퍼센트만큼 증가했다. 그 가운데서도 가장 부유한 1퍼센트 계층의 소득은 111.3퍼센트나 증가했다. 부의 분배 상황은 더욱 불평등하다. 상위 1퍼센트가 미국 전체 자산의 3분의 1을 소유하고 있다. 미국 시스템 옹호론자들은 저소득층에서 고소득층으로의 계층 상승 기회가 그러한 불평등을 상쇄한다고 주장한다. 그러나 그러한 주장은 잘못되었다. 사회계층의 이동성은 소득 분배가 평등할수록 높으며 고용 상황이 악화되고 사회보장이 줄어들어 저소득층의 처지가 더욱 어려워질수록 낮다. 부시 행정부 아래에서의 감세는 양극화 경향을 강화했다. 2001~03년에 상위 20퍼센트 계층의 납세액은 평균 3

만 5천 달러 감소했으나 하위 20퍼센트 계층의 납세액은 겨우 27달러 감소했다. 감세에 대규모 군비 지출이 더해져 구조적인 재정 적자가 발생했으며 그로 인해 거시 경제 안정의 임무를 통화정책이 떠안을 수밖에 없었다. 특히 직장을 잃을 경우 대책이 없는 가계가 많았기 때문에 높은 고용수준을 유지하는 것이 정치적으로 매우 중요했다. 아글리에타와 베레비는 높은 고용수준이 유지되어야만 "중산층이 주주 가치의 금융적 논리와 그와 관련된 경제 거버넌스를 수용할 수 있었을 것"이라고 보았다.

미국의 통화정책에 관해 저자들은 앨런 그린스펀 의장 재임 시 미국 연방준비제도이사회가 추구했던 정책 기조가 밀턴 프리드먼이 제시했던 기계적인 인플레이션 억제 원리와 전혀 다른 것이었다고 보았다. 미 연준은 금융시장 붕괴로 통화정책이 효과를 상실하게 되는 디플레이션이 발생할 수 있다고 여겨 금융시장 붕괴를 예방하는 것을 주된 정책 목표로 삼았다. 그리고 이를 위한 정책 수단으로서 성장률, 기업의 수익률, 물가 상승률 등에 대한 시장의 기대를 적절한 방향으로 이끌려는 의도의 발언들을 해왔다는 것이다. 그린스펀은 중국과 다른 아시아 국가로부터 수입하는 저가 제품과 생산성 상승에 기대어 매우 팽창적인 정책 기조를 유지할 수 있었다. 그러나 이러한 체제 아래에서 기업 부채가 점차 증가하여 새로운 불안정의 원인이 되었다. IT 버블 붕괴 이후에는 가계 부채의 급격한 확대만이 미국 경제를 완전고용 상태 근방에서 유지시킬 수 있었다. 즉 저자들이 언급했듯이 "이번에는 부동산 버블이 위험의 진원지가 되었다." 2006년에 미분양 주택이 늘어나고 부동산 가격이 일반적인 건물 가격 대 임대료 비율에 비해 30퍼센트나 하락했다는 점이 부동산 시장에 대한 미 연준의 낙관적 시각에 문제가 있음을 알려준다.

그러나 불안정의 원인에 대한 뛰어난 통찰력에도 불구하고 저자들은 그린스펀과 버냉키의 지도 아래에서의 미 연준이 상황을 통제할 능력을 가지고 있다고 지나치게 낙관적으로 판단했다.

미 연준이 거둔 성과는 감탄할 만하다. 즉 미국 중앙은행은 세계경제 차원에서 거시 경제를 조절할 수 있는 유일한 기관이 된 것이다. 시장에 대한 미 연준의 지배력은 금융 안정을 위해 필수적이다. 금융시장이 완전히 혼란에 빠진 위기의 순간에 미 연준이 전략적인 위험관리를 최우선 과제로 삼지 않았다면 비극적인 금융 위기는 피할 수 없었을 것이다.

돌이켜보면 이러한 판단은 명백히 미국 통화정책에 대해 너무 우호적이었다. 그러나 유럽연합과 유로존에 대한 저자들의 날카로운 비판은 이 책이 발간된 후의 일련의 사건들로부터 평가해볼 때 꽤 정확했다. 유로존은 유럽 건설의 새로운 추동력이 되리라 기대되던 단일 통화가 도입되기 훨씬 전부터, 즉 베를린 장벽이 무너지고 마스트리히트 조약이 채택되었던 1990년대 초부터 만성적인 정체 상태를 보여왔다. 유럽연합 지도층의 핑계는 언제나 '구조적 변화'가 필요하다는 것이었다. 아글리에타와 베레비는 그에 대해 다음과 같이 평가했다.

유로존의 만성적인 정체 상태를 설명하기 위해서 유로존을 지배하는 두 비민주적인 기관들, 즉 브뤼셀의 유럽위원회(European Commission)와 유럽 중앙은행(ECB)은 매우 단순한 이유들을 지속적으로 거론해왔다. 즉 노동시장의 경직성이 경기 침체의 주된 이유라는 설명이다. 자신들의 기득권을 고수하며 '유연성'을 거부하는 노동자들의 이기심이 모든 악의 근원이라는 것이다. 브뤼셀의 주장을 간단히 설명하면, 구조적 개혁이란 사회보장을 해체하는 것을 의미한다. 국제화에 적응하기 위해서는 경제성장의 엔진이었으며 제2차 세계대전 이후 인류 문명의 진보에 유럽이 기여한 성과물인 사회적 진보를 버려야 한다는 것이다. 요약하면 사회적 연대를 버리고 미국의 불평등한 사회 시스템을 받아들여야 한다는 것이다.

유럽연합의 무기력하면서도 교조적인 지도층에 대한 저자들의 설명은 매우 설득력 있다. 저자들의 비판 가운데 특히 거시 경제와 관련된 것 두 가지만 여기에서 언급하도록 하자. 첫째, 그들은 유럽 통화동맹(EMU)을 '거짓' 통화 공동체라고 규정했다. 왜냐하면 EMU는 회원국들이 비대칭적인 경기 상황에 닥쳤을 때 그것을 해결할 수단을 가지고 있지 않은데, 그러한 문제를 해결하지 못하는 공동 통화정책은 심각한 부작용을 낳기 때문이다. 이러한 판단은 이단적인 것도 독특한 것도 아니다. 일반적으로 받아들여지는 통화 공동체 이론에 따르면, 회원국들 간의 경기 상황에 차이(경제학적 용어로는 '비대칭적 충격')가 발생할 때 문제를 해결하는 방식은 재정수입이 넉넉한 회원국에서 어려움을 겪는 회원국으로 재정을 재분배하거나 실업 문제가 심각한 회원국에서 고용이 활발한 회원국으로 노동을 이동시키는 것이다. 두 메커니즘은 모두 미국에서는 잘 작동하고 있지만 유로존에서는 그렇지 못하다. 이로 인해 유로존에서 비대칭적인 경기 상황이 발생하면, 그 해결 방식은 경기 침체가 발생한 나라에서 임금이 하락하는 고통스럽고 비효율적인 것이었다. 1999년 유로화가 도입될 당시 각국 통화의 유로화 전환 비율은 EMU 내에 긴장을 야기하지 않을 수준으로 결정되었다. 그러나 오늘날 경상수지 불균등 문제가 매우 빠르게 불거지고 있다. 한편으로는 독일(오스트리아와 네덜란드도 포함하여)의 경상 흑자가 계속 증가하고 있고, 다른 한편으로는 남유럽 국가들, 특히 스페인, 포르투갈, 그리스 등의 경상 적자가 계속 증가하는 뚜렷한 양극화가 나타나고 있다. 이 책의 발간 이후 이러한 불균등이 더욱 위협적으로 변하고 있다. 적자 국가들은 금융 버블 붕괴로 해외 자금을 조달하는 데 더욱 많은 비용을 치러야 하게 되었고, 그로 인해 소득과 고용이 줄어드는 혹독한 조정 위협을 받고 있다.

둘째, 아글리에타와 베레비가 지적했듯이 유로존은 회원국 전체를 아우르는 재정 정책을 수립할 능력이 없다. EU의 공동 예산은 매우 적고 회원국들의 재정 정책을 조율할 메커니즘은 존재하지 않는다. 현재 작동하고 있는 거시 경제 체제, 즉 안정 및 성장 협약(Stability and Growth Pact)은 재정 정책이 거시 경제에 어떤 어려움을 야기하고 있는지 고려하지 않은 채 매우 단순한 공식에 따라 각국 거시 경제에 긴축적인 압력만 가하고 있다. 그 결과, 회원국들 간에 사회보장 예산 감소, 기업에 대한 세제 혜택 같은 조세 경쟁이 벌어지고 있다. 그러나 저자들에 따르면 이러한 조치들은 유럽 건설을 방해할 뿐이다. 높은 사회보장과 경제성장의 재개가 동시에 이루어져야만 통화 공동체에 대한 유럽인들의 지지를 확보할 수 있다.

한편 일본 경제에 대한 이 책의 논의는 서브프라임 위기 발생 이후에 대해 더욱 시사적이다. 왜냐하면 현재의 경기 침체 상황과 일본 경제를 장기 침체에 빠뜨렸던 1990년대 초 금융 위기 상황을 비교할 수 있기 때문이다. 일본의 금융 위기는 1980년대 자본시장 자유화 직후 흔히 발생했던 위기 공식을 따르고 있다. 해외로부터 저비용의 자본이 들어와 증권 시장과 부동산 시장에서 자산 가격 거품이 형성되는 데 일조했다. 일본이 당시 위기 이후 처하게 된 상황이 현재의 맥락에서 특별히 주목할 만하다. 1990년에 거품이 터졌을 때 은행들은 가치가 크게 하락한 담보를 가진 거대한 부실채권을 떠안게 되었다. 무능력한 정책 당국이 금융 시스템을 안정시키지 못하고 경제활동을 뒷받침하지 못함에 따라 10년 이상 경제성장이 지체되었다. 통화정책이 갑자기 완화되었을 때는 이미 늦은 상태였다. 이자율이 '제로'였음에도 돈을 빌리려는 경제주체가 없었고 가계, 기업, 은행은 모두 빚을 갚아 재무 상태를 개선하기를 원했다. 이러한 상황은 디플레이션에 의해 더욱 악화되었다. 디플레이션이 발생함에 따라 이자율이 '제로'이지만 자본을 투자하는 것보다 그냥 가지고 있는 편이 더욱 이익이었다. 아글리에타와 베레비는 일본의 이러한 상황이 1990년대 초 북유럽 국가들의 빠른 회복과 분명한 대조를 이룬다고 말했다.

북유럽에서는 위기가 즉각 해결되었다. 은행들은 국유화되었고 대규모 재정이 재자본화를 위해 투입되었다. 부채는 정리되었고 은행 장부에서 제거되었다. 따라서 경제주체들이 부채를 축소할 필요성이 줄었고 은행들은 대출을 원하는 사람들에게 다시 대출을 제공하기 시작했으며 그로 인해 소득이 창출되었다. 한편 통화가치가 크게 하락해 수출이 확대되었다.

결국 일본도 외환시장에 대대적으로 개입했다. 이로 인해 엔화 가치가 하락했고 자산 보유자들은 일본의 자산에 투자하면 미래에 이익을 낼 수 있으리라 여겼다. 물론 현재 금융 위기의 규모와 범위가 더욱 커서 매우 잘 수립된 정책이라도 세계경제를 빠르게 회복시키는 것이 가능하지 않을 수도 있지만, 분명히 일본의 사례는 현재의 국제 위기관리에 교훈과 경고를 준다.

아글리에타와 베레비는 일본 경제가 매우 큰 잠재력을 가지고 있다고 보았다. 일본과 유로존 간에는 분명한 유사성이 존재한다. 일본과 유로존 모두 인구 고령화를 겪고 있고 매우 성숙한 산업구조를 가지고 있다. 그러나 일본은 유럽이 가지지 못한 두 가지 이점을 가지고 있다. 첫째, 혁신 활동이 유럽과는 달리 매우 활발하다. 일본은 긴축적인 거시 정책 기조 아래에서도 연구 개발 지출을 줄이지 않았다. 둘째, 일본은 중국의 성장 과정에 긴밀히 결합되어 있다. 이것이 강력하고 지속적인 대외적 자극제가 되고 있다.

중국 자체와 관련해서 이 책에서는 중국의 경제 발전을 가능하게 한 정치적·사회적 조건을 설명하고 그 성과를 평가했으며 미래에 중국이 당면하게 될 문제점들을 제시했다. 중국을 다룬 장에서 아글리에타와 베레비는 지속적으로 정치경제적 자율성이 중요하다는 점을 강조했다. 즉 정치경제적 자율성이 발전을 위해 우선적으로 추진해야 할 정책들을 실제 정책으로 현실화했다는 것이다. 그들은 중앙집권적 계획으로부터의 중국의 전환을 '항구적 개혁'으로 묘사했다. 특정한 부문과 지역을 시작으로 시장 관계가 점진적이고 통제적인 방식으로 도입되었다. 시장이 생산물을 더욱 많이 공급하게 되었지만 국영기업의 생산수준은 유지되었다. 이러한 체제 전환 전략은 이전 소비에트 국가들이 추진했던 전략과 큰 대조를 이룬다. 저자들은 중국의 성장 속도가 놀라울 정도로 빠르지만 다른 한편 자본 집약적이고 수출 주도적인 경제성장 전략이 해안 지역과 내륙 지역 간, 도시 지역과 농촌 지역 간 불평등과 불균형을 낳고 있음도 지적했다.

그들은 또한 미국과 중국 간에 긴장 상태를 야기하고 있는 환율 문제에도 관심을 기울였다. 저자들은 고실업을 막기 위해서 중국은 고성장을 지속해야 하기 때문에 중국 정부가 환율을 계속해서 관리하면서 성급한 자본자유화를 피해야 한다고 결론 내렸다. 대규모 내수 시장을 위한 사회 하부 조직이 아직 존재하지 않기 때문에 수출 주도에서 내수 주도로의 성장 전략의 전환은 매우 서서히 이루어질 것이다. 이 점에서 그들은 중국과 미국 경제 간에 보완성이 있음을 지적했다. 중국이 미국에 지속적으로 대출해준 것은 내수가 부족한 상황에서 수출 부문을 주된 성장 엔진으로 삼을 수밖에 없기 때문이라는 것이다. 향후 환율 통제를 그만두기 위한 또 다른 조건은 변덕스러운 자본 유출입에 잘 대처할 수 있을 정도로 금융 시스템이 발전해야 한다는 것이다. 아글리에타와 베레비는 1990년대 이래 은행 시스템과 감독 기구 성립 과정 등 중국의 금융 개혁 과정을 자세히 설명했다. 그들은 중국 금융 시스템 전체의 안정성을 높이기 위해 채권시장이 확대될 필요가 있다고 제안했다. 그러나 중국이 점차 '미국 모델에 근거한 획일적인 제도적' 틀로 수렴할 것이라는 결론은 조심스럽게 배제한다. 아글리에타와 베레비에 따르면, 중국의 개혁을 이해하는 열쇠는 "어떤 자본주의 유형도 '가장 바람직한 유일한 길'이 아니며 다양한 자본주의 유형이 공존하고 서로 맞서고 있다"는 것이다.

이 책의 마지막 부분에서 아글리에타와 베레비는 세계경제 차원에서 점점 더 심각해지고 있는 불균형 문제에 대해 분석했다. 그 문제는 네 개의 주요 경제 축이 추진하는 전략들이 양립 가능하지 않기 때문에, 또한 그것들을 양립 가능하게 만들 어떠한 효과적인 제도적 압력도 존재하지 않기 때문에 발생했다. 국제적 불균형과 관련해서는 미국의 거대하고 지속 불가능한 경상 적자에 초점이 맞추어져 있다. 이 문제와 관련해 아글리에타와 베레비는 다시 뛰어난 통찰력을 발휘했다. 미국의 경상 적자 문제는 미국 정부의 부채가 증가하기 때문만이 아니라 가계 부채가 점점 더 빠른 속도로 증가하기 때문이라는 것이다. 가계소득에는 변화가 없는데 이자율이 낮은 상황이 지속되면서 가계 부채 증가는 부동산 부문에서 투기적인 버블을 발생시켰다. 저자들은 부동산 자산의 과대평가 정도가 (아마도 2007년 초에) 40~50퍼센트에 달했다고 추정했다. 그 시기에 이르러서는 주택 판매량과 신규 건설 물량이 이미 줄어들고 있었다. 아글리에타와 베레비는 다음과 같이 결론 내렸다. "미국은 곧 장기적인 부동산 하락세를 경험하게 될 상황이었다. 주택의 근본적인 가치를 지키고 주택 가격과 임대료의 붕괴를 막기 위해서는 이자율을 대폭 낮춰야 했을 것이다. 그러나 부동산 버블이 터지고 위기가 터지기 전까지 이러한 전망은 비현실적인 것처럼 보였다." 그 상황에서 "미국 정부가 가계를 대신해서 주요 차입자 역할을 맡기 전에 금융 위기가 터졌다. 어떻게 이미 미국 가계 부채의 40퍼센트를 제공했던 해외 투자자들이 더 이상 위험을 질 수 있었겠는가?"

이런 설명을 통해 저자들은 서브프라임 위기에 대해 자세히 설명하는 대신 핵심적 메커니즘 하나를 정확하게 알려주었다. 또한 이 책의 출간 이후 아글리에타가 위기에 관한 두 권의 책을 더 발표해 그에 관한 최신 견해를 제시하고 있음을 언급할 필요가 있다. 그 책들 가운데 하나는 『위기와 금융 혁명』(*Crise et Rénovation de la Finance*)이라는 매우 긴 분석서이고, 다른 하나는 『위기』(*La Crise*)라는 짧은 책이다. 이 책들에서 아글리에타는 문제 분석에서 더 나아가 기업과 금융 거버넌스 시스템에 대항 장치(countervailing power)를 만들 것을 주장했다. 예를 들어 금융 서비스를 이용하는 가계와 기업들은 자신들이 고스란히 그 결과를 감당해야 할 은행들과 펀드 매니저들의 온갖 관행과 가격 책정 구조에 이의를 제기할 수 있어야 할 것이다.

세계경제에서의 '불균형'의 누적 과정을 분석한 후 이 책에서는 세계경제의 연착륙, 즉 미국의 대외 수지가 지속 가능한 수준으로 점차 되돌아가기 위해 어떤 정책이 시행되어야 할지를 제시했다. 그러나 이러한 제안은 서브프라임 위기 이후 전 세계의 경제가 경착륙하고 있어 그 의미가 다소 퇴색될 수밖에 없다. 그럼에도 불구하고 아글리에타와 베레비의 주장 가운데 두 가지는 여전히 적절하다. 첫째, 저자들은 미국의 경상 적자가 줄어들면 전 세계의 총수요를 유지하기 위해 아시아와 유럽, 특히 이 지역의 선진국들이 팽창 정책을 추진해야 한다고 강조했다. 둘째, 저자들은 미래에 그와 같은 대규모 불균형이 다시 발생하는 것을 방지하기 위해서는 주요 국가들의 경제정책 수립 방식이 현재와 달라져야 한다고 주장했다. "향후 타당한 정책 수립 방식은 세계 성장 체제 전체의 틀 내에서 정책을 사고하는 것이다."

현재의 무질서를 넘어 세계경제 체제의 먼 미래를 내다보면서, 그들은 각국의 경제적 상호 의존성이 더욱 커지고 있지만 주요 경제 블록에서의 정책이 완전히 일방적인 방식으로 결정되고 있다고 주장했다. 여기에서 그들의 분석의 초점은 국제적 불균형을 지속시키는 국제 통화 체제를 겨냥한다. 미국은 기축통화로서의 달러에 기인한 '구조적 이점'을 '의도적으로 이용'하면서도 국제 유동성 관리라는 책임은 거부해왔다. 이러한 상황에서 아시아 국가들은 달러 자본의 유입을 막는 대신, 미국으로 대규모 자본을 유입시켰다. 그러나 아글리에타와 베레비에 따르면, 국제 통화 체제의 개혁을 시장을 통해서는 이룰 수 없다. 그들은 1971년 이후 달러가 독일 마르크화와 유로화에 대해서는 3분의 2, 엔화에 대해서는 4분의 3 정도의 가치 상실을 경험했는데도 각국의 외환 보유고에서 달러가 차지하는 비중은 거의 변화가 없다는 사실을 지적했다. 단지 정치만이 통화 체제를 변화시킬 수 있는 것이다. 그러나 "현재로서는 초국가적인 통화 주권의 개념을 지지하는 어떤 정치 세력이나 영향력 있는 압력단체가 존재하지 않는다." 중국 당국이 최근 달러를 IMF의 특별 인출권으로 대체하겠다는 생각에서 급히 후퇴한 것은 이를 확인시켜준다.

아글리에타와 베레비는 그 대신 유로존을 (불완전하지만) 모델로 하는 강력한 지역 통화 공동체들이 등장할 것으로 보았다. 지역 통화 공동체가 세워지면 회원국들은 달러가 아니라 자신들의 경제 상황을 고려해서 관리되는 지역 통화로 돈을 빌릴 수 있게 된다. 통화 공동체 참가국들은, 아글리에타와 베레비가 보기에 경제성장의 핵심적 요소인 세계시장에의 통합, 즉 무역을 포기하지 않고도 일정 정도의 거시 경제적 독립성을 달성할 수 있을 것이다. 더구나 그러한 체제 아래에서는 국제 자본의 이동이 더욱 이상적인 형태를 띨 수 있다. 즉 부유한 국가로부터 개도국으로 흘러가는 자본이 개도국의 수출 증대보다는 개도국 국민들의 필요를 충족시키는 방식으로 개도국의 성장에 기여하는 것이다. 이러한 유형의 개혁은 현재 제시되고 있는 몇몇 케인스적 방안들과는 달리 국제금융의 상호 의존성을 유지하면서도 이를 더욱 협조적인 방식으로 관리하는 것을 목표로 한다. 물론 이것은 발전도상국이 국제 포럼에서 더욱 강력한 대표성을 갖는 것을 전제 조건으로 한다. 그러나 이 책의 출간 이후 벌어진 일련의 사건들은, 이와 관련해서 볼 때 그리 긍정적이지 않다. EU는 부끄럽게도 헝가리 같은 취약한 회원국들을 지원하지 않기로 결정함으로써 이 국가들이 IMF의 요주의 국가가 되도록 방치했다. 다른 한편 동아시아의 경우 역내 금융거래에서 엔화 사용이 증가하고 있고 향후에는 위안화 사용도 증가할 것으로 예상되는 등 달러 헤게모니에 대해 제한적이지만 실현 가능한 도전을 시도하고 있다.

이 책은 유럽, 특히 프랑스에 대한 정책적 시사점을 모색하는 것으로 결론을 맺고 있다. 아글리에타와 베레비는 프랑스의 경쟁력 하락에 초점을 맞추어 교육과 가족 정책을 개선하여 혁신 능력을 향상시킬 것을 권고했다. 현재 EU 정책의 주된 약점은 이미 언급한 것처럼 회원국의 재정 당국 간에 협조가 부족하다는 점과 더 이상 존재하지 않는 인플레이션 위협을 억제하는 일을 가장 중요한 정책으로 추구하고 있다는 점이다. 유로존의 거시 경제가 자신의 정책에 대해 설명할 의무를 지지 않는 유럽 중앙은행에 의해 좌우된다는 사실이 유럽 공동체 프로젝트의 민주적 정당성을 훼손하고 있다. 또한 노동 유연화를 지속적으로 추구하는 일은 사회적 유럽의 기반을 흔들 뿐 기술 진보나 발전에 아무런 기여도 하지 않는다. 이에 대해 아글리에타와 베레비는 '정치의 우위성'(primacy of politics)을 회원국들이 재인식할 것과 '공유된 주권'(shared sovereignty)에 기반한 공동체를 민주적으로 통제할 것을 요구하고 있다. 그러나 무엇보다 그들은 보호주의로 인한 세계경제의 붕괴와 그로 인한 정치적 반목을 피하고 발전을 계속하기 위해서는 세 주요 축인 미국, 아시아, 유럽 간의 국제적 협조가 필수적임을 강조한다.

이 책에서 아글리에타와 베레비는 세계경제의 현 상황을 종합적으로 분석하고 다자주의적인 미래로 나아가게 해줄 몇 가지 가능한 길을 제시한다. 여러 장에 걸쳐 주주 가치 대두, 국가 간 상호 의존성 증대, 4대 주요 시스템들의 서로 다른 사회·경제적 발전 과정, 미국의 적자와 이와 관련된 위기, 국제금융과 국제 통화 체제 등 현재 논란이 되는 많은 문제들이 잘 요약되어 있을 뿐만 아니라 그에 관한 독창적인 관점들이 제시되어 있다. 거시 경제와 금융 부문에 초점이 맞추어진 까닭에 이 책은 경제 발전과 관련된 다른 중요한 문제들, 예를 들어 경제 발전의 기술적·환경적 측면, 노사 관계에 대한 영향 등은 다루지 못했다. 아마도 이보다 더욱 중요한 한계점은 불균형 상태에 있는 현재와 저자들이 제시하고 있는 다자주의적인 미래 간에 분명한 간극이 존재한다는 점일 것이다. 주요국들의 현 체제를 뒷받침하는 복잡한 정치적·사회적 제도와, 세계경제의 불균형으로부터 가장 크게 이득을 얻고 있는 미국의 헤게모니적 지위가—줄어들고는 있다고 해도—여전히 견고한 상황에서 어떻게 전자에서 후자로 전환할 수 있을지가 분명하지 않다. 그럼에도 불구하고 시종일관 논리적인 분석을 통해 현재 위기를 야기한 주요 메커니즘이 무엇인지를 밝혔으며 미래를 좌우하게 될 몇 가지 주요 문제에 대해 우리의 사고를 자극하는 생각거리를 제공했다는 점에 이 책의 의의가 있다.

〔정세은 옮김〕

제1부 기후변화와 지구 환경

마이크 데이비스, 「전 지구적 차원의 위기, 누가 방주를 만들 것인가」(Who Will
　　Build the Ark)
　　New Left Review 61(2010. 1~2), pp. 29~46.

케네스 포머런츠, 「위기의 대(大)히말라야 수계(水系): 농업 위기, 대형 댐 그리고 환
　　경」(The Great Himalayan Watershed: Agrarian Crisis, Mega-Dams and the
　　Environment)
　　New Left Review 58(2009. 7~8), pp. 5~39.

스벤 뤼티켄, 「비자연적 역사?」(Unnatural History)
　　New Left Review 45(2007. 5~6), pp. 115~31.

제2부 국제 정치경제

수전 왓킨스, 「사막의 모래언덕은 끊임없이 움직인다」(Shifting Sands)

  New Left Review 61(2010. 1~2), pp. 5~27.

타리크 알리, 「오바마의 (중동) 전쟁: 새로운 월스트리트 시스템의 결과」(President
  of Cant)

  New Left Review 61(2010. 1~2), pp. 99~116.

리처드 워커, 「표류하는 황금 주(州), 캘리포니아」(The Golden State Adrift)

  New Left Review 66(2010. 11~12), pp. 5~30.

홍호펑, 「중국은 미국의 집사인가: 지구적 위기 속에서의 중국의 딜레마」(America's
  Head Servant?: The PRC's Dilemma in the Global Crisis)

  New Left Review 60(2009. 11~12), pp. 5~25.

슬라보이 지젝, 「경제의 영구 비상사태」(A Permanent Economic Emergency)

  New Left Review 64(2010. 7~8), pp. 85~95.

제3부 이론과 사상

에마뉘엘 테레, 「법 대(對) 정치」(Law Versus Politics)

  New Left Review 22(2003. 7~8), pp. 71~91.

베네딕트 앤더슨, 「서양 민족주의와 동양 민족주의: 중요한 차이가 있을까」
  (Western Nationalism and Eastern Nationalism: Is there a difference that
  matters?)

  New Left Review 9(2001. 5~6), pp. 31~42.

스튜어트 홀, 「서구 신좌파의 역사」(Life and Times of the First New Left)

  New Left Review 61(2010. 1~2), pp. 177~96.

제4부 대담

에릭 홉스봄, 「혼란스러운 세계: 에릭 홉스봄과의 대담」(Interview: World

Distempers)

New Left Review 61(2010. 1~2), pp. 133~50.

제5부 서평

존 그랄, 「세계경제는 어디로 가는가: 미셸 아글리에타, 로랑 베레비의 『세계 자본주
의의 무질서』」(Review: Measuring World Disorders)

New Left Review 60(2009. 11~12), pp. 133~44.

| 지은이 소개 | (게재순)

마이크 데이비스(Mike Davis)는 1946년 미국 캘리포니아 주 샌버너디노에서 태어났다. 정육점 직원, 트럭 운전수, '민주사회를 위한 학생연대' 등의 일과 학업을 병행하며 정육노조의 장학금으로 캘리포니아 대학에 입학하여 로스앤젤레스 캠퍼스에서 역사학을 공부했다. 1960년대에 민권 운동, 반전운동, 노동운동에 참가한 그는, 현재 캘리포니아 대학 어바인 캠퍼스 역사학 교수로 재직 중이며, 강의를 하면서 노동운동을 계속하고 있다. 또한 1998년 맥아더 펠로십(MacArthur Fellowship)을 수상했고, 게티인스티튜트의 연구원이기도 하다. 1980년 『뉴레프트리뷰』 편집 위원에 참여했으며, 다수 잡지에 고정 필자로 활동하고 있다. 저서로 *City of Quartz: Excavating the Future in Los Angeles*(1990), *Buda's Wagon: A Brief History of the Car Bomb*(2007), 국내에 번역된 『미국의 꿈에 갇힌 사람들』(창비, 1994), 『슬럼, 지구를 뒤덮다』 (돌베개, 2007), 『조류독감』(돌베개, 2008), 『엘니뇨와 제국주의로 본 빈곤의 역사』(이후, 2008), 『제국에 반대하고 야만인을 예찬하다』(이후, 2008), 『자본주의, 그들만의 파라다이스』(공저, 아카이브, 2011) 등이 있다.

케네스 포머런츠(Kenneth Pomeranz)는 1958년에 미국에서 태어나 1988년 예일 대학에서 박사 학위를 받았다. 현재 캘리포니아 대학 어바인 캠퍼스 역사학 교수로 재직하고 있으며, 주요 연구 분야는 중국과 중국경제 문제이다. 저서로 미국역사학회(American Historical Association)가 후원하는 존 K. 페어뱅크 상을 받은 *The Making of a Hinterland: State, Society, and Economy*

388

in Inland North China, 1853~1937(1993)과 *The Great Divergence: China, Europe, and the Making of the Modern World Economy*(2000) 등이 있다.

스벤 뤼티켄(Sven Lütticken)은 1971년 독일 쳄펜(Kempen)에서 태어났다. 암스테르담 자유대학과 베를린 자유대학에서 예술사를 공부했다. 2004년에 암스테르담의 BKVB재단의 예술비평 부문에서 수상했다. 현재 암스테르담 자유대학에서 예술사와 예술비평을 가르치고 있고 *De Witte Raaf*의 편집자이다. *Jong Holland, Artforum, New Left Review, Afterimage, Texte zur Kunst, Camera Austria*와 같은 잡지에 정기적으로 기고하고 있으며, 작가나 게스트 큐레이터로서 전시회에도 참여하고 있다. 저서로 *Life, Once More: Forms Of Reenactment In Contemporary Art*(공저, 2005), *Secret Publicity*(2006), *Idols of the Market: Modern Iconoclasm and the Fundamentalist Spectacle*(2009) 등이 있다.

수전 왓킨스(Susan Watkins)는 노스런던 칼리지어트 스쿨 포 걸스(North London Collegiate School for Girls)와 옥스퍼드 대학에서 수학했고, 현재 『뉴레프트리뷰』의 편집위원으로 활동하고 있다. 저서로 『1968: 희망의 시절 분노의 나날』(공저, 삼인, 2001), 『페미니즘』(김영사, 2007) 등이 있다.

타리크 알리(Tariq Ali)는 1943년 파키스탄 라호르에서 태어났다. 라호르 대학을 다닐 때, 군사독재에 맞서 저항하다 영구 추방되어 영국 옥스퍼드 대학으로 유학을 떠났다. 옥스퍼드 유니언의 회장으로 선출되어 베트남 전쟁 반대시위를 계획하면서부터 정치적 명성을 얻었다. 격동의 시기였던 1960년대를 반전운동가로 활동했으며, 현재 『뉴레프트리뷰』 편집위원으로 있다. 저서로 *The Stone Woman*(2001), *A Sultan in Palermo*(2006), *The Leopard and the Fox*(2007), *The Duel: Pakistan on the Flight Path of American Power*(2008), *Night of the Golden Butterfly*(2010), *The Obama Syndrome: Surrender at Home, War Abroad*(2010), 국내에 번역된 『1968: 희망의 시절, 분노의 나날』(공저, 삼인, 2001), 『근본주의의 충돌』(미토, 2003), 『술탄 살라딘』(미래M&B, 2005), 『석류 나무 그늘 아래』(미래M&B, 2007), 『1960년대 자서전: 열정의 시대 희망을 쏘다』(책과함께, 2008) 등이 있다.

리처드 워커(Richard Walker)는 스탠퍼드 대학을 졸업하고 존스 홉킨스 대학에서 박사 학위를 받았다. 현재 캘리포니아 대학 버클리 캠퍼스 지리학과 교수로 재직하고 있으며, 주요 연구 분야는 도시 지리학, 경제 지리학 및 환경 문제이며, 미국 캘리포니아와 유럽 지역에 관심이 많다. 저서로 *The New Social Economy: Reworking the Division of Labor*(공저, 1992), *The*

Conquest of Bread: 150 Years of Agribusiness in California(2004), *The Country in the City: The Greening of the San Francisco Bay Area*(2008) 등이 있다.

홍호펑(Hung Ho-fung, 孔誥烽)은 홍콩 출신으로 2004년 존스 홉킨스 대학에서 박사 학위를 받았다. 2005년부터 인디애나 대학 사회학과 교수로 재직 중이다. 중국의 경제적 부상의 동학 및 한계, 중국의 부상이 지구적 자본주의에 끼치는 영향, 18세기 이후 중국의 국가형성과 대중저항의 궤적 등을 주제로 활발한 연구 및 저술 활동을 벌이고 있다. 저서로 *China and the Transformation of Global Capitalism*(2009), *Protest with Chinese Characteristics: Demonstrations, Riots, and Petitions in the Mid-Qing Dynasty*(2011) 등이 있다.

슬라보이 지젝(Slavoj Žižek)은 1949년 슬로베니아 수도인 류블랴나에서 태어났다. 대학에서 철학 및 사회학 등을 전공하고, 류블랴나 대학 사회학연구소 연구원을 거쳐 철학박사 학위를 취득했다. 이후 파리에서 라캉 연구로 두 번째 박사학위를 취득했다. 1990년 슬로베니아에서 최초로 자유선거가 시행되었을 때 자신의 생각을 실천에 옮기기 위하여 대통령 후보로 출마하기도 했다. 독일 관념론에 깊은 이해와 관심이 있으며, 칸트에서 피히테, 셸링, 헤겔에 이르는 흐름을 복원하고자 노력한다. 독일 관념론을 되살리기 위한 지적 도구로 이용하는 것은 라캉의 정신분석학이다. 단순한 지식인이라기보다는 실천하는 이론가로서, 매년 2~3권의 책을 출간, 왕성한 집필활동을 하고 있다. 저서로 『삐딱하게 보기』(시각과언어, 1995), 『당신의 징후를 즐겨라』(한나래, 1997), 『향락의 전이』(인간사랑, 2001), 『항상 라캉에 대해 알고 싶었지만 감히 히치콕에게 물어보지 못한 것들』(새물결판사, 2001), 『이데올로기라는 숭고한 대상』(인간사랑, 2002), 『환상의 돌림병』(인간사랑, 2002), 『믿음에 대하여』(동문선, 2003), 『매트릭스로 철학하기』(공저, 한문화, 2003), 『실재계 사막으로의 환대』(인간사랑, 2003), 『진짜 눈물의 공포』(울력, 2004), 『무너지기 쉬운 절대성』(인간사랑, 2004), 『이라크: 빌려온 항아리』(도서출판b, 2004), 『그들은 자기가 하는 일을 알지 못하나이다』(인간사랑, 2004), 『성관계는 없다』(공저, 도서출판b, 2005), 『까다로운 주체』(도서출판b, 2005), 『탈이데올로기 시대의 이데올로기』(철학과현실사, 2005), 『신체 없는 기관』(도서출판b, 2006), 『혁명이 다가온다: 레닌에 대한 13가지 연구』(도서출판 길, 2006), 『부정적인 것과 함께 머물기』(도서출판b, 2007), 『How to read 라캉』(웅진지식하우스, 2007), 『죽은 신을 위하여: 기독교 비판 및 유물론과 신학의 문제』(도서출판 길, 2007), 『전체주의가 어쨌다구?』(새물결판사, 2008), 『라캉과 영화 이론』(공저, 인간사랑, 2008), 『지젝이 만난 레닌: 레닌에게서 무엇을 배울 것인가』(교양인, 2008), 『법은 아무것도 모른다』(공저, 인간사랑, 2008), 『시차적 관점』(마티, 2009), 『우연성, 헤게모니, 보편성』(공저, 도서출판b, 2009), 『잃어버린 대의를 옹호하며』(그린비, 2009), 『오페라의 두 번째 죽음』(공저,

민음사, 2010), 『레닌 재장전』(공저, 마티, 2010), 『민주주의는 죽었는가』(공저, 난장, 2010), 『이웃』(공저, 도서출판b, 2010), 『처음에는 비극으로, 다음에는 희극으로: 세계금융위기와 자본주의』(창비, 2010), 『나눌 수 없는 잔여』(도서출판b, 2010), 『폭력이란 무엇인가』(난장이, 2011), 『전쟁은 없다』(공저, 인간사랑, 2011) 등이 있다.

에마뉘엘 테레(Emmanuel Terray)는 1935년 프랑스에서 태어났다. 파리고등사범학교를 나와 철학 교수 자격 시험에 합격했지만, 클로드 레비-스트로스의 『친족의 기본구조』를 읽고 나서 인류학으로 공부의 방향을 전환했다. 의사이자 인류학자인 피에르 후아르의 지도를 받아 박사학위 논문을 썼다. 그 후 조르주 발랑디에의 강의를 들으면서 인류학과 정치학의 관계에 관심을 두기 시작했다. 1984년 박사 학위 취득 후 논문을 완성한 뒤 파리사회과학고등연구원(EHESS)의 학과장으로 임용되었다가 1986년 발랑디에의 후임으로 아프리카연구센터 및 아프리카사회학·지리학연구소의 소장으로 부임했다. 베를린 대학에 머물며 독일과 중부 유럽, 동부 유럽을 연구했고 프랑스로 돌아온 후 현재 파리사회과학고등연구원 교수로 재직 중이다. 저서로 *Lettres à la fugitive*(1988), *La politique dans la caverne*(1990), *Le troisième jour du communisme*(1992), *Clausewitz*(1999), *Face aux abus de mémoire*(2006), *Combats avec Méduse*(2011) 등이 있다.

베네딕트 앤더슨(Benedict Anderson)은 1936년 중국 윈난(雲南) 성의 쿤밍(昆明)에서 영국계 아일랜드인 아버지와 잉글랜드인 어머니 사이에서 태어났다. 어린 시절 대부분을 베트남인 보모의 손에 자랐으며, 1941년 앤더슨 가족은 미국 캘리포니아로 이주했다. 1957년 영국 케임브리지 대학을 졸업했으며, 1967년 미국 코넬 대학에서 인도네시아 역사에 관한 연구로 박사 학위를 받았다. 1967년부터 코넬 대학에서 정치학과 동남아시아학을 가르쳤으며, 2002년 은퇴하여 현재는 코넬 대학 명예교수로 있다. 그와 더불어 세계적인 학자로 잘 알려진 페리 앤더슨(Perry Anderson)은 그의 친동생이기도 하다. 저서로 '민족주의' 연구에 관해 세계적 명성을 가져다 준 책으로 '민족'을 근대 이후의 정치적 필요에 의해 구성된 '상상된 공동체'라고 규정한 대표작 『상상된 공동체』(도서출판 길, 2011)와 『세 깃발 아래에서: 아나키즘과 반식민주의적 상상력』(도서출판 길, 2009)을 비롯해 *Java in a time of revolution: occupation and resistance, 1944~1946*(1972), *Language and power: exploring political cultures in Indonesia*(1990), *The spectre of comparisons: nationalism, Southeast Asia, and the world*(1998) 등이 있다.

스튜어트 홀(Stuart Hall)은 1937년 자메이카 킹스턴에서 태어났으며, 1951년 영국으로 건너가 옥스퍼드 대학 머튼 칼리지에서 석사 학위를 받았다. 『뉴레프트리뷰』 초대 편집장을 지냈으며, 버밍엄 대학 현대문화연구소장, 영국사회학회 회장 등을 역임했다. 저서로 국내에 번역된 『현대성과 현대문화』(현실문화연구, 1996), 『제3의 길은 없다』(공저, 당대, 1999), 『모더니티의 미래』(공저, 현실문화연구, 2000), 『대처리즘의 문화정치』(한나래, 2007) 등을 비롯해, *The Hard Road to Renewal: Thatcherism and the Crisis of the Left*(1988), *Representation: Cultural Representations and Signifying Practices*(1997) 등이 있다.

에릭 홉스봄(Eric Hobsbawm)은 1917년 이집트 알렉산드리아에서 오스트리아계 어머니와 유대계 아버지 사이에서 태어났다. 고등학교 시절, 스스로를 마르크스주의자로 생각했고, 케임브리지 대학 시절에는 '학생 마르크스주의자들'과 교류하였으며, 공산당원으로 활동했다. 1950년 「페이비언주의와 페이비언들, 1884~1914」로 박사 학위를 받았으며, 1947년부터 런던 대학 버크벡 칼리지 사학과 강사와 교수를 거쳐 1982년 은퇴하였다. 1982년 이후에는 스탠퍼드, MIT, 코넬 그리고 뉴욕신사회연구소 등에서 역사를 가르쳤다. '아래로부터 위로의 역사'라는 시각에서 전체사로서의 역사를 조망함은 물론, 당대의 정치와 경제, 사회와 문화, 예술 등을 자유자재로 넘나들며 활발한 저술활동을 펼친 금세기 최고의 마르크스주의 역사가로 평가받고 있다. 저서로 *How to Change the World: Tales of Marx and Marxism*(2011)을 비롯해, 국내에 번역된 『혁명의 시대』(한길사, 1998), 『자본의 시대』(한길사, 1998), 『제국의 시대』(한길사, 1998), 『극단의 시대』(까치, 1997), 『1780년 이후의 민족과 민족주의』(창비, 1998), 『노동의 세기』(공저, 삼인, 2000), 『아방가르드의 쇠퇴와 몰락』(조형교육, 2001), 『역사론』(민음사, 2002), 『저항과 반역 그리고 재즈』(영림카디널, 2003), 『만들어진 전통』(공저, 휴머니스트, 2004), 『밴디트: 의적의 사회사』(민음사, 2004), 『미완의 시대』(민음사, 2007), 『혁명가: 역사의 전복자들』(도서출판 길, 2008), 『폭력의 시대』(민음사, 2008) 등이 있다.

존 그랄(John Grahl)은 1946년 영국에서 태어났다. 퀸 메리 웨스트필드 칼리지, 런던 메트로폴리탄 대학에서 강의했으며, 현재 미들섹스 대학에서 정치경제학을 가르치고 있다. '유럽대안경제정책 연구집단'(Alternative Economic Policy in Europe)의 회원으로 활동하고 있으며, *New Left Review, Le Monde Diplomatique* 등의 잡지에 경제 관련 글들을 기고하고 있다. 저서로 *After Maastricht: A Guide to European Monetary Union*(1998), *European Monetary Union: Legitimacy, Development and Stability*(2001) 등이 있다.

| 옮긴이 소개 |

공원국은 1974년 경북 안동에서 태어나 서울대 동양사학과 및 같은 대학교 국제대학원(중국지역학)을 졸업했다. 등반장비업체 '산중인'의 대표로, 생활 · 탐구 · 독서의 조화를 목표로 지금까지 10년째 중국의 오지를 여행하고 있다. 현재 티베트와 신장(新疆), 중앙아시아 및 몽골 지역을 포함하는 중앙유라시아의 역사와 지리에 관한 저술과 번역에 몰두하고 있다. 저서로 『귀곡자: 귀신 같은 고수의 승리비결』(공저, 위즈덤하우스, 2008), 『장부의 굴욕: 굴욕에 맞서 승리한 14인의 장부들』(공저, 위즈덤하우스, 2009), 『인물지: 제왕들의 인사 교과서』(공저, 위즈덤하우스, 2009), 『춘추전국 이야기 1~3』(위즈덤하우스, 2010) 등이 있으며, 역서로 『중국을 뒤흔든 아편의 역사』(에코리브르, 2009)가 있다.

김성호는 1964년 서울에서 태어나 서울대 영어영문학과를 졸업하고 같은 대학교 대학원에서 석사 학위를, 버펄로 소재 뉴욕 주립대학 영문과에서 D. H. 로런스 연구로 박사 학위를 받았다. 현재 서울여대 영어영문학과 교수로 재직하면서 영국소설, 영문학사, 문화이론, 비평을 강의하고 있으며, 비평동인지 『크리티카』의 책임 편집위원으로 활동하고 있다. 영국 리얼리즘 및 모더니즘 소설, 낭만주의 시, 한국문학, 마르크스주의, 세계시민주의 등에 관한 글을 썼으며, 영미문학 연구회의 영미문학 번역 평가 사업에 참여했고 마이크 페더스톤, 제임스 페트라스 등의 글과 슬라보이 지젝의 『처음에는 비극으로, 다음에는 희극으로』(창비, 2010)를 번역했다.

서지원은 1980년 서울에서 태어나 서울대 정치학과를 졸업했다. 같은 대학교 대학원에서 「태국 탁신 정부의 빈곤 정책과 그 정치적 동학에 대한 연구」로 석사 학위를 받았으며, 현재 미국 오하이오 주립대학 정치학과에서 인도네시아의 과거청산을 주제로 박사 학위 논문을 준비 중에 있다. 역서로『세 깃발 아래에서: 아나키즘과 반식민주의적 상상력』(도서출판 길, 2009), 『상상된 공동체』(도서출판 길, 2011) 등이 있다.

안효상은 서울대 서양사학과를 졸업하고 같은 대학교 대학원에서 박사과정을 수료했으며, W. E. B. 두보이스에 관한 박사 학위 논문을 준비하고 있다. 현재 성공회대에서 강의하고 있으며, 사회당 대표를 맡고 있다. 「버클리 자유언론운동」 등 1960년대 학생운동에 관한 논문을 썼으며, 저서로『꿈은 소멸하지 않는다』(한겨레출판, 2007)가 있다. 역서로는 『칼 맑스-프리드리히 엥겔스 저작선집』(공역, 박종철출판사, 1997), 『생태제국주의』(공역, 지식의풍경, 2000), 『1968년의 목소리』(박종철출판사, 2002), 『세계를 뒤흔든 독립선언서』(그린비, 2005), 『악의 축의 발명』(공역, 지식의풍경, 2005), 『1960년대 자서전』(책과함께, 2008) 등이 있다.

정대훈은 1973년 충북 청주에서 태어나 서울대 철학과를 졸업하고 같은 대학교 대학원에서 「데카르트에게서 감각과 정념의 문제」로 석사 학위를 받았다. 현재 독일 프랑크푸르트 대학에서 크리스토프 멩케 (Christoph Menke) 교수의 지도 아래 비극, 아이러니, 역사의 개념을 중심으로 헤겔과 니체에게서 근대적 주체성의 재구성이라는 문제로 박사 학위 논문을 쓰고 있다. 역서로는 『데카르트』(궁리, 2001)가 있다.

정병선은 연세대 신문방송학과를 졸업했으며, 현재 번역과 집필, 다큐멘터리 작업 등의 활동을 하고 있다. 편역서로『우리는 어떻게 비행기를 만들었나』(지호, 2003)이 있으며, 역서로『모차르트』(책갈피, 2002), 『벽을 그린 남자, 디에고 리베라』(책갈피, 2002), 『축구 전쟁의 역사』(이지북, 2002), 『렘브란트와 혁명』(책갈피, 2003), 『브레인 스토리』(지호, 2004), 『전쟁과 우리가 사는 세상』(지호, 2004), 『미국의 베트남전쟁』(책갈피, 2004), 『그 많던 지식인들은 다 어디로 갔는가』(청어람미디어, 2005), 『전쟁의 얼굴』(지호, 2005), 『한 뙈기의 땅』(밝은세상, 2006), 『존 리드 평전』(아고라, 2007), 『조류독감』(돌베개, 2008), 『타고난 반항아』(사이언스북스, 2008), 『돼지가 과학에 빠진 날』(김영사, 2008), 『자연과 함께한 1년』(한겨레출판, 2009), 『미래시민 개념 사전』(21세기북스, 2009), 『사라진 원고』(난장이, 2009), 『참호에 갇힌 제1차 세계대전』(마티, 2009), 『현대 과학의 열쇠, 퀀텀 유니버스』(마티, 2009), 『레닌 재장전』(공역, 마티, 2010), 『여자가 섹스를 하는 237가지 이유』(사이언스북스, 2010), 『에너지 위기, 어떻게 해결할 것인가』(도서출판 길, 2010), 『게임 체인지』(컬처앤스토리, 2011), 『건 셀러』(가우디, 2011) 등이 있다.

정세은은 1971년 광주에서 태어나 서울대 경제학과를 졸업했다. 같은 대학교 대학원 경제학과를 거쳐, 2003년 파리 13대학에서 「동아시아 국가들의 환율정책과 균형환율」로 박사 학위를 받았다. 동아시아 국가들의 환율정책, 국제적 불균형, 경제통합을 주된 연구 주제로 다루고 있다. LG경제연구원 책임연구원, 서울시정개발연구원 부연구위원을 거쳐 2004년부터 충남대 경제학과 교수로 재직하고 있으며, 복지국가소사이어티의 정책위원으로도 활동하고 있다. 주요 논문으로 「국제적 경상수지 불균형과 동아시아 국가들의 환율정책」, 「동아시아 실질자본시장 통합과 투자에의 시사점」, 「무역구조가 국제 노동분업, 노동수요구조 및 임금격차에 미치는 영향: 한중 산업 내 무역을 중심으로」, 「한중일 제조업의 전문화 및 집중화 추이」 등이 있다. 저서로 『한국 사회와 좌파의 재정립』(공저, 산책자, 2008)이 있으며, 역서로는 『세계자본주의의 무질서』(공역, 도서출판 길, 2009), 『악의 번영: 비판적 경제 입문서』(공역, 글항아리, 2010) 등이 있다.

진태원은 1966년 서울에서 태어나 연세대 철학과와 같은 대학교 대학원을 졸업했으며, 서울대 철학과 대학원에서 「스피노자 철학에 대한 관계론적 해석」으로 박사 학위를 받았다. 현재 고려대 민족문화연구원 HK연구교수로 있다. 스피노자, 알튀세르 및 현대 프랑스 철학에 관한 논문들을 썼고, 『라깡의 재탄생』(창비, 2002), 『서양 근대철학의 열 가지 쟁점』(창비, 2004) 등을 공동으로 저술했다. 역서로는 『헤겔 또는 스피노자』(이제이북스, 2004), 『스피노자와 정치』(이제이북스, 2005), 『법의 힘』(문학과지성사, 2004), 『마르크스의 유령들』(이제이북스, 2007), 『마르크스주의와 해체: 불가능한 만남?』(공역, 도서출판 길, 2009), 『우리, 유럽의 시민들?: 세계화와 민주주의의 재발명』(후마니타스, 2010) 등이 있다.

홍기빈은 서울대 경제학과를 졸업하고 같은 대학교 대학원 외교학과를 마치고 캐나다 요크 대학 정치학과에서 박사 학위를 받았다. 금융경제연구소 연구위원을 거쳐, 현재 글로벌정치경제연구소 소장으로 재직하고 있다. 저서로 『아리스토텔레스 경제를 말하다』(책세상, 2001), 『투자자―국가 직접소송제: 한미 FTA의 지구정치경제학』(녹색평론사, 2006), 『소유는 춤춘다: 세상을 움직이는 소유 이야기』(책세상, 2007), 『리얼 진보』(공저, 레디앙, 2010), 『자본주의』(책세상, 2010) 등이 있으며, 역서로는 『전 세계적 자본주의인가 지역적 계획경제인가』(책세상, 2002), 『다수 문명에 대한 사유』(책세상, 2005), 『자본의 본성에 관하여』(책세상, 2009), 『거대한 전환: 우리 시대의 정치 · 경제적 기원』(도서출판 길, 2009), 『자본주의: 어디서 와서 어디로 가는가』(미지북스, 2010) 등이 있다. 온라인과 오프라인의 여러 매체에 지구정치경제 칼럼니스트로 정기 · 비정기 기고를 하고 있다. 주요 연구 분야는 지구정치경제와 일본 자본주의의 구조 변화이며, 서구 정치경제사상사에 대한 연구를 병행하고 있다.

하남석은 한국외대 중국어과를 졸업하고 같은 대학교 대학원 중국학과에서 중국 정치경제 전공으로 박사과정을 수료했다. 현재 글로벌정치경제연구소 연구원으로 있으며, 중국의 체제이행과 신자유주의의 문제, 중국의 비판적 지식인 사회와 사회적 모순에 저항하는 대중운동에 관심을 가지고 연구하고 있다.